社会治理河南省协同创新中心智库丛书

李燕燕 等◎著

# 河南省
# 金融发展指数报告

## 2015卷

中国社会科学出版社

图书在版编目(CIP)数据

河南省金融发展指数报告.2015年卷/李燕燕等著.—北京：中国社会科学出版社，2016.3
ISBN 978-7-5161-7963-5

Ⅰ.①河… Ⅱ.①李… Ⅲ.①地方金融事业—经济发展—研究报告—河南省—2015 Ⅳ.①F832.761

中国版本图书馆CIP数据核字(2016)第070535号

| | |
|---|---|
| 出 版 人 | 赵剑英 |
| 责任编辑 | 冯春凤 |
| 责任校对 | 张爱华 |
| 责任印制 | 张雪娇 |

| | |
|---|---|
| 出版社 | 中国社会科学出版社 |
| 社 址 | 北京鼓楼西大街甲158号 |
| 邮 编 | 100720 |
| 网 址 | http：//www.csspw.cn |
| 发行部 | 010-84083685 |
| 门市部 | 010-84029450 |
| 经 销 | 新华书店及其他书店 |
| 印 刷 | 北京君升印刷有限公司 |
| 装 订 | 廊坊市广阳区广增装订厂 |
| 版 次 | 2016年3月第1版 |
| 印 次 | 2016年3月第1次印刷 |
| 开 本 | 710×1000 1/16 |
| 印 张 | 27 |
| 插 页 | 2 |
| 字 数 | 439千字 |
| 定 价 | 98.00元 |

凡购买中国社会科学出版社图书，如有质量问题请与本社营销中心联系调换
电话：010-84083683
版权所有 侵权必究

# 目　录

绪论 …………………………………………………………………（1）
　第一节　研究意义 …………………………………………………（1）
　第二节　研究内容及框架 …………………………………………（2）
　第三节　数据来源及数据处理 ……………………………………（6）
第一章　河南省金融状况指数分析 …………………………………（8）
　第一节　金融状况指数的指标构建 ………………………………（8）
　　一　金融市场发展指数衡量指标 ………………………………（8）
　　二　金融结构深化指数衡量指标 ………………………………（10）
　　三　金融效率提高指数衡量指标 ………………………………（10）
　第二节　河南省金融状况指数评价 ………………………………（11）
　　一　金融市场发展指数评价 ……………………………………（11）
　　二　金融结构深化指数评价 ……………………………………（16）
　　三　金融效率提高指数评价 ……………………………………（18）
　第三节　河南省金融状况指数综合评价 …………………………（21）
第二章　河南省成长发展指数评价分析 ……………………………（23）
　第一节　成长发展指数的指标构建 ………………………………（23）
　　一　资本市场成长性指数衡量指标 ……………………………（23）
　　二　经济成长性指数衡量指标 …………………………………（24）
　　三　城市创新成长性指数衡量指标 ……………………………（25）
　第二节　河南省成长发展指数评价 ………………………………（25）
　　一　资本市场成长性指数评价 …………………………………（25）
　　二　经济成长性指数评价 ………………………………………（28）
　　三　城市创新成长性指数评价 …………………………………（28）

第三节　河南省成长发展指数综合评价 …………………（30）
第三章　河南省服务水平指数评价分析 ………………………（32）
　　第一节　服务水平指数的指标构建 ………………………（32）
　　　一　智力资本指数衡量指标 ………………………………（32）
　　　二　城市环境指数衡量指标 ………………………………（33）
　　第二节　河南省服务水平指数评价 …………………………（34）
　　　一　智力资本指数评价 ……………………………………（34）
　　　二　城市环境指数评价 ……………………………………（36）
　　第三节　河南省服务水平指数综合评价 ……………………（39）
第四章　河南省综合环境指数评价分析 ………………………（41）
　　第一节　综合环境指数的指标构建 …………………………（41）
　　　一　经济环境指数衡量指标 ………………………………（41）
　　　二　开放程度指数衡量指标 ………………………………（42）
　　第二节　河南省综合环境指数评价 …………………………（43）
　　　一　经济环境指数评价 ……………………………………（43）
　　　二　开放程度指数评价 ……………………………………（44）
　　第三节　河南省综合环境指数综合评价 ……………………（47）
第五章　河南省18地市金融发展指数综合评价及排名 ………（48）
　　第一节　金融状况指数综合评价及排名 ……………………（48）
　　　一　金融市场发展指数综合评价 …………………………（48）
　　　二　金融结构深化指数综合评价 …………………………（54）
　　　三　金融效率提高指数综合评价 …………………………（57）
　　　四　金融状况指数指标综合评价 …………………………（59）
　　第二节　成长发展指数综合评价及排名 ……………………（61）
　　　一　资本市场成长性指数综合评价 ………………………（61）
　　　二　经济成长性指数综合评价 ……………………………（63）
　　　三　城市创新成长性指数综合评价 ………………………（65）
　　　四　成长发展指数综合评价 ………………………………（67）
　　第三节　服务水平指数综合评价及排名 ……………………（70）
　　　一　智力资本指数综合评价 ………………………………（70）
　　　二　城市环境指数综合评价 ………………………………（72）

三　服务水平指数综合评价 …………………………………（74）
　第四节　综合环境指数综合评价及排名 …………………………（76）
　　一　经济环境指数综合评价 ………………………………（76）
　　二　开放程度指数综合评价 ………………………………（79）
　　三　综合环境指数综合评价 ………………………………（80）
　第五节　金融发展指数综合评价及排名 …………………………（82）

第六章　郑州市2014年金融发展指数研究报告 …………………（85）
　第一节　郑州市概述 ………………………………………………（85）
　第二节　郑州市金融状况指数评价分析 …………………………（85）
　　一　郑州市金融市场发展指数评价分析 …………………（85）
　　二　郑州市金融结构深化指数评价分析 …………………（87）
　　三　郑州市金融效率提高指数评价分析 …………………（88）
　　四　郑州市金融状况指数综合分析 ………………………（89）
　第三节　郑州市成长发展指数评价分析 …………………………（90）
　　一　郑州市资本市场成长性指数评价分析 ………………（90）
　　二　郑州市经济成长性指数评价分析 ……………………（91）
　　三　郑州市城市创新成长性指数评价分析 ………………（92）
　　四　郑州市成长发展指数综合分析 ………………………（94）
　第四节　郑州市服务水平指数评价分析 …………………………（94）
　　一　郑州市智力资本指数评价分析 ………………………（94）
　　二　郑州市城市环境指数评价分析 ………………………（96）
　　三　郑州市服务水平指数综合分析 ………………………（97）
　第五节　郑州市综合环境指数评价分析 …………………………（98）
　　一　郑州市经济环境指数评价分析 ………………………（98）
　　二　郑州市开放程度指数评价分析 ………………………（99）
　　三　郑州市综合环境指数综合分析 ………………………（100）
　第六节　郑州市金融发展指数综合评价分析 ……………………（101）

第七章　开封市2014年金融发展指数研究报告 …………………（103）
　第一节　开封市概述 ………………………………………………（103）
　第二节　开封市金融状况指数评价分析 …………………………（103）
　　一　开封市金融市场发展指数评价分析 …………………（103）

二　开封市金融结构深化指数评价分析 …………………………（105）
　　三　开封市金融效率提高指数评价分析 …………………………（106）
　　四　开封市金融状况指数综合分析 ………………………………（107）
第三节　开封市成长发展指数评价分析 ………………………………（108）
　　一　开封市资本市场成长性指数评价分析 ………………………（108）
　　二　开封市经济成长性指数评价分析 ……………………………（109）
　　三　开封市城市创新成长性指数评价分析 ………………………（110）
　　四　开封市成长发展指数综合分析 ………………………………（112）
第四节　开封市服务水平指数评价分析 ………………………………（113）
　　一　开封市智力资本指数评价分析 ………………………………（113）
　　二　开封市城市环境指数评价分析 ………………………………（114）
　　三　开封市服务水平指数综合分析 ………………………………（115）
第五节　开封市综合环境指数评价分析 ………………………………（116）
　　一　开封市经济环境指数评价分析 ………………………………（116）
　　二　开封市开放程度指数评价分析 ………………………………（118）
　　三　开封市综合环境指数综合分析 ………………………………（119）
第六节　开封市金融发展指数综合评价分析 …………………………（120）

# 第八章　洛阳市2014年金融发展指数研究报告 …………………（121）
第一节　洛阳市概述 ……………………………………………………（121）
第二节　洛阳市金融状况指数评价分析 ………………………………（121）
　　一　洛阳市金融市场发展指数评价分析 …………………………（121）
　　二　洛阳市金融结构深化指数评价分析 …………………………（123）
　　三　洛阳市金融效率提高指数评价分析 …………………………（124）
　　四　洛阳市金融状况指数综合分析 ………………………………（125）
第三节　洛阳市成长发展指数评价分析 ………………………………（126）
　　一　洛阳市资本市场成长性指数评价分析 ………………………（126）
　　二　洛阳市经济成长性指数评价分析 ……………………………（127）
　　三　洛阳市城市创新成长性指数评价分析 ………………………（129）
　　四　洛阳市成长发展指数综合分析 ………………………………（130）
第四节　洛阳市服务水平指数评价分析 ………………………………（131）
　　一　洛阳市智力资本指数评价分析 ………………………………（131）

二　洛阳市城市环境指数评价分析 …………………………（132）
　　三　洛阳市服务水平指数综合分析 …………………………（133）
第五节　洛阳市综合环境指数评价分析 ……………………………（134）
　　一　洛阳市经济环境指数评价分析 …………………………（134）
　　二　洛阳市开放程度指数评价分析 …………………………（135）
　　三　洛阳市综合环境指数综合分析 …………………………（136）
第六节　洛阳市金融发展指数综合评价分析 ………………………（137）

# 第九章　平顶山市 2014 年金融发展指数研究报告 ……………（139）
第一节　平顶山市概述 ………………………………………………（139）
第二节　平顶山市金融状况指数评价分析 …………………………（139）
　　一　平顶山市金融市场发展指数评价分析 …………………（139）
　　二　平顶山市金融结构深化指数评价分析 …………………（141）
　　三　平顶山市金融效率提高指数评价分析 …………………（142）
　　四　平顶山市金融状况指数综合分析 ………………………（143）
第三节　平顶山市成长发展指数评价分析 …………………………（144）
　　一　平顶山市资本市场成长性指数评价分析 ………………（144）
　　二　平顶山市经济成长性指数评价分析 ……………………（146）
　　三　平顶山市城市创新成长性指数评价分析 ………………（147）
　　四　平顶山市成长发展指数综合分析 ………………………（148）
第四节　平顶山市服务水平指数评价分析 …………………………（149）
　　一　平顶山市智力资本指数评价分析 ………………………（149）
　　二　平顶山市城市环境指数评价分析 ………………………（151）
　　三　平顶山市服务水平指数综合分析 ………………………（152）
第五节　平顶山市综合环境指数评价分析 …………………………（153）
　　一　平顶山市经济环境指数评价分析 ………………………（153）
　　二　平顶山市开放程度指数评价分析 ………………………（154）
　　三　平顶山市综合环境指数综合分析 ………………………（155）
第六节　平顶山市金融发展指数综合评价分析 ……………………（156）

# 第十章　安阳市 2014 年金融发展指数研究报告 …………………（158）
第一节　安阳市概述 …………………………………………………（158）
第二节　安阳市金融状况指数评价分析 ……………………………（158）

一　安阳市金融市场发展指数评价分析 …………………… (158)
　　二　安阳市金融结构深化指数评价分析 …………………… (160)
　　三　安阳市金融效率提高指数评价分析 …………………… (161)
　　四　安阳市金融状况指数综合分析 ………………………… (162)
　第三节　安阳市成长发展指数评价分析 ……………………… (163)
　　一　安阳市资本市场成长性指数评价分析 ………………… (163)
　　二　安阳市经济成长性指数评价分析 ……………………… (164)
　　三　安阳市城市创新成长性指数评价分析 ………………… (166)
　　四　安阳市成长发展指数综合分析 ………………………… (167)
　第四节　安阳市服务水平指数评价分析 ……………………… (168)
　　一　安阳市智力资本指数评价分析 ………………………… (168)
　　二　安阳市城市环境指数评价分析 ………………………… (169)
　　三　安阳市服务水平指数综合分析 ………………………… (170)
　第五节　安阳市综合环境指数评价分析 ……………………… (171)
　　一　安阳市经济环境指数评价分析 ………………………… (171)
　　二　安阳市开放程度指数评价分析 ………………………… (172)
　　三　安阳市综合环境指数综合分析 ………………………… (173)
　第六节　安阳市金融发展指数综合评价分析 ………………… (174)

第十一章　鹤壁市2014年金融发展指数研究报告 ……………… (176)
　第一节　鹤壁市概述 …………………………………………… (176)
　第二节　鹤壁市金融状况指数评价分析 ……………………… (176)
　　一　鹤壁市金融市场发展指数评价分析 …………………… (176)
　　二　鹤壁市金融结构深化指数评价分析 …………………… (178)
　　三　鹤壁市金融效率提高指数评价分析 …………………… (179)
　　四　鹤壁市金融状况指数综合分析 ………………………… (180)
　第三节　鹤壁市成长发展指数评价分析 ……………………… (181)
　　一　鹤壁市资本市场成长性指数评价分析 ………………… (181)
　　二　鹤壁市经济成长性指数评价分析 ……………………… (182)
　　三　鹤壁市城市创新成长性指数评价分析 ………………… (184)
　　四　鹤壁市成长发展指数综合分析 ………………………… (185)
　第四节　鹤壁市服务水平指数评价分析 ……………………… (186)

一　鹤壁市智力资本指数评价分析 …………………………（186）
　　二　鹤壁市城市环境指数评价分析 …………………………（187）
　　三　鹤壁市服务水平指数综合分析 …………………………（188）
　第五节　鹤壁市综合环境指数评价分析 ………………………（189）
　　一　鹤壁市经济环境指数评价分析 …………………………（189）
　　二　鹤壁市开放程度指数评价分析 …………………………（190）
　　三　鹤壁市综合环境指数综合分析 …………………………（192）
　第六节　鹤壁市金融发展指数综合评价分析 …………………（192）
第十二章　新乡市2014年金融发展指数研究报告 ……………（194）
　第一节　新乡市概述 ……………………………………………（194）
　第二节　新乡市金融状况指数评价分析 ………………………（194）
　　一　新乡市金融市场发展指数评价分析 ……………………（194）
　　二　新乡市金融结构深化指数评价分析 ……………………（196）
　　三　新乡市金融效率提高指数评价分析 ……………………（197）
　　四　新乡市金融状况指数综合分析 …………………………（198）
　第三节　新乡市成长发展指数评价分析 ………………………（199）
　　一　新乡市资本市场成长性指数评价分析 …………………（199）
　　二　新乡市经济成长性指数评价分析 ………………………（201）
　　三　新乡市城市创新成长性指数评价分析 …………………（202）
　　四　新乡市成长发展指数综合分析 …………………………（204）
　第四节　新乡市服务水平指数评价分析 ………………………（204）
　　一　新乡市智力资本指数评价分析 …………………………（204）
　　二　新乡市城市环境指数评价分析 …………………………（206）
　　三　新乡市服务水平指数综合分析 …………………………（207）
　第五节　新乡市综合环境指数评价分析 ………………………（208）
　　一　新乡市经济环境指数评价分析 …………………………（208）
　　二　新乡市开放程度指数评价分析 …………………………（209）
　　三　新乡市综合环境指数综合分析 …………………………（211）
　第六节　新乡市金融发展指数综合评价分析 …………………（211）
第十三章　焦作市2014年金融发展指数研究报告 ……………（213）
　第一节　焦作市概述 ……………………………………………（213）

第二节　焦作市金融状况指数评价分析 ……………………………(213)
　　一　焦作市金融市场发展指数评价分析 ……………………(213)
　　二　焦作市金融结构深化指数评价分析 ……………………(215)
　　三　焦作市金融效率提高指数评价分析 ……………………(216)
　　四　焦作市金融状况指数综合分析 …………………………(217)
第三节　焦作市成长发展指数评价分析 ……………………………(218)
　　一　焦作市资本市场成长性指数评价分析 …………………(218)
　　二　焦作市经济成长性指数评价分析 ………………………(220)
　　三　焦作市城市创新成长性指数评价分析 …………………(221)
　　四　焦作市成长发展指数综合分析 …………………………(223)
第四节　焦作市服务水平指数评价分析 ……………………………(223)
　　一　焦作市智力资本指数评价分析 …………………………(223)
　　二　焦作市城市环境指数评价分析 …………………………(225)
　　三　焦作市服务水平指数综合分析 …………………………(226)
第五节　焦作市综合环境指数评价分析 ……………………………(227)
　　一　焦作市经济环境指数评价分析 …………………………(227)
　　二　焦作市开放程度指数评价分析 …………………………(228)
　　三　焦作市综合环境指数综合分析 …………………………(229)
第六节　焦作市金融发展指数综合评价分析 ………………………(230)

第十四章　濮阳市2014年金融发展指数研究报告 …………………(232)
第一节　濮阳市概述 …………………………………………………(232)
第二节　濮阳市金融状况指数评价分析 ……………………………(232)
　　一　濮阳市金融市场发展指数评价分析 ……………………(232)
　　二　濮阳市金融结构深化指数评价分析 ……………………(234)
　　三　濮阳市金融效率提高指数评价分析 ……………………(235)
　　四　濮阳市金融状况指数综合分析 …………………………(236)
第三节　濮阳市成长发展指数评价分析 ……………………………(237)
　　一　濮阳市资本市场成长性指数评价分析 …………………(237)
　　二　濮阳市经济成长性指数评价分析 ………………………(238)
　　三　濮阳市城市创新成长性指数评价分析 …………………(240)
　　四　濮阳市成长发展指数综合分析 …………………………(241)

第四节　濮阳市服务水平指数评价分析 …………………………（242）
　　　　一　濮阳市智力资本指数评价分析 ………………………（242）
　　　　二　濮阳市城市环境指数评价分析 ………………………（243）
　　　　三　濮阳市服务水平指数综合分析 ………………………（244）
　　第五节　濮阳市综合环境指数评价分析 …………………………（245）
　　　　一　濮阳市经济环境指数评价分析 ………………………（245）
　　　　二　濮阳市开放程度指数评价分析 ………………………（246）
　　　　三　濮阳市综合环境指数综合分析 ………………………（247）
　　第六节　濮阳市金融发展指数综合评价分析 ……………………（248）
第十五章　许昌市2014年金融发展指数研究报告 ………………（250）
　　第一节　许昌市概述 ………………………………………………（250）
　　第二节　许昌市金融状况指数评价分析 …………………………（250）
　　　　一　许昌市金融市场发展指数评价分析 …………………（250）
　　　　二　许昌市金融结构深化指数评价分析 …………………（252）
　　　　三　许昌市金融效率提高指数评价分析 …………………（253）
　　　　四　许昌市金融状况指数综合分析 ………………………（254）
　　第三节　许昌市成长发展指数评价分析 …………………………（255）
　　　　一　许昌市资本市场成长性指数评价分析 ………………（255）
　　　　二　许昌市经济成长性指数评价分析 ……………………（256）
　　　　三　许昌市城市创新成长性指数评价分析 ………………（258）
　　　　四　许昌市成长发展指数综合分析 ………………………（259）
　　第四节　许昌市服务水平指数评价分析 …………………………（260）
　　　　一　许昌市智力资本指数评价分析 ………………………（260）
　　　　二　许昌市城市环境指数评价分析 ………………………（261）
　　　　三　许昌市服务水平指数综合分析 ………………………（262）
　　第五节　许昌市综合环境指数评价分析 …………………………（263）
　　　　一　许昌市经济环境指数评价分析 ………………………（263）
　　　　二　许昌市开放程度指数评价分析 ………………………（264）
　　　　三　许昌市综合环境指数综合分析 ………………………（266）
　　第六节　许昌市金融发展指数综合评价分析 ……………………（266）
第十六章　漯河市2014年金融发展指数研究报告 ………………（268）

第一节　漯河市概述 ………………………………………………… (268)
第二节　漯河市金融状况指数评价分析 …………………………… (268)
　　一　漯河市金融市场发展指数评价分析 ………………………… (268)
　　二　漯河市金融结构深化指数评价分析 ………………………… (270)
　　三　漯河市金融效率提高指数评价分析 ………………………… (271)
　　四　漯河市金融状况指数综合分析 ……………………………… (272)
第三节　漯河市成长发展指数评价分析 …………………………… (273)
　　一　漯河市资本市场成长性指数评价分析 ……………………… (273)
　　二　漯河市经济成长性指数评价分析 …………………………… (274)
　　三　漯河市城市创新成长性指数评价分析 ……………………… (276)
　　四　漯河市成长发展指数综合分析 ……………………………… (277)
第四节　漯河市服务水平指数评价分析 …………………………… (278)
　　一　漯河市智力资本指数评价分析 ……………………………… (278)
　　二　漯河市城市环境指数评价分析 ……………………………… (279)
　　三　漯河市服务水平指数综合分析 ……………………………… (280)
第五节　漯河市综合环境指数评价分析 …………………………… (281)
　　一　漯河市经济环境指数评价分析 ……………………………… (281)
　　二　漯河市开放程度指数评价分析 ……………………………… (283)
　　三　漯河市综合环境指数综合分析 ……………………………… (284)
第六节　漯河市金融发展指数综合评价分析 ……………………… (284)

**第十七章　三门峡市2014年金融发展指数研究报告** ……………… (286)
第一节　三门峡市概述 ……………………………………………… (286)
第二节　三门峡市金融状况指数评价分析 ………………………… (286)
　　一　三门峡市金融市场发展指数评价分析 ……………………… (286)
　　二　三门峡市金融结构深化指数评价分析 ……………………… (288)
　　三　三门峡市金融效率提高指数评价分析 ……………………… (289)
　　四　三门峡市金融状况指数综合分析 …………………………… (290)
第三节　三门峡市成长发展指数评价分析 ………………………… (291)
　　一　三门峡市资本市场成长性指数评价分析 …………………… (291)
　　二　三门峡市经济成长性指数评价分析 ………………………… (292)
　　三　三门峡市城市创新成长性指数评价分析 …………………… (294)

四　三门峡市成长发展指数综合分析 …………………… （295）
　第四节　三门峡市服务水平指数评价分析 …………………… （296）
　　一　三门峡市智力资本指数评价分析 …………………… （296）
　　二　三门峡市城市环境指数评价分析 …………………… （297）
　　三　三门峡市服务水平指数综合分析 …………………… （298）
　第五节　三门峡市综合环境指数评价分析 …………………… （299）
　　一　三门峡市经济环境指数评价分析 …………………… （299）
　　二　三门峡市开放程度指数评价分析 …………………… （301）
　　三　三门峡市综合环境指数综合分析 …………………… （302）
　第六节　三门峡市金融发展指数综合评价分析 ……………… （303）

第十八章　商丘市2014年金融发展指数研究报告 …………… （304）
　第一节　商丘市概述 …………………………………………… （304）
　第二节　商丘市金融状况指数评价分析 ……………………… （304）
　　一　商丘市金融市场发展指数评价分析 ………………… （304）
　　二　商丘市金融结构深化指数评价分析 ………………… （306）
　　三　商丘市金融效率提高指数评价分析 ………………… （307）
　　四　商丘市金融状况指数综合分析 ……………………… （308）
　第三节　商丘市成长发展指数评价分析 ……………………… （309）
　　一　商丘市资本市场成长性指数评价分析 ……………… （309）
　　二　商丘市经济成长性指数评价分析 …………………… （310）
　　三　商丘市城市创新成长性指数评价分析 ……………… （311）
　　四　商丘市成长发展指数综合分析 ……………………… （313）
　第四节　商丘市服务水平指数评价分析 ……………………… （313）
　　一　商丘市智力资本指数评价分析 ……………………… （313）
　　二　商丘市城市环境指数评价分析 ……………………… （315）
　　三　商丘市服务水平指数综合分析 ……………………… （316）
　第五节　商丘市综合环境指数评价分析 ……………………… （317）
　　一　商丘市经济环境指数评价分析 ……………………… （317）
　　二　商丘市开放程度指数评价分析 ……………………… （318）
　　三　商丘市综合环境指数综合分析 ……………………… （319）
　第六节　商丘市金融发展指数综合评价分析 ………………… （320）

## 第十九章 周口市2014年金融发展指数研究报告 …………（322）

### 第一节 周口市概述 ……………………………………（322）
### 第二节 周口市金融状况指数评价分析 ………………（322）
 一 周口市金融市场发展指数评价分析 ……………（322）
 二 周口市金融结构深化指数评价分析 ……………（324）
 三 周口市金融效率提高指数评价分析 ……………（325）
 四 周口市金融状况指数综合分析 …………………（326）
### 第三节 周口市成长发展指数评价分析 ………………（327）
 一 周口市资本市场成长性指数评价分析 …………（327）
 二 周口市经济成长性指数评价分析 ………………（328）
 三 周口市城市创新成长性指数评价分析 …………（330）
 四 周口市成长发展指数综合分析 …………………（331）
### 第四节 周口市服务水平指数评价分析 ………………（332）
 一 周口市智力资本指数评价分析 …………………（332）
 二 周口市城市环境指数评价分析 …………………（333）
 三 周口市服务水平指数综合分析 …………………（334）
### 第五节 周口市综合环境指数评价分析 ………………（335）
 一 周口市经济环境指数评价分析 …………………（335）
 二 周口市开放程度指数评价分析 …………………（336）
 三 周口市综合环境指数综合分析 …………………（338）
### 第六节 周口市金融发展指数综合评价分析 …………（338）

## 第二十章 驻马店市2014年金融发展指数研究报告 …（340）

### 第一节 驻马店市概述 …………………………………（340）
### 第二节 驻马店市金融状况指数评价分析 ……………（340）
 一 驻马店市金融市场发展指数评价分析 …………（340）
 二 驻马店市金融结构深化指数评价分析 …………（342）
 三 驻马店市金融效率提高指数评价分析 …………（343）
 四 驻马店市金融状况指数综合分析 ………………（344）
### 第三节 驻马店市成长发展指数评价分析 ……………（345）
 一 驻马店市资本市场成长性指数评价分析 ………（345）
 二 驻马店市经济成长性指数评价分析 ……………（346）

三　驻马店市城市创新成长性指数评价分析 …………………… (348)
　　四　驻马店市成长发展指数综合分析 ………………………… (349)
第四节　驻马店市服务水平指数评价分析 ………………………… (350)
　　一　驻马店市智力资本指数评价分析 ………………………… (350)
　　二　驻马店市城市环境指数评价分析 ………………………… (351)
　　三　驻马店市服务水平指数综合分析 ………………………… (352)
第五节　驻马店市综合环境指数评价分析 ………………………… (353)
　　一　驻马店市经济环境指数评价分析 ………………………… (353)
　　二　驻马店市开放程度指数评价分析 ………………………… (355)
　　三　驻马店市综合环境指数综合分析 ………………………… (356)
第六节　驻马店市金融发展指数综合评价分析 …………………… (357)

# 第二十一章　南阳市2014年金融发展指数研究报告 ………… (358)
第一节　南阳市概述 ………………………………………………… (358)
第二节　南阳市金融状况指数评价分析 …………………………… (358)
　　一　南阳市金融市场发展指数评价分析 ……………………… (358)
　　二　南阳市金融结构深化指数评价分析 ……………………… (360)
　　三　南阳市金融效率提高指数评价分析 ……………………… (361)
　　四　南阳市金融状况指数综合分析 …………………………… (362)
第三节　南阳市成长发展指数评价分析 …………………………… (363)
　　一　南阳市资本市场成长性指数评价分析 …………………… (363)
　　二　南阳市经济成长性指数评价分析 ………………………… (364)
　　三　南阳市城市创新成长性指数评价分析 …………………… (366)
　　四　南阳市成长发展指数综合分析 …………………………… (367)
第四节　南阳市服务水平指数评价分析 …………………………… (368)
　　一　南阳市智力资本指数评价分析 …………………………… (368)
　　二　南阳市城市环境指数评价分析 …………………………… (369)
　　三　南阳市服务水平指数综合分析 …………………………… (370)
第五节　南阳市综合环境指数评价分析 …………………………… (371)
　　一　南阳市经济环境指数评价分析 …………………………… (371)
　　二　南阳市开放程度指数评价分析 …………………………… (373)
　　三　南阳市综合环境指数综合分析 …………………………… (374)

第六节　南阳市金融发展指数综合评价分析 …………………（375）

第二十二章　信阳市2014年金融发展指数研究报告 ……………（376）
　　第一节　信阳市概述 …………………………………………（376）
　　第二节　信阳市金融状况指数评价分析 ……………………（376）
　　　　一　信阳市金融市场发展指数评价分析 ………………（376）
　　　　二　信阳市金融结构深化指数评价分析 ………………（378）
　　　　三　信阳市金融效率提高指数评价分析 ………………（379）
　　　　四　信阳市金融状况指数综合分析 ……………………（380）
　　第三节　信阳市成长发展指数评价分析 ……………………（381）
　　　　一　信阳市资本市场成长性指数评价分析 ……………（381）
　　　　二　信阳市经济成长性指数评价分析 …………………（382）
　　　　三　信阳市城市创新成长性指数评价分析 ……………（384）
　　　　四　信阳市成长发展指数综合分析 ……………………（385）
　　第四节　信阳市服务水平指数评价分析 ……………………（386）
　　　　一　信阳市智力资本指数评价分析 ……………………（386）
　　　　二　信阳市城市环境指数评价分析 ……………………（387）
　　　　三　信阳市服务水平指数综合分析 ……………………（388）
　　第五节　信阳市综合环境指数评价分析 ……………………（389）
　　　　一　信阳市经济环境指数评价分析 ……………………（389）
　　　　二　信阳市开放程度指数评价分析 ……………………（390）
　　　　三　信阳市综合环境指数综合分析 ……………………（392）
　　第六节　信阳市金融发展指数综合评价分析 ………………（392）

第二十三章　济源市2014年金融发展指数研究报告 ……………（394）
　　第一节　济源市概述 …………………………………………（394）
　　第二节　济源市金融状况指数评价分析 ……………………（394）
　　　　一　济源市金融市场发展指数评价分析 ………………（394）
　　　　二　济源市金融结构深化指数评价分析 ………………（396）
　　　　三　济源市金融效率提高指数评价分析 ………………（397）
　　　　四　济源市金融状况指数综合分析 ……………………（398）
　　第三节　济源市成长发展指数评价分析 ……………………（399）
　　　　一　济源市资本市场成长性指数评价分析 ……………（399）

二　济源市经济成长性指数评价分析 …………………………（400）
　三　济源市城市创新成长性指数评价分析 ……………………（402）
　四　济源市成长发展指数综合分析 ……………………………（403）
第四节　济源市服务水平指数评价分析 ………………………（404）
　一　济源市智力资本指数评价分析 ……………………………（404）
　二　济源市城市环境指数评价分析 ……………………………（405）
　三　济源市服务水平指数综合分析 ……………………………（406）
第五节　济源市综合环境指数评价分析 ………………………（407）
　一　济源市经济环境指数评价分析 ……………………………（407）
　二　济源市开放程度指数评价分析 ……………………………（408）
　三　济源市综合环境指数综合分析 ……………………………（409）
第六节　济源市金融发展指数综合评价分析 …………………（410）
后　记 ……………………………………………………………（412）

# 绪 论

## 第一节 研究意义

金融竞争力是研究经济主体的金融竞争能力与发展态势。河南省金融发展势头良好，金融业运行总体平稳，金融服务水平不断提高，融资多元化发展，融资结构明显改善，金融对经济发展的支持力度不断增强。特别是中原股权交易中心、中原农业保险公司、中原资产管理公司开业运营，横跨银行、证券、保险和信托领域的"金融豫军"加速崛起。本报告正是在此背景之下，通过构建一个科学且全面的金融发展指标体系，对河南省18个地市的金融发展状况进行全方位地分析、研究，对正确认识和评价城市金融发展目标、合理构造中原经济区金融发展布局、加快城市金融化进程、推进区域金融中心建设等具有重要意义。

本报告涵盖了金融状况、成长发展、服务水平、综合环境等方面，首先，有助于加强对河南省金融发展现状的认识。通过对河南省各地市的金融发展指标数据进行搜集和分析，能够较为全面、客观地揭示金融发展的现状，能为各部门、局面、企业、社会团体提供更为直观的认识。对于改善金融生态环境、促进金融业和其他产业的协同发展具有重要的现实意义。其次，有助于各级政府制定金融政策，明确发展方向。金融发展有助于提高资源的利用效率，进而提高整个社会经济效率，实现经济的可持续增长。运用因子分析法，对河南省18地市的金融发展进行系统比较和排名，比较各地市在金融发展方面的短板和优势，能够科学评价各级政府的金融发展业绩，进而为政府部门加快金融发展、深化金融发展提供决策依据。

## 第二节 研究内容及框架

### 一 研究内容

本研究报告以河南省金融发展为研究对象,通过建立科学全面的指标评价体系以及多渠道搜集数据,使用 SPSS 软件和因子分析方法对数据进行处理,最终合成了评价各地市金融发展状况的综合性指标,试图揭示各地市金融发展的相对优势、劣势,以衡量区域金融的发展程度和发展质量,为区域金融发展战略提供决策依据。

从结构上讲,本报告包括综合篇和区域篇两部分。综合篇为第 1—5 章,详述金融发展指数的指标体系设计、数据来源及技术路线;在对河南省金融发展进行概述的基础上,从金融状况、成长发展、服务水平和综合环境四个方面对河南省金融发展进行分析评价,并最终给出了河南省 18 个地市金融发展指数的排名情况。第 6—23 章为区域篇,各地市(县、区)各成一章。区域篇的分报告同样从金融状况、成长发展、服务水平及综合环境四个方面对各地市(县、区)的金融发展进行了分析,并在此基础上对该市(县、区)金融发展情况进行综合评价。

### 二 研究框架

本研究报告衡量金融发展水平的指标是从金融市场所反映的金融发展、经济发展对金融的影响、城市发展对金融的影响以及生活环境对金融的影响等几个方面来选择,基本思路如下图所示。

### 三 指标体系设计

(一)指标体系设计原则

1. 系统性原则

各指标之间要具有一定的逻辑关系,各个指标要从不同的侧面反映出金融发展的特征和状态。指标体系的构建具有层次性,自上而下,层层深入,形成一个不可分割的指标体系。

2. 动态性原则

金融发展需要通过一定时间尺度的指标才能反映出来,因此指标的选

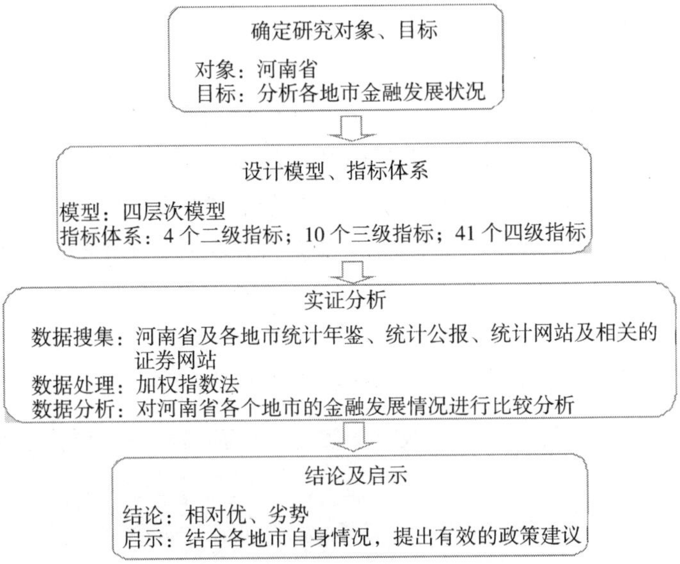

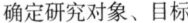

取要充分考虑到动态变化的特点，收集若干年度的变化数值。

3. 简明科学性原则

指标体系的设计及指标的选取必须以科学性为原则，能客观反映出各指标之间的真实关系。各指标要具有代表性，既不能过多过细，也不能过少过简。

4. 可比、可操作、可量化原则

指标选取的计算度量和计算放大必须一致，各指标尽量简单明了、便于搜集，具有较强的可操作性和可比较性。选取指标时，也要考虑能否进行定量处理，以便进行数学计算和分析。

5. 指标相对独立原则。要求做到每个指标内涵清晰，不存在因果关系，紧紧围绕中原经济区金融发展内涵的各个层面。

6. 指标相对关联原则。要求各个指标间有一定的关联性，以保证指标体系的系统性。

本报告在以上6个原则的基础上，结合河南省实际情况选择指标，以求达到全面测量河南省社会、经济、环境发展状况及差异的目的。从客观评价各地区金融发展状况的实际需要出发，依据定性选取指标的原则（目的明确、综合全面、切实可行、稳定性强、协调一致），结合我国政府统计部门公布的社会经济数据，最终选择出了代表性强的指标组成了金融发展指数的评价体系。

（二）指标体系要素结构

河南省金融发展指数评价体系包括金融状况、成长发展、服务水平和综合环境 4 个二级指标，每个二级指标又分解为若干个三级指标，每个三级指标再分解为若干个四级指标。在四级指标选取方面，研究人员本着系统性、动态性、简明科学性等原则选取指标，但由于受到数据可得性的限制，部分指标在选取时，不得已选择了次优的指标，不过这并不影响研究结论的获得。

1. 金融状况指标体系

它包括 4 个三级指标，即金融市场发展、金融结构深化和金融效率提高。

（1）金融市场发展衡量指标：金融业增加值、金融系统存款余额、金融系统贷款余额、证券交易额、发行国债额、保费收入、保险赔付额。

（2）金融结构深化衡量指标：证券募集资金净额比 GDP、短期贷款占比、保费收入比全省金融业增加值。

（3）金融效率提高衡量指标：存贷比、保险密度、上市公司占有率、证券交易额占比。

2. 成长发展指标体系

它包括 3 个三级指标，即资本市场成长性、经济成长性和城市创新成长性。

（1）资本市场成长性衡量指标：金融机构贷款余额年增长额、发行国债年增长额、A 股股票募集资金净额。

（2）经济成长性衡量指标：GDP 年增长额、财政收入年增长额、社会固定资产投资年增长额、社会消费品零售总额年增长额。

（3）城市创新成长性衡量指标：政府研发经费支出年增长额、政府研发人员年增长量、新产品销售收入年增长额。

3. 服务水平指标体系

它包括 2 个三级指标，即智力资本和城市环境。

（1）智力资本衡量指标：金融业从业密度、受高等教育密度、科研人员密度、普通高等学校数量。

（2）城市环境衡量指标：城镇化水平、城镇登记失业率、人均城市道路面积、人均绿化覆盖面积、基本医疗保险覆盖率、基本养老保险覆盖率、商品房屋销售均价、城镇单位从业人员平均工资、年末运营车辆数量。

4. 综合环境指标体系

它包括两个三级指标,即经济环境和开放程度。

(1) 经济环境衡量指标:城镇人均可支配收入、农村人均纯收入、人均 GDP、人均财政收入、人均社会商品零售额。

(2) 开放程度衡量指标:实际利用外资额、旅游创汇收入、进出口总额。

总结而言,中原经济区金融发展指数指标体系构成情况如下表。

**指标体系的要素构成**

| 一级 | 二级 | 三级 | 四级 |
|---|---|---|---|
| 金融发展指数 | 金融状况 | 金融市场发展 | 金融业增加值、金融系统存款余额、金融系统贷款余额、证券交易额、发行国债额、保费收入、保险赔付额 |
| | | 金融结构深化 | 证券募集资金净额比 GDP、短期贷款占比、保费收入比全省金融业增加值 |
| | | 金融效率提高 | 存贷比、保险密度、上市公司占有率、证券交易额占比 |
| | 成长发展 | 资本市场成长性 | 金融机构贷款余额年增长额、发行国债年增长额、A 股股票募集资金净额 |
| | | 经济成长性 | GDP 年增长额、财政收入年增长额、社会固定资产投资年增长额、社会消费品零售总额年增长额 |
| | | 城市创新成长性 | 政府研发经费支出年增长额、政府研发人员年增长量、新产品销售收入年增长额 |
| | 服务水平 | 智力资本 | 金融业从业密度、受高等教育密度、科研人员密度、普通高等学校数量 |
| | | 城市环境 | 城镇化水平、城镇登记失业率、人均城市道路面积、人均绿化覆盖面积、基本医疗保险覆盖率、基本养老保险覆盖率、商品房屋销售均价、城镇单位从业人员平均工资、年末运营车辆数量 |
| | 综合环境 | 经济环境 | 城镇人均可支配收入、农村人均纯收入、人均 GDP、人均财政收入、人均社会商品零售额 |
| | | 开放程度 | 实际利用外资额、旅游创汇收入、进出口总额 |

## 第三节 数据来源及数据处理

### 一 数据来源及处理

本报告绝大部分四级指标直接从统计资料中获得,少部分四级指标在原始统计数据的基础上经简单数学运算得到。

为了避免指标属性的不统一给因子分析带来误差,对本报告所有指标进行同向化和标准化处理。

同向化为了排除指标方向不同所带来的误差,实证分析时统一采取正向指标,对于负向指标需要进行正向化处理。标准化处理的意义在于可以解决不同数量级别的数据的不可比问题,经过标准化处理,原始数据均转换为无量纲化指标测评值,即各指标都处于同一个数量级别上,可以进行综合测评分析。数据标准化的方法有很多,本文主要采用"随机变量标准化",这种标准化方法是对原始数据的非线性变换,使结果服从标准正态,"新数据=(原数据-样本均值)/样本标准差"。

### 二 多指标综合评价方法的选择

金融发展指数评价体系下有多个指标,为了更全面地体现各指标对金融发展指数的影响,本报告将采取多指标综合评价法对其进行分析。多指标综合评价方法可以分为两类:一类是主观赋权法,专家根据经验进行主观判断,衡量各指标的相对重要性,得到指标权重,然后再对指标进行综合评估;另一类是客观赋权法,根据指标数据提供的信息量的大小和指标间的相关性来确定权重,进行综合评价。

影响金融发展的因素错综复杂,很难确定这些因素的影响孰轻孰重。如果在保证研究的客观性以及研究结果的说服力的情况下,通过分析数据特征,从众多因素中找出少数几个影响金融发展的关键因素,将大大有利于金融发展指数研究的简化。因此,经过综合比较,本报告最终选择了因子分析方法作为衡量金融发展指数的方法。

因子分析的目的是用几个不可观测的隐变量来解释原始变量之间的相关关系。它是主成分分析的推广和发展。降维是它的核心思想。因子分析方法的具体步骤为:首先,将原始数据进行标准化变换,求相关矩阵或协方差矩阵 R 的特征值和特征向量；随后建立因子模型并估计有关参数，来确定因子贡献率及累计贡献率；最后，变换因子载荷矩阵，构造综合评价模型，最终计算出总得分值。

# 第一章 河南省金融状况指数分析

## 第一节 金融状况指数的指标构建

金融状况是对一个地区的金融市场规模和结构的总体反映,是分析金融发展和金融运行效率的基础,能充分地展示中原经济区经济金融系统的运行情况。本文选取金融状况指数(Financial Condition Index,FCI)作为研究金融发展指数的一个二级指标,从客观层面上揭示金融市场规模、结构和效率对中原经济区金融发展的影响。

金融状况指数二级指标下包括金融市场发展指数、金融结构深化指数和金融效率提高指数3个三级指标。

### 一 金融市场发展指数衡量指标

金融市场是指具有一定规模的资金融通、货币借贷和买卖有价证券的活动和场所,主要包括货币市场和资本市场。鉴于数据的可获得性和结构的清晰性,选取了银行市场、证券市场和保险市场的发展情况来衡量金融市场发展程度,相应地选取了这三类市场的相关指标作为金融市场发展指数的四级指标,来研究中原经济区金融发展现实情况。

金融市场发展指数下属的四级指标包括金融业增加值、金融系统存款余额、金融系统贷款余额、证券交易额、发行国债额、保费收入和保险赔付额。

1. 金融业增加值

金融业增加值是整个国民经济核算中重要的一部分,衡量第三产业中的金融业在一定时期内创造的国民财富,即通过一系列的制度安排和金融服务、创新而创造的价值增加值,反映一个地区金融发展情况。

2. 金融系统存款余额

金融系统是有关资金流动、集中和分配的体系，是为执行金融决策而使用的一套市场和中介机构，包括股票、债券和其他证券的市场，还包括银行和保险公司等金融中介机构。资金短缺方通过金融系统从资金盈余方吸纳资金，即形成了存款。金融系统存款余额是存量指标，一般核算截止到某一日以前的存款总和，包括储蓄、活期存款、定期存款等，反映一个地区金融市场发展程度。

3. 金融系统贷款余额

资金短缺方通过金融系统借入的资金总额即为金融系统贷款余额，它也是一个存量指标，衡量截至某一日以前的贷款总额，反映一个地区金融市场的发展程度。

4. 证券交易额

证券是各类记载并代表一定权利的法律凭证，用以证明持有人有权依其所持凭证记载的内容而取得应有的权益。证券市场是完整的市场体系的重要组成部分，不仅反映和调节货币资金的运动，而且对整个经济的运行具有重要影响。证券市场的主要活动就是证券发行和交易。证券交易额是指证券持有人依照交易规则，将证券转让给其他投资者的证券市值总和，也是金融市场发展程度的一个衡量指标。

5. 发行国债额

国债是由国家发行的债券，以国家信用为基础，为筹集财政资金而发行的一种政府债券。发行国债额就是公众用来购买国债券的价值总和。国债是平衡财政收支、公开市场业务的工具，对国家宏观调控有较大的作用，其发行额很大程度上影响金融市场发展。

6. 保费收入

保险是指投保人根据合同的约定，向保险人支付保险费，保险人对于合同约定的可能发生的事故所造成的财产损失承担赔偿保险金责任。保费是建立保险与被保险关系的纽带，是投保人应履行的义务。保费收入是保险公司为履行保险合同规定的义务而向投保人收取的对价收入，衡量保险市场发展程度。

7. 保险赔付额

保险赔付额是保险公司按照合同的规定履行义务，在发生合同规定的事故后对投保人支付的赔偿金额。

## 二 金融结构深化指数衡量指标

金融结构是指构成金融总体的各个组成部分的分布、存在、相对规模、相互关系与配合的状态，不仅包括规模、总量的对比关系，也包括相互融合的制衡。金融结构深化是一个动态的概念，是指随着一个国家或地区的经济发展对金融服务不断提出的新要求，其金融中介、金融工具和金融市场等各个组成部分不断进行创新，有关金融业吸纳的资金潜力不断被挖掘，规模不断增加，金融业不断走向专业化和复杂化的过程。在衡量一个市场的金融结构深化程度上，本书选取证券市场募集资金净额比GDP、短期贷款占比及保费收入占全省金融业增加值这3个四级指标，以评价中原经济区各地区的金融结构深化程度。

1. 证券市场募集资金净额比GDP

证券市场募集资金净额是指对上市公司按照《招（配）股说明书》的有关承诺进行公开发行证券所筹集的资金的多少，该净额占GDP的比重衡量了证券市场在经济发展的深入程度和贡献。

2. 短期贷款占比

短期贷款是指银行或其他金融机构向资金需求者发放的期限在1年以下（含1年）的贷款，该指标用短期贷款年底余额计量。短期贷款占比是一个地区短期贷款额占其所属省整体短期贷款总额的比重，可反映该地区金融结构的深化程度。

3. 保费收入占全省金融业增加值

保费收入规模代表保险业发展状况，保费收入占全省金融业增加值代表一个地区的保险业在全省金融业创造的国民财富总值中的深化程度和贡献率。

## 三 金融效率提高指数衡量指标

金融效率是指金融部门的投入与产出，也就是金融部门对经济增长的贡献之间的关系，可以衡量金融市场的发展程度。一般将金融效率划分为宏观金融效率和微观金融效率。考虑到宏观金融效率涉及政策问题，难以量化，而且本书主要以地区金融发展状况分析为主，因此要从金融的微观效率出发，即以银行业、保险业和证券业入手，选取相关的指标来量化这三个行业的资金效率和盈利能力，进而分析评价中原经济区各个城市近年来金融效率提高状况。

金融效率提高指数包括存贷比、保险密度、证券交易额占比和上市公司占有率4个百分比四级指标。

1. 存贷比

存贷比指商业银行贷款总额除以存款总额的比值，衡量金融机构的盈利能力与成本的相对关系，显示其资金利用效率。存贷比是影响区域经济社会发展的重要因素，是金融机构经营管理的重要核心指标，是金融效率水平的综合反映。

2. 保险密度

保险密度是保费收入与常住人口的比值，即按当地人口计算的人均保险费额，反映了地区国民参加保险的程度，衡量保险业的普及程度及发展情况，是衡量金融效率的一个指标。

3. 证券交易额占比

证券交易额占比是核算证券市场交易总额与GDP的比值，是衡量金融效率的指标。

4. 上市公司占有率

上市公司与非上市公司相比，不但能吸引更多的经济资源流入，而且利用经济资源的效率更高，对金融经济增长做出较多的贡献。选取上市公司的占有率，即各地区上市公司数量/全省上市公司总量，来衡量中原经济区各地区的金融效率和经济发展情况。

## 第二节 河南省金融状况指数评价

### 一 金融市场发展指数评价

1. 金融业增加值

2014年河南省金融业增加值为1509.20亿元，是2006年增加值的6.9倍，占当年GDP比重的4.32%。全省金融业发展迅速，对国民经济的贡献值显著提升，这得益于河南省长期以来对金融的重视和支持，金融市场规模逐渐增大，结构越发合理，对中原经济区的建设提供了良好的金融环境。

2006年至2014年全省金融业增加值平均增速为27.78%。受到2008年经济危机的较大影响，2012年之前金融业增加值增速有所放缓，在2012年以来政府更加注重第三产业发展，全省金融业增加值增速不断回升，且占GDP比重逐渐增大，可见河南省金融业趋于成熟稳定，相关市场、体系运作成熟，成为推动全省经济发展的稳定动力。

2006—2014年河南省金融业增加值及其增速如表1—2—1所示。

表1—2—1　河南省2006—2014年金融业增加值情况

| 年份 | 金融业增加值（亿元） | 金融业增加值增速（%） |
|---|---|---|
| 2006 | 219.72 | — |
| 2007 | 302.31 | 37.59 |
| 2008 | 345.36 | 14.24 |
| 2009 | 499.92 | 44.75 |
| 2010 | 697.68 | 39.56 |
| 2011 | 868.20 | 24.44 |
| 2012 | 1013.60 | 16.75 |
| 2013 | 1181.77 | 17.18 |
| 2014 | 1509.20 | 27.71 |

注：以上数据摘自《河南统计年鉴（2007—2015）》。

2. 金融系统存款余额和金融系统贷款余额

2006—2014年河南省金融机构存贷款余额及增速如表1—2—2所示。

表1—2—2　河南省2006—2014年金融系统存款余额和金融系统贷款余额情况

| 年份 | 金融系统存款余额（亿元） | 金融系统存款余额增速（%） | 金融系统贷款余额（亿元） | 金融系统贷款余额增速（%） |
|---|---|---|---|---|
| 2006 | 11492.55 | — | 8567.33 | — |
| 2007 | 12576.42 | 9.43 | 9545.48 | 11.42 |
| 2008 | 15255.42 | 21.30 | 10368.05 | 8.62 |

续表

| 年份 | 金融系统存款余额（亿元） | 金融系统存款余额增速（%） | 金融系统贷款余额（亿元） | 金融系统贷款余额增速（%） |
|---|---|---|---|---|
| 2009 | 19175.06 | 25.69 | 13437.43 | 29.60 |
| 2010 | 23148.83 | 20.72 | 15871.32 | 18.11 |
| 2011 | 26646.15 | 15.11 | 17506.24 | 10.30 |
| 2012 | 31970.43 | 19.98 | 20301.72 | 15.97 |
| 2013 | 37591.70 | 17.58 | 23511.41 | 15.81 |
| 2014 | 41374.91 | 10.06 | 27228.27 | 15.81 |

注：以上数据摘自《河南统计年鉴（2007—2015）》。

2014年河南省金融机构存款余额为41374.91亿元，比2013年增长了10.06%；金融机构贷款余额27228.27亿元，比2013年增长15.81%。2006—2014年全省金融系统存款余额平均增速为17.48%，贷款余额平均增速为15.71%。

2009年，河南省出台了《关于银行业金融机构贯彻落实扩大内需政策促进经济平稳较快发展的指导意见》，要求河南省各银行业机构要把"保增长、扩内需、调结构"有机结合起来，支持产品有市场、急需流动资金的省百户重点企业、高增长型企业和行业龙头企业，引导新增信贷资源向民生工程、"三农"、小企业和消费信贷等涉及民生的经济领域倾斜。一系列的调整促进了2009年全省银行业的较快发展，存贷款规模大幅增加。近年来，河南省银监局在省委省政府的正确领导下，督促河南省银行业深入开展合规长效机制建设，在错综复杂的外部形势下，坚持防风险和促发展并重，实现稳中有进、稳中有为、稳中有效，不良贷款持续实现"双降"。截至2014年年末，全省银行业不良贷款余额新增41.4亿元，反弹幅度低于全国，不良贷款率达1.72%，较年初下降0.11个百分点。

3. 证券交易额

2010—2014年河南省证券交易额及其增速如表1—2—3所示。

表 1—2—3　　河南省 2010—2014 年证券交易额情况

| 年份 | 证券交易额<br>（亿元） | 证券交易额增速<br>（％） |
|---|---|---|
| 2009 | 26443.67 | — |
| 2010 | 25065.78 | －5.21 |
| 2011 | 19873.60 | －20.71 |
| 2012 | 15987.46 | －19.55 |
| 2013 | 18586.20 | 16.25 |
| 2014 | 36532.64 | 96.56 |

注：由于 2006—2008 年证券交易额数据的不可获得性，此项数据的列举范围是 2009—2014 年。数据摘自《河南统计年鉴（2010—2015）》。

2009—2012 年，河南省证券交易额逐年下降，2013 年首次呈现增长态势，增速达 16.25%。2014 年开始，股市发展态势良好，沪深两市指数不断攀高，同时 2014 年包括中原证券等多家企业成功上市，两种力量的共同作用下，促使河南省 2014 年证券交易额增速达到了 96.56%，有力地促进了河南省证券市场的发展，支持了实体企业的融资需要。河南省的证券市场将充满前所未有的生机。

4. 发行国债额

2006—2014 年河南省发行国债额及其增速情况如表 1—2—4 所示。

表 1—2—4　　河南省 2006—2014 年发行国债额情况

| 年份 | 发行国债额<br>（万元） | 发行国债额增速（％） |
|---|---|---|
| 2006 | 538669 | — |
| 2007 | 432787 | －19.66 |
| 2008 | 378128 | －12.63 |
| 2009 | 629698 | 66.53 |
| 2010 | 618676 | －1.75 |
| 2011 | 648960 | 4.89 |
| 2012 | 406549 | －37.35 |
| 2013 | 617544 | 51.90 |
| 2014 | 226256 | －63.36 |

注：以上数据摘自《河南统计年鉴（2007—2015）》。

2006年至2014年河南省发行国债额平均增速为-1.43%。发行国债额自2006年来经历了较大的波动，2007年发行国债额下降了19.66%，2008年继续呈下降趋势；2009年全省发行国债额大幅反弹增加，增速达66.53%；2012年出现了第二次较大的回落，数额仅为406549万元。2013年发行国债额达到了新高617544万元，2014年政府继续减少刺激，进一步降低经济对政府刺激的依赖，依靠市场手段促进经济转型，因此出现了发行国债额的大幅回落。

5. 保费收入和保险赔付额

2006—2014年河南省保费收入和保险赔付额及其增速情况如表1—2—5所示。

表1—2—5　河南省2006—2014年保费收入和保险赔付额情况

| 年份 | 保费收入（亿元） | 保费收入增速（%） | 保险赔付额（亿元） | 保险赔付额增速（%） |
|---|---|---|---|---|
| 2006 | 252.31 | — | 50.98 | — |
| 2007 | 323.56 | 28.24 | 100.88 | 97.88 |
| 2008 | 518.92 | 60.38 | 128.77 | 27.65 |
| 2009 | 565.39 | 8.96 | 148.23 | 15.11 |
| 2010 | 793.28 | 40.31 | 153.91 | 3.83 |
| 2011 | 839.82 | 5.87 | 171.14 | 11.19 |
| 2012 | 841.13 | 0.16 | 199.55 | 16.60 |
| 2013 | 916.52 | 8.96 | 279.75 | 40.19 |
| 2014 | 1036.08 | 13.04 | 324.03 | 15.83 |

注：以上数据摘自《河南统计年鉴（2007—2015）》。

2006年到2014年河南省保费收入和保险赔付额呈逐年上升趋势，平均增速分别为20.74%和28.54%。2007年是河南省保险业的丰收年，随着中国人民健康保险股份有限公司河南分公司正式进入河南，2007年全省新增省级保险分公司9家、支公司39家，成为河南保险机构数量增加最多的一年，保费收入和保险赔付额大幅度增长。2008年增长势头持续强劲，保费收入增长率达到60.38%。而自从进入"十二五"以来，保险行业进入深度调整期和矛盾凸显期，最明显的表现就是业务增速明显放缓,全省 2011 年至 2012 年的保费收入和赔付额小幅增长。2013 年,河南省保监局要求"坚持稳中求进、进中求好",引导河南省保险业逐步扭转业务发展不断放缓的势头,坚持把事关民生领域的保险作为发展重点,积极推动保险服务扩面、升级、提质。2014 年河南省保险业进一步发展,保费收入首次突破千亿大关,河南省累计实现保费收入 1036.08 亿元。随着三大国家战略在河南省的推进实施,保险资金的投资领域正在不断拓宽,投资方式也日趋丰富。

## 二 金融结构深化指数评价

1. 截至年末募集资金总额比 GDP

2006—2014 年河南省截至年末募集资金总额比 GDP 及其增速情况如表 1—2—6 所示。

表 1—2—6　河南省 2010—2014 年截至年末募集资金总额比 GDP 情况

| 年份 | 截至年末募集资金总额比 GDP | 截至年末募集资金总额比 GDP 增速（%） |
|---|---|---|
| 2010 | 0.0325 | — |
| 2011 | 0.0384 | 18.15 |
| 2012 | 0.0394 | 2.60 |
| 2013 | 0.0570 | 44.67 |
| 2014 | 0.0644 | 12.98 |

注：以上数据由《河南统计年鉴（2007—2015）》相关数据计算得到。

2010 年至 2014 年,河南省证券市场截至年末募集资金总额占 GDP 的比值逐渐增大,证券业的规模在不断扩大,平均增速为 19.60%。2012 年证券市场截至年末募集资金总额比 GDP 随着经济增长放缓而小幅增加,2014 年全省证券市场截至年末募集资金总额比 GDP 的增速达到 12.98%,与上一年相比有所回落,整体来看河南省资本市场不断扩大,显示了全省金融结构的深化程度加深。

2. 短期贷款占比

由于原指标含义为各地市短期贷款余额占全省短期贷款余额的比例,故在分析河南省总体该指标数据时,采用"短期贷款年底余额"

进行替代。

2006—2014年河南省短期贷款年底余额及其增速如表1—2—7所示。

表1—2—7　　河南省2006—2014年短期贷款年底余额情况

| 年份 | 短期贷款年底余额（亿元） | 短期贷款年底余额增速（%） |
| --- | --- | --- |
| 2006 | 4731.54 | — |
| 2007 | 5213.08 | 10.18 |
| 2008 | 5180.84 | -0.62 |
| 2009 | 6016.17 | 16.12 |
| 2010 | 6995.81 | 16.28 |
| 2011 | 8273.66 | 18.27 |
| 2012 | 9767.12 | 18.05 |
| 2013 | 11823.35 | 21.05 |
| 2014 | 12801.98 | 8.28 |

注：以上数据摘自《河南统计年鉴（2007—2015）》。

2006年至2014年河南省短期贷款年底余额基本呈上升趋势，平均增速为13.45%。2008年次贷危机的爆发使全省金融市场的流动性降低，短期贷款余额下降了0.62%。自2010年以来，河南省短期贷款年底余额不仅每年都有所增长，且增长率也在稳步提升，2014年受经济增速放缓影响短期贷款年底余额略有上升，整体来看金融市场的规模和流动性稳定增加，是金融业持续健康发展的基础。

3. 保费收入比全省金融业增加值

2006年至2014年河南省保费收入在金融业增加值中所占比重总体呈下降趋势，平均增速为-4.68%。从各个年份来看，2008年这一比例大幅增长，与人保财险河南省分公司和中国航空运输协会通用航空委员会合作，全省保险机构数量增加，保险业业绩增长较快有一定关系。随后保费收入占全省金融业增加值的比重呈现负增长趋势，2010年的小幅回升后，2011年到2014年重回负增长。可见，河南省的保险业并未跟上金融业的整体发展步伐，随着全省金融业的较快发展，保险业没有充分发挥其在金融行业的重要地位，深化程度还有待提高。

2006—2014年河南省保费收入比全省金融业增加值及其增速如表1—2—8所示。

表1—2—8　　河南省2006—2014年保费收入比全省金融业增加值及其增速情况

| 年份 | 保费收入比全省金融业增加值 | 保费收入比全省金融业增加值增速（%） |
| --- | --- | --- |
| 2006 | 1.15 | — |
| 2007 | 1.07 | -6.96 |
| 2008 | 1.50 | 40.19 |
| 2009 | 1.13 | -24.67 |
| 2010 | 1.14 | 0.88 |
| 2011 | 0.97 | -14.91 |
| 2012 | 0.83 | -14.43 |
| 2013 | 0.78 | -6.02 |
| 2014 | 0.69 | -11.54 |

注：以上数据通过《河南统计年鉴（2007—2015）》相关数据计算得到。

### 三　金融效率提高指数评价

1. 存贷比

2006—2014年河南省存贷比及其增速情况如表1—2—9所示。

表1—2—9　　　　河南省2006—2014年存贷比情况

| 年份 | 存贷比 | 存贷比增速（%） |
| --- | --- | --- |
| 2006 | 0.75 | — |
| 2007 | 0.76 | 1.33 |
| 2008 | 0.68 | -10.53 |
| 2009 | 0.70 | 2.94 |
| 2010 | 0.69 | -1.43 |
| 2011 | 0.66 | -4.35 |
| 2012 | 0.64 | -3.03 |
| 2013 | 0.63 | -1.56 |
| 2014 | 0.66 | 4.76 |

注：以上数据通过《河南统计年鉴（2007—2015）》相关数据计算得到。

河南省2008年至2013年存贷比总体呈下降趋势，2014年存贷比为0.66，与2013年相比上升了4.76%。2014年存贷比指标一扫之前逐年下跌的颓势，增长到2011年的水平。为了支持实体经济的发展，金融机构响应政府号召，积极发放贷款支持企业，特别是小微企业的发展。在存款余额增速下降的前提下依然保持贷款余额的高速发展。金融机构加快模式转型和创新，提升资金的运用效率，增强了河南省的金融效率和金融竞争力。

2. 保险密度

2006—2014年河南省保险密度及其增速情况如表1—2—10所示。

表1—2—10　　河南省2006—2014年保险密度情况

| 年份 | 保险密度（元） | 保险密度增速（%） |
| --- | --- | --- |
| 2006 | 269 | — |
| 2007 | 346 | 28.62 |
| 2008 | 550 | 58.96 |
| 2009 | 596 | 8.36 |
| 2010 | 843 | 41.44 |
| 2011 | 895 | 6.17 |
| 2012 | 894 | -0.11 |
| 2013 | 974 | 8.95 |
| 2014 | 1098 | 12.73 |

注：以上数据通过《河南统计年鉴（2007—2015）》相关数据计算得到。

2006年至2014年河南省保险密度，除了在2012年有极小幅度回落，基本呈递增趋势，平均增速为20.64%。2008年，河南省保险密度增速高达59.20%，金融业效率显著提升，之后在2010年也达到了41.44%的高值。2011年以后全省保险密度的增长速度逐渐放缓，保险业效率趋稳。2014年在保险收入大幅提高的前提下，保险密度首次突破千元，反映了河南省金融效率进一步提高。

### 3. 证券交易额占比

表1—2—11　河南省2010—2014年证券交易额占比情况

| 年份 | 证券交易额占比（%） | 证券交易额占比增速（%） |
| --- | --- | --- |
| 2010 | 108.55 | — |
| 2011 | 73.79 | -32.02 |
| 2012 | 54.01 | -26.81 |
| 2013 | 57.80 | 7.02 |
| 2014 | 104.56 | 80.90 |

注：以上数据通过《河南统计年鉴（2007—2015）》相关数据计算得到。

2010—2014年河南省证券交易额占比及其增速情况如上表1—2—11所示。

2011年至2012年河南省证券交易额比GDP呈逐年递减趋势，2013年出现小幅回升，2014年因为股市整体表现强劲其增速高达80.90%。2014年全省证券业对GDP的贡献程度提高，反映了金融效率的大幅提升。

### 4. 上市公司数量情况

2009—2014年河南省上市公司数量及其增速情况如表1—2—12所示。

表1—2—12　河南省2009—2014年上市公司数量情况

| 年份 | 上市公司数量（家） | 上市公司家数增速（%） |
| --- | --- | --- |
| 2009 | 66 | — |
| 2010 | 81 | 22.73 |
| 2011 | 99 | 22.22 |
| 2012 | 103 | 4.04 |
| 2013 | 95 | -7.77 |
| 2014 | 99 | 4.21 |

注：以上数据摘自《河南统计年鉴（2007—2015）》。

2009年到2012年河南省上市公司数目逐年增加，经过2013年的小幅回落后2014年上市公司达到99家，增幅为4.21%。2009年IPO的重新启动，全省企业首发上市的积极性呈井喷之势，上市公司数目增长率在2010年和2011年分别达到22.73%和22.22%。2014年以来，河南省委、省政府高度重视企业上市工作，以中原证券为代表的一大批细分行业佼佼者脱颖而出，在全国资本市场已初步形成了具有影响力的"河南板块"。2014年在全国股市强劲的背景下，河南省上市公司整体业绩上升，上市公司数目也上升到99所。

河南省上市企业主要集中于制造业、资源性行业、涉农行业等，第三产业占比很低，而且地区分布不均衡，不利于金融的可持续发展。2014年钢铁、煤炭行业依然在低谷徘徊，养殖行业逐步步入景气周期。河南省应积极推动本省金融行业机构上市，促进全省金融的可持续发展。

## 第三节　河南省金融状况指数综合评价

经过以上分析，可对河南省金融状况作出如下评价：

1. 在金融市场发展方面，2014年河南省金融业增加值是2006年增加值的6.9倍，占当年GDP的比重4.32%；2006—2014年全省金融系统存款余额平均增速为17.48%，贷款余额平均增速为15.71%，经济结构不断优化，银行业实现稳中有进、稳中有为、稳中有效；全省证券交易额强势回升，2014年呈现急剧增长态势，增速高达96.56%；发行国债额自2007年以来波动较大，证券市场稳定性不足。全省2007年保险业空前繁荣，而"十二五"时期保险行业进入深度调整期和矛盾凸显期，业务增速明显放缓，2014年保险行业稳定增长。2014年河南省中原航空港产业投资基金和首家金融租赁公司获批，中原证券成功登陆港交所，中州发展银行、瑞茂通和河南龙成集团参与组建民营银行，河南省积极开展民营银行试点。

2. 在金融结构深化方面，河南省证券市场的截至年末募集资金总额占GDP的比重自2010年以来逐年增加；短期贷款年底余额每年持续增长，金融市场的规模和流动性稳定增加。保费收入在金融业增加值中所占比重总体呈下降趋势，保险业深化程度还有待提高。随着经济新常态的到来，金融机构也必须做出调整，加大金融结构深化力度，支持河南省实体经济发展是当前金融机构的方向。

3. 在金融效率提高方面，2014年河南省存贷比反弹上升，达到了0.66，与2013年相比增速为4.76%，全省银行业营利性增强，效率得到了一定提升。全省首次突破千元大关，近两年呈递增趋势，往年平均增速为20.64%，保险业金融效率逐渐提高。2014年全省证券业对GDP的贡献率大幅升高，呈现爆发式增长，而上市公司数目略有增长，证券业效率逐渐提升。货币市场和资本市场更加平衡，对于河南省金融效率提高提供了有力支持。

# 第二章 河南省成长发展指数评价分析

## 第一节 成长发展指数的指标构建

衡量一个城市的发展状况可以从人文环境水平、基础设施建设水平、国民幸福度、经济发展水平等多个方面来进行，考虑到数据的相关性和可获取性，本文选取了成长发展指数这一综合性指标。

成长发展指数是衡量一个地区成长性的动态性指标，充分反映了中原经济区各地区的经济、资本市场以及创新能力和水平。我们把它分为资本市场成长性指数、经济成长性指数和城市创新成长性指数3个三级指标。

### 一 资本市场成长性指数衡量指标

资本市场上的交易对象是一年以上的长期证券。因为在长期金融活动中，涉及资金期限长、风险大，具有长期较稳定收入，类似于资本投入。资本市场的资金供应者为各金融机构，如商业银行、储蓄银行、人寿保险公司、投资公司、信托公司等。资本市场是商品经济体系的重要组成部分，中原经济区商品经济的快速发展离不开资本市场的发展和完善。

本文选取金融机构贷款余额年增长额、发行国债年增长额以及A股股票募集资金净额作为衡量资本市场成长性的指标，分别从金融机构、政府、上市公司等方面来评价中原经济区各地区的资本市场成长性。

1. 金融机构贷款余额年增长额

金融机构贷款是指企业向商业银行和非银行金融机构借入的资金，贷款余额能在很大程度上反映银行对实体产业资金投入的规模。贷款余额增长额反映了对于实体经济的新增资本投入。

## 2. 发行国债年增长额

发行国债额是指公众用来购买国债券的对价总和，目的是为了平衡国家或地方财政收支或者筹资进行基础建设和公共设施。发行国债总额的年增长额是对发行国债额增长幅度的一个衡量，一定程度上反映了政府对经济发展的投入。

## 3. A 股股票募集资金净额

A 股股票募集资金净额指对上市公司按照《招（配）股说明书》的有关承诺进行公开发行 A 股股票所筹集的资金的多少，衡量地区上升公司在资本市场上的被认可程度，一定程度上反映了该地区的资本市场发展状况。

## 二 经济成长性指数衡量指标

城市的经济成长性主要是指城市经济可持续增长的基础、空间、潜力和可能性。经济增长质量的评价一般涉及价格稳定度、失业率、财政平衡度、社会公平度等 9 个方面。国际通用的衡量城市经济发展水平和经济实力的指标为国内生产总值（以下简称 GDP），但是需要注意的是 GDP 并不反映宏观经济的结构、模式等更深层次的状况，所以，本文增加了财政收入、社会固定资产投资及社会消费品零售总额等相关指标的增长额作为经济发展水平的标示，来综合反映中原经济区各地区的经济成长性。

## 1. GDP 年增长额

GDP 年增长额是指地区 GDP 相对往年的增长量，它是衡量一个地区经济增长速度的一个统计指标，通过该指标可以直观地看到中原经济区各地区宏观经济的运行状况。GDP 增速大小表明该地区经济发展快慢。

## 2. 财政收入年增长额

地方财政收入，是指地方政府为履行其智能、实施公共政策和提供公共物品与服务需要而筹集的一切资金的总和。财政收入增长的幅度大小表明该地区的经济发展快慢。

## 3. 社会固定资产投资年增长额

固定资产投资额是以货币表现的建造和购置固定资产活动的工作量，它是反映固定资产投资规模、速度、比例关系和使用方向的综合性指标。固定资产投资年增长额表示的是固定资产投资相比于基期增加的货币量，它的大小反映了地区经济发展的投入多少。

4. 社会消费品零售总额年增长额

社会消费品零售总额反映一定时期人民物质文化生活水平的提高情况，社会商品购买力的实现程度，以及零售市场的规模状况。它的增长额反映了地区消费能力和经济水平的提高。

### 三 城市创新成长性指数衡量指标

一个城市的经济增长离不开高新技术产业科研创新，而科研创新能力又要有一定的资金和人力等投入作支撑。因此，本报告选取政府研发经费支出年增长额、研发人员年增加量和新产品销售收入年增长额这3个指标，来衡量各城市的创新能力的投入产出量，进而反映出地区的创新成长能力。

1. 政府研发经费支出年增长额

当年研究与试验发展（R&D）经费内部支出中政府资金总额，当期比基期增加的经费支出是其增长额，反映该地方政府当年对科研活动的资金投入情况。

2. 政府研发人员年增长量

政府研发人员指参与研究与试验发展项目研究、管理和辅助工作的人员，包括项目（课题）组人员，企业科技行政管理人员和直接为项目（课题）活动提供服务的辅助人员，其增长量反映每年新从事拥有自主知识产权的研究开发活动的人力投入。

3. 新产品销售收入年增长额

新产品销售收入是指企业在主营业务收入和其他业务收入中销售新产品实现的收入，其增加额就是新产品销售收入年增长额，反映了地区科研创新的产出。

## 第二节 河南省成长发展指数评价

### 一 资本市场成长性指数评价

1. 金融机构贷款余额年增长额

2006—2014年河南省金融机构贷款余额年增长额如表2—2—1所示。

2006—2014 年河南省金融机构贷款余额年增长额增速表现出"大增小减"的规律,9 年来平均增速为 58.08%,处于较高水平。受国家宏观调控货币政策的影响,2006 年和 2009 年出现高倍增长,2007—2008 年、2010—2011 年增长量较低且存在下降趋势。这说明河南省金融机构贷款额度受政策影响很大,但是总体上呈现出了良好的发展趋势,金融业的资本投入对实体经济的发展具有明显推动作用。

表 2—2—1　　河南省 2006—2014 年金融机构贷款余额年增长额指标

| 年份 | 金融机构贷款余额年增长额(亿元) | 金融机构贷款余额年增长额增速(%) |
| --- | --- | --- |
| 2006 | 1132.80 | 231.02 |
| 2007 | 978.15 | -13.65 |
| 2008 | 822.57 | -15.91 |
| 2009 | 3069.38 | 273.15 |
| 2010 | 2433.89 | -20.70 |
| 2011 | 1634.92 | -32.83 |
| 2012 | 2795.48 | 70.99 |
| 2013 | 3209.69 | 14.82 |
| 2014 | 3716.86 | 15.80 |

注:以上数据由《河南省统计年鉴(2007—2015)》相关数据计算得到。

2. 发行国债年增长额

2006—2014 年河南省发行国债年增长额如表 2—2—2 所示。

表 2—2—2　　河南省 2006—2014 年发行国债年增长额指标

| 年份 | 发行国债年增长额(万元) | 发行国债年增长额增速(%) |
| --- | --- | --- |
| 2006 | 77700 | 244.80 |
| 2007 | -105882 | 236.27 |
| 2008 | -54659 | 48.38 |
| 2009 | 251570 | 560.25 |
| 2010 | -11022 | -104.38 |
| 2011 | 30284 | 374.76 |

续表

| 年份 | 发行国债年增长额（万元） | 发行国债年增长额增速（%） |
|---|---|---|
| 2012 | -242411 | -900.46 |
| 2013 | 210995 | 187.04 |
| 2014 | -391288 | -285.45 |

注：以上数据由《河南省统计年鉴（2007—2015）》相关数据计算得到。

2006—2014年国债年增长额和增速波动都非常剧烈。2008年受金融危机影响，人民购买国债意愿降低，出现明显的负增长。由于2008年河南省被确定为凭证式（二期）国债"下乡发售"的两个试点省份之一，因此2009年河南省发行国债额增长额达到最大值，为251570万元。受政策影响，2014年又达到了最低值-391288万元。总体来看，河南省国债发行额呈现"拉锯"式增长。

3. A股股票募集资金净额

2006—2014年河南省A股股票募集资金净额及其增速如表2—2—3所示。

表2—2—3　河南省2006—2014年A股股票募集资金净额指标

| 年份 | A股股票募集资金净额（百万元） | A股股票募集资金净额增速（%） |
|---|---|---|
| 2006 | 37.5 | 2243.75 |
| 2007 | 21.2 | -43.47 |
| 2008 | 48.1 | 126.89 |
| 2009 | 50.06 | 4.07 |
| 2010 | 142.27 | 184.20 |
| 2011 | 260.75 | 83.28 |
| 2012 | 188.97 | -27.53 |
| 2013 | 210.38 | 11.33 |
| 2014 | 256.32 | 21.84 |

注：以上数据摘自《河南省统计年鉴（2007—2015）》。

河南省2006—2014年A股股票募集资金净额总体呈现波动上升趋势，

且增长势头很强,9年平均增速达到289.37%。河南省众多上市公司在我国A股市场被广泛认可,不断筹集资金用于公司发展。由于众多上市公司增发、配股均为公司自主经营策略,每年募集资金净额没有规律。总体来看,可以认为河南省在股票市场上的成长性非常强。

## 二 经济成长性指数评价

2006—2014年河南省GDP年均增长额、财政收入年增长额、社会固定资产投资年增长额和社会消费品零售总额年增长额如表2—2—4所示。

表2—2—4　　河南省2006—2014年经济成长性指标

| 年份 | GDP年增长额（亿元） | 财政收入年增长额（亿元） | 社会固定资产投资年增长额（亿元） | 社会消费品零售总额年增长额（亿元） |
|------|------|------|------|------|
| 2006 | 1775.37 | 235.80 | 1529.05 | 551.67 |
| 2007 | 2649.67 | 327.52 | 2102.37 | 757.77 |
| 2008 | 3006.07 | 251.41 | 2480.54 | 1125.12 |
| 2009 | 1461.93 | 139.91 | 3214.00 | 930.94 |
| 2010 | 3611.90 | 371.90 | 2881.20 | 1257.77 |
| 2011 | 3838.67 | 558.21 | 3645.82 | 1449.49 |
| 2012 | 2668.28 | 430.57 | 3679.48 | 1461.97 |
| 2013 | 2556.55 | 404.33 | 4637.46 | 1510.99 |
| 2014 | 2746.94 | 407.97 | 4694.72 | 1578.34 |

注：以上数据由《河南省统计年鉴（2007—2015）》相关数据计算得到，2010年后社会固定资产投资年增长额按新口径计算。

河南省2006—2014年社会消费品零售总额年增长额总体呈现上升趋势，GDP年均增长额、财政收入年增长额和社会固定资产投资增长额呈现出波浪式上升的趋势。虽然GDP、财政收入、社会固定资产投资和社会消费品零售总额的增速在近10年间有波动，但没有一个指标出现负增长的情况，且增幅较大，这说明河南省经济成长性在近年来有了显著的提高。

## 三 城市创新成长性指数评价

1. 政府研发经费支出年增长额

2006—2014年河南省政府研发经费支出及其增速如表2—2—5所示。

表2—2—5　　河南省2006—2014年政府研发经费支出指标

| 年份 | 政府研发经费支出总额（万元） | 政府研发经费支出年增长额（万元） | 政府研发经费支出年增长额增速（%） |
|---|---|---|---|
| 2006 | 298722.00 | 39352 | — |
| 2007 | 350774.00 | 52052 | 32.27 |
| 2008 | 362552.00 | 11778 | -77.37 |
| 2009 | 277610.00 | -84942 | -821.19 |
| 2010 | 317162.00 | 39552 | 146.56 |
| 2011 | 339417.20 | 22255.2 | -43.73 |
| 2012 | 427074.00 | 87656.8 | 293.87 |
| 2013 | 432970.00 | 5896 | -93.27 |
| 2014 | 454974.00 | 22004 | 273.20 |

注：以上数据摘自《河南省统计年鉴（2007—2015）》。

政府研发经费支出年增长额2006—2008年和2009—2014年两个阶段表现出稳定增长。虽然2009年政府出资部分减少，但是全年研究与试验发展（R&D）经费支出149亿元，科研投入总量并没有减少。这说明河南省政府支持研发的力度不断加大，也使得河南省城市的创新性有了较大的提高。

2. 政府研发人员年增长量

2006—2014年河南省政府研发人员年增长量及其增速如表2—2—6所示。

表2—2—6　　河南省2006—2014年政府研发人员指标

| 年份 | 政府研发人员总量（人） | 政府研发人员年增长量（人） | 政府研发人员年增长量增速（%） |
|---|---|---|---|
| 2006 | 58716 | 7828 | — |
| 2007 | 64888 | 6172 | -21.15 |
| 2008 | 72830 | 7942 | 28.68 |
| 2009 | 92571 | 19741 | 148.56 |
| 2010 | 101668 | 9097 | -53.92 |
| 2011 | 118266 | 16598 | 82.46 |

续表

| 年份 | 政府研发人员总量（人） | 政府研发人员年增长量（人） | 政府研发人员年增长量增速（%） |
|---|---|---|---|
| 2012 | 128323 | 10057 | -39.41 |
| 2013 | 152541 | 24218 | 140.81 |
| 2014 | 161441 | 8900 | -63.25 |

注：以上数据摘自《河南省统计年鉴（2007—2015）》，并通过计算取得。

2006—2014年河南省研发人员一直处于持续增长状态，9年平均增速27.85%。结合河南省政府工作报告中可以看出，河南省近几年来对科研工作在加大资金投入的同时，更注重人才的引进，使得河南省的城市创新性有了稳步的提升。

3. 新产品销售收入年增长额

2010—2014年河南省新产品销售收入及其增速如表2—2—7所示。

表2—2—7　　河南省2010—2014年新产品销售收入指标

| 年份 | 新产品销售收入（亿元） | 新产品销售收入年增长额（亿元） | 新产品销售收入年增长额增速（%） |
|---|---|---|---|
| 2010 | 1963.85 | — | — |
| 2011 | 2550.16 | 586.31 | — |
| 2012 | 2576.20 | 26.04 | -95.56 |
| 2013 | 4791.45 | 2215.25 | 8407.10 |
| 2014 | 5168.95 | 377.5 | -82.96 |

注：以上数据摘自《河南省统计年鉴（2011—2015）》，并通过计算取得。

2010—2012年河南省新产品销售收入增长稳定，2013年实现突破增长，达到了8407.10%。科研资金和智力的投入，新产品销售收入增长表现出滞后性。结合2010—2014年的研发经费投入和研发人员数量的增长趋势综合分析，新产品销售收入增长将明显提高。

## 第三节　河南省成长发展指数综合评价

经过以上分析，可对河南省成长发展指数做出如下评价：

1. 在资本市场成长性方面，2006—2014年河南省的金融机构贷款余额年增长额增速表现出"大增小减"的规律，9年来平均增速58.08%，处于较高水平。河南省金融机构贷款额度受政策影响很大，但是总体呈现出了良好的发展趋势，金融业的资本投入对实体经济的发展具有明显推动作用。2006—2014年国债增长额和增速波动都非常剧烈，河南省国债发行额呈现"拉锯式"增长。2006—2014年河南省A股股票募集资金净额总体呈现波动上升趋势，9年平均增速达到289.37%，增长势头非常强。这说明河南省的总体资本市场的成长性呈波动增长趋势。

2. 在经济成长性方面，河南省2006—2014年社会消费品零售总额年增长额总体呈现上升趋势，GDP年增长额、财政收入年增长额和社会固定资产投资年增长额呈现出波浪式上升的趋势。虽然在2008年和2009年受金融危机影响出现增速下滑，随后即出现明显反弹，这说明河南省经济成长性较强，发展势态良好。

3. 在城市创新成长性方面，从2006—2014年河南省的政府研发经费支出年增长额来看，政府支持研发的力度在不断增强，同时河南省研发人员持续处于增长状态，9年来平均增速27.85%。结合河南省政府工作报告中可以看出，河南省近几年来对科研工作在加大资金投入的同时，更注重人才的引进，使得河南省的城市创新性有了稳步的提升。2010—2012年河南省新产品销售收入增长稳定，2013年实现突破增长。综合来看，河南省城市的创新成长性有了较大的提升。

# 第三章　河南省服务水平指数评价分析

## 第一节　服务水平指数的指标构建

发展服务业尤其是现代服务业，是中原经济区产业结构优化升级的战略重点，金融业的发展是现代服务业中的重中之重。相关服务的完善和优质、高效的相关服务水平是一个地区金融业发展的重要保证。

衡量一个地区的服务水平可以从两方面考量：一个是提供服务水平的主体，用智力资本这一指标来衡量；另一个是该主体所处的环境，包括医疗、保险、事业、房价等因素，用城市环境这一指标来衡量。

### 一　智力资本指数衡量指标

在本报告中，我们将智力资本定义为在中原经济区这个领土范围内，所有的组织、知识社群和专业人员等的知识与知识能力，我们用金融业从业密度、受高等教育密度、科研人员密度以及普通高等学校数量这4个指标来说明各个城市的智力资本水平。

1. 金融业从业密度

从事金融业的人员数量比地区总面积即为该地区的金融业从业密度，该值表现出金融业智库的密集度，反映出该地区金融发展的人力资本水平。

2. 受高等教育密度

普通高等学校在校学生数量比地区总面积即为该地区受高等教育密度，该值衡量地区受教育程度，进而反映该地区从业人员的知识水平和专业素质。

3. 科研人员密度

科技活动人员（科研人员）数量比建区面积即该地区的科研人员密度。反映出地区科研创新方面的智力资本水平。

4. 普通高等学校数量

高等学校越多，该地区的受教育程度越高，从业人员更加专业化。

## 二 城市环境指数衡量指标

城市环境是根据人类的需要利用和改造而创造出来的高度人工化与自然环境因素掺杂一起的生存环境，是与城市整体互相关联的人文条件和自然条件的总和。其包括社会环境和自然环境两方面，前者由经济、政治、文化、历史、人口、民族、行为等基本要素构成；后者包括地质、地貌、水文、气候、动植物、土壤等诸要素。由于自然环境的数据取得难度较大，且不易衡量，因此，本文侧重选取关于社会环境的一些经济、人口等要素来表征城市环境水平。

城市环境指数包括城镇化水平、人均城市道路面积、人均绿化覆盖面积、基本医疗保险覆盖率、基本养老保险覆盖率及商品房屋销售均价、城镇单位从业人员平均工资、年底实有运营车辆数共8个四级指标。

1. 城镇化水平

城镇化水平通常用市人口和镇人口占全部人口的百分比来表示，用于反映人口向城市聚集的过程和聚集程度，城镇化水平越高，生活环境改善越多。

2. 人均城市道路面积

道路面积指道路实际铺装面积和与道路相通的广场、桥梁、隧道的铺装面积。道路面积比常住人口数量即人均城市道路面积，人均拥有城市道路面积越高，城市交通环境越好。

3. 人均绿化覆盖面积

人均绿化覆盖面积是指在城镇中，属于城市建成区内的常年植被覆盖地面，道路两旁的绿化带是主要统计对象；此外还有广场、公司及厂区内、居民小区内等都是主要关注的。建成区绿化覆盖面积比常住人口数量即人均绿化覆盖面积，人均拥有越多，城市自然环境越好。

4. 基本医疗保险覆盖率

医疗保险是为补偿疾病所带来的医疗费用的一种保险。基本医疗保险覆盖率为参加医疗保险的人数比该地区常住人口数量，基本医疗保险覆盖范围越大，城市医疗环境越好。

5. 基本养老保险覆盖率

基本养老保险覆盖率为参加养老保险的人数比该地区常住人口数量，养老保险覆盖范围提高，可以提高城市老年人生活幸福感。

6. 商品房屋销售均价

商品房是指按法律、法规及有关规定可在市场上自由交易，不受政府政策限制的各类商品房屋，包括新建商品房、二手房（存量房）等。商品房销售均价为商品房销售额比商品房销售面积；房价越高，居民生活压力越大。

7. 城镇单位从业人员平均工资

从业人员平均工资等于从业人员工资总额除以从业人员平均人数，用来衡量地区从业人员的工资水平和收入水平，反映了地区的工作环境。

8. 年底实有运营车辆数

运营车辆数为公共交通工具数量，从一定程度上反映了该地区的交通便利程度，反映了地区的交通运输环境。

## 第二节  河南省服务水平指数评价

### 一  智力资本指数评价

1. 金融业从业密度、受高等教育密度和科研人员密度

2006—2014 年我省金融业从业密度、受高等教育密度和科研人员密度及其增速如表 3—2—1 所示。

表 3—2—1    河南省 2006—2014 年金融业从业密度、
受高等教育密度和科研人员密度情况

| 年份 | 金融业从业密度（人/平方公里） | 金融业从业密度增速（%） | 受高等教育密度（人/平方公里） | 受高等教育密度增速（%） | 科研人员密度（人/平方公里） | 科研人员密度增速（%） |
|---|---|---|---|---|---|---|
| 2006 | 1.24 | -0.80 | 5.83 | 14.31 | 1.06 | 11.58 |
| 2007 | 1.34 | 8.06 | 6.56 | 12.52 | 1.15 | 8.49 |

续表

| 年份 | 金融业从业密度（人/平方公里） | 金融业从业密度增速（%） | 受高等教育密度（人/平方公里） | 受高等教育密度增速（%） | 科研人员密度（人/平方公里） | 科研人员密度增速（%） |
|---|---|---|---|---|---|---|
| 2008 | 1.29 | -3.73 | 7.49 | 14.18 | 1.26 | 9.57 |
| 2009 | 1.35 | 4.65 | 8.2 | 9.48 | — | — |
| 2010 | 1.41 | 4.44 | 8.72 | 6.34 | 1.57 | — |
| 2011 | 1.51 | 7.09 | 8.98 | 2.98 | 1.75 | 11.46 |
| 2012 | 1.48 | -1.99 | 9.34 | 4.01 | 1.83 | 4.57 |
| 2013 | 1.52 | 2.70 | 9.69 | 3.75 | 1.98 | 8.20 |
| 2014 | 1.52 | 0.36 | 10.06 | 3.82 | 2.06 | 4.04 |

注：以上数据由《河南统计年鉴（2007—2015）》相关数据计算得到。

2006—2014年以来，随着河南省金融业的发展，金融业从业人员需求量不断增加，但是金融业从业人员工资水平远低于一线城市，故从业人员数量呈波动式增长，平均增长率为2.31%。随着河南省高校数量增加和不断扩招，受高等教育人数不断提高，受高等教育密度平均增速保持在7.93%。从可获得的数据来看，科研人员数量也表现出逐年递增的趋势，保持在7.07%。综合来看，河南省智力资本指数逐渐提高，专业化人才更多，科研创新能力也不断提高。

2. 普通高等学校数量

2006—2014年河南省普通高等学校数量及其增速如表3—2—2所示。

2006—2008年河南省普通高校数量变化很小，2009年以来，有明显上升趋势。尤其是2010年，河南省普通高等学校的数量实现20.22%的增速。历年河南高考人数位于全国前列，河南省正在大力发展高等教育扩招，

表3—2—2　　河南省2006—2014年普通高等学校数量情况

| 年份 | 普通高等学校数量（所） | 普通高等学校数量增速 |
|---|---|---|
| 2006 | 84 | 1.20 |
| 2007 | 82 | -2.38 |
| 2008 | 84 | 2.44 |

续表

| 年份 | 普通高等学校数量（所） | 普通高等学校数量增速 |
|---|---|---|
| 2009 | 89 | 5.95 |
| 2010 | 107 | 20.22 |
| 2011 | 117 | 9.35 |
| 2012 | 120 | 2.56 |
| 2013 | 127 | 5.83 |
| 2014 | 129 | 1.57 |

注：以上数据摘自《河南统计年鉴（2006—2014)》，并通过简单计算取得。

满足高层次人才培养要求。

## 二 城市环境指数评价

1. 城镇化水平和城镇单位从业人员平均工资情况

2006—2014年河南省城镇化水平及城镇单位从业人员平均工资及其增速如表3—2—3所示。

2006—2014年河南省城镇化水平一直处于增长趋势，在近9年的时间里，城镇化水平提高了12.73%，近年来增长有所放缓。城镇从业人员平均工资保持17.03%的年增长率，远超过4%左右的通胀水平，实际工资不断提高，居民可支配收入提高，消费也相对提高，城镇就业吸引力提高，进而推动城镇化水平提高。

表3—2—3 河南省2006—2014年城镇化水平及城镇单位从业人员平均工资情况

| 年份 | 城镇化水平（%） | 城镇化水平增速（%） | 城镇单位从业人员平均工资（元） | 城镇单位从业人员平均工资增速（%） |
|---|---|---|---|---|
| 2006 | 32.47 | 5.94 | 12483 | 20.23 |
| 2007 | 34.30 | 5.64 | 15850 | 26.97 |
| 2008 | 36.03 | 5.04 | 17118 | 8.00 |
| 2009 | 37.70 | 4.64 | 18352 | 7.21 |
| 2010 | 38.82 | 2.97 | 20769 | 13.17 |

续表

| 年份 | 城镇化水平（%） | 城镇化水平增速（%） | 城镇单位从业人员平均工资（元） | 城镇单位从业人员平均工资增速（%） |
|---|---|---|---|---|
| 2011 | 40.57 | 4.51 | 24397 | 17.47 |
| 2012 | 42.43 | 4.58 | 28103 | 15.19 |
| 2013 | 43.80 | 3.23 | 33954 | 20.82 |
| 2014 | 45.20 | 3.20 | 42179 | 24.22 |

注：以上数据摘自《河南统计年鉴（2007—2015）》，并通过计算取得。

2. 城市交通和绿化环境情况

2006—2014年河南省城市交通和绿化环境情况及其增速如表3—2—4所示。

表3—2—4　河南省2006—2014年人均城市道路面积和人均绿化覆盖面积情况

| 年份 | 人均城市道路面积（平方米/人） | 人均城市道路面积增速（%） | 人均绿化覆盖面积（公顷/万人） | 人均绿化覆盖面积增速（%） | 年底实有运营车辆数（辆） | 年底实有运营车辆数增速（%） |
|---|---|---|---|---|---|---|
| 2006 | 1.667 | -0.12 | 5.411 | -0.13 | 12575 | 0.49 |
| 2007 | 1.894 | 13.62 | 5.880 | 8.67 | 13071 | 3.94 |
| 2008 | 2.088 | 10.24 | 6.969 | 18.52 | 15661 | 19.81 |
| 2009 | 2.164 | 3.64 | 7.318 | 5.01 | 18381 | 17.37 |
| 2010 | 2.314 | 6.93 | 7.831 | 7.01 | 18912 | 2.89 |
| 2011 | 2.492 | 7.69 | 8.169 | 4.32 | 20860 | 10.30 |
| 2012 | 2.707 | 8.63 | 8.705 | 6.56 | 21852 | 4.76 |
| 2013 | 2.852 | 5.36 | 9.144 | 5.04 | 22790 | 4.29 |
| 2014 | 2.969 | 4.10 | 10.477 | 14.61 | 20303 | -10.91 |

注：以上数据由《河南统计年鉴（2007—2015）》相关数据计算得到。

2005—2013年河南省人均城市道路面积和人均绿化覆盖面积、年底实有营运车辆数总体上呈现出稳定增长的趋势。这说明河南省在加快城市发展的过程中，城市交通和绿化环境逐渐得到改善。

3. 基本医疗、养老保险覆盖情况

2006—2014年河南省基本医疗保险和基本养老保险覆盖情况及其增

速如表3—2—5所示。

表3—2—5　河南省2006—2014年基本医疗保险覆盖率和基本养老保险覆盖率情况

| 年份 | 基本医疗保险覆盖率 | 基本医疗保险覆盖率增速（%） | 基本养老保险覆盖率 | 基本养老保险覆盖率增速（%） |
| --- | --- | --- | --- | --- |
| 2006 | 0.075 | 9.74 | 0.081 | 6.35 |
| 2007 | 0.078 | 3.48 | 0.086 | 5.88 |
| 2008 | 0.089 | 14.97 | 0.101 | 17.02 |
| 2009 | 0.208 | 132.86 | 0.107 | 6.78 |
| 2010 | 0.217 | 4.64 | 0.115 | 6.83 |
| 2011 | 0.226 | 4.03 | 0.124 | 8.45 |
| 2012 | 0.236 | 4.51 | 0.135 | 8.54 |
| 2013 | 0.244 | 3.30 | 0.143 | 6.17 |
| 2014 | 0.248 | 1.64 | 0.152 | 6.29 |

注：以上数据由《河南统计年鉴（2007—2015）》相关数据计算得到。2009年起由原来城镇职工基本医疗保险人数加入城镇居民医疗保险人数。

2006—2014年河南省基本医疗保险覆盖率和基本养老保险覆盖率均处于上升趋势。由于算法改变，2009年及以后医疗保险人数包括城镇职工医疗保险和城镇居民医疗保险参保人数，2009年医疗保险覆盖率增速数据异常。排除该年增速数据，9年来平均增速6.38%。养老保险人数占常住人口的比例增速较为稳定，平均保持8.06%的年平均增长率。城市医疗保险覆盖面扩大，居民大病支出有了保障，生活水平得到提高。

4. 房地产价格情况

2006—2014年河南省商品房地产价格及其增速如表3—2—5所示。

表3—2—6　河南省2006—2014年商品房销售均价指标

| 年份 | 商品房销售均价（元/平方米） | 商品房销售均价增速（%） |
| --- | --- | --- |
| 2006 | 2011.85 | 7.76 |
| 2007 | 2253.44 | 12.01 |
| 2008 | 2338.54 | 3.78 |
| 2009 | 2666.01 | 14.00 |

续表

| 年份 | 商品房销售均价<br>（元/平方米） | 商品房销售均价<br>增速（%） |
|---|---|---|
| 2010 | 3042.41 | 14.12 |
| 2011 | 3500.80 | 15.07 |
| 2012 | 3831.24 | 9.44 |
| 2013 | 4205.27 | 9.76 |
| 2014 | 4366.4 | 3.83 |

注：以上数据由《河南统计年鉴（2007—2015）》相关数据计算得到。

2006—2014年河南省商品房销售均价持续处于高速上升趋势，年均增速9.97%。其中2006年和2008年商品房受国家房地产宏观调控政策打压，均价下降，但是随后一年即出现报复性增长。2011年后国家进入长期的房地产价格控制阶段，房地产价格增长保持稳定在10%以内，同时城镇居民平均工资增速为17.03%，但是由于房地产购买总价格高于同期平均工资水平，因此购房压力不断增大。

## 第三节　河南省服务水平指数综合评价

经过以上分析，可对河南省服务水平指数做出如下评价：

1. 在智力资本方面，随着河南省金融业的发展，金融业从业人员需求量不断增加，受工资水平较低的影响，对金融业人才吸引力不足，需要引起重视。随着河南省高校数量增加和不断扩招，受高等教育人数不断增加，受高等教育密度平均增速保持在7.93%。科研人员数量也表现出逐年递增的趋势，保持在7.07%。综合来看，河南省智力资本指数逐渐提高，专业化人才更多，科研创新能力也不断提高。

2. 在城市环境方面，2006—2014年河南省城镇化水平一直处于增长趋势，近年来增长有所放缓。同时，城镇从业人员平均工资保持17.03%的增长率，远超过4%左右的通胀水平，城镇就业吸引力提高，进而推动城镇化水平提高。河南省人均城市道路面积、人均绿化覆盖面积、年底实有营运车辆数呈现出稳定增长的趋势。这说明河南省城市交通和绿化环境逐渐得到改善。2006—2014年河南省基本医疗保险覆盖率和基本养老保险覆盖率均处于上升趋势，城市医疗保险覆盖面扩大，居民大病支出有了保障，生活水平得到提高。2006—2014年河南省商品房销售均价持续处于高速上升趋势，年均增速9.97%。购房压力不断增大，房地产价格调控方面需要加大力度。综合来看，河南省在房地产建设的黄金十年里保持高速的城市环境建设，城市环境不断得到改善。

# 第四章  河南省综合环境指数评价分析

## 第一节  综合环境指数的指标构建

综合环境包括经济环境、生态环境、开放环境、人文环境等，考虑到数据的可取性以及高度相关性，在该指数中，综合环境指数着重从经济环境和开放程度两个方面来评价该区域的整体环境发展水平。经济环境是指构成一个组织生存和发展的社会经济状况和国家经济政策，是影响消费者购买能力和消费能力的因素，它包括收入结构和支出结构变化等。

### 一  经济环境指数衡量指标

中原经济区经济环境指数从人均收入、人均财政收入和人均国内生产总值等方面来衡量一个地区经济环境质量的高低。选用人均值指标是因为人均值是最能体现一个地区的经济实力、发展水平和生活水准的综合指标，它不仅考虑了经济总量的大小，而且结合了人口多少的因素，在国际上被广泛用于评价和比较一个国家和地区的经济发展水平。尤其在我们这样的人口大国，用人均值反映一个地区的经济增长和发展情况更加准确和富有现实意义。

经济环境指数包括城镇人均可支配收入、农村人均纯收入、人均GDP、人均财政收入及人均社会商品零售额5个四级指标。

1. 城镇人均可支配收入

城镇居民可支配收入是指城镇居民的实际收入中能用于安排日常生活的收入，城镇居民可支配收入比常住人口就构成了城镇人均可支配收入，它是用以衡量城市居民收入水平和生活水平的常用指标。

2. 农村人均纯收入

农民纯收入是指农民的总收入扣除相应的各项费用性支出后，归农民所有的收入，农民纯收入比常住人口就构成了农村人均纯收入，这个指标用来观察农民实际收入水平和农民扩大再生产及改善生活的能力。

3. 人均GDP

以货币表现的一个地区居民在一定时期（通常是1年）所生产的产品和劳务的市场价值总量比该地区常住人口构成人均国内生产总值，反映了地区居民对国民生产总值的贡献大小。

4. 人均财政收入

财政收入比常住人口就构成了人均财政收入，反映一个地区的财力水平。

5. 人均社会商品零售额

居民购买生活消费品的支出社会商品零售额，是已实现的商品购买力。人均社会商品零售额在一定程度上反映了人们对基本生活需求的投入以及地区消费水平。

## 二 开放程度指数衡量指标

对外开放用以测算某一国家或地区经济融入国际经济的程度或对世界经济的依存状况。研究者一般是从国际贸易和国际金融的角度研究经济开放程度，依次考察一个经济体的商品市场和资本市场的对外开放程度。本文选取实际利用外资额来度量国际资本流入、旅游创汇收入度量对外吸引力、进出口总额来度量进出口贸易水平，从而综合评价中原经济区的对外开放程度。

1. 实际利用外资额

实际利用外资额是指各地区在和外商签订合同后，实际到达的外资款项。只有实际利用外资额才能真正衡量各地区的外资流入量，反映地区项目的盈利能力。

2. 旅游创汇收入

一般指外国人来中国旅游，他们消费就成为外汇收入的重要渠道，旅游创汇收入反映了地区旅游事业发展水平和经济文化对外的吸引力。

3. 进出口总额

进出口总额指实际进出我国国境的货物总金额。进出口总额用以观察一个国家在对外贸易方面的总规模，反映地区贸易水平和地区产品的国际竞争力。

## 第二节 河南省综合环境指数评价

### 一 经济环境指数评价

1. 城镇人均可支配收入和农村人均纯收入

2006—2014年我省城镇人均可支配收入和农村人均纯收入及其增速如表4—2—1所示。

表4—2—1 河南省2006—2014年城镇人均可支配收入和农村人均纯收入情况

| 年份 | 城镇人均可支配收入（元） | 城镇人均可支配收入增速（%） | 农村人均纯收入（元） | 农村人均纯收入增速（%） | 城乡居民收入差额（元） | 城乡居民收入差额年增速（%） |
|---|---|---|---|---|---|---|
| 2006 | 9810.26 | — | 3261.03 | — | 6549.23 | — |
| 2007 | 11477.05 | 16.99 | 3851.60 | 18.11 | 7625.45 | 16.43 |
| 2008 | 13231.11 | 15.28 | 4454.24 | 15.65 | 8776.87 | 15.10 |
| 2009 | 14371.56 | 8.62 | 4806.95 | 7.92 | 9564.61 | 8.98 |
| 2010 | 15930.26 | 10.85 | 5523.73 | 14.91 | 10406.53 | 8.80 |
| 2011 | 18194.80 | 14.22 | 6604.25 | 19.56 | 11590.77 | 11.38 |
| 2012 | 20442.62 | 12.35 | 7524.94 | 13.94 | 12917.68 | 11.45 |
| 2013 | 22398.03 | 9.57 | 8475.34 | 12.63 | 13922.69 | 7.78 |
| 2014 | 24391.45 | 8.90 | 9416.10 | 11.10 | 14975.35 | 7.56 |

注：以上数据摘自《河南统计年鉴（2007—2015）》及统计公报，并通过计算取得。2014年数据分为新旧口径。为便于对照比较，表中数据仍使用旧口径。新口径为实施城乡一体化调查的数据。

2006—2014年间，城镇人均可支配收入平均增速高达12.10%，农村人均纯收入平均增速高达14.23%。收入的变化直接影响着居民的生活质量，同时也是衡量经济环境的重要指标。2014年城镇人均可支配收入和农村人均纯收入增速双双回落，但仍保持高速增长水平。这说明河南省2006—2014年间，经济环境运行良好，居民生活水平稳步提高，城乡收入差距在不断缩小，社会更加公平，经济环境趋于良好。

### 2. 人均GDP、人均财政收入和人均社会商品零售额

2006—2014年我省人均GDP、人均财政收入和人均社会商品零售额及其增速如表4—2—2所示。

2006—2014年人均GDP、人均财政收入和人均社会商品零售额均呈高速增长趋势。人均GDP平均增速高达13.94%；人均财政收入平均增速高达16.66%；人均社会商品零售额平均增速高达17.19%；2010年人均GDP增速反弹冲高后开始逐年下降，这与中国经济增速放缓相一致；人均社会商品零售额增速也于同年开始下滑；人均财政收入增速从2012年开始逐年下降；后即开始3项指标的增速呈现下滑趋势。增速趋于稳定且保持较高增长是三个指标的共同特点。

表4—2—2　　河南省2006—2014年人均GDP、人均财政收入和人均社会商品零售额情况

| 年份 | 人均GDP（元/人） | 人均GDP增速（%） | 人均财政收入（元/人） | 人均财政收入增速（%） | 人均社会商品零售额（元/人） | 人均社会商品零售额增速（%） |
|---|---|---|---|---|---|---|
| 2006 | 13163.11 | — | 1280.83 | — | 4187.13 | — |
| 2007 | 16038.95 | 21.85 | 1635.13 | 27.66 | 5011.03 | 19.68 |
| 2008 | 19109.69 | 19.15 | 1889.80 | 15.58 | 6167.61 | 23.08 |
| 2009 | 20533.84 | 7.45 | 2025.72 | 7.19 | 7111.18 | 15.30 |
| 2010 | 24553.28 | 19.57 | 2438.81 | 20.39 | 8510.53 | 19.68 |
| 2011 | 28686.65 | 16.83 | 3037.82 | 24.56 | 10069.93 | 18.32 |
| 2012 | 31468.54 | 9.70 | 3489.77 | 14.88 | 11604.95 | 15.24 |
| 2013 | 34161.12 | 8.56 | 3916.72 | 12.23 | 13201.54 | 13.76 |
| 2014 | 37026.54 | 8.39 | 4339.53 | 10.80 | 14842.04 | 12.43 |

注：以上数据由《河南统计年鉴（2007—2015）》相关数据计算得到。

## 二　开放程度指数评价

### 1. 实际利用外资额

2006—2014年河南省实际利用外资额及其增速如表4—2—3所示。

2006—2014年河南省实际利用外资额总体呈增长趋势。在2006—2014年的9年间，平均增速高达31.30%，2007年增速达到峰值

65.96%，但 2013—2014 年实际利用外资额的增长有所放缓，增速略高于 10%，表现出 9 年来外商对河南省发展前景比较看好，2014 年受国家整体经济下行压力，外资投入继续小幅减少，整体外资流入增长水平仍处于高位。

表 4—2—3　　河南省 2006—2014 年实际利用外资额情况

| 年份 | 实际利用外资额（万美元） | 实际利用外资额增速（%） |
|---|---|---|
| 2006 | 18.45 | — |
| 2007 | 30.62 | 65.96 |
| 2008 | 40.33 | 31.71 |
| 2009 | 47.99 | 18.99 |
| 2010 | 62.47 | 30.17 |
| 2011 | 100.83 | 61.41 |
| 2012 | 121.17 | 20.17 |
| 2013 | 134.57 | 11.06 |
| 2014 | 149.27 | 10.92 |

注：以上数据摘自《河南统计年鉴（2007—2015）》并通过计算取得。

2. 旅游创汇收入

2006—2014 年河南省旅游创汇收入及其增速如表 4—2—4 所示。

表 4—2—4　　河南省 2006—2014 年旅游创汇收入情况

| 年份 | 旅游创汇收入（万美元） | 旅游创汇收入增速（%） |
|---|---|---|
| 2006 | 27376 | — |
| 2007 | 31800 | 16.16 |
| 2008 | 37443 | 17.75 |
| 2009 | 43000 | 14.84 |
| 2010 | 49877 | 15.99 |
| 2011 | 54902 | 10.07 |
| 2012 | 61141 | 11.36 |

续表

| 年份 | 旅游创汇收入（万美元） | 旅游创汇收入增速（%） |
|---|---|---|
| 2013 | 65997 | 7.94 |
| 2014 | 72530 | 9.90 |

注：2006—2009 年数据来自《河南省旅游局工作报告》，其余摘自《河南统计年鉴（2012—2015）》并通过计算取得。

2006 年以来，入境旅游业务呈逐年上升的趋势，但增速呈现下降的趋势，2013 年旅游创汇收入增速处于 7.94% 的较低点，2014 年增速有所回升，接近 10% 的水平。2006—2014 年平均年均创汇增长率 13.00%，表现出河南对外旅游业增长迅速，开放程度进一步提高。

3. 进出口总额

2006—2014 年河南省进出口总额及其增速如表 4—2—5 所示。

表 4—2—5　河南省 2006—2014 年进出口总额情况

| 年份 | 进出口总额（万美元） | 进出口总额增速（%） |
|---|---|---|
| 2006 | 979594 | — |
| 2007 | 1280493 | 30.72 |
| 2008 | 1747934 | 36.50 |
| 2009 | 1343839 | -23.12 |
| 2010 | 1779157 | 32.39 |
| 2011 | 3264212 | 83.47 |
| 2012 | 5175027 | 58.54 |
| 2013 | 5995687 | 15.86 |
| 2014 | 6503288 | 8.47 |

注：以上数据摘自《河南统计年鉴（2007—2015）》并通过计算取得。

受国际金融危机影响，2009 年进出口贸易大幅减少。2010 年开始强势反弹，基本达到了金融危机前的水平。2014 年进出口额增速明显下降，仅有 8.47%。然而，2014 年河南进出口总额再创历史新高，增速跑赢了全国平均水平。这其中，不仅有作为智能手机主产地的天然优势，更有生鲜、电商等新兴跨境业务的逐步兴起。总的来看，河南省进出口额拥有巨大的优势。国家正在大力推进跨境贸易电子商务，作为全国首批5家试点之一的郑州，这两年这方面的业务发展迅猛。2014年，河南省从韩国、中国台湾、东盟和日本等十大进口市场进口合计1451.5亿元，占全省进口总值的92.1%。出口主要面向美国、欧盟、日本、东盟和中国香港等十大市场，出口合计1929.4亿元，占全省出口总值的79.8%。综合来看，河南省进出口总体增长迅速，开放程度不断加深。

## 第三节 河南省综合环境指数综合评价

经过以上分析，可对河南省服务水平指数做出如下评价：

1. 在经济环境方面，2014年城镇人均可支配收入增速和农村人均纯收入增速分别为8.90%和11.10%。河南省在2006—2014年间，经济环境运行良好，居民生活水平稳步提高，城乡收入差距在2014年有所减小，社会发展更加公平合理。2006—2014年人均GDP、人均财政收入和人均社会商品零售额均呈高速增长趋势，高于国家平均水平，各项人均指标增速平均保持在10%左右。2014年河南省经济环境延续往年不断优化的势头，人民生活水平不断提高，进一步提升了河南省经济竞争力。

2. 在开放程度方面，2014年河南省实际利用外资额维持高速增长的态势；旅游创汇收入增速提升，突破7万美元；进出口总额达到6503288万美元，增速有所放缓，但仍高于全国平均水平。2006—2014年河南省开放程度不断加深，实际利用外资额、旅游创汇收入和进出口额均保持高速增长，总体金额不断增加，反映了河南省在对外贸易方面的持久活力。受国际金融危机影响，2009年三个指标增速明显下滑，但之后又重返高速增长的局面。综合来看，河南省对外开放效果明显，开放程度逐年加深，为河南省金融发展提供了充足动力。

# 第五章 河南省18地市金融发展指数综合评价及排名

本研究报告将采用因子分析模型的方法对河南省各个地市的金融发展指数指标体系进行加权整合,结合 SPSS 统计软件实现。

## 第一节 金融状况指数综合评价及排名

金融状况指数是金融发展指数指标体系的第一个二级指标。为了便于研究和分析,我们将其划分为金融市场发展、金融结构深化和金融效率提高3个三级指标。

### 一 金融市场发展指数综合评价

首先判断出金融市场发展指标体系中7个指标均属于正向指标,如表5—1—1,然后对2014年河南省18个地市的这7个指标的数据进行无量纲化处理。

表 5—1—1  金融市场发展指标体系

| | |
|---|---|
| 金融市场发展 | 金融业增加值（X1） |
| | 金融系统存款余额（X2） |
| | 金融系统贷款余额（X3） |
| | 证券交易额（X4） |
| | 发行国债额（X5） |
| | 保费收入（X6） |
| | 保险赔付额（X7） |

因子分析的前提是观测变量之间有较强的相关关系，首先对有关变量进行相关分析。如表5—1—2所示，从表中我们看到相关矩阵中的相关系数全部大于0.5，满足因子分析的前提。另外，根据KMO和球形Bartlett检验数据的结果，表5—1—3所示，可以看出，其中KMO检验值为0.840，认为所取样本足够，巴特莱特检验接受零假设，即拒绝各变量独立的假设，因子分析的方法值得尝试的。

表5—1—2　　　　　　　变量间的相关系数矩阵

| 相关矩阵 | | 金融业增加值 | 金融系统存款余额 | 金融系统贷款余额 | 证券交易额 | 发行国债额 | 保费收入 | 保险赔付额 |
|---|---|---|---|---|---|---|---|---|
| 相关 | 金融业增加值 | 1.000 | 0.991 | 0.992 | 0.989 | 0.954 | 0.981 | 0.962 |
| | 金融系统存款余额 | 0.991 | 1.000 | 0.995 | 0.982 | 0.965 | 0.993 | 0.977 |
| | 金融系统贷款余额 | 0.992 | 0.995 | 1.000 | 0.994 | 0.970 | 0.982 | 0.959 |
| | 证券交易额 | 0.989 | 0.982 | 0.994 | 1.000 | 0.966 | 0.965 | 0.937 |
| | 发行国债额 | 0.954 | 0.965 | 0.970 | 0.966 | 1.000 | 0.946 | 0.928 |
| | 保费收入 | 0.981 | 0.993 | 0.982 | 0.965 | 0.946 | 1.000 | 0.992 |
| | 保险赔付额 | 0.962 | 0.977 | 0.959 | 0.937 | 0.928 | 0.992 | 1.000 |

表5—1—3　　　　　　　KMO 和 Bartlett 检验

| KMO 和 Bartlett 检验 | | |
|---|---|---|
| 取样足够度的 Kaiser – Meyer – Olkin 度量 | | 0.840 |
| Bartlett 的球形度检验 | 近似卡方 | 366.709 |
| | df | 21 |
| | sig. | 0.000 |

根据斯格里准则，由图5—1—1所示的碎石检验图看出，在第二主成分所对应点处斜率明显变小，容易判断应取第一个主成分；第一个因子的特征根值特别大，说明其对原有变量的解释能力非常强，后面的6个因子

的特征根值很小，对原有变量的解释能力较弱，可以被忽略，从碎石图我们可以从另一个侧面看出提取一个因子也是非常合适的。

另外，使用 SPSS 21.0 软件计算得到表 5—1—4：特征值和方差贡献率表，从表中可以看出：当规定取特征值大于 1 对应的主成分时，则取第 1 个主成分，变量的相关系数矩阵有 1 个大特征根：6.835，其主成分的贡献率为 97.642%，反映了原有变量的大部分信息，可以接受。根据累计贡献率大于 85% 的原则，选取 1 个特征根来作为综合评价金融市场发展的公共因子，用 1 个新变量代替原来的 7 个变量。

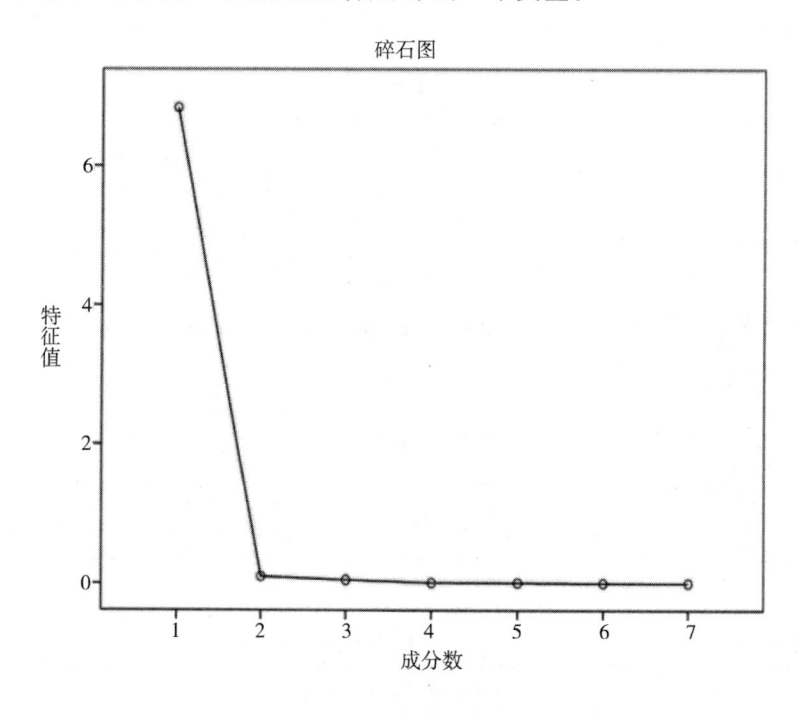

图 5—1—1　因子的碎石检验图

表 5—1—4　　　　　　　　特征值与方差贡献率

| 成分 | 初始特征值 | | | 提取平方和载入 | | |
|---|---|---|---|---|---|---|
| | 合计 | 方差（%） | 累积（%） | 合计 | 方差（%） | 累积（%） |
| 1 | 6.835 | 97.642 | 97.642 | 6.835 | 97.642 | 97.642 |
| 2 | 0.099 | 1.408 | 99.050 | | | |

解释的总方差

续表

解释的总方差

| 成分 | 初始特征值 | | | 提取平方和载入 | | |
|---|---|---|---|---|---|---|
| | 合计 | 方差% | 累积% | 合计 | 方差% | 累积% |
| 3 | 0.049 | 0.700 | 99.750 | | | |
| 4 | 0.008 | 0.120 | 99.870 | | | |
| 5 | 0.006 | 0.092 | 99.962 | | | |
| 6 | 0.001 | 0.021 | 99.983 | | | |
| 7 | 0.001 | 0.017 | 100.000 | | | |

提取方法：主成分分析。

由于只提取一个因子，因此无须对因子进行旋转，直接可得到主成分的载荷矩阵。但是如果存在多个因子，为了明确因子的意义，使各个因子得到合理的解释，往往要对初始因子载荷矩阵进行旋转。在旋转方法上，采用方差最大化方法。这是一种正交旋转方法，它使每个因子上的具有最高载荷的变量数最小，因此可以简化对因子的解释。

表 5—1—5　　　　　　　　主成分的载荷阵

| 成分矩阵 a | |
|---|---|
| | 成分 |
| | 1 |
| 金融业增加值 | 0.993 |
| 金融系统存款余额 | 0.998 |
| 金融系统贷款余额 | 0.996 |
| 证券交易额 | 0.988 |
| 发行国债额 | 0.973 |
| 保费收入 | 0.992 |
| 保险赔付额 | 0.977 |

提取方法：主成分。

a. 已提取了 1 个成分。

根据主成分的载荷阵，可以清楚地看到公共因子中金融业增加值、金融系统存款余额、金融系统贷款余额、证券交易额、发行国债额、保费收入和保险赔付额的载荷分别为：0.993、0.998、0.996、0.988、0.973、0.992 和 0.977，因此主成分主要代表河南省区域的银行业、证券业和保险业的发展实力。

经过 SPSS 21.0 处理，原始指标经过求解因子模型，得到主成分与对应变量的相关系数表，再对其相关系数表进行处理，得到调整后的特征向量，即因子得分系数阵，见表 5—1—6。

表 5—1—6　　　　　　　　　　因子得分系数表

| 成分得分系数矩阵 | |
| --- | --- |
| | 成分 |
| | 1 |
| 金融业增加值 | 0.145 |
| 金融系统存款余额 | 0.146 |
| 金融系统贷款余额 | 0.146 |
| 证券交易额 | 0.145 |
| 发行国债额 | 0.142 |
| 保费收入 | 0.145 |
| 保险赔付额 | 0.143 |

提取方法：主成分。
旋转法：具有 Kaiser 标准化的倾斜旋转法。

利用表 5—1—6 中的因子得分系数矩阵可以将所有主成分表示为各个变量的线性组合，可得 F1，得出主成分表达式分别为：

$$F1 = \sum_{i=1}^{7} PC1iXi = 0.145X1 + 0.146X2 + 0.146X3 + 0.145X4 + 0.142X5 + 0.145X6 + 0.143X7$$

此处的 Xi 是原始数据经过无量纲化处理过的。由于只有一个主成分，所以可以直接得到：金融市场发展指数 = F1。

经计算得到各地市金融市场发展指标的综合排名：

## 第五章 河南省 18 地市金融发展指数综合评价及排名

2013 年河南省各个地市金融市场发展的综合排名，如表 5—1—8 所示。

表 5—1—7　　2013 年河南省各个地市金融市场发展指数排名结果

| 河南省 18 地市 | F1 得分 | 排名 | 金融市场发展 | 排名 |
|---|---|---|---|---|
| 郑州市 | 101.20 | 1 | 101.20 | 1 |
| 开封市 | 4.81 | 14 | 4.81 | 14 |
| 洛阳市 | 23.59 | 2 | 23.59 | 2 |
| 平顶山市 | 7.69 | 7 | 7.69 | 7 |
| 安阳市 | 8.08 | 6 | 8.08 | 6 |
| 鹤壁市 | 0.96 | 17 | 0.96 | 17 |
| 新乡市 | 9.34 | 5 | 9.34 | 5 |
| 焦作市 | 10.14 | 4 | 10.14 | 4 |
| 濮阳市 | 7.21 | 8 | 7.21 | 8 |
| 许昌市 | 6.21 | 11 | 6.21 | 11 |
| 漯河市 | 2.52 | 16 | 2.52 | 16 |
| 三门峡市 | 4.45 | 15 | 4.45 | 15 |
| 南阳市 | 10.24 | 3 | 10.24 | 3 |
| 商丘市 | 6.31 | 10 | 6.31 | 10 |
| 信阳市 | 5.97 | 12 | 5.97 | 12 |
| 周口市 | 6.49 | 9 | 6.49 | 9 |
| 驻马店市 | 5.90 | 13 | 5.90 | 13 |
| 济源市 | 0.12 | 18 | 0.12 | 18 |

表 5—1—8　　2014 年河南省各个地市金融市场发展指数排名结果

| 河南省 18 地市 | F1 得分 | 排名 | 金融市场发展 | 排名 |
|---|---|---|---|---|
| 郑州市 | 3.8880 | 1 | 3.8880 | 1 |
| 开封市 | -0.3438 | 14 | -0.3438 | 14 |
| 洛阳市 | 0.4423 | 2 | 0.4423 | 2 |
| 平顶山市 | -0.1630 | 5 | -0.1630 | 5 |

续表

| 河南省18地市 | F1得分 | 排名 | 金融市场发展 | 排名 |
|---|---|---|---|---|
| 安阳市 | -0.1849 | 8 | -0.1849 | 8 |
| 鹤壁市 | -0.5879 | 17 | -0.5879 | 17 |
| 新乡市 | -0.0817 | 4 | -0.0817 | 4 |
| 焦作市 | -0.2235 | 11 | -0.2235 | 11 |
| 濮阳市 | -0.2845 | 13 | -0.2845 | 13 |
| 许昌市 | -0.2253 | 12 | -0.2253 | 12 |
| 漯河市 | -0.4787 | 16 | -0.4787 | 16 |
| 三门峡市 | -0.4585 | 15 | -0.4585 | 15 |
| 南阳市 | 0.1183 | 3 | 0.1183 | 3 |
| 商丘市 | -0.2193 | 10 | -0.2193 | 10 |
| 信阳市 | -0.1846 | 7 | -0.1846 | 7 |
| 周口市 | -0.1721 | 6 | -0.1721 | 6 |
| 驻马店市 | -0.2151 | 9 | -0.2151 | 9 |
| 济源市 | -0.6259 | 18 | -0.6259 | 18 |

从表5—1—8可以看出，2014年金融市场发展指数排名当中，相对于2013年，郑州市仍然排名第1位，平顶山市上升了2位，位于第5位，安阳市下降了2位，新乡市上升了1位，焦作市上升了7位，濮阳市下降了5位，许昌市下降了1位，信阳市上升了5位，周口市上升了3位，驻马店市上升了4位，其他各地市的排名均没有发生变化。

在金融市场发展指数排名中，郑州市连续两年都位于第1位，无论是在银行业、证券业还是保险业，都处于区域高位水平。紧随其后的洛阳市居第2位，而济源市的金融市场发展排名无论是2014年还是2013年都在河南省排名最后，主要在于其各项指标的规模总量最小。

**二 金融结构深化指数综合评价**

运用上述因子分析模型和方法，结合SPSS软件，对河南省2013年18地市的金融结构深化指标进行综合分析，得到：

第五章 河南省 18 地市金融发展指数综合评价及排名 55

表 5—1—9 金融结构深化指标体系

| 金融结构深化 | 证券募集资金净额比 GDP（X8） |
| --- | --- |
| | 短期贷款占比（X9） |
| | 保费收入比全省金融业增加值（X10） |

表 5—1—10 2013 年河南省各个地市金融结构深化指数排名结果

| 河南省 18 地市 | F1 得分 | 排名 | F2 得分 | 排名 | 金融结构深化 | 排名 |
| --- | --- | --- | --- | --- | --- | --- |
| 郑州市 | 90.23 | 1 | 68.61 | 6 | 84.30 | 1 |
| 开封市 | 1.30 | 14 | 42.63 | 8 | 12.64 | 13 |
| 洛阳市 | 14.92 | 3 | 88.37 | 3 | 35.06 | 2 |
| 平顶山市 | -1.89 | 16 | 99.41 | 2 | 25.89 | 3 |
| 安阳市 | -3.33 | 17 | 101.46 | 1 | 25.40 | 4 |
| 鹤壁市 | 2.14 | 12 | -0.33 | 18 | 1.46 | 18 |
| 新乡市 | 13.35 | 4 | 17.73 | 12 | 14.55 | 8 |
| 焦作市 | -0.60 | 15 | 80.49 | 5 | 21.64 | 6 |
| 濮阳市 | 7.12 | 10 | 7.88 | 16 | 7.33 | 15 |
| 许昌市 | 7.52 | 9 | 54.87 | 7 | 20.51 | 7 |
| 漯河市 | 1.48 | 13 | 21.69 | 9 | 7.03 | 16 |
| 三门峡市 | 5.08 | 11 | 5.45 | 17 | 5.18 | 17 |
| 南阳市 | 24.56 | 2 | 18.52 | 11 | 22.9 | 5 |
| 商丘市 | 12.96 | 6 | 13.31 | 13 | 13.06 | 12 |
| 信阳市 | 10.74 | 8 | 20.59 | 10 | 13.44 | 9 |
| 周口市 | 13.34 | 5 | 12.36 | 14 | 13.07 | 11 |
| 驻马店市 | 12.21 | 7 | 9.12 | 15 | 11.36 | 14 |
| 济源市 | -14.78 | 18 | 87.42 | 4 | 13.24 | 10 |

2014 年河南省各个地市金融结构深化的综合排名,见表 5—1—11。

表 5—1—11　2014 年河南省各个地市金融结构深化指数排名结果

| 河南省 18 地市 | F1 得分 | 排名 | 金融结构深化 | 排名 |
| --- | --- | --- | --- | --- |
| 郑州市 | 3.7164 | 1 | 3.7164 | 1 |
| 开封市 | -0.3255 | 11 | -0.3255 | 11 |
| 洛阳市 | 0.8423 | 2 | 0.8423 | 2 |
| 平顶山市 | 0.2306 | 3 | 0.2306 | 3 |
| 安阳市 | 0.1482 | 4 | 0.1482 | 4 |
| 鹤壁市 | -0.7237 | 18 | -0.7237 | 18 |
| 新乡市 | -0.3253 | 10 | -0.3253 | 10 |
| 焦作市 | -0.0367 | 7 | -0.0367 | 7 |
| 濮阳市 | -0.5981 | 16 | -0.5981 | 16 |
| 许昌市 | -0.0063 | 5 | -0.0063 | 5 |
| 漯河市 | -0.5341 | 15 | -0.5341 | 15 |
| 三门峡市 | -0.6186 | 17 | -0.6186 | 17 |
| 南阳市 | -0.0161 | 6 | -0.0161 | 6 |
| 商丘市 | -0.3694 | 12 | -0.3694 | 12 |
| 信阳市 | -0.3005 | 9 | -0.3005 | 9 |
| 周口市 | -0.4807 | 14 | -0.4807 | 14 |
| 驻马店市 | -0.4298 | 13 | -0.4298 | 13 |
| 济源市 | -0.1728 | 8 | -0.1728 | 8 |

从表 5—1—11 可以看出,2014 年金融结构深化指数相对于 2013 年的排名当中,郑州市无论是 2013 年还是 2014 年,排名均处于第 1 位。其他市区的排名变化不大,开封市上升 2 位,处于第 11 位;新乡市下降 2 位,焦作市下降 1 位,濮阳市下降了 1 位,许昌市上升了 2 位,漯河市上升 1 位,南阳市下降 1 位,周口市下降 3 位,驻马店市上升 1 位,济源市上升了 2 位,其他各市区的排名均没有发生变化。

### 三 金融效率提高指数综合评价

运用上述因子分析模型和方法，结合SPSS软件，对河南省2013年的18个地市的金融效率提高指数指标进行综合分析，得到：

表5—1—12　　　　　　金融效率提高指标体系

| 金融效率提高 | 存贷比（X11） |
| --- | --- |
| | 保险密度（X12） |
| | 上市公司占有率（X13） |
| | 证券交易额占比（X14） |

表5—1—13　　　2013年河南省各个地市金融效率提高指数排名结果

| 河南省18地市 | F1得分 | 排名 | F2得分 | 排名 | 金融效率提高 | 排名 |
| --- | --- | --- | --- | --- | --- | --- |
| 郑州市 | 95.34 | 1 | 53.50 | 4 | 86.03 | 1 |
| 开封市 | -2.69 | 17 | 43.99 | 7 | 7.7 | 14 |
| 洛阳市 | 24.18 | 2 | 33.89 | 10 | 26.34 | 2 |
| 平顶山市 | 3.80 | 9 | 47.01 | 6 | 13.41 | 6 |
| 安阳市 | 8.95 | 5 | 15.50 | 15 | 10.41 | 10 |
| 鹤壁市 | -14.90 | 18 | 103.56 | 1 | 11.45 | 8 |
| 新乡市 | 3.30 | 10 | 40.58 | 8 | 11.59 | 7 |
| 焦作市 | 14.94 | 3 | 53.13 | 5 | 23.44 | 3 |
| 濮阳市 | 11.42 | 4 | -0.17 | 18 | 8.84 | 13 |
| 许昌市 | 7.07 | 7 | 60.77 | 3 | 19.01 | 4 |
| 漯河市 | 7.19 | 6 | 21.14 | 13 | 10.29 | 11 |
| 三门峡市 | 2.44 | 11 | 38.35 | 9 | 10.43 | 9 |
| 南阳市 | 4.92 | 8 | 27.04 | 12 | 9.84 | 12 |
| 商丘市 | 1.11 | 15 | 27.52 | 11 | 6.98 | 15 |
| 信阳市 | 2.10 | 13 | 20.03 | 14 | 6.09 | 16 |
| 周口市 | 1.45 | 14 | 6.22 | 17 | 2.51 | 18 |

续表

| 河南省18地市 | F1得分 | 排名 | F2得分 | 排名 | 金融效率提高 | 排名 |
|---|---|---|---|---|---|---|
| 驻马店市 | 2.23 | 12 | 9.77 | 16 | 3.91 | 17 |
| 济源市 | 0.94 | 16 | 75.30 | 2 | 17.48 | 5 |

2014年河南省各个地市金融效率提高的综合排名见表5—1—14。

表5—1—14 2014年河南省各个地市金融效率提高指数排名结果

| 河南省18地市 | F1得分 | 排名 | 金融效率提高 | 排名 |
|---|---|---|---|---|
| 郑州市 | 3.2036 | 1 | 3.2036 | 1 |
| 开封市 | 0.4679 | 3 | 0.4679 | 3 |
| 洛阳市 | 0.1234 | 7 | 0.1234 | 7 |
| 平顶山市 | -0.1048 | 9 | -0.1048 | 9 |
| 安阳市 | -0.6479 | 14 | -0.6479 | 14 |
| 鹤壁市 | 0.3859 | 4 | 0.3859 | 4 |
| 新乡市 | -0.3064 | 10 | -0.3064 | 10 |
| 焦作市 | 0.1344 | 6 | 0.1344 | 6 |
| 濮阳市 | -0.7184 | 16 | -0.7184 | 16 |
| 许昌市 | 1.3610 | 2 | 1.3610 | 2 |
| 漯河市 | -0.4344 | 11 | -0.4344 | 11 |
| 三门峡市 | 0.0610 | 8 | 0.0610 | 8 |
| 南阳市 | -0.5085 | 12 | -0.5085 | 12 |
| 商丘市 | -0.6574 | 15 | -0.6574 | 15 |
| 信阳市 | -0.6040 | 13 | -0.6040 | 13 |
| 周口市 | -1.1185 | 18 | -1.1185 | 18 |
| 驻马店市 | -0.9226 | 17 | -0.9226 | 17 |
| 济源市 | 0.2856 | 5 | 0.2856 | 5 |

郑州市连续两年的金融效率提高指数的综合排名均为第1位，体现了其银行、保险、证券三大金融产业具有较强的营运效率。其中2014年排

名相比于 2013 年,开封市上升了 11 位,洛阳市下降了 5 位,平顶山市下降了 3 位,安阳市下降了 4 位,鹤壁市上升了 4 位,新乡市下降了 3 位,焦作市下降了 3 位,濮阳市下降了 3 位,许昌市上升了 2 位,三门峡市上升了 1 位,信阳市上升了 3 位,其他地市的排名均没有发生变化。

### 四 金融状况指数指标综合评价

运用上述因子分析模型和方法,结合 SPSS 软件,对河南省 2013 年的 18 个地市经分析已经得到的金融市场发展、金融结构深化、金融效率提高指标进行分析,加权得到河南省金融状况指数,并对其进行综合分析。

表 5—1—15  金融状况指标体系

| 金融状况 | 金融市场发展（$X*1$） |
|---|---|
| | 金融结构深化（$X*2$） |
| | 金融效率提高（$X*3$） |

表 5—1—16  2013 年河南省各个地市金融状况指数排名结果

| 河南省 18 地市 | F1 得分 | 排名 | 金融状况 | 排名 |
|---|---|---|---|---|
| 郑州市 | 92.35 | 1 | 92.35 | 1 |
| 开封市 | 8.54 | 12 | 8.54 | 12 |
| 洛阳市 | 28.87 | 2 | 28.87 | 2 |
| 平顶山市 | 15.94 | 4 | 15.94 | 4 |
| 安阳市 | 14.89 | 6 | 14.89 | 6 |
| 鹤壁市 | 4.71 | 18 | 4.71 | 18 |
| 新乡市 | 12.05 | 8 | 12.05 | 8 |
| 焦作市 | 18.75 | 3 | 18.75 | 3 |
| 濮阳市 | 7.95 | 13 | 7.95 | 13 |
| 许昌市 | 15.52 | 5 | 15.52 | 5 |
| 漯河市 | 6.74 | 17 | 6.74 | 17 |
| 三门峡市 | 6.82 | 16 | 6.82 | 16 |
| 南阳市 | 14.59 | 7 | 14.59 | 7 |

续表

| 河南省18地市 | F1得分 | 排名 | 金融状况 | 排名 |
|---|---|---|---|---|
| 商丘市 | 8.95 | 10 | 8.95 | 10 |
| 信阳市 | 8.66 | 11 | 8.66 | 11 |
| 周口市 | 7.49 | 14 | 7.49 | 14 |
| 驻马店市 | 7.19 | 15 | 7.19 | 15 |
| 济源市 | 10.46 | 9 | 10.46 | 9 |

2014年河南省各个地市金融状况指数的综合排名见表5—1—17。

表5—1—17　　2014年河南省各个地市金融状况指数排名结果

| 河南省18地市 | F1得分 | 排名 | 金融状况 | 排名 |
|---|---|---|---|---|
| 郑州市 | 3.8230 | 1 | 3.8230 | 1 |
| 开封市 | -0.0867 | 6 | -0.0867 | 6 |
| 洛阳市 | 0.5077 | 2 | 0.5077 | 2 |
| 平顶山市 | -0.0094 | 4 | -0.0094 | 4 |
| 安阳市 | -0.2282 | 9 | -0.2282 | 9 |
| 鹤壁市 | -0.3473 | 11 | -0.3473 | 11 |
| 新乡市 | -0.2501 | 10 | -0.2501 | 10 |
| 焦作市 | -0.0491 | 5 | -0.0491 | 5 |
| 濮阳市 | -0.5599 | 17 | -0.5599 | 17 |
| 许昌市 | 0.3698 | 3 | 0.3698 | 3 |
| 漯河市 | -0.5119 | 15 | -0.5119 | 15 |
| 三门峡市 | -0.3705 | 12 | -0.3705 | 12 |
| 南阳市 | -0.1326 | 7 | -0.1326 | 7 |
| 商丘市 | -0.4327 | 14 | -0.4327 | 14 |
| 信阳市 | -0.3772 | 13 | -0.3772 | 13 |
| 周口市 | -0.6099 | 18 | -0.6099 | 18 |
| 驻马店市 | -0.5416 | 16 | -0.5416 | 16 |
| 济源市 | -0.1933 | 8 | -0.1933 | 8 |

表 5—2—5　　2013 年河南省各个地市经济成长性指数排名结果

| 河南省 18 地市 | F1 得分 | 排名 | 经济成长性 | 排名 |
| --- | --- | --- | --- | --- |
| 郑州市 | 102.70 | 1 | 102.70 | 1 |
| 开封市 | 18.59 | 9 | 18.59 | 9 |
| 洛阳市 | 35.13 | 2 | 35.13 | 2 |
| 平顶山市 | 13.23 | 14 | 13.23 | 14 |
| 安阳市 | 15.13 | 12 | 15.13 | 12 |
| 鹤壁市 | 2.91 | 17 | 2.91 | 17 |
| 新乡市 | 21.45 | 5 | 21.45 | 5 |
| 焦作市 | 17.20 | 10 | 17.20 | 10 |
| 濮阳市 | 13.95 | 13 | 13.95 | 13 |
| 许昌市 | 20.92 | 6 | 20.92 | 6 |
| 漯河市 | 7.57 | 16 | 7.57 | 16 |
| 三门峡市 | 10.22 | 15 | 10.22 | 15 |
| 南阳市 | 30.63 | 3 | 30.63 | 3 |
| 商丘市 | 18.81 | 8 | 18.81 | 8 |
| 信阳市 | 20.60 | 7 | 20.60 | 7 |
| 周口市 | 22.59 | 4 | 22.59 | 4 |
| 驻马店市 | 17.19 | 11 | 17.19 | 11 |
| 济源市 | 0.00 | 18 | 0.00 | 18 |

2014 年河南省各个地市经济成长性的综合排名，见表 5—2—6。

表 5—2—6　　2014 年河南省各个地市经济成长性指数排名结果

| 河南省 18 地市 | F1 得分 | 排名 | 经济成长性 | 排名 |
| --- | --- | --- | --- | --- |
| 郑州市 | 3.5475 | 1 | 3.5475 | 1 |
| 开封市 | -0.2102 | 11 | -0.2102 | 11 |
| 洛阳市 | 0.6473 | 3 | 0.6473 | 3 |
| 平顶山市 | -0.3656 | 13 | -0.3656 | 13 |
| 安阳市 | -0.2534 | 12 | -0.2534 | 12 |

续表

| 河南省 18 地市 | F1 得分 | 排名 | 资本市场成长性 | 排名 |
|---|---|---|---|---|
| 三门峡市 | -0.5532 | 16 | -0.5532 | 16 |
| 南阳市 | -0.3071 | 9 | -0.3071 | 9 |
| 商丘市 | -0.5180 | 15 | -0.5180 | 15 |
| 信阳市 | -0.1713 | 7 | -0.1713 | 7 |
| 周口市 | -0.4326 | 14 | -0.4326 | 14 |
| 驻马店市 | -0.1912 | 8 | -0.1912 | 8 |
| 济源市 | -0.1426 | 6 | -0.1426 | 6 |

郑州市连续两年的资本市场成长性指数的综合排名均为第1位。由于资本市场成长性的四级指标2013年、2014年的排名有较大变动，因此导致各地市资本市场成长性指数的总排名也变化较大，其中开封市上升10位，2014年位于第3位，平顶山市上升1位，安阳市下降8位，鹤壁市上升8位，新乡市下降4位，焦作市下降14位，濮阳市下降9位，许昌市上升2位，漯河市上升3位，南阳市下降3位，商丘市下降5位，信阳市上升5位，周口市下降3位，驻马店市上升9位，济源市上升8位。其余地市综合排名没有发生变化。

### 二 经济成长性指数综合评价

运用上述因子分析模型和方法，结合SPSS软件，对河南省2013年的18个地市的经济成长性指标进行综合分析，得到：

表 5—2—4　　　　　　　　经济成长性指标体系

| | |
|---|---|
| 经济成长性 | GDP 年增长额（X18） |
| | 财政收入年增长额（X19） |
| | 社会固定资产投资年增长额（X20） |
| | 社会消费品零售总额年增长额（X21） |

续表

| 河南省 18 地市 | F1 得分 | 排名 | 资本市场成长性 | 排名 |
| --- | --- | --- | --- | --- |
| 焦作市 | 17.62 | 4 | 17.62 | 4 |
| 濮阳市 | 9.25 | 8 | 9.25 | 8 |
| 许昌市 | 10.34 | 7 | 10.34 | 7 |
| 漯河市 | 3.83 | 15 | 3.83 | 15 |
| 三门峡市 | 3.42 | 16 | 3.42 | 16 |
| 南阳市 | 11.19 | 6 | 11.19 | 6 |
| 商丘市 | 7.68 | 10 | 7.68 | 10 |
| 信阳市 | 6.18 | 12 | 6.18 | 12 |
| 周口市 | 6.77 | 11 | 6.77 | 11 |
| 驻马店市 | 2.53 | 17 | 2.53 | 17 |
| 济源市 | 4.29 | 14 | 4.29 | 14 |

2014 年河南省各个地市资本市场成长性的综合排名，见表 5—2—3。

表 5—2—3　2014 年河南省各个地市资本市场成长性指数排名结果

| 河南省 18 地市 | F1 得分 | 排名 | 资本市场成长性 | 排名 |
| --- | --- | --- | --- | --- |
| 郑州市 | 3.6117 | 1 | 3.6117 | 1 |
| 开封市 | 0.2209 | 3 | 0.2209 | 3 |
| 洛阳市 | 1.2052 | 2 | 1.2052 | 2 |
| 平顶山市 | 0.0934 | 4 | 0.0934 | 4 |
| 安阳市 | -0.3239 | 11 | -0.3239 | 11 |
| 鹤壁市 | -0.3186 | 10 | -0.3186 | 10 |
| 新乡市 | -0.4251 | 13 | -0.4251 | 13 |
| 焦作市 | -0.6911 | 18 | -0.6911 | 18 |
| 濮阳市 | -0.6698 | 17 | -0.6698 | 17 |
| 许昌市 | 0.0190 | 5 | 0.0190 | 5 |
| 漯河市 | -0.4057 | 12 | -0.4057 | 12 |

郑州市和洛阳市连续两年位居金融状况前两名，遥遥领先于其他地市。开封市上升6位，安阳市下降3位，鹤壁市上升7位，新乡市下降2位，焦作市下降2位，濮阳市下降4位，许昌市上升2位，漯河市上升2位，三门峡市上升4位，商丘市下降4位，信阳市下降2位，周口市下降4位，驻马店市下降1位，济源市上升1位，其他地市的排名均没有发生变化。

## 第二节 成长发展指数综合评价及排名

成长发展指数是第二个用以衡量金融发展指数的二级指标，这个指标从规模成长性这个角度进行分析，其中共包括了资本市场成长性、经济成长性和城市创新成长性3个三级指标。

### 一 资本市场成长性指数综合评价

运用上述因子分析模型和方法，结合SPSS软件，对河南省2013年的18个地市的资本市场成长性指标进行综合分析，得到：

表5—2—1 资本市场成长性指标体系

| | |
|---|---|
| | 金融机构贷款余额年增长额（X15） |
| 资本市场成长性 | 发行国债年增长额（X16） |
| | A股股票募集资金净额（X17） |

表5—2—2 2013年河南省各个地市资本市场成长性指数排名结果

| 河南省18地市 | F1得分 | 排名 | 资本市场成长性 | 排名 |
|---|---|---|---|---|
| 郑州市 | 104.70 | 1 | 104.70 | 1 |
| 开封市 | 5.56 | 13 | 5.56 | 13 |
| 洛阳市 | 25.85 | 2 | 25.85 | 2 |
| 平顶山市 | 14.09 | 5 | 14.09 | 5 |
| 安阳市 | 21.74 | 3 | 21.74 | 3 |
| 鹤壁市 | 1.72 | 18 | 1.72 | 18 |
| 新乡市 | 8.19 | 9 | 8.19 | 9 |

续表

| 河南省18地市 | F1得分 | 排名 | 经济成长性 | 排名 |
|---|---|---|---|---|
| 鹤壁市 | -0.8998 | 17 | -0.8998 | 17 |
| 新乡市 | 0.0217 | 6 | 0.0217 | 6 |
| 焦作市 | -0.1822 | 9 | -0.1822 | 9 |
| 濮阳市 | -0.4815 | 14 | -0.4815 | 14 |
| 许昌市 | -0.0562 | 8 | -0.0562 | 8 |
| 漯河市 | -0.7160 | 16 | -0.7160 | 16 |
| 三门峡市 | -0.6603 | 15 | -0.6603 | 15 |
| 南阳市 | 0.6598 | 2 | 0.6598 | 2 |
| 商丘市 | -0.0185 | 7 | -0.0185 | 7 |
| 信阳市 | 0.1600 | 4 | 0.1600 | 4 |
| 周口市 | 0.0950 | 5 | 0.0950 | 5 |
| 驻马店市 | -0.1853 | 10 | -0.1853 | 10 |
| 济源市 | -1.1023 | 18 | -1.1023 | 18 |

郑州市连续两年的经济成长性指数的排名均为第1位，而济源市的排名无论是2013年还是2012年都在河南省最末位。开封市下降2位，洛阳市下降1位，平顶山市上升1位，新乡市下降1位，焦作市上升1位，濮阳市下降1位，许昌市下降2位，南阳市上升1位，商丘市上升1位，信阳市上升3位，周口市下降1位，驻马店市上升1位，其他地市2014年经济成长性指数的综合排名较上一年没有发生变化。

### 三 城市创新成长性指数综合评价

运用上述因子分析模型和方法，结合SPSS软件，对河南省2013年的18个地市的城市创新成长性指标进行综合分析，得到：

表5—2—7　　　　　　城市创新成长性指标体系

| 城市创新成长性 | 政府研发经费支出年增长额（X22） |
|---|---|
| | 政府研发人员年增长量（X23） |
| | 新产品销售收入年增长额（X24） |

表5—2—8　2013年河南省各个地市城市创新成长性指数排名结果

| 河南省18地市 | F1得分 | 排名 | 城市创新成长性 | 排名 |
| --- | --- | --- | --- | --- |
| 郑州市 | 81.88 | 1 | 81.88 | 1 |
| 开封市 | 15.32 | 13 | 15.32 | 13 |
| 洛阳市 | 7.59 | 18 | 7.59 | 18 |
| 平顶山市 | 27.23 | 4 | 27.23 | 4 |
| 安阳市 | 44.83 | 2 | 44.83 | 2 |
| 鹤壁市 | 16.94 | 10 | 16.94 | 10 |
| 新乡市 | 42.94 | 3 | 42.94 | 3 |
| 焦作市 | 16.35 | 11 | 16.35 | 11 |
| 濮阳市 | 22.18 | 6 | 22.18 | 6 |
| 许昌市 | 12.14 | 16 | 12.14 | 16 |
| 漯河市 | 14.55 | 14 | 14.55 | 14 |
| 三门峡市 | 22.57 | 5 | 22.57 | 5 |
| 南阳市 | 9.21 | 17 | 9.21 | 17 |
| 商丘市 | 21.73 | 7 | 21.73 | 7 |
| 信阳市 | 21.16 | 9 | 21.16 | 9 |
| 周口市 | 21.71 | 8 | 21.71 | 8 |
| 驻马店市 | 16.00 | 12 | 16.00 | 12 |
| 济源市 | 13.80 | 15 | 13.80 | 15 |

2014年河南省各个地市城市创新成长性的综合排名，见表5—2—9。

表5—2—9　2014年河南省各个地市城市创新成长性指数排名结果

| 河南省18地市 | F1得分 | 排名 | 城市创新成长性 | 排名 |
| --- | --- | --- | --- | --- |
| 郑州市 | 3.8599 | 1 | 3.8599 | 1 |
| 开封市 | -0.3260 | 13 | -0.3260 | 13 |
| 洛阳市 | -0.1546 | 6 | -0.1546 | 6 |
| 平顶山市 | -0.6746 | 18 | -0.6746 | 18 |
| 安阳市 | -0.2863 | 11 | -0.2863 | 11 |

续表

| 河南省18地市 | F1得分 | 排名 | 城市创新成长性 | 排名 |
|---|---|---|---|---|
| 鹤壁市 | -0.3928 | 15 | -0.3928 | 15 |
| 新乡市 | -0.0151 | 5 | -0.0151 | 5 |
| 焦作市 | 0.1541 | 3 | 0.1541 | 3 |
| 濮阳市 | 0.0951 | 4 | 0.0951 | 4 |
| 许昌市 | 0.4432 | 2 | 0.4432 | 2 |
| 漯河市 | -0.2211 | 7 | -0.2211 | 7 |
| 三门峡市 | -0.6355 | 17 | -0.6355 | 17 |
| 南阳市 | -0.3524 | 14 | -0.3524 | 14 |
| 商丘市 | -0.2859 | 10 | -0.2859 | 10 |
| 信阳市 | -0.2745 | 9 | -0.2745 | 9 |
| 周口市 | -0.2475 | 8 | -0.2475 | 8 |
| 驻马店市 | -0.2920 | 12 | -0.2920 | 12 |
| 济源市 | -0.3939 | 16 | -0.3939 | 16 |

在城市创新成长性指数这一部分，体现城市创新成本投入和效益成长性的指标排名两年内的变动较大，所以部分地市2012年和2013年的排名变动也较大。其中郑州市无论2013年还是2014年均处于第一位，具有较强的城市创新成长性。2014年与2013年相比，洛阳市上升12位，平顶山市下降14位，安阳市下降9位，鹤壁市下降5位，新乡市下降2位，焦作市上升8位，濮阳市上升2位，许昌市上升14位，漯河市上升7位，三门峡市下降12位，南阳市上升3位，商丘市下降3位，济源市下降1位，其他地市的排名均没有发生变化。

**四 成长发展指数综合评价**

运用上述因子分析模型和方法，结合SPSS软件，对河南省2013年的18个地市经分析已经得到的资本市场成长性、经济成长性、城市创新成长性这3个指标进行分析，加权得到河南省成长发展指数，并对其进行综合分析。

表 5—2—10  成长发展指标体系

| 成长发展 | 资本市场成长性（X*4） |
| --- | --- |
| | 经济成长性（X*5） |
| | 城市创新成长性（X*6） |

表 5—2—11  2013 年河南省各个地市成长发展指数排名结果

| 河南省 18 地市 | F1 得分 | 排名 | 成长发展 | 排名 |
| --- | --- | --- | --- | --- |
| 郑州市 | 102.68 | 1 | 102.68 | 1 |
| 开封市 | 13.84 | 13 | 13.84 | 13 |
| 洛阳市 | 24.59 | 4 | 24.59 | 4 |
| 平顶山市 | 19.07 | 5 | 19.07 | 5 |
| 安阳市 | 28.49 | 2 | 28.49 | 2 |
| 鹤壁市 | 7.38 | 17 | 7.38 | 17 |
| 新乡市 | 25.13 | 3 | 25.13 | 3 |
| 焦作市 | 18.12 | 7 | 18.12 | 7 |
| 濮阳市 | 15.85 | 11 | 15.85 | 11 |
| 许昌市 | 15.35 | 12 | 15.35 | 12 |
| 漯河市 | 9.01 | 16 | 9.01 | 16 |
| 三门峡市 | 12.51 | 14 | 12.51 | 14 |
| 南阳市 | 18.15 | 6 | 18.15 | 6 |
| 商丘市 | 16.86 | 9 | 16.86 | 9 |
| 信阳市 | 16.75 | 10 | 16.75 | 10 |
| 周口市 | 17.87 | 8 | 17.87 | 8 |
| 驻马店市 | 12.46 | 15 | 12.46 | 15 |
| 济源市 | 6.23 | 18 | 6.23 | 18 |

2014年河南省各个地市成长发展指数的综合排名,见表5—2—12。

表5—2—12　　2014年河南省各个地市成长发展指数排名结果

| 河南省18地市 | F1得分 | 排名 | 成长发展 | 排名 |
| --- | --- | --- | --- | --- |
| 郑州市 | 3.83814 | 1 | 3.83814 | 1 |
| 开封市 | -0.1104 | 6 | -0.1104 | 6 |
| 洛阳市 | 0.59095 | 2 | 0.59095 | 2 |
| 平顶山市 | -0.3303 | 13 | -0.3303 | 13 |
| 安阳市 | -0.3007 | 12 | -0.3007 | 12 |
| 鹤壁市 | -0.5622 | 16 | -0.5622 | 16 |
| 新乡市 | -0.1452 | 7 | -0.1452 | 7 |
| 焦作市 | -0.2499 | 10 | -0.2499 | 10 |
| 濮阳市 | -0.3678 | 14 | -0.3678 | 14 |
| 许昌市 | 0.14115 | 3 | 0.14115 | 3 |
| 漯河市 | -0.4684 | 15 | -0.4684 | 15 |
| 三门峡市 | -0.6442 | 18 | -0.6442 | 18 |
| 南阳市 | 0.00174 | 4 | 0.00174 | 4 |
| 商丘市 | -0.2857 | 11 | -0.2857 | 11 |
| 信阳市 | -0.0989 | 5 | -0.0989 | 5 |
| 周口市 | -0.203 | 8 | -0.203 | 8 |
| 驻马店市 | -0.2328 | 9 | -0.2328 | 9 |
| 济源市 | -0.5723 | 17 | -0.5723 | 17 |

郑州市连续两年的成长发展指数的排名均为第1位。由于受三级指标的影响,各地市的成长发展指数排名变动相对较大。其中,开封市上升7位,洛阳市上升2位,平顶山市下降8位,安阳市下降10位,鹤壁市上升1位,新乡市下降4位,焦作市下降3位,濮阳市下降3位,许昌市上升9位,漯河市上升1位,三门峡市下降4位,南阳市上升2位,商丘市下降2位,信阳市上升5位,驻马店市上升6位,济源市上升1位,其他地市排名没有发生变化。

## 第三节 服务水平指数综合评价及排名

服务水平指数是第三个用以衡量金融发展指数的二级指标，这个指标意在从城市发展这个角度对金融发展指数进行量化，其中共包括了智力资本和城市环境2个三级指标。

### 一 智力资本指数综合评价

运用上述因子分析模型和方法，结合SPSS软件，对河南省2013年的18个地市的智力资本指标进行综合分析，得到：

表5—3—1　　　　　　　智力资本指标体系

| | |
|---|---|
| 智力资本 | 金融业从业密度（X25） |
| | 受高等教育密度（X26） |
| | 科研人员密度（X27） |
| | 普通高等学校数量（X28） |

表5—3—2　　2013年河南省各个地市智力资本指数排名结果

| 河南省18地市 | F1得分 | 排名 | 智力资本 | 排名 |
|---|---|---|---|---|
| 郑州市 | 103.60 | 1 | 103.60 | 1 |
| 开封市 | 8.78 | 9 | 8.78 | 9 |
| 洛阳市 | 12.07 | 8 | 12.07 | 8 |
| 平顶山市 | 14.12 | 4 | 14.12 | 4 |
| 安阳市 | 13.01 | 6 | 13.01 | 6 |
| 鹤壁市 | 8.25 | 11 | 8.25 | 11 |
| 新乡市 | 16.84 | 3 | 16.84 | 3 |
| 焦作市 | 33.75 | 2 | 33.75 | 2 |
| 濮阳市 | 8.44 | 10 | 8.44 | 10 |
| 许昌市 | 12.99 | 7 | 12.99 | 7 |
| 漯河市 | 13.32 | 5 | 13.32 | 5 |

续表

| 河南省18地市 | F1得分 | 排名 | 智力资本 | 排名 |
|---|---|---|---|---|
| 三门峡市 | 2.50 | 16 | 2.50 | 16 |
| 南阳市 | 3.94 | 15 | 3.94 | 15 |
| 商丘市 | 5.90 | 12 | 5.90 | 12 |
| 信阳市 | 2.34 | 17 | 2.34 | 17 |
| 周口市 | 5.47 | 13 | 5.47 | 13 |
| 驻马店市 | 0.51 | 18 | 0.51 | 18 |
| 济源市 | 5.35 | 14 | 5.35 | 14 |

2014年河南省各个地市智力资本的综合排名，见表5—3—3。

表5—3—3　　2014年河南省各个地市智力资本指数排名结果

| 河南省18地市 | F1得分 | 排名 | 智力资本 | 排名 |
|---|---|---|---|---|
| 郑州市 | 3.8268 | 1 | 3.8268 | 1 |
| 开封市 | -0.2675 | 10 | -0.2675 | 10 |
| 洛阳市 | -0.1316 | 8 | -0.1316 | 8 |
| 平顶山市 | -0.0654 | 4 | -0.0654 | 4 |
| 安阳市 | -0.0994 | 6 | -0.0994 | 6 |
| 鹤壁市 | -0.2398 | 9 | -0.2398 | 9 |
| 新乡市 | 0.0452 | 3 | 0.0452 | 3 |
| 焦作市 | 0.7142 | 2 | 0.7142 | 2 |
| 濮阳市 | -0.2807 | 11 | -0.2807 | 11 |
| 许昌市 | -0.0846 | 5 | -0.0846 | 5 |
| 漯河市 | -0.1235 | 7 | -0.1235 | 7 |
| 三门峡市 | -0.5298 | 17 | -0.5298 | 17 |
| 南阳市 | -0.4590 | 15 | -0.4590 | 15 |
| 商丘市 | -0.3728 | 12 | -0.3728 | 12 |
| 信阳市 | -0.5249 | 16 | -0.5249 | 16 |
| 周口市 | -0.3999 | 13 | -0.3999 | 13 |
| 驻马店市 | -0.6038 | 18 | -0.6038 | 18 |
| 济源市 | -0.4036 | 14 | -0.4036 | 14 |

郑州市连续两年的智力资本指数的排名均为第1位，而驻马店市则始终处于河南省最末位。开封市下降1位，鹤壁市上升2位，濮阳市下降1位，许昌市上升2位，漯河市下降2位，三门峡市下降1位，信阳市上升1位，其他地市2014年智力资本指数的排名较上一年没有发生变化。

## 二 城市环境指数综合评价

运用上述因子分析模型和方法，结合SPSS软件，对河南省2013年的18个地市的城市环境指标进行综合分析，得到：

表 5—3—4　　　　　　城市环境指数指标体系

| | |
|---|---|
| 城市环境 | 城镇化水平（X29） |
| | 城镇登记失业率（X30） |
| | 人均城市道路面积（X31） |
| | 人均绿化覆盖面积（X32） |
| | 基本医疗保险覆盖率（X33） |
| | 基本养老保险覆盖率（X34） |
| | 商品房屋销售均价（X35） |
| | 城镇单位从业人员平均工资（X36） |
| | 年底实有运营车辆数（X37） |

表 5—3—5　　　2013年河南省各个地市城市环境指数排名结果

| 河南省18地市 | F1得分 | 排名 | 城市环境 | 排名 |
|---|---|---|---|---|
| 郑州市 | 75.50 | 1 | 75.50 | 1 |
| 开封市 | 22.42 | 9 | 22.42 | 9 |
| 洛阳市 | 38.16 | 5 | 38.16 | 5 |
| 平顶山市 | 20.91 | 11 | 20.91 | 11 |
| 安阳市 | 21.78 | 10 | 21.78 | 10 |
| 鹤壁市 | 38.26 | 4 | 38.26 | 4 |
| 新乡市 | 27.74 | 8 | 27.74 | 8 |
| 焦作市 | 39.23 | 3 | 39.23 | 3 |

续表

| 河南省 18 地市 | F1 得分 | 排名 | 城市环境 | 排名 |
|---|---|---|---|---|
| 濮阳市 | 8.79 | 14 | 8.79 | 14 |
| 许昌市 | 19.25 | 12 | 19.25 | 12 |
| 漯河市 | 31.76 | 6 | 31.76 | 6 |
| 三门峡市 | 27.97 | 7 | 27.97 | 7 |
| 南阳市 | 2.72 | 18 | 2.72 | 18 |
| 商丘市 | 2.95 | 17 | 2.95 | 17 |
| 信阳市 | 15.42 | 13 | 15.42 | 13 |
| 周口市 | 3.69 | 16 | 3.69 | 16 |
| 驻马店市 | 6.40 | 15 | 6.40 | 15 |
| 济源市 | 71.22 | 2 | 71.22 | 2 |

2014 年河南省各个地市城市环境的综合排名，见表 5—3—6。

表 5—3—6    2014 年河南省各个地市城市环境指数排名结果

| 河南省 18 地市 | F1 得分 | 排名 | 城市环境 | 排名 |
|---|---|---|---|---|
| 郑州市 | 14.8861 | 1 | 14.8861 | 1 |
| 开封市 | -1.7695 | 12 | -1.7695 | 12 |
| 洛阳市 | 3.5656 | 3 | 3.5656 | 3 |
| 平顶山市 | 0.9556 | 5 | 0.9556 | 5 |
| 安阳市 | -0.1207 | 8 | -0.1207 | 8 |
| 鹤壁市 | 0.3702 | 7 | 0.3702 | 7 |
| 新乡市 | -0.8784 | 10 | -0.8784 | 10 |
| 焦作市 | 1.7056 | 4 | 1.7056 | 4 |
| 濮阳市 | -3.5431 | 16 | -3.5431 | 16 |
| 许昌市 | -1.4885 | 11 | -1.4885 | 11 |
| 漯河市 | -0.6292 | 9 | -0.6292 | 9 |
| 三门峡市 | 0.5272 | 6 | 0.5272 | 6 |
| 南阳市 | -2.8249 | 15 | -2.8249 | 15 |

续表

| 河南省18地市 | F1得分 | 排名 | 城市环境 | 排名 |
|---|---|---|---|---|
| 商丘市 | -2.1198 | 13 | -2.1198 | 13 |
| 信阳市 | -2.5755 | 14 | -2.5755 | 14 |
| 周口市 | -5.5093 | 17 | -5.5093 | 17 |
| 驻马店市 | -5.9307 | 18 | -5.9307 | 18 |
| 济源市 | 5.3793 | 2 | 5.3793 | 2 |

郑州市连续两年的城市环境指数排名均为第1位。其中，开封市下降3位，洛阳市上升2位，平顶山市上升6位，安阳市上升2位，鹤壁市下降3位，新乡市下降2位，焦作市下降1位，濮阳市下降2位，许昌市上升1位，漯河市下降3位，三门峡市上升1位，南阳市上升3位，商丘市上升4位，信阳市下降1位，周口市下降1位，驻马店市下降3位，其他地市2014年城市环境指数排名较上一年没有发生变化。

### 三 服务水平指数综合评价

运用上述因子分析模型和方法，结合SPSS软件，对河南省2013年的18个地市经分析已经得到的智力资本和城市环境指标进行分析，加权得到河南省服务水平指数，并对其进行综合分析。

表5—3—7　　　　　　服务水平指标体系

| 服务水平 | 智力资本（X*7） |
|---|---|
|  | 城市环境（X*8） |

表5—3—8　　　2013年河南省各个地市服务水平指数排名结果

| 河南省18地市 | F1得分 | 排名 | 服务水平 | 排名 |
|---|---|---|---|---|
| 郑州市 | 99.04 | 1 | 99.04 | 1 |
| 开封市 | 17.25 | 11 | 17.25 | 11 |
| 洛阳市 | 27.78 | 4 | 27.78 | 4 |
| 平顶山市 | 19.37 | 8 | 19.37 | 8 |

续表

| 河南省 18 地市 | F1 得分 | 排名 | 服务水平 | 排名 |
|---|---|---|---|---|
| 安阳市 | 19.24 | 9 | 19.24 | 9 |
| 鹤壁市 | 25.72 | 5 | 25.72 | 5 |
| 新乡市 | 24.65 | 7 | 24.65 | 7 |
| 焦作市 | 40.36 | 3 | 40.36 | 3 |
| 濮阳市 | 9.53 | 14 | 9.53 | 14 |
| 许昌市 | 17.83 | 10 | 17.83 | 10 |
| 漯河市 | 24.93 | 6 | 24.93 | 6 |
| 三门峡市 | 16.85 | 12 | 16.85 | 12 |
| 南阳市 | 3.68 | 18 | 3.68 | 18 |
| 商丘市 | 4.89 | 16 | 4.89 | 16 |
| 信阳市 | 9.82 | 13 | 9.82 | 13 |
| 周口市 | 5.07 | 15 | 5.07 | 15 |
| 驻马店市 | 3.82 | 17 | 3.82 | 17 |
| 济源市 | 42.34 | 2 | 42.34 | 2 |

2014 年河南省各个地市服务水平指数的综合排名，见表 5—3—9。

表 5—3—9　　2014 年河南省各个地市服务水平指数排名结果

| 河南省 18 地市 | F1 得分 | 排名 | 服务水平 | 排名 |
|---|---|---|---|---|
| 郑州市 | 9.7868 | 1 | 9.7868 | 1 |
| 开封市 | -1.0654 | 12 | -1.0654 | 12 |
| 洛阳市 | 1.7960 | 3 | 1.7960 | 3 |
| 平顶山市 | 0.4656 | 5 | 0.4656 | 5 |
| 安阳市 | -0.1151 | 8 | -0.1151 | 8 |
| 鹤壁市 | 0.0682 | 6 | 0.0682 | 6 |
| 新乡市 | -0.4358 | 10 | -0.4358 | 10 |
| 焦作市 | 1.2655 | 4 | 1.2655 | 4 |
| 濮阳市 | -1.9998 | 16 | -1.9998 | 16 |

续表

| 河南省18地市 | F1得分 | 排名 | 服务水平 | 排名 |
|---|---|---|---|---|
| 许昌市 | -0.8227 | 11 | -0.8227 | 11 |
| 漯河市 | -0.3937 | 9 | -0.3937 | 9 |
| 三门峡市 | -0.0013 | 7 | -0.0013 | 7 |
| 南阳市 | -1.7175 | 15 | -1.7175 | 15 |
| 商丘市 | -1.3036 | 13 | -1.3036 | 13 |
| 信阳市 | -1.6215 | 14 | -1.6215 | 14 |
| 周口市 | -3.0905 | 17 | -3.0905 | 17 |
| 驻马店市 | -3.4175 | 18 | -3.4175 | 18 |
| 济源市 | 2.6023 | 2 | 2.6023 | 2 |

郑州市连续两年的服务水平指数的排名均为第1位，其中，开封市下降1位，洛阳市上升1位，平顶山市上升3位，安阳市上升1位，鹤壁市下降1位，新乡市下降3位，焦作市下降1位，濮阳市下降2位，许昌市下降1位，漯河市下降3位，三门峡市上升5位，南阳市上升3位，商丘市上升3位，信阳市下降1位，周口市下降2位，驻马店市下降1位，其他地市2014年服务水平指数排名较上一年没有发生变化。

## 第四节 综合环境指数综合评价及排名

综合环境指数是第四个二级指标，这个指标是从各地市内部经济环境和对外经济贸易出发衡量对金融发展指数的影响，因此分为经济环境和开放程度2个三级指标。

### 一 经济环境指数综合评价

运用上述因子分析模型和方法，结合SPSS软件，对河南省2013年的18个地市的经济环境指标进行综合分析，得到：

第五章 河南省18地市金融发展指数综合评价及排名

表 5—4—1　　　　　　经济环境指数指标体系

| 经济环境 | 城镇人均可支配收入（X38） |
| --- | --- |
| | 农村人均纯收入（X39） |
| | 人均GDP（X40） |
| | 人均财政收入（X41） |
| | 人均社会商品零售额（X42） |

表 5—4—2　　2013年河南省各个地市经济环境指数排名结果

| 河南省18地市 | F1得分 | 排名 | 经济环境 | 排名 |
| --- | --- | --- | --- | --- |
| 郑州市 | 108.50 | 1 | 108.50 | 1 |
| 开封市 | 19.09 | 14 | 19.09 | 14 |
| 洛阳市 | 54.68 | 3 | 54.68 | 3 |
| 平顶山市 | 28.41 | 11 | 28.41 | 11 |
| 安阳市 | 31.36 | 9 | 31.36 | 9 |
| 鹤壁市 | 32.98 | 7 | 32.98 | 7 |
| 新乡市 | 30.44 | 10 | 30.44 | 10 |
| 焦作市 | 48.25 | 4 | 48.25 | 4 |
| 濮阳市 | 21.13 | 13 | 21.13 | 13 |
| 许昌市 | 42.29 | 6 | 42.29 | 6 |
| 漯河市 | 31.57 | 8 | 31.57 | 8 |
| 三门峡市 | 43.48 | 5 | 43.48 | 5 |
| 南阳市 | 21.26 | 12 | 21.26 | 12 |
| 商丘市 | 7.60 | 16 | 7.60 | 16 |
| 信阳市 | 10.9 | 15 | 10.9 | 15 |
| 周口市 | 0.19 | 18 | 0.19 | 18 |
| 驻马店市 | 6.31 | 17 | 6.31 | 17 |
| 济源市 | 68.09 | 2 | 68.09 | 2 |

2014年河南省各个地市经济环境的综合排名，见表5—4—3。

表 5—4—3　　2014 年河南省各个地市经济环境指数排名结果

| 河南省 18 地市 | F1 得分 | 排名 | 经济环境 | 排名 |
|---|---|---|---|---|
| 郑州市 | 2.9803 | 1 | 2.9803 | 1 |
| 开封市 | -0.3241 | 12 | -0.3241 | 12 |
| 洛阳市 | 0.7918 | 3 | 0.7918 | 3 |
| 平顶山市 | -0.2140 | 11 | -0.2140 | 11 |
| 安阳市 | -0.1178 | 9 | -0.1178 | 9 |
| 鹤壁市 | -0.0456 | 8 | -0.0456 | 8 |
| 新乡市 | -0.1882 | 10 | -0.1882 | 10 |
| 焦作市 | 0.5430 | 4 | 0.5430 | 4 |
| 濮阳市 | -0.4747 | 14 | -0.4747 | 14 |
| 许昌市 | 0.3550 | 5 | 0.3550 | 5 |
| 漯河市 | -0.0297 | 7 | -0.0297 | 7 |
| 三门峡市 | 0.3434 | 6 | 0.3434 | 6 |
| 南阳市 | -0.4389 | 13 | -0.4389 | 13 |
| 商丘市 | -1.5717 | 18 | -1.5717 | 18 |
| 信阳市 | -0.7085 | 15 | -0.7085 | 15 |
| 周口市 | -1.0908 | 17 | -1.0908 | 17 |
| 驻马店市 | -0.9411 | 16 | -0.9411 | 16 |
| 济源市 | 1.1317 | 2 | 1.1317 | 2 |

郑州市连续两年的经济环境指数的排名均为第 1 位，开封市上升 2 位，鹤壁市下降 1 位，濮阳市下降 1 位，许昌市上升 1 位，漯河市上升 1 位，三门峡市下降 1 位，南阳市下降 1 位，商丘市下降 2 位，周口市上升 1 位，驻马店市上升 1 位，其他地市 2014 年的经济环境排名与 2013 年相比没有发生变化。

## 二 开放程度指数综合评价

运用上述因子分析模型和方法，结合 SPSS 软件，对河南省 2013 年的 18 个地市的开放程度指数指标进行综合分析，得到：

表 5—4—4　　　　　　　开放程度指数指标体系

| 开放程度 | 实际利用外资额（X43） |
| --- | --- |
| | 旅游创汇收入（X44） |
| | 进出口总额（X45） |

表 5—4—5　　2013 年河南省各个地市开放程度指数排名结果

| 河南省 18 地市 | F1 得分 | 排名 | 开放程度 | 排名 |
| --- | --- | --- | --- | --- |
| 郑州市 | 103.35 | 1 | 103.35 | 1 |
| 开封市 | 12.54 | 4 | 12.54 | 4 |
| 洛阳市 | 61.86 | 2 | 61.86 | 2 |
| 平顶山市 | 4.42 | 14 | 4.42 | 14 |
| 安阳市 | 6.86 | 7 | 6.86 | 7 |
| 鹤壁市 | 4.67 | 13 | 4.67 | 13 |
| 新乡市 | 9.28 | 6 | 9.28 | 6 |
| 焦作市 | 28.50 | 3 | 28.50 | 3 |
| 濮阳市 | 2.63 | 16 | 2.63 | 16 |
| 许昌市 | 5.47 | 11 | 5.47 | 11 |
| 漯河市 | 6.64 | 8 | 6.64 | 8 |
| 三门峡市 | 11.10 | 5 | 11.10 | 5 |
| 南阳市 | 6.19 | 9 | 6.19 | 9 |
| 商丘市 | 1.11 | 18 | 1.11 | 18 |
| 信阳市 | 3.31 | 15 | 3.31 | 15 |
| 周口市 | 4.77 | 12 | 4.77 | 12 |
| 驻马店市 | 5.89 | 10 | 5.89 | 10 |
| 济源市 | 1.39 | 17 | 1.39 | 17 |

2014 年河南省各个地市的开放程度的综合排名,见表 5—4—6。

表 5—4—6    2014 年河南省各个地市开放程度指数排名结果

| 河南省 18 地市 | F1 得分 | 排名 | 开放程度 | 排名 |
|---|---|---|---|---|
| 郑州市 | 3.3879 | 1 | 3.3879 | 1 |
| 开封市 | -0.0996 | 4 | -0.0996 | 4 |
| 洛阳市 | 1.7232 | 2 | 1.7232 | 2 |
| 平顶山市 | -0.4131 | 12 | -0.4131 | 12 |
| 安阳市 | -0.2510 | 6 | -0.2510 | 6 |
| 鹤壁市 | -0.3075 | 9 | -0.3075 | 9 |
| 新乡市 | -0.1346 | 5 | -0.1346 | 5 |
| 焦作市 | 0.4272 | 3 | 0.4272 | 3 |
| 濮阳市 | -0.5854 | 18 | -0.5854 | 18 |
| 许昌市 | -0.5307 | 16 | -0.5307 | 16 |
| 漯河市 | -0.5847 | 17 | -0.5847 | 17 |
| 三门峡市 | -0.5141 | 15 | -0.5141 | 15 |
| 南阳市 | -0.2615 | 7 | -0.2615 | 7 |
| 商丘市 | -0.4611 | 14 | -0.4611 | 14 |
| 信阳市 | -0.3598 | 11 | -0.3598 | 11 |
| 周口市 | -0.3132 | 10 | -0.3132 | 10 |
| 驻马店市 | -0.2843 | 8 | -0.2843 | 8 |
| 济源市 | -0.4375 | 13 | -0.4375 | 13 |

郑州市连续两年的开放程度指数的综合排名均为第 1 位,平顶山市上升 2 位,安阳市上升 1 位,鹤壁市上升 4 位,新乡市上升 1 位,濮阳市下降 2 位,许昌市下降 5 位,漯河市下降 9 位,三门峡市下降 10 位,南阳市上升 2 位,商丘市上升 4 位,周口市上升 2 位,驻马店市上升 2 位,济源市上升 4 位。其他地市开放程度的排名两年内没有发生变化。

### 三 综合环境指数综合评价

运用上述因子分析模型和方法,结合 SPSS 软件,对河南省 2013 年的

18 个地市经分析已经得到的经济环境和开放程度这 2 个指标进行分析，加权得到河南省综合环境指数，并对其进行综合分析。得：

表 5—4—7　　　　　　　　综合环境指标体系

| 综合环境 | 经济环境（$X*9$） |
| --- | --- |
|  | 开放程度（$X*10$） |

表 5—4—8　　2013 年河南省各个地市综合环境指数排名结果

| 河南省 18 地市 | F1 得分 | 排名 | 综合环境 | 排名 |
| --- | --- | --- | --- | --- |
| 郑州市 | 112.49 | 1 | 112.49 | 1 |
| 开封市 | 16.80 | 12 | 16.80 | 12 |
| 洛阳市 | 61.88 | 2 | 61.88 | 2 |
| 平顶山市 | 17.43 | 11 | 17.43 | 11 |
| 安阳市 | 20.29 | 8 | 20.29 | 8 |
| 鹤壁市 | 19.99 | 10 | 19.99 | 10 |
| 新乡市 | 21.09 | 7 | 21.09 | 7 |
| 焦作市 | 40.75 | 3 | 40.75 | 3 |
| 濮阳市 | 12.62 | 14 | 12.62 | 14 |
| 许昌市 | 25.36 | 6 | 25.36 | 6 |
| 漯河市 | 20.29 | 8 | 20.29 | 8 |
| 三门峡市 | 28.98 | 5 | 28.98 | 5 |
| 南阳市 | 14.58 | 13 | 14.58 | 13 |
| 商丘市 | 4.63 | 17 | 4.63 | 17 |
| 信阳市 | 7.55 | 15 | 7.55 | 15 |
| 周口市 | 2.63 | 18 | 2.63 | 18 |
| 驻马店市 | 6.48 | 16 | 6.48 | 16 |
| 济源市 | 36.89 | 4 | 36.89 | 4 |

2014 年河南省各个地市综合环境指数的综合排名，见表 5—4—9。

表 5—4—9　　2014 年河南省各个地市综合环境指数排名结果

| 河南省 18 地市 | F1 得分 | 排名 | 综合环境 | 排名 |
| --- | --- | --- | --- | --- |
| 郑州市 | 3.3879 | 1 | 3.3879 | 1 |
| 开封市 | -0.2254 | 10 | -0.2254 | 10 |
| 洛阳市 | 1.3380 | 2 | 1.3380 | 2 |
| 平顶山市 | -0.3336 | 12 | -0.3336 | 12 |
| 安阳市 | -0.1962 | 9 | -0.1962 | 9 |
| 鹤壁市 | -0.1879 | 8 | -0.1879 | 8 |
| 新乡市 | -0.1718 | 7 | -0.1718 | 7 |
| 焦作市 | 0.5161 | 3 | 0.5161 | 3 |
| 濮阳市 | -0.5640 | 14 | -0.5640 | 14 |
| 许昌市 | -0.0935 | 6 | -0.0935 | 6 |
| 漯河市 | -0.3268 | 11 | -0.3268 | 11 |
| 三门峡市 | -0.0908 | 5 | -0.0908 | 5 |
| 南阳市 | -0.3726 | 13 | -0.3726 | 13 |
| 商丘市 | -1.0815 | 18 | -1.0815 | 18 |
| 信阳市 | -0.5683 | 15 | -0.5683 | 15 |
| 周口市 | -0.7470 | 17 | -0.7470 | 17 |
| 驻马店市 | -0.6519 | 16 | -0.6519 | 16 |
| 济源市 | 0.3693 | 4 | 0.3693 | 4 |

郑州市连续两年的综合环境指数的排名均为第 1 位，说明了其作为河南省省会和金融中心所发挥的带头和示范作用，使其综合经济环境较其他地区优越。周口市的综合排名无论是 2013 年还是 2014 年都排在河南省较低位次。与 2013 年相比，各地市排名基本未发生变化。

## 第五节　金融发展指数综合评价及排名

金融发展指数是金融发展指标体系的一级指标，也是我们分析一个地市金融发展指数的最终结果。

表 5—5—1　　　　　　　　金融发展指数指标体系

| 金融发展指数 | 金融状况（X**1） |
| --- | --- |
| | 成长发展（X**2） |
| | 服务水平（X**3） |
| | 综合环境（X**4） |

表 5—5—2　　2013 年河南省各个地市金融发展指数排名结果

| 河南省 18 地市 | F1 得分 | 排名 | 金融发展指数 | 排名 |
| --- | --- | --- | --- | --- |
| 郑州市 | 106.26 | 1 | 106.26 | 1 |
| 开封市 | 14.71 | 12 | 14.71 | 12 |
| 洛阳市 | 37.47 | 2 | 37.47 | 2 |
| 平顶山市 | 18.75 | 8 | 18.75 | 8 |
| 安阳市 | 21.61 | 5 | 21.61 | 5 |
| 鹤壁市 | 15.04 | 11 | 15.04 | 11 |
| 新乡市 | 21.59 | 6 | 21.59 | 6 |
| 焦作市 | 30.79 | 3 | 30.79 | 3 |
| 濮阳市 | 11.98 | 14 | 11.98 | 14 |
| 许昌市 | 19.36 | 7 | 19.36 | 7 |
| 漯河市 | 15.88 | 10 | 15.88 | 10 |
| 三门峡市 | 16.99 | 9 | 16.99 | 9 |
| 南阳市 | 13.36 | 13 | 13.36 | 13 |
| 商丘市 | 9.22 | 16 | 9.22 | 16 |
| 信阳市 | 11.15 | 15 | 11.15 | 15 |
| 周口市 | 8.60 | 17 | 8.60 | 17 |
| 驻马店市 | 7.82 | 18 | 7.82 | 18 |
| 济源市 | 25.00 | 4 | 25.00 | 4 |

2014 年河南省各个地市金融发展指数的排名，见表 5—5—3。

表 5—5—3　2014 年河南省各个地市金融发展指数排名结果

| 河南省 18 地市 | F1 得分 | 排名 | 金融发展指数 | 排名 |
|---|---|---|---|---|
| 郑州市 | 19.9500 | 1 | 19.9500 | 1 |
| 开封市 | -1.4159 | 11 | -1.4159 | 11 |
| 洛阳市 | 4.0578 | 2 | 4.0578 | 2 |
| 平顶山市 | -0.2067 | 5 | -0.2067 | 5 |
| 安阳市 | -0.8097 | 7 | -0.8097 | 7 |
| 鹤壁市 | -0.9939 | 9 | -0.9939 | 9 |
| 新乡市 | -0.9630 | 8 | -0.9630 | 8 |
| 焦作市 | 1.4115 | 4 | 1.4115 | 4 |
| 濮阳市 | -3.3386 | 16 | -3.3386 | 16 |
| 许昌市 | -0.3697 | 6 | -0.3697 | 6 |
| 漯河市 | -1.6386 | 12 | -1.6386 | 12 |
| 三门峡市 | -1.0662 | 10 | -1.0662 | 10 |
| 南阳市 | -2.1139 | 13 | -2.1139 | 13 |
| 商丘市 | -2.9798 | 15 | -2.9798 | 15 |
| 信阳市 | -2.5500 | 14 | -2.5500 | 14 |
| 周口市 | -4.4398 | 17 | -4.4398 | 17 |
| 驻马店市 | -4.6175 | 18 | -4.6175 | 18 |
| 济源市 | 2.0841 | 3 | 2.0841 | 3 |

在金融发展指数的总排名中，郑州市连续两年的综合排名均为第 1 位，洛阳市连续两年均为第 2 位，无论是 2013 年还是 2014 年，济源市均处于较前的位置。与 2013 年排位相比，开封市上升 1 位，平顶山市上升 3 位，安阳市下降 2 位，鹤壁市上升 2 位，新乡市下降 2 位，焦作市下降 1 位，濮阳市下降 2 位，许昌市上升 1 位，漯河市下降 2 位，三门峡市下降 1 位，商丘市上升 1 位，信阳市上升 1 位，济源市上升 1 位，其他地市 2014 年金融发展指数的排名较上年没有发生变化。

# 第六章 郑州市2014年金融发展指数研究报告

## 第一节 郑州市概述

郑州地处中国地理中心,是全国重要的铁路、航空、高速公路、电力、邮政电信主枢纽城市。1920—1930年由于铁路业的建设而成为重要内陆商埠,如今郑州已是中国中部地区的特大型大都会和主要经济中心之一,中原经济区的中心城市,长江以北经济发达的省会城市。

2014年,全年完成地区金融业增加值574亿元,增长17.76%。全社会固定资产投资完成846亿元,比上年增长3.23%;社会消费品零售总额完成327.2亿元,比上年增长8.78%。截至2014年年底,金融机构存款余额13955.6亿元,同比增长12.09%,各项贷款余额10868.3亿元,同比增长16.33%。

## 第二节 郑州市金融状况指数评价分析

### 一 郑州市金融市场发展指数评价分析

2013—2014年郑州市金融市场发展指标及其下属指标,在河南省的排位变化情况,如表6—2—1和图6—2—1所示。

1. 2014年郑州市金融市场发展指数在整个河南省的综合排位处于第1位,表明其在河南省处于绝对优势地位;与2013年相比排位没有发生变化。

2. 从指标所处的水平看,金融业增加值、金融系统存款余额、金融系统贷款余额、证券交易额、发行国债额、保费收入和保险赔付额在整个河南省排位均为第1位,这说明郑州市的金融市场发展在河南省处于绝对

表 6—2—1　郑州市 2013—2014 年金融市场发展指数及其四级指标

| 年份 | | 金融业增加值 | 金融系统存款余额 | 金融系统贷款余额 | 证券交易额 | 发行国债额 | 保费收入 | 保险赔付额 | 金融市场发展指数 |
|---|---|---|---|---|---|---|---|---|---|
| 2013 | 原值（亿元） | 487.41 | 12450.46 | 9342.31 | 10132.35 | 19.75 | 222.10 | 61.44 | 101.20 |
| | 标准化后 | 100.00 | 100.00 | 100.00 | 100.00 | 100.00 | 100.00 | 100.00 | |
| 2014 | 原值（亿元） | 574 | 13955.6 | 10868.3 | 17145.78 | 20.15 | 277.9 | 71.5 | 3.8880 |
| | 标准化后 | 3.8846 | 3.8591 | 3.9256 | 3.9812 | 3.8097 | 3.7779 | 3.6296 | |
| 2013 年排名 | | 1 | 1 | 1 | 1 | 1 | 1 | 1 | 1 |
| 2014 年排名 | | 1 | 1 | 1 | 1 | 1 | 1 | 1 | 1 |
| 升降 | | 0 | 0 | 0 | 0 | 0 | 0 | 0 | 0 |

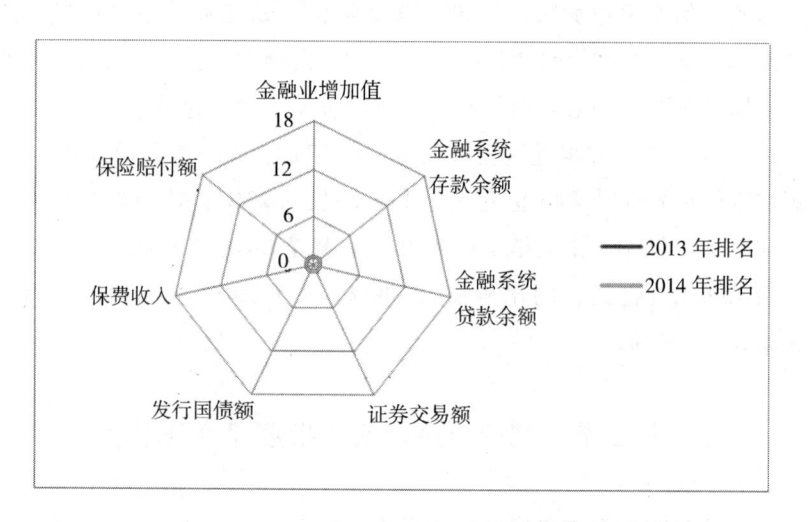

图 6—2—1　郑州市 2013—2014 年金融市场发展指数四级指标比较雷达图

领先地位。

3. 从雷达图图形变化看，2014 年与 2013 年相比，面积保持不变，郑州市金融市场发展呈现稳定态势。

4. 从排位变化的动因看，2014 年郑州市金融市场发展指数的 7 个四级指标在河南省的排位均没有发生变化，使其 2014 年的综合排位保持不变，仍位居河南省第 1 位。

## 二 郑州市金融结构深化指数评价分析

2013—2014 年郑州市金融结构深化指标及其下属指标，在河南省的排位变化情况，如表 6—2—2 和图 6—2—2 所示。

表 6—2—2　郑州市 2013—2014 年金融结构深化指数及其四级指标

| 年份 | | 证券募集资金净额比 GDP | 短期贷款占比 | 保费收入比全省金融业增加值 | 金融结构深化指数 |
|---|---|---|---|---|---|
| 2013 | 原值 | 0.0212 | 0.2953 | 0.1879 | 84.30 |
|  | 标准化后 | 82.81 | 100.00 | 100.00 |  |
| 2014 | 原值 | 0.0239 | 0.3003 | 0.4841 | 3.7164 |
|  | 标准化后 | 2.0477 | 3.7743 | 3.9742 |  |
| 2013 排名 | | 5 | 1 | 1 | 1 |
| 2014 排名 | | 1 | 1 | 1 | 1 |
| 升降 | | 4 | 0 | 0 | 0 |

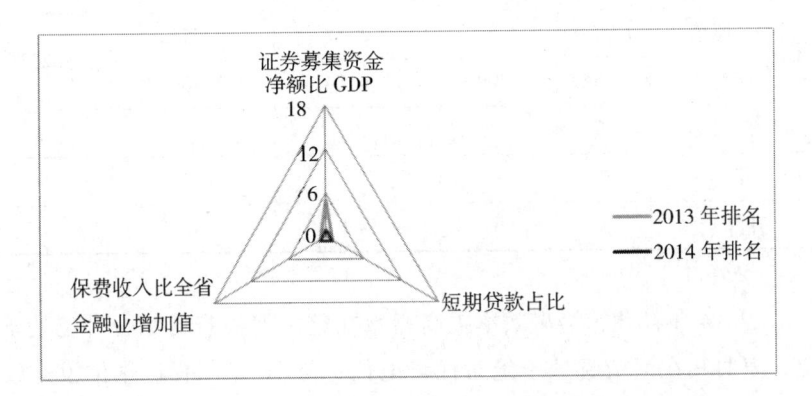

图 6—2—2　郑州市 2013—2014 年金融结构深化指数四级指标比较雷达图

1. 2014 年郑州市金融结构深化指数在整个河南省的综合排位处于第 1 位，表明其在河南省处于绝对优势地位；与 2013 年相比排位没有发生变化。

2. 从指标所处的水平看，证券募集资金净额比 GDP、短期贷款占比和保费收入比全省金融业增加值 2 个指标在整个河南省排位均为第 1 位，即在整个省域内处于上游区且均为绝对优势指标，这说明郑州市的金融结构深化程度在河南省处于绝对领先地位。

3. 从雷达图图形变化看,2014 年与 2013 年相比,面积有所增大,金融结构深化有减弱的趋势。

4. 从排位变化的动因看,由于 2014 年郑州市金融结构深化的四级指标除证券募集资金净额比 GDP 外,其他指标在河南省排位均未发生变化,其金融结构深化指数综合排位保持不变,仍位居河南省第 1 位。

### 三 郑州市金融效率提高指数评价分析

2013—2014 年郑州市金融效率提高指标及其下属指标,在河南省的排位变化情况,如表 6—2—3 和图 6—2—3 所示。

表 6—2—3 郑州市 2013—2014 年金融效率提高指数及其四级指标

| 年份 | | 存贷比 | 保险密度 | 上市公司占有率 | 证券交易额占比 | 金融效率提高指数 |
|---|---|---|---|---|---|---|
| 2013 | 原值 | 0.7504 | 2416 | 0.3182 | 0.5452 | 86.03 |
| | 标准化后 | 68.70 | 100.00 | 100.00 | 100.00 | |
| 2014 | 原值 | 0.7788 | 2963 | 0.3182 | 0.5552 | 3.2036 |
| | 标准化后 | 1.2567 | 3.7090 | 0.4184 | 2.7006 | |
| 2013 年排名 | | 3 | 1 | 1 | 1 | 1 |
| 2014 年排名 | | 2 | 1 | 3 | 1 | 1 |
| 升降 | | 1 | 0 | -2 | 0 | 0 |

1. 2014 年郑州市金融效率提高指数在整个河南省的综合排位处于第 1 位,表明其在河南省处于绝对优势地位;与 2013 年相比排位没有发生变化。

2. 从指标所处的水平看,保险密度和证券交易额占比在整个河南省排位均为第 1 位,处于绝对优势地位,存贷比指标位于第 2 位,处于较优势地位,上市公司占有率处于第 3 位,表明郑州市在银行业、保险业、证券业已初步形成规模效应,具有良好的转化、渗透、竞争能力,其在金融效率提高方面的优势十分明显。

3. 从雷达图图形变化看,2014 年与 2013 年相比,面积有所增大,金融效率提高指数呈现弱化趋势,其中上市公司占有率成为了图形扩大缩小

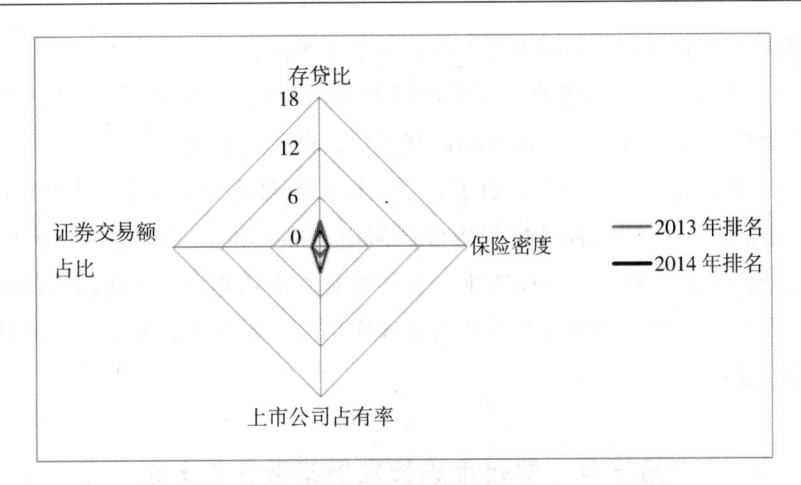

图 6—2—3　郑州市 2013—2014 年金融效率提高指数四级指标比较雷达图

的动力点。

4. 从排位变化的动因看，郑州市存贷比指标排位有所上升，上市公司占有率有所下降，其他各项指标排位保持不变，综合作用下，2014 年郑州市金融效率提高指数综合排位保持不变，仍位居河南省第 1 位。

### 四　郑州市金融状况指数综合分析

2013—2014 年郑州市金融状况指标及其下属指标，在河南省的排位变化和指标结构情况，如表 6—2—4 所示。

表 6—2—4　郑州市 2013—2014 年金融状况指标及其三级指标

| 年份 | 金融市场发展指数 | 金融结构深化指数 | 金融效率提高指数 | 金融状况指数 |
|---|---|---|---|---|
| 2013 | 101.20 | 84.30 | 86.03 | 92.35 |
| 2014 | 3.8880 | 3.7164 | 3.2036 | 3.8230 |
| 2013 年排位 | 1 | 1 | 1 | 1 |
| 2014 年排位 | 1 | 1 | 1 | 1 |
| 升降 | 0 | 0 | 0 | 0 |

1. 2014 年郑州市金融状况指数综合排位处于第 1 位，表明其在河南省处于绝对优势地位；与 2013 年相比，排位没有变化。

2. 从指标所处水平看，2014 年金融市场发展、金融结构深化和金融效率提高 3 个指标排位均为第 1 位，处于上游区。

3. 从指标变化趋势看，金融市场发展、金融结构深化和金融效率提高 3 个指标排位与上一年相比均没有变化，保持绝对优势地位。

4. 从排位综合分析看，由于 3 个指标的绝对优势，决定了 2014 年郑州市金融状况指数综合排位仍然位居河南省第 1 位。2014 年面对国内外复杂的经济金融形式，郑州市推动多层次资本市场建设，不断加快郑州市金融业建设步伐。郑州市金融业的主导作用进一步加强，金融业的规模效益进一步提升。

## 第三节 郑州市成长发展指数评价分析

### 一 郑州市资本市场成长性指数评价分析

2013—2014 年郑州市资本市场成长性指标及其下属指标，在河南省的排位变化情况，如表 6—3—1 和图 6—3—1 所示。

表 6—3—1 郑州市 2013—2014 年资本市场成长性指数及其四级指标

| 年份 | | 金融机构贷款余额年增长额 | 发行国债年增长额 | A 股股票募集资金净额 | 资本市场成长性指标 |
|---|---|---|---|---|---|
| 2013 | 原值（亿元） | 2548.19 | 7.0167 | 131.47 | 104.70 |
| | 标准化后 | 100.00 | 100.00 | 100.00 | |
| 2014 | 原值（亿元） | 1525.99 | 0.4 | 178.89 | 3.6117 |
| | 标准化后 | 3.9000 | 1.5960 | 3.5780 | |
| 2013 年排名 | | 1 | 1 | 1 | 1 |
| 2014 年排名 | | 1 | 2 | 1 | 1 |
| 升降 | | 0 | -1 | 0 | 0 |

1. 2014 年郑州市资本市场成长性指数在整个河南省的综合排位处于第 1 位，表明其在河南省处于绝对优势地位；与 2013 年相比排位没有发生变化。

2. 从指标所处的水平看，金融机构贷款余额年增长额、A 股股票募集资金净额在整个河南省排位均为第 1 位，处于上游区且为绝对优势指标。

3. 从雷达图图形变化看，2014 年与 2013 年相比，面积没有发生变化，资本市场成长性呈现稳定趋势。

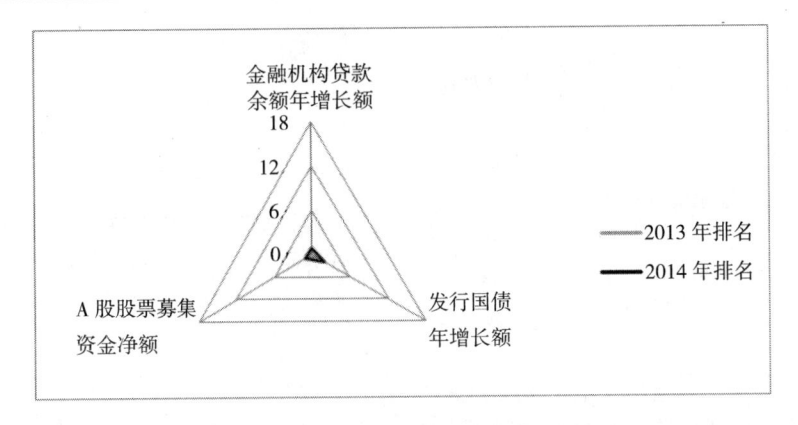

## 第六章 郑州市2014年金融发展指数研究报告

图6—3—1 郑州市2013—2014年资本市场成长性指数四级指标比较雷达图

4. 从排位变化的动因看，在2014年整个经济体内国债发行量均有所下降的背景下，郑州市国债年增长额较上年下降微弱，排位下降了1位，使其资本市场成长性仍处于第1位，优势显著。

### 二 郑州市经济成长性指数评价分析

2013—2014年郑州市经济成长性指标及其下属指标，在河南省的排位变化情况，如表6—3—2和图6—3—2所示。

表6—3—2 郑州市2013—2014年经济成长性指数及其四级指标

| 年份 | | GDP年增长额 | 财政收入年增长额 | 社会固定资产投资年增长额 | 社会消费品零售总额年增长额 | 经济成长性指数 |
|---|---|---|---|---|---|---|
| 2013 | 原值（亿元） | 652.06 | 116.96 | 819.54 | 300.80 | 102.70 |
| | 标准化后 | 100.00 | 100.00 | 100.00 | 100.00 | |
| 2014 | 原值（亿元） | 581.1 | 152.6 | 846 | 327.2 | 3.5475 |
| | 标准化后 | 3.6162 | -0.2312 | 3.4783 | 3.3314 | |
| 2013年排名 | | 1 | 1 | 1 | 1 | 1 |
| 2014年排名 | | 1 | 2 | 1 | 1 | 1 |
| 升降 | | 0 | -1 | 0 | 0 | 0 |

1. 2014年郑州市经济成长性指数在整个河南省的综合排位处于第1位，表明其在河南省处于绝对优势地位；与2013年相比没有发

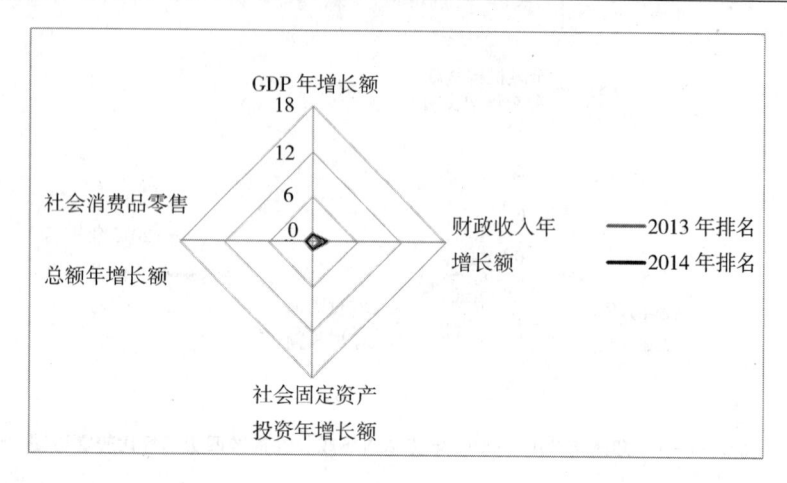

图 6—3—2　郑州市 2013—2014 年经济成长性指数四级指标比较雷达图

生变化。

2. 从指标所处的水平看，GDP 年增长额、财政收入年增长额、社会固定资产投资年增长额和社会消费品零售总额年增长额在河南省排位均为第 1 位，这说明郑州市的经济成长性在河南省处于绝对领先地位。

3. 从雷达图图形变化看，2014 年与 2013 年相比，面积保持不变。

4. 从排位变化的动因看，2014 年郑州市经济成长性指数四级指标在河南省的排位均没有发生变化，使其 2014 年的综合排位保持不变，仍位居河南省第 1 位。

### 三　郑州市城市创新成长性指数评价分析

2013—2014 年郑州市城市创新成长性指标及其下属指标，在河南省的排位变化情况，如表 6—3—3 和图 6—3—3 所示。

表 6—3—3　郑州市 2013—2014 年城市创新成长性指数及其四级指标

| 年份 | | 政府研发经费支出年增长额 | 政府研发人员年增长额 | 新产品销售收入年增长额 | 城市创新成长性指数 |
|---|---|---|---|---|---|
| 2013 | 原值 | -0.35 | 5140 | 1820.19 | 81.88 |
| | 标准化后 | 11.74 | 100.00 | 100.00 | |

续表

| 年份 | | 政府研发经费支出年增长额 | 政府研发人员年增长额 | 新产品销售收入年增长额 | 城市创新成长性指数 |
|---|---|---|---|---|---|
| 2014 | 原值 | 1.0356 | 6000 | 1433.45 | 3.8599 |
| | 标准化后 | 0.5048 | 3.7009 | 3.9934 | |
| 2013 年排名 | | 16 | 1 | 1 | 1 |
| 2014 年排名 | | 3 | 1 | 1 | 1 |
| 升降 | | 13 | 0 | 0 | 0 |

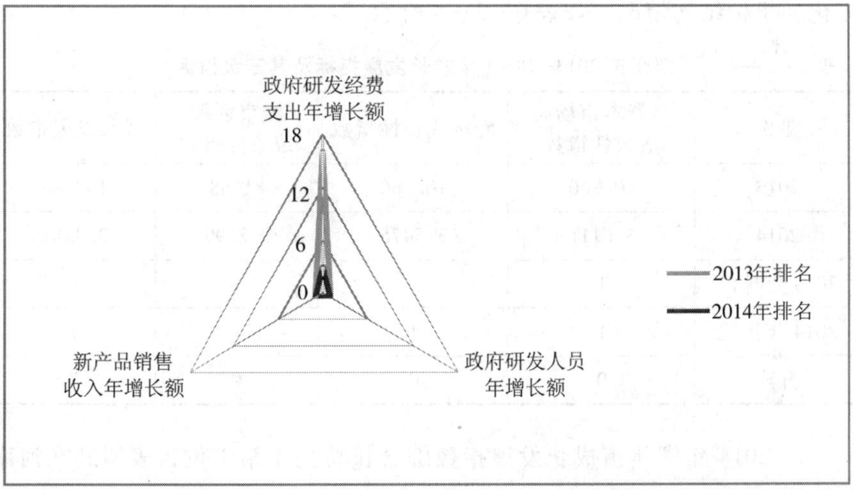

图 6—3—3  郑州市 2013—2014 年城市创新成长性指数四级指标比较雷达图

1. 2014 年郑州市城市创新成长性指数在整个河南省的综合排位处于第 1 位，表明其在河南省处于绝对优势地位；与 2013 年相比排位没有发生变化。

2. 从指标所处的水平看，政府研发人员年增长量和新产品销售收入年增长额在整个河南省排位均为第 1 位，处于上游区且为绝对优势指标，而政府研发经费支出年增长额处于第 3 位，处于下游区且为绝对劣势指标。

3. 从雷达图图形变化看，2014 年与 2013 年相比，面积有所缩小，城市创新成长性呈现上升趋势，其中政府研发人员年增长量和新产品销售收入年增长额均成为了图形缩小的动力点。

4. 从排位变化的动因看，由于研发投入和研发成果之间存在着时间差，即时滞，郑州市在 2014 年的研发支出和研发人员的大量投入，使得其在 2014 年的新产品销售收入表现明显的增加，成为其城市创新成长性提高的主要拉动力量。

2014 年郑州市城市创新成长性指数综合排位位居河南省第 1 位。

**四 郑州市成长发展指数综合分析**

2013—2014 年郑州市成长发展指标及其下属指标，在河南省的排位变化和指标结构情况，如表 6—3—4 所示。

表 6—3—4　郑州市 2013—2014 年成长发展指标及其三级指标

| 年份 | 资本市场成长性指数 | 经济成长性指数 | 城市创新成长性指数 | 成长发展指数 |
| --- | --- | --- | --- | --- |
| 2013 | 104.60 | 102.60 | 81.88 | 102.68 |
| 2014 | 3.6117 | 3.5475 | 3.8599 | 3.8381 |
| 2013 年排位 | 1 | 1 | 1 | 1 |
| 2014 年排位 | 1 | 1 | 1 | 1 |
| 升降 | 0 | 0 | 0 | 0 |

1. 2014 年郑州市成长发展指数综合排位处于第 1 位，表明其在河南省处于绝对优势地位；与 2013 年相比，排位没有变化。

2. 从指标所处水平看，2014 年资本市场成长性、经济成长性和城市创新成长性三个指标排位均为第 1 位，处于上游区且为绝对优势指标。

3. 从指标变化趋势看，资本市场成长性和经济成长性两个指标排位与上一年相比均没有变化，保持绝对优势地位。

4. 从排位综合分析看，由于三个指标的绝对优势，决定了 2014 年郑州市成长发展指数综合排位仍然位居河南省第 1 位。

## 第四节　郑州市服务水平指数评价分析

**一 郑州市智力资本指数评价分析**

2013—2014 年郑州市智力资本指标及其下属指标，在河南省的排名变化情况，如表6—4—1和图6—4—1所示。

**表6—4—1　郑州市2013—2014年智力资本指数及其四级指标**

| 年份 | | 金融业从业密度 | 受高等教育密度 | 科研人员密度 | 普通高等学校数量 | 智力资本指数 |
|---|---|---|---|---|---|---|
| 2013 | 原值 | 6.73 | 100.41 | 12.22 | 56 | 103.60 |
| | 标准化后 | 100.00 | 100.00 | 100.00 | 100.00 | |
| 2014 | 原值 | 6.93 | 123.76 | 13.12 | 56 | 3.8268 |
| | 标准化后 | 3.3592 | 3.9265 | 3.5836 | 3.9373 | |
| 2013年排名 | | 1 | 1 | 1 | 1 | 1 |
| 2014年排名 | | 1 | 1 | 1 | 1 | 1 |
| 升降 | | 0 | 0 | 0 | 0 | 0 |

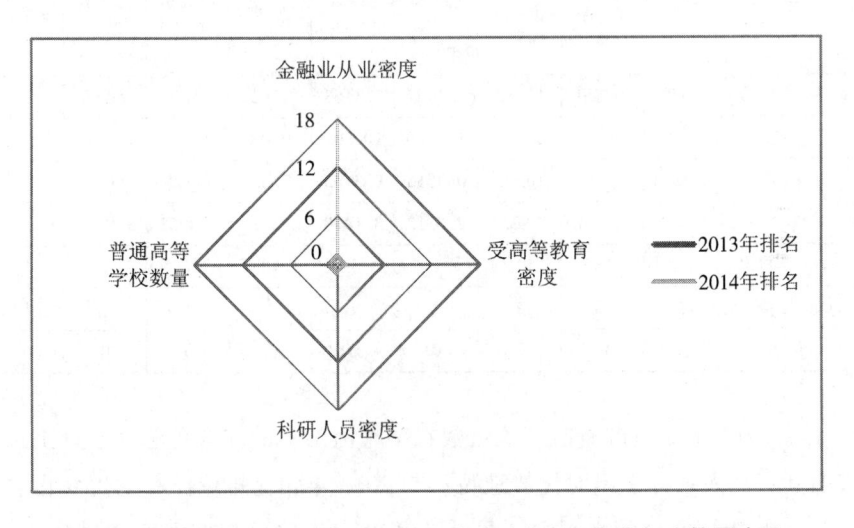

**图6—4—1　郑州市2013—2014年智力资本指数四级指标比较雷达图**

1. 2014年郑州市智力资本指数在整个河南省的综合排位处于第1位，表明其在河南省处于绝对优势地位；与2013年相比排位没有发生变化。

2. 从指标所处的水平看，金融业从业密度、受高等教育密度、科研人员密度和普通高等学校数量在整个河南省排位均为第1位，这说明郑州市的智力资本在河南省处于绝对领先地位。

3. 从雷达图图形变化看，2014年与2013年相比，面积保持不变。

4. 从排位变化的动因看，2014 年郑州市智力资本指数四级指标在河南省的排位均没有发生变化，使其 2014 年的综合排位保持不变，仍位居河南省第 1 位。郑州市作为河南省的省会，不仅在经济金融发展方面处于领先地位，而且注重教育和智力资本的培养，为郑州市金融的发展奠定了良好的基础，为经济的发展提供了源源不断的动力。

## 二 郑州市城市环境指数评价分析

2013—2014 年郑州市城市环境指标及其下属指标，在河南省的排位变化情况，如表 6—4—2 和图 6—4—2 所示。

表 6—4—2　郑州市 2013—2014 年城市环境指数及其四级指标

| 年份 | | 城镇化水平 | 人均城市道路面积 | 人均绿化覆盖面积 | 基本医疗保险覆盖率 | 基本养老保险覆盖率 | 商品房屋销售均价 | 城镇从业人员平均工资 | 营运车辆数 | 城市环境指数 |
|---|---|---|---|---|---|---|---|---|---|---|
| 2013 | 原值 | 0.6708 | 6.55 | 15.82 | 0.3432 | 0.3163 | 7162 | 44119 | 5745 | 75.70 |
| | 标准化后 | 100.00 | 0.00 | 58.49 | 100.00 | 100.00 | 0.00 | 100.00 | 100.00 | |
| 2014 | 原值 | 0.6831 | 6.76 | 16.25 | 0.3555 | 0.3445 | 7262 | 47125 | 6013 | 14.8861 |
| | 标准化后 | 2.5387 | -1.7588 | 1.2254 | 2.0312 | 3.1410 | 2.3111 | 2.4958 | 3.8328 | |
| 2013 年排名 | | 1 | 18 | 2 | 1 | 1 | 18 | 1 | 1 | 1 |
| 2014 年排名 | | 1 | 18 | 2 | 1 | 1 | 1 | 1 | 1 | 1 |
| 升降 | | 0 | 0 | 0 | 0 | 0 | 17 | 0 | 0 | 0 |

1. 2014 年郑州市城市环境指数在整个河南省的综合排位处于第 1 位，表明其在河南省处于绝对优势地位；与 2013 年相比排位没有发生变化。

2. 从指标所处的水平看，虽然人均城市道路面积在河南省排位为第 18 位，人均绿化覆盖面积排在第 2 位，但是其余指标在整个河南省排位均为第 1 位，综合来看，郑州市的城市环境在河南省仍处于绝对领先地位。

3. 从雷达图图形变化看，2014 年与 2013 年相比，面积略有减小，城市环境指数呈现上升趋势，其中人均绿化覆盖面积成为了图形缩小的动力点。

4. 从排位变化的动因看，除人均商品房销售均价排位上升 17 位外，

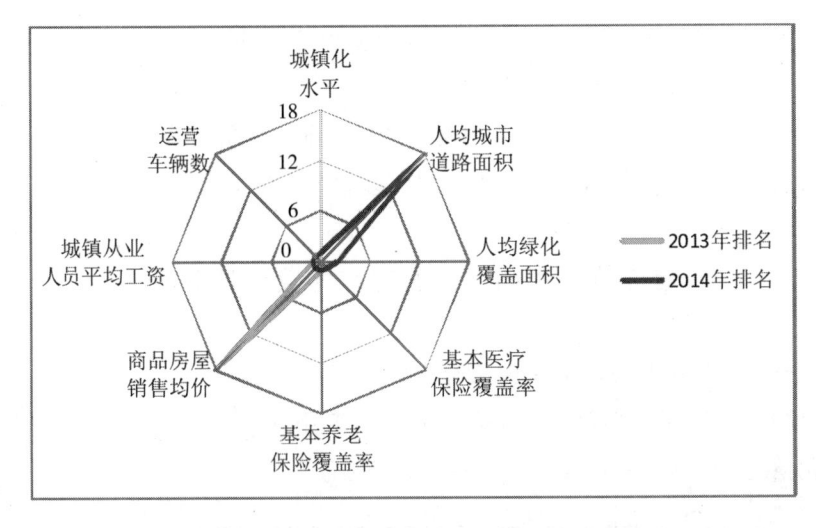

图 6—4—2　郑州市 2013—2014 年城市环境指数四级指标比较雷达图

其余各项指标的排位均未发生变动，2014 年郑州市城市环境指数综合排位保持不变，位居河南省第 1 位。

### 三　郑州市服务水平指数综合分析

2013—2014 年郑州市服务水平指标及其下属指标，在河南省的排位变化和指标结构情况，如表 6—4—3 所示。

表 6—4—3　郑州市 2013—2014 年服务水平指标及其三级指标

| 年份 | 智力资本指数 | 城市环境指数 | 服务水平指数 |
| --- | --- | --- | --- |
| 2013 | 103.60 | 75.70 | 99.04 |
| 2014 | 3.8268 | 14.8861 | 9.7868 |
| 2013 年排名 | 1 | 1 | 1 |
| 2014 年排名 | 1 | 1 | 1 |
| 升降 | 0 | 0 | 0 |

1. 2014 年郑州市服务水平指数综合排位处于第 1 位，表明其在河南省处于绝对优势地位；与 2013 年相比，排位没有变化。

2. 从指标所处水平看，2014 年智力资本和城市环境两个指标排位均为第 1 位，处于上游区且为绝对优势指标。

3. 从指标变化趋势看,智力资本和城市环境两个指标排位与上一年相比均没有变化,保持绝对优势地位。

4. 从排位综合分析看,由于两个指标的绝对优势,决定了 2014 年郑州市服务水平指数综合排位仍然位居河南省第 1 位。

## 第五节　郑州市综合环境指数评价分析

### 一　郑州市经济环境指数评价分析

2013—2014 年郑州市经济环境指标及其下属指标,在河南省的排位变化情况,如表 6—5—1 和图 6—5—1 所示。

表 6—5—1　郑州市 2013—2014 年经济环境指数及其四级指标

| 年份 | | 城镇人均可支配收入 | 农村人均纯收入 | 人均 GDP | 人均财政收入 | 人均社会商品零售额 | 经济环境指数 |
|---|---|---|---|---|---|---|---|
| 2013 | 原值（元） | 26615 | 14009 | 68073 | 7873 | 28544 | 108.50 |
| | 标准化后 | 100.00 | 100.00 | 100.00 | 100.00 | 100.00 | |
| 2014 | 原值（元） | 29095 | 15470 | 73056 | 13527.4 | 31068.46 | 2.9803 |
| | 标准化后 | 1.2002 | 2.5297 | 2.2304 | 3.4900 | 3.2574 | |
| 2013 年排名 | | 1 | 1 | 1 | 1 | 1 | 1 |
| 2014 年排名 | | 1 | 1 | 1 | 1 | 1 | 1 |
| 升降 | | 0 | 0 | 0 | 0 | 0 | 0 |

1. 2014 年郑州市经济环境指数在整个河南省的综合排位处于第 1 位,表明其在河南省处于绝对优势地位;与 2013 年相比排位没有发生变化。

2. 从指标所处的水平看,各项四级指标在整个河南省排位均为第 1 位,这说明郑州市的经济环境在河南省处于绝对领先地位。

3. 从雷达图图形变化看,2014 年与 2013 年相比,面积保持不变。

4. 从排位变化的动因看,郑州市人均 GDP 指标排位上升 1 位,其余各指标的排位保持不变,因此 2014 年郑州市经济环境指数综合排位保持不变,位居河南省第 1 位。

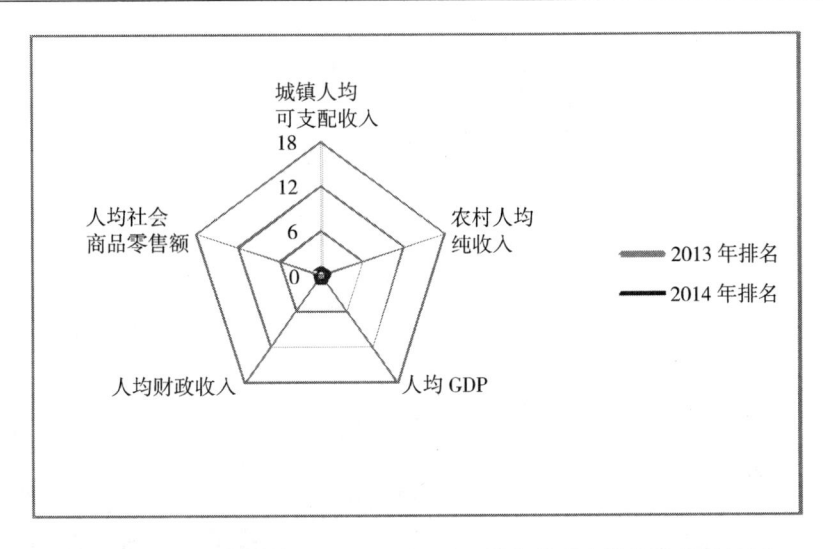

图 6—5—1  郑州市 2013—2014 年经济环境指数四级指标比较雷达图

## 二 郑州市开放程度指数评价分析

2013—2014 年郑州市开放程度指标及其下属指标，在河南省的排位变化情况，如表 6—5—2 和图 6—5—2 所示。

表 6—5—2  郑州市 2013—2014 年开放程度指数及其四级指标

| 年份 | | 实际利用外资额 | 旅游创汇收入 | 进出口总额 | 开放程度指数 |
|---|---|---|---|---|---|
| 2013 | 原值（万美元） | 332178 | 16508 | 4272948 | 103.35 |
| | 标准化后 | 100.00 | 81.33 | 100.00 | |
| 2014 | 原值（万美元） | 363000 | 17584 | 4643000 | 3.3879 |
| | 标准化后 | 3.2311 | 1.9790 | 3.9969 | |
| 2013 年排名 | | 1 | 2 | 1 | 1 |
| 2014 年排名 | | 1 | 2 | 1 | 1 |
| 升降 | | 0 | 0 | 0 | 0 |

1. 2014 年郑州市开放程度指数在整个河南省的综合排位处于第 1 位，表明其在河南省处于绝对优势地位；与 2013 年相比排位没有发生变化。

2. 从指标所处的水平看，实际利用外资额和进出口总额在整个河南省排位均为第 1 位，旅游创汇收入排位为第 2 位，3 项指标均处于上游区

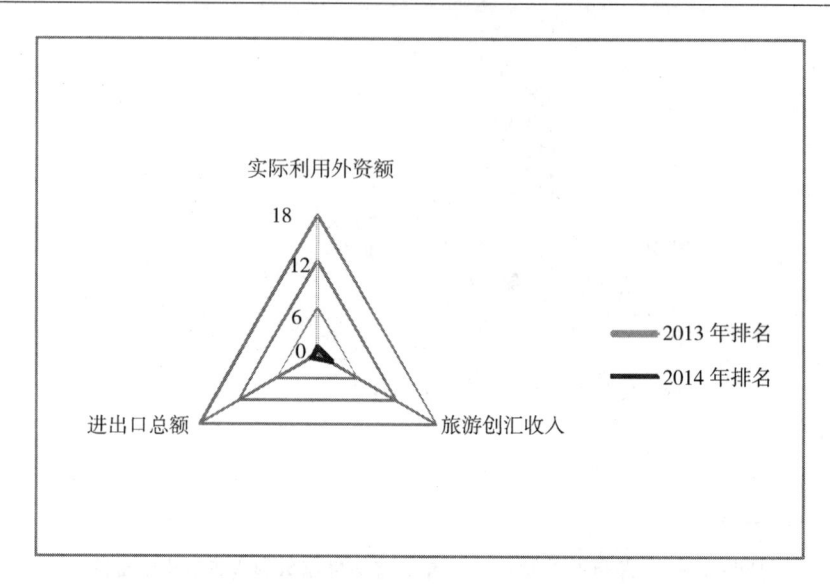

图 6—5—2  郑州市 2013—2014 年开放程度指数四级指标比较雷达图

且为绝对优势指标。

3. 从雷达图图形变化看，2014 年与 2013 年相比，面积保持不变。

4. 从排位变化的动因看，2014 年郑州市实际利用外资额、旅游创汇收入和进出口总额在河南省的排位均没有发生变化，使其 2014 年的开放程度指数的综合排位保持不变，仍位居河南省第 1 位。

### 三 郑州市综合环境指数综合分析

2013—2014 年郑州市综合环境指标及其下属指标，在河南省的排位变化和指标结构情况，如表 6—5—3 所示。

表 6—5—3　郑州市 2013—2014 年综合环境指标及其三级指标

| 年份 | 经济环境指数 | 开放程度指数 | 综合环境指数 |
| --- | --- | --- | --- |
| 2013 | 108.50 | 103.35 | 112.49 |
| 2014 | 2.9803 | 3.3879 | 3.3879 |
| 2013 年排位 | 1 | 1 | 1 |
| 2014 年排位 | 1 | 1 | 1 |
| 升降 | 0 | 0 | 0 |

1. 2014 年郑州市综合环境指数综合排位处于第 1 位，表明其在河南省处于绝对优势地位；与 2013 年相比，排位没有变化。

2. 从指标所处水平看，2014 年经济环境和开放程度 2 个指标排位均为第 1 位，处于上游区且为绝对优势指标。

3. 从指标变化趋势看，经济环境和开放程度 2 个指标排位与上一年相比均没有变化，保持绝对优势地位。

4. 从排位综合分析看，由于 2 个指标的绝对优势，决定了 2014 年郑州市综合环境指数综合排位仍然位居河南省第 1 位。郑州市是河南省的经济中心，也是我国中西部地区最重要的交通、通信枢纽和重要的对外贸易口岸，拥有中西部地区唯一的商品期货交易市场。说明郑州市内部经济和对外经济发展程度都很高，导致综合环境在整个河南省中处于绝对的领先地位。

## 第六节 郑州市金融发展指数综合评价分析

2013—2014 年郑州市金融发展指数综合指标及其下属指标，在河南省的排位变化和指标结构情况，如表 6—6—1 所示。

表 6—6—1 郑州市 2013—2014 年金融发展指数指标及其二级指标

| 年份 | 金融状况指数 | 成长发展指数 | 服务水平指数 | 综合环境指数 | 金融发展指数 |
|---|---|---|---|---|---|
| 2013 | 92.35 | 102.68 | 99.04 | 112.49 | 106.26 |
| 2014 | 3.8230 | 3.8381 | 9.7868 | 3.3879 | 19.9500 |
| 2013 年排名 | 1 | 1 | 1 | 1 | 1 |
| 2014 年排名 | 1 | 1 | 1 | 1 | 1 |
| 升降 | 0 | 0 | 0 | 0 | 0 |

1. 2014 年郑州市金融发展指数综合排位处于第 1 位，表明其在河南省处于绝对优势地位；与 2013 年相比，排位没有变化。

2. 从指标所处水平看，2014 年郑州市金融状况、成长发展、服务水平和综合环境 4 个指标排位均处于第 1 位，处于上游区。

3. 从指标变化趋势看，金融状况、成长发展、服务水平和综合环境 4

个指标排位与上一年相比均没有变化，保持优势地位。

4. 从排位综合分析看，由于4个指标的绝对优势，决定了2014年郑州市金融发展指数综合排位仍然位居河南省第1位。从静态角度来看，郑州市金融发展实现了横向的扩张和纵向的深化；智力资本的充足和城市环境的完善成为金融发展的坚实基础；经济实力雄厚、开放程度较高，具有较强竞争力。从动态角度来看，其成长发展势头强劲、发展模式正确。

# 第七章 开封市2014年金融发展指数研究报告

## 第一节 开封市概述

开封市,古称东京、汴京,八朝古都,历史文化悠久,位于黄河中下游平原东部,地处河南省中东部,东连商丘,西临省会开封,南接许昌周口,北倚黄河,与新乡隔河相望。开封是河南省新型副中心城市,也是郑州大都市区的核心城市。

2014年,全年完成地区生产总值1492.06亿元,同比增长9.43%;金融业增加值490.3亿元,同比增长3.54%。全社会固定资产投资完成1169.58亿元,同比下降19.46%;社会消费品零售总额669.76亿元,同比增长14.36%。截至年底,金融机构存款余额1274.08亿元,各项贷款余额864.41亿元。

## 第二节 开封市金融状况指数评价分析

### 一 开封市金融市场发展指数评价分析

2013—2014年开封市金融市场发展指标及其下属指标,在河南省的排位变化情况,如表7—2—1和图7—2—1所示。

表7—2—1 开封市2013—2014年金融市场发展指数及其四级指标

| 年份 | | 金融业增加值 | 金融系统存款余额 | 金融系统贷款余额 | 证券交易额 | 发行国债额 | 保费收入 | 保险赔付额 | 金融市场发展指数 |
|---|---|---|---|---|---|---|---|---|---|
| 2013 | 原值(亿元) | 15.00 | 1134.27 | 699.42 | 441.43 | 1.81 | 32.72 | 8.64 | 4.81 |
| | 标准化后 | 2.34 | 7.20 | 5.48 | 3.66 | 5.48 | 11.40 | 9.87 | |

续表

| 年份 | | 金融业增加值 | 金融系统存款余额 | 金融系统贷款余额 | 证券交易额 | 发行国债额 | 保费收入 | 保险赔付额 | 金融市场发展指数 |
|---|---|---|---|---|---|---|---|---|---|
| 2014 | 原值（亿元） | 16.75 | 1274.08 | 864.41 | 450.56 | 1.93 | 37.95 | 9.74 | -0.3438 |
|  | 标准化后 | -0.4839 | -0.3373 | -0.2636 | -0.3202 | -0.0830 | -0.3373 | -0.5482 |  |
| 2013年排名 | | 13 | 13 | 13 | 9 | 12 | 14 | 14 | 14 |
| 2014年排名 | | 15 | 12 | 11 | 15 | 5 | 14 | 15 | 14 |
| 升降 | | -2 | 1 | 2 | -6 | 7 | 0 | -1 | 0 |

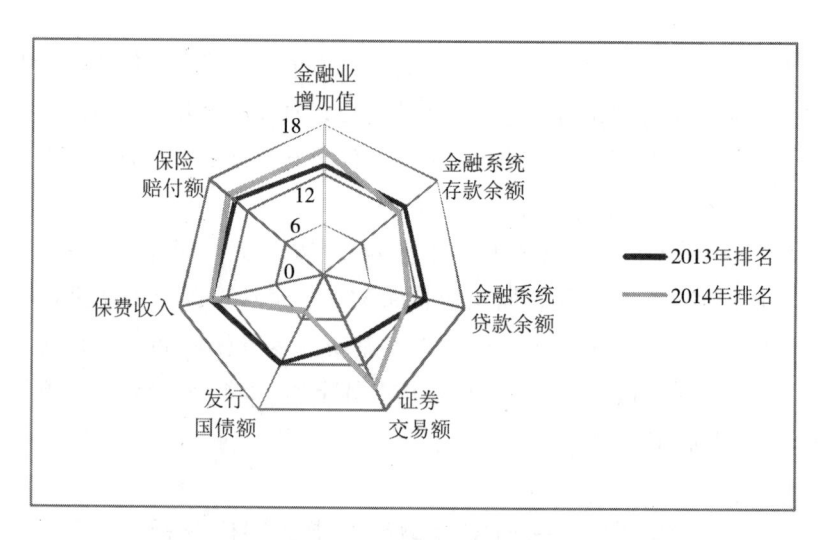

图7—2—1 开封市2013—2014年金融市场发展指数四级指标比较雷达图

1. 2014年开封市金融市场发展指数在整个河南省的综合排位处于第14位，表明其在河南省处于较劣势地位；与2013年相比排位没有发生变化。

2. 从指标所处的水平看，除发行国债额指标处于中等水平，其余指标包括金融业增加值、金融系统存款余额、金融系统贷款余额、证券交易额、保费收入和保险赔付额在整个河南省排位均处于中下游区，这说明开封市的金融市场发展在河南省处于相对落后地位。

3. 从雷达图图形变化看，2014年与2013年相比，面积保持不变。

4. 从排位变化的动因看，2014年，证券交易额指标下滑6位，金融业增加值下降 2 位，其余 6 个四级指标在河南省的排位均没有下滑，综合作用下 2014 年的综合排位保持不变，仍位居河南省第 14 位。

## 二 开封市金融结构深化指数评价分析

2013—2014 年开封市金融结构深化指标及其下属指标，在河南省的排位变化情况，如表 7—2—2 和图 7—2—2 所示。

表 7—2—2 开封市 2013—2014 年金融结构深化指数及其四级指标

| 年份 | | 证券募集资金净额比 GDP | 短期贷款占比 | 保费收入比全省金融业增加值 | 金融结构深化指数 |
|---|---|---|---|---|---|
| 2013 | 原值 | 0.0109 | 0.0207 | 0.0277 | 0.13 |
| | 标准化后 | 0.43 | 0.05 | 0.11 | |
| 2014 | 原值 | 0.0104 | 0.0293 | 0.0227 | -0.3255 |
| | 标准化后 | -0.1312 | -0.4128 | -0.3026 | |
| 2013 年排名 | | 8 | 14 | 14 | 13 |
| 2014 年排名 | | 8 | 13 | 14 | 11 |
| 升降 | | 0 | 1 | 0 | 2 |

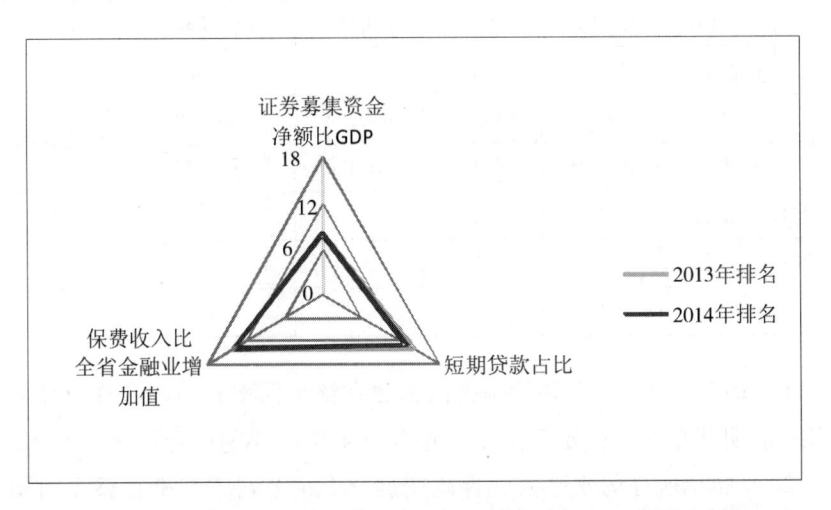

图 7—2—2 开封市 2013—2014 年金融结构深化指数四级指标比较雷达图

1. 2014 年开封市金融结构深化指数在整个河南省的综合排位处于第

11位，表明其在河南省处于较劣势地位；与2013年相比排位上升2位。

2. 从指标所处的水平看，短期贷款占比和保费收入比全省金融业增加值2个指标在整个河南省排位分别为第13位和第14位，即在整个省域内处于中下游区域。

3. 从雷达图图形变化看，2014年与2013年相比，面积小幅减小，金融结构深化趋势比较稳定。

4. 从排位变化的动因看，由于2014年开封市金融结构深化的四级指标中，短期贷款占比和保费收入比全省金融业增加值2个指标在整个河南省排位相对落后，虽然证券募集资金净额比GDP指标排位没有变化，仍然没有明显拉动开封市金融结构深化指数排位提升。

### 三 开封市金融效率提高指数评价分析

2013—2014年开封市金融效率提高指标及其下属指标，在河南省的排位变化情况，如表7—2—3和图7—2—3所示。

表7—2—3 开封市2013—2014年金融效率提高指数及其四级指标

| 年份 | | 存贷比 | 保险密度 | 上市公司占有率 | 证券交易额占比 | 金融效率提高指数 |
|---|---|---|---|---|---|---|
| 2013 | 原值 | 0.6166 | 704 | 0.0152 | 0.0238 | 0.077 |
| | 标准化后 | 43.18 | 5.47 | 4.78 | 3.68 | |
| 2014 | 原值 | 0.6785 | 834.25 | 0.0152 | 0.3019 | 0.4679 |
| | 标准化后 | 0.4705 | −0.4403 | −0.4363 | 1.2174 | |
| 2013年排名 | | 7 | 14 | 13 | 9 | 14 |
| 2014年排名 | | 6 | 13 | 15 | 3 | 3 |
| 升降 | | 1 | 1 | −2 | 6 | 11 |

1. 2014年开封市金融效率提高指数在整个河南省的综合排位处于第3位，表明其在河南省处于较优势地位，与2013年相比排位提升11位。

2. 从指标所处的水平看，保险密度、上市公司占有率在整个河南省排位分别为第13位、第15位，处于较劣势地位；存贷比指标、证券交易额占比分别位于第6位、第3位，处于中等地位，表明开封市在银行业、保险业、证券业发展均衡，其在金融效率提高方面比较靠前。

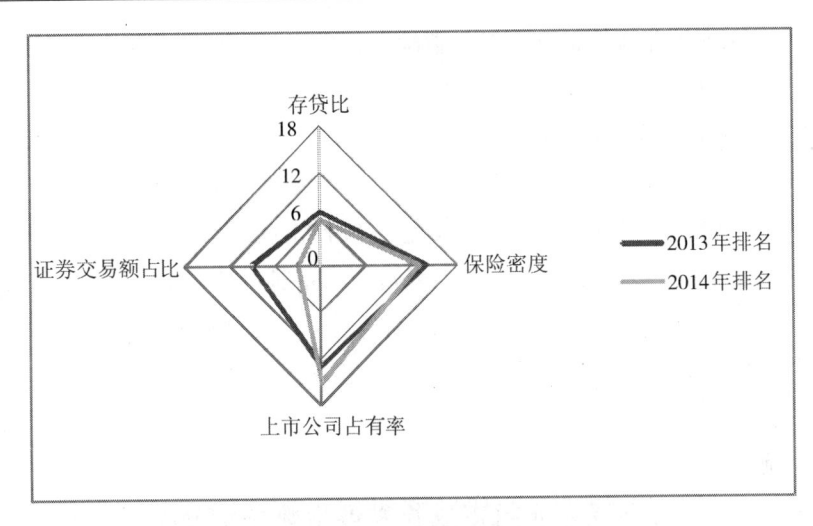

图 7—2—3　开封市 2013—2014 年金融效率提高指数四级指标比较雷达图

3. 从雷达图图形变化看，2014 年与 2013 年相比，面积大幅缩小，金融效率提高指数呈现逐步优化趋势，其中存贷比和保险密度成为了图形缩小的动力点。

4. 从排位变化的动因看，开封市存贷比、保险密度指标排位小幅提升，证券交易额占比大幅拉升，2014 年开封市金融效率提高指数综合排位提高 11 位，位居河南省第 3 位。

### 四　开封市金融状况指数综合分析

2013—2014 年开封市金融状况指标及其下属指标，在河南省的排位变化和指标结构情况，如表 7—2—4 所示。

表 7—2—4　开封市 2013—2014 年金融状况指标及其三级指标

| 年份 | 金融市场发展指数 | 金融结构深化指数 | 金融效率提高指数 | 金融状况指数 |
| --- | --- | --- | --- | --- |
| 2013 | 4.71 | 12.64 | 7.70 | 7.54 |
| 2014 | -0.3438 | -0.3255 | 0.4679 | -0.0867 |
| 2013 年排名 | 14 | 13 | 14 | 12 |
| 2014 年排名 | 14 | 11 | 3 | 6 |
| 升降 | 0 | 2 | 11 | 6 |

1. 2014年开封市金融状况指数综合排位处于第6位，同比提高6位。

2. 从指标所处水平看，2014年金融市场发展、金融结构深化和金融效率提高3个指标排位分别为第14位、第11位、第3位，均处于中下游。

3. 从指标变化趋势看，金融市场发展指标排位同比均没有变化，金融效率提高指标小幅提升11位，但是前2个指标都没有突破中下游线。

4. 从排位综合分析看，由于3个指标的相对位置，决定了2014年开封市金融状况指数综合排位有较大幅度的上升；不过在金融效率方面大幅提高，拉动金融状况指数明显提高，表现出金融效率提高对金融状况发展的巨大影响。

## 第三节 开封市成长发展指数评价分析

### 一 开封市资本市场成长性指数评价分析

2013—2014年开封市资本市场成长性指标及其下属指标，在河南省的排位变化情况，如表7—3—1和图7—3—1所示。

表7—3—1 开封市2013—2014年资本市场成长性指数及其四级指标

| 年份 | | 金融机构贷款余额年增长额 | 发行国债年增长额 | A股股票募集资金净额 | 资本市场成长性指标 |
|---|---|---|---|---|---|
| 2013 | 原值（亿元） | 145.09 | 0.1468 | 14.8 | 5.56 |
| | 标准化后 | 4.58 | 0.00 | 11.26 | |
| 2014 | 原值（亿元） | 164.99 | 0.15 | 14.8 | 0.2209 |
| | 标准化后 | -0.1487 | 1.3245 | -0.2794 | |
| 2013年排名 | | 7 | 18 | 7 | 13 |
| 2014年排名 | | 9 | 3 | 7 | 3 |
| 升降 | | -2 | 15 | 0 | 10 |

1. 2014年开封市资本市场成长性指数在整个河南省的综合排位处于第3位，同比上升10位。

2. 从指标所处的水平看，金融机构贷款余额年增长额和A股股票募集资金净额指标均保持较优势地位，发行国债年增长额指标在整个河南省排位上升明显，跌至低位，说明发行国债数额增长迅速。

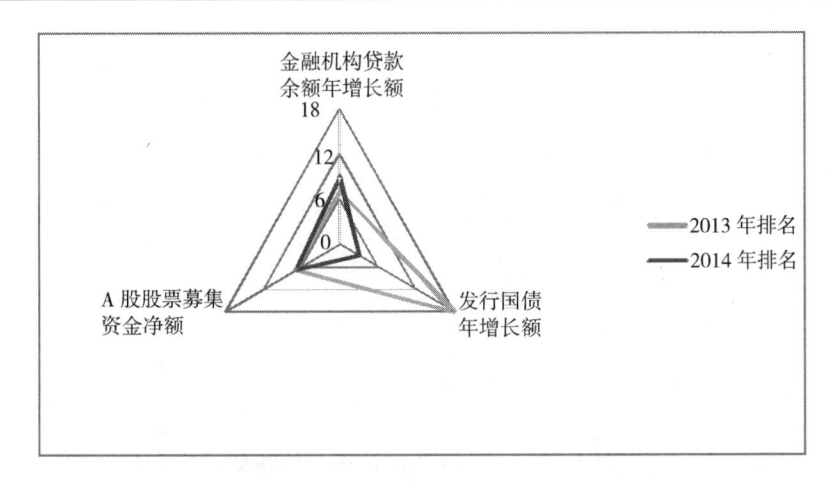

图 7—3—1　开封市 2013—2014 年资本市场成长性指数四级指标比较雷达图

3. 从雷达图图形变化看，2014 年与 2013 年相比，面积明显缩小，发行国债年增长额指标方向成为了图形缩小的主要动力点。

4. 从排位变化的动因看，A 股股票募集资金净额指标保持不变，但是开封市国债年增长额较上年明显上升，受其影响，资本市场成长性上升 10 位。

## 二　开封市经济成长性指数评价分析

2013—2014 年开封市经济成长性指标及其下属指标，在河南省的排位变化情况，如表 7—3—2 和图 7—3—2 所示。

表 7—3—2　开封市 2013—2014 年经济成长性指数及其四级指标

| 年份 | | GDP年增长额 | 财政收入年增长额 | 社会固定资产投资年增长额 | 社会消费品零售总额年增长额 | 经济成长性指数 |
|---|---|---|---|---|---|---|
| 2013 | 原值（亿元） | 156.48 | 18.82 | 203.89 | 75.32 | 18.59 |
| | 标准化后 | 20.43 | 11.75 | 18.45 | 21.79 | |
| 2014 | 原值（亿元） | 128.52 | 41.16 | 190.5 | 84.1114 | -0.2102 |
| | 标准化后 | -0.1782 | -0.2351 | -0.3628 | -0.0659 | |
| 2013 年排名 | | 8 | 5 | 12 | 8 | 9 |
| 2014 年排名 | | 11 | 3 | 14 | 7 | 11 |
| 升降 | | -3 | 2 | -2 | 1 | -2 |

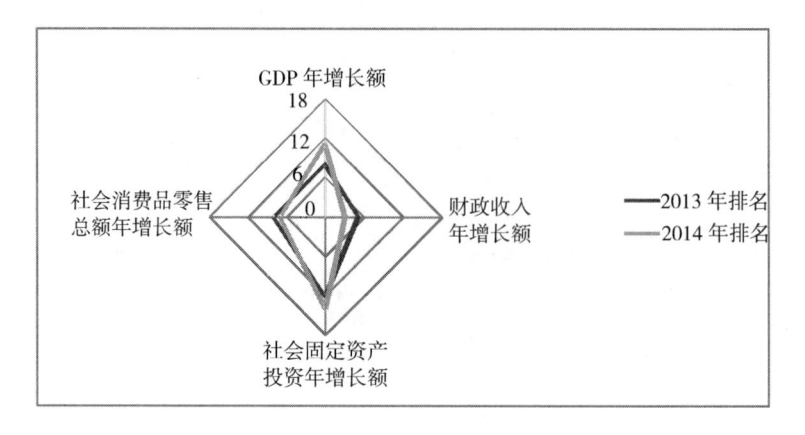

图 7—3—2 开封市 2013—2014 年经济成长性指数四级指标比较雷达图

1. 2014 年开封市经济成长性指数在整个河南省的综合排位处于第 11 位，表明其在河南省处于中下游水平，同比排位下降 2 位。

2. 从指标所处的水平看，财政收入年增长额指标处于比较优势地位，GDP 年增长额和社会消费品零售总额年增长额处于中等地位，社会固定资产投资年增长额处于相对劣势地位；综合来看，开封市经济成长性指标排位差距大，说明其经济增长不均衡，在社会固定资产投资方面关注较少。

3. 从雷达图图形变化看，2014 年与 2013 年相比，增减互抵，面积基本保持不变。

4. 从排位变化的动因看，2014 年开封市经济成长性指数四级指标中，GDP 年增长额和社会固定资产投资年增长额指标排位明显下滑，而其他 3 个指标排位都有小幅提高，综合作用下 2013 年开封市的经济成长性指数排位下降 2 位，位居河南省第 11 位。

### 三 开封市城市创新成长性指数评价分析

2013—2014 年开封市城市创新成长性指标及其下属指标，在河南省的排位变化情况，如表 7—3—3 和图 7—3—3 所示。

表 7—3—3　开封市 2013—2014 年城市创新成长性指数及其四级指标

| 年份 | | 政府研发经费支出年增长额 | 政府研发人员年增长额 | 新产品销售收入年增长额 | 城市创新成长性指数 |
|---|---|---|---|---|---|
| 2013 | 原值 | −0.0003 | −60 | 28.18 | 15.32 |
| | 标准化后 | 35.01 | 1.07 | 2.37 | |
| 2014 | 原值 | 0.3154 | 70 | 21.18 | −0.3260 |
| | 标准化后 | 0.5048 | 3.7009 | 3.9934 | |
| 2013 年排名 | | 11 | 17 | 7 | 13 |
| 2014 年排名 | | 7 | 14 | 6 | 13 |
| 升降 | | 4 | 3 | 1 | 0 |

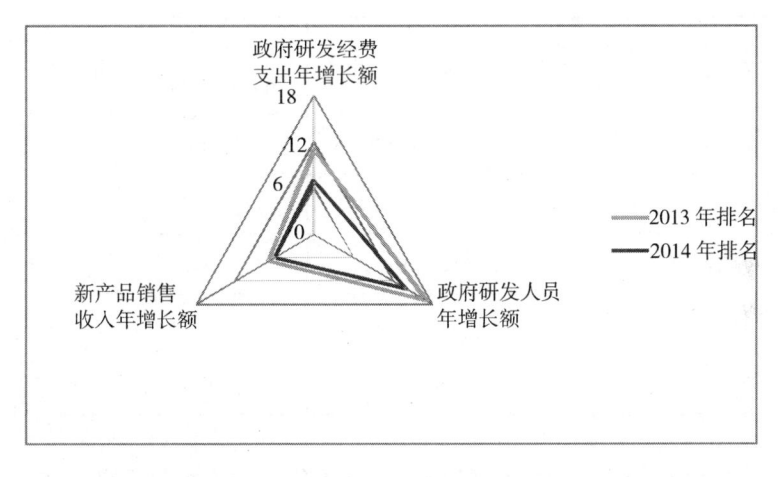

图 7—3—3　开封市 2013—2014 年城市创新成长性指数四级指标比较雷达图

1. 2014 年开封市城市创新成长性指数在整个河南省的综合排位处于第 13 位，表明其在河南省处于比较落后地位。

2. 从指标所处的水平看，政府研发经费支出年增长额排名第 7 位，处于中等水平；政府研发人员年增长量排名第 14 位，处于绝对劣势水平；新产品销售收入年增长额在整个河南省排位均为第 6 位，处于相对优势地位。

3. 从雷达图图形变化看，2014 年与 2013 年相比，朝着政府研发经费支出年增长额和政府研发人员年增长量指标方向面积大幅扩大,城市创新成长性呈现稳定趋势。

4. 从排位变化的动因看,政府研发经费支出增长和政府研发人员增长的大幅上升,表现出在研发方面投入增大,将影响随后几年的创新发展水平,受此影响,2014年开封市城市创新成长性指数综合排位位居河南省第13位。

### 四 开封市成长发展指数综合分析

2013—2014年开封市成长发展指标及其下属指标,在河南省的排位变化和指标结构情况,如表7—3—4所示。

表7—3—4 开封市2013—2014年成长发展指标及其三级指标

| 年份 | 资本市场成长性指数 | 经济成长性指数 | 城市创新成长性指数 | 成长发展指数 |
| --- | --- | --- | --- | --- |
| 2013 | 5.56 | 17.59 | 15.32 | 13.74 |
| 2014 | 0.2209 | -0.2102 | -0.3260 | -0.1104 |
| 2013年排名 | 13 | 9 | 13 | 13 |
| 2014年排名 | 3 | 11 | 13 | 6 |
| 升降 | 10 | -2 | 0 | 7 |

1. 2014年开封市成长发展指数综合排位处于第6位,表明其在河南省处于相对优势地位;同比上升7位,增长明显。

2. 从指标所处水平看,2014年城市创新成长性指标排位为第13位,处于相对劣势地位;而资本市场成长性保持较优势的水平。

3. 从指标变化趋势看,资本市场成长性和成长发展指数排位均出现上升。

4. 从排位综合分析看,受资本市场成长性指标排位上升的影响,2014年开封市成长发展指数综合排位从第13位上升到第6位,从中下等水平上升为相对优势的水平。

## 第四节 开封市服务水平指数评价分析

### 一 开封市智力资本指数评价分析

2013—2014年开封市智力资本指标及其下属指标，在河南省的排位变化情况，如表7—4—1和图7—4—1所示。

表7—4—1 开封市2013—2014年智力资本指数及其四级指标

| 年份 | | 金融业从业密度 | 受高等教育密度 | 科研人员密度 | 普通高等学校数量 | 智力资本指数 |
|---|---|---|---|---|---|---|
| 2013 | 原值 | 0.83 | 13.44 | 1.97 | 5 | 8.78 |
| | 标准化后 | 0.34 | 12.24 | 13.72 | 7.27 | |
| 2014 | 原值 | 0.92 | 13.73 | 1.98 | 5 | -0.2675 |
| | 标准化后 | -0.6480 | -0.0007 | -0.2220 | -0.1794 | |
| 2013年排名 | | 16 | 4 | 9 | 8 | 9 |
| 2014年排名 | | 15 | 4 | 10 | 8 | 10 |
| 升降 | | 1 | 0 | -1 | 0 | -1 |

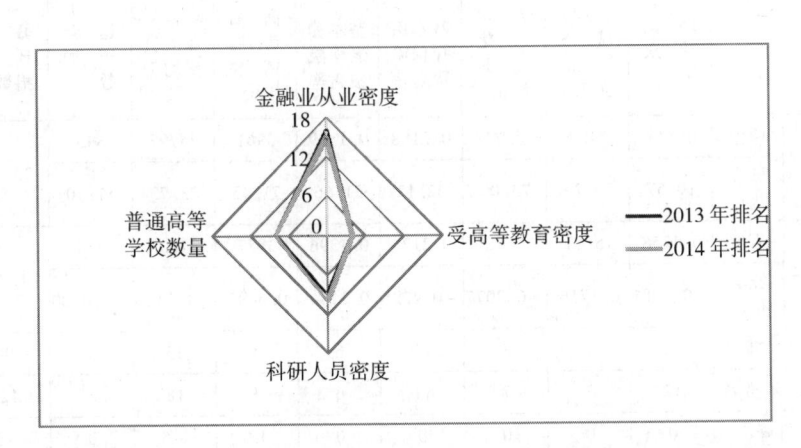

图7—4—1 开封市2013—2014年智力资本指数四级指标比较雷达图

1. 2014年开封市智力资本指数在整个河南省的综合排位处于第10位，表明其在河南省处于中等水平，同比下降1位。

2. 从指标所处的水平看，金融业从业密度指数绝对值较低，排名十分落后；由于高校在校学生人数多，地区面积相对较小，受高等教育密度绝对值比较大，指标排名靠前，处于优势地位；科研人员密度和普通高等学校数量在整个河南省排位分别为第 10 位、第 8 位，均处于中等水平。

3. 从雷达图图形变化看，同比 2013 年，朝金融业从业密度和普通高等学校数量这两个指标方向明显扩大，在科研人员密度指标方向小幅缩小。

4. 从排位变化的动因看，2014 年开封市智力资本指数四级指标中，受高等教育密度在河南省的排位保持优势，科研人员密度指标排位得到提高，综合作用之下，2014 年开封市智力资本指数综合排位下降 1 位，位居河南省第 10 位，说明其在金融业人才比较缺乏，需要从这方面入手，鼓励发展和从事金融业，提高该地区智力资本指数。

## 二 开封市城市环境指数评价分析

2013—2014 年开封市城市环境指标及其下属指标，在河南省的排位变化情况，如表 7—4—2 和图 7—4—2 所示。

表 7—4—2　开封市 2013—2014 年城市环境指数及其四级指标

| 年份 | | 城镇水化平 | 人均城市道路面积 | 人均绿化覆盖面积 | 基本医疗保险覆盖率 | 基本养老保险覆盖率 | 商品房屋销售均价 | 城镇从业人员平均工资 | 运营车辆数 | 城市环境指数 |
|---|---|---|---|---|---|---|---|---|---|---|
| 2013 | 原值 | 0.411 | 14.9 | 7.92 | 0.2188 | 0.1389 | 3961 | 34797 | 843 | 23.42 |
| | 标准化后 | 19.57 | 50.79 | 23.00 | 32.17 | 31.66 | 71.43 | 23.73 | 11.10 | |
| 2014 | 原值 | 0.4258 | 15.01 | 7.98 | 0.2178 | 0.1396 | 3977 | 34803 | 943 | -1.7695 |
| | 标准化后 | -0.5081 | 0.1716 | -0.2077 | -0.4228 | 0.1144 | 0.5497 | -1.7128 | -0.0200 | |
| 2013 年排名 | | 12 | 7 | 7 | 11 | 6 | 16 | 13 | 5 | 9 |
| 2014 年排名 | | 12 | 7 | 7 | 11 | 6 | 3 | 18 | 5 | 12 |
| 升降 | | 0 | 0 | 0 | 0 | 0 | 13 | -5 | 0 | -3 |

1. 2014 年开封市城市环境指数在整个河南省的综合排位处于第 12 位，表明其在河南省处于中下等地位，同比排位下降 3 位。

2. 从指标所处的水平看，城镇化水平偏低，商品房屋销售均价上升

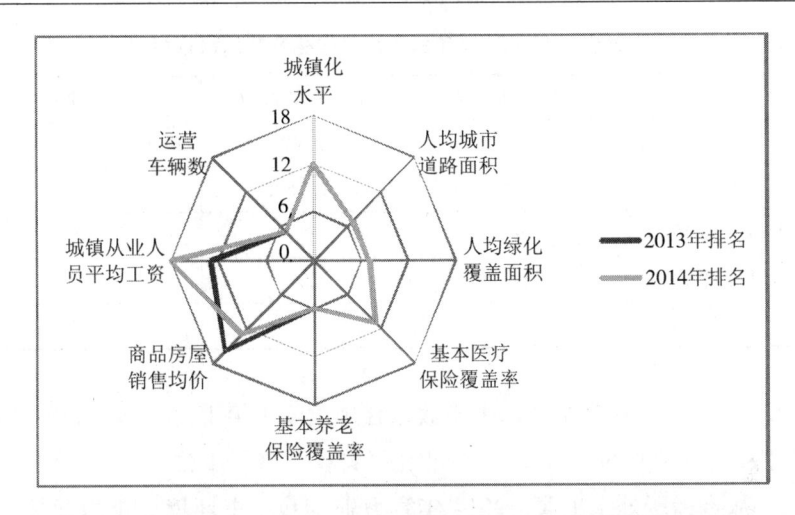

图 7—4—2　开封市 2013—2014 年城市环境指数四级指标比较雷达图

到上游水平；人均城市道路面积、人均绿化覆盖面积、基本养老保险覆盖率、运营车辆数排名分别为第 7 位、第 7 位、第 6 位、第 5 位，均处于中等水平，基本医疗保险覆盖率、城镇从业人员平均工资排名第 11 位、第 18 位，属于中等偏下水平。综合来看，开封市的城市环境在河南省仍处于中等水平，由于地市面积偏小，人均指数较高。

3. 从雷达图图形变化看，2014 年与 2013 年相比，面积变动明显，主要在商品房方向面积缩小，在城镇从业人员平均工资方向面积扩大。

4. 从排位变化的动因看，商品房销售均价大幅拉升，同时城镇化水平、人均城市道路面积、人均绿化覆盖面积、基本医疗保险覆盖率、基本养老保险覆盖率，这 5 个指标排位没有发生变化；而商品房屋销售均价上升 13 位，城镇从业人员平均工资指标排名下滑 5 位；综合作用下，2013 年开封市城市环境指数综合排位大幅下降，位居河南省第 13 位，说明 2014 年该市房地产市场控制不当，城市基础设施建设发展良好，但是在基本医疗保险覆盖率和从业人员工资水平方面需要重视，基础设施与服务设施均衡发展。

### 三　开封市服务水平指数综合分析

2013—2014 年开封市服务水平指标及其下属指标，在河南省的排位变化和指标结构情况，如表 7—4—3 所示。

表 7—4—3　开封市 2013—2014 年服务水平指标及其三级指标

| 年份 | 智力资本指数 | 城市环境指数 | 服务水平指数 |
|---|---|---|---|
| 2013 | 7.77 | 22.42 | 17.25 |
| 2014 | -0.2675 | -1.7695 | -1.0654 |
| 2013 年排名 | 9 | 9 | 11 |
| 2014 年排名 | 10 | 12 | 12 |
| 升降 | -1 | -3 | -1 |

1. 2014 年开封市服务水平指数综合排位处于第 12 位，表明其在河南省处于相对劣势地位；与 2013 年相比，排位下降了 1 位。

2. 从指标所处水平看，2014 年智力资本和城市环境 2 个指标排名分别为第 10 位和第 12 位，处于中下等水平。

3. 从指标变化趋势看，智力资本和城市环境 2 个指标排位与上一年相比均有所下降，向中下游地区下滑。

4. 从排位综合分析看，由于 2 个指标的排名均有所下降，导致 2014 年开封市服务水平指数综合排位下降 1 位。

## 第五节　开封市综合环境指数评价分析

### 一　开封市经济环境指数评价分析

2013—2014 年开封市经济环境指标及其下属指标，在河南省的排位变化情况，如表 7—5—1 和图 7—5—1 所示。

表 7—5—1　开封市 2013—2014 年经济环境指数及其四级指标

| 年份 | | 城镇人均可支配收入 | 农村人均纯收入 | 人均 GDP | 人均财政收入 | 人均社会商品零售额 | 经济环境指数 |
|---|---|---|---|---|---|---|---|
| 2013 | 原值（元） | 19492 | 8355 | 29327 | 1738 | 12605 | 19.09 |
| | 标准化后 | 16.87 | 19.90 | 18.80 | 12.44 | 20.26 | |
| 2014 | 原值（元） | 21467 | 9316 | 32799 | 2679 | 14550.92 | -0.3241 |
| | 标准化后 | -0.1885 | -0.5417 | -0.5005 | -0.2095 | 0.0358 | |
| 2013 年排名 | | 15 | 13 | 13 | 12 | 8 | 14 |

续表

| 年份 | 城镇人均可支配收入 | 农村人均纯收入 | 人均GDP | 人均财政收入 | 人均社会商品零售额 | 经济环境指数 |
|---|---|---|---|---|---|---|
| 2014年排名 | 14 | 13 | 13 | 8 | 7 | 12 |
| 升降 | 1 | 0 | 0 | 4 | 1 | 2 |

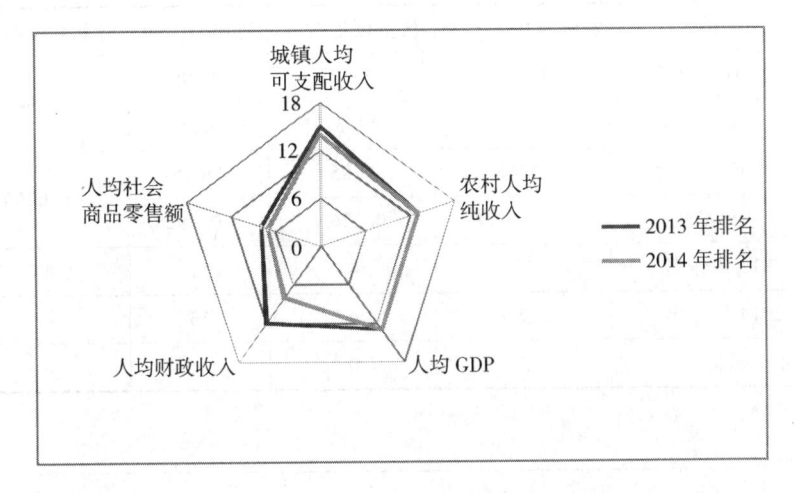

**图 7—5—1　开封市 2013—2014 年经济环境指数四级指标比较雷达图**

1. 2014 年开封市经济环境指数在整个河南省的综合排位处于第 12 位，表明其在河南省处于比较劣势地位；与 2013 年相比排位上升 2 位。

2. 从指标所处的水平看，人均社会商品零售额指标、人均财政收入排名分别位于第 7 位和第 8 位，处于中等水平；其他各项四级指标在整个河南省排位均处于中下游水平，这说明开封市经济以零售业为主，人均收入偏低。

3. 从雷达图图形变化看，2014 年与 2013 年相比，面积小幅缩小，经济环境指数呈现优化趋势。

4. 从排位变化的动因看，开封市城镇人均可支配收入、人均社会商品零售额指标排位均上升 1 位，人均财政收入上升 4 位，其余各指标的排位保持不变，综合作用下，2014 年开封市经济环境指数综合排名上升 2 位，位居河南省第 12 位。

## 二 开封市开放程度指数评价分析

2013—2014 年开封市开放程度指标及其下属指标，在河南省的排位变化情况，如表 7—5—2 和图 7—5—2 所示。

表 7—5—2　开封市 2013—2014 年开放程度指数及其四级指标

| 年份 | | 实际利用外资额 | 旅游创汇收入 | 进出口总额 | 开放程度指数 |
|---|---|---|---|---|---|
| 2013 | 原值（万美元） | 43898 | 5560 | 49988 | 12.54 |
| | 标准化后 | 6.91 | 27.37 | 0.58 | |
| 2014 | 原值（万美元） | 46748 | 5785 | 44005 | -0.0996 |
| | 标准化后 | -0.2209 | 0.2569 | -0.2928 | |
| 2013 年排名 | | 12 | 4 | 12 | 4 |
| 2014 年排名 | | 9 | 4 | 13 | 4 |
| 升降 | | 3 | 0 | -1 | 0 |

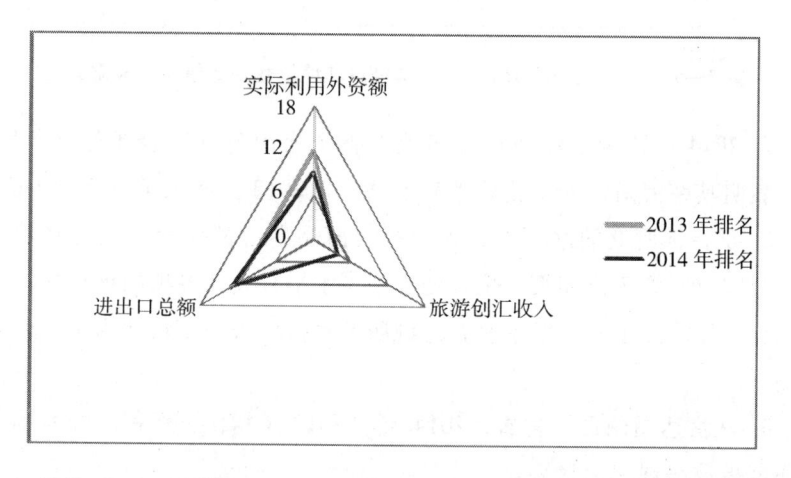

图 7—5—2　开封市 2013—2014 年开放程度指数四级指标比较雷达图

1. 2014 年开封市开放程度指数在整个河南省的综合排位处于第 4 位，表明其在河南省处于绝对优势地位；与 2013 年相比排位没有发生变化。

2. 从指标所处的水平看，实际利用外资额和进出口总额在整个河南省排名分别为第 9 位和第 13 位，处于中下游区域；但是旅游创汇收入排位为第 4 位，位于领先地位，说明开封市主要以旅游业创汇为主。

3. 从雷达图图形变化看，2014年与2013年相比，面积朝实际利用外资额排名方向小幅缩小。

4. 从排位变化的动因看，2014年开封市旅游创汇收入在河南省的排位没有发生变化，进出口总额排名下降1位，2014年的开放程度指数的综合排位保持不变，仍位居河南省第4位，说明开封市主要以旅游业吸引外资，但是在实际利用外资和进出口方面仍然需要加大吸引力。

### 三 开封市综合环境指数综合分析

2013—2014年开封市综合环境指标及其下属指标，在河南省的排位变化和指标结构情况，如表7—5—3所示。

表7—5—3　开封市2013—2014年综合环境指标及其三级指标

| 年份 | 经济环境指数 | 开放程度指数 | 综合环境指数 |
| --- | --- | --- | --- |
| 2013 | 19.09 | 12.54 | 16.70 |
| 2014 | -0.3241 | -0.0996 | -0.2254 |
| 2013年排名 | 14 | 4 | 12 |
| 2014年排名 | 12 | 4 | 10 |
| 升降 | 2 | 0 | 2 |

1. 2014年开封市综合环境指数综合排位处于第10位，表明其在河南省处于中游地位；同比排位上升2位。

2. 从指标所处水平看，2014年开封市经济环境和开放程度2个指标排名分别为第12位、第4位，分别处于相对劣势和相对优势地位，差距十分明显，说明该地区经济环境较落后，对外开放程度又特别突出，发展十分不均衡。

3. 从指标变化趋势看，开放程度指标排位与上一年相比均没有变化。

4. 从排名综合分析看，开封市综合环境指数位于第10位。开封市是河南省的旅游城市，八朝古都，其旅游业尤为发达，带动商品零售业发展，第三产业水平较高。除此以外，其他方面均相对落后，需要依靠旅游业带来的优势弥补其他方面的劣势。

## 第六节 开封市金融发展指数综合评价分析

2013—2014年开封市金融发展指数综合指标及其下属指标，在河南省的排位变化和指标结构情况，如表7—6—1所示。

表7—6—1 开封市2013—2014年金融发展指数指标及其二级指标

| 年份 | 金融状况指数 | 成长发展指数 | 服务水平指数 | 综合环境指数 | 金融发展指数 |
| --- | --- | --- | --- | --- | --- |
| 2013 | 7.54 | 13.74 | 17.25 | 16.70 | 14.71 |
| 2014 | 0.4679 | -0.1104 | -1.0654 | -0.2254 | -1.4159 |
| 2013年排名 | 12 | 13 | 11 | 12 | 12 |
| 2014年排名 | 3 | 6 | 12 | 10 | 11 |
| 升降 | 9 | 7 | -1 | 2 | 1 |

1. 2014年开封市金融发展指数综合排名处于第11位，表明其在河南省处于相对劣势地位；同比排位上升了1位。

2. 从指标所处水平看，2014年开封市金融状况、成长发展排位都处于中上游区域，相差不大。

3. 从指标变化趋势看，金融状况和成长发展排名提高较为明显，服务水平和综合环境2个指标排名同比几乎没有发生变化。

4. 从排位综合分析看，金融状况指数和服务水平指数排名变动增减互抵，综合作用下，2014年开封市金融发展指数综合排名位居河南省第11位。从静态角度来看，开封市金融发展实现了稳步提高；智力资本充足，但是金融从业人数、研究人员数量和政府研发经费均出现下滑，影响了该市的成长发展能力；依靠旅游业带动零售业和服务业发展，很好地增加了该市的对外开放程度，但是综合环境仍然处于中等偏下水平。从动态角度来看，其成长发展势头减弱，金融创新性不足。

# 第八章 洛阳市2014年金融发展指数研究报告

## 第一节 洛阳市概述

洛阳市是国务院首批享有地方立法权的13个城市之一，先后荣膺中国优秀旅游城市、全国文明城市、中国十大最佳魅力城市、最具海外影响力的中国城市等荣誉称号。2014年，洛阳市入选了国家新型城镇化综合试点。

2014年，全市完成地区生产总值3284.6亿元，年均增长4.58%，总量位居全省第二位、中部地区第六位（非省会城会第一位）。地方公共财政预算收入由234亿元增加到257.4亿元；固定资产投资由2588亿元增加到2975.3亿元；社会消费品零售总额由1257.7亿元增加到1429.2亿元。

## 第二节 洛阳市金融状况指数评价分析

### 一 洛阳市金融市场发展指数评价分析

2013—2014年洛阳市金融市场发展指标及其下属指标，在河南省的排位变化情况，如表8—2—1和图8—2—1所示。

表8—2—1 洛阳市2013—2014年金融市场发展指数及其四级指标

| 年份 | | 金融业增加值 | 金融系统存款余额 | 金融系统贷款余额 | 证券交易额 | 发行国债额 | 保费收入 | 保险赔付额 | 金融市场发展指数 |
|---|---|---|---|---|---|---|---|---|---|
| 2013 | 原值（亿元） | 111.82 | 3350.27 | 1965.98 | 1830.23 | 6.60 | 70.81 | 25.80 | 23.59 |
| | 标准化后 | 22.35 | 25.37 | 19.33 | 17.47 | 30.72 | 29.22 | 39.16 | |

续表

| 年份 | | 金融业增加值 | 金融系统存款余额 | 金融系统贷款余额 | 证券交易额 | 发行国债额 | 保费收入 | 保险赔付额 | 金融市场发展指数 |
|---|---|---|---|---|---|---|---|---|---|
| 2014 | 原值（亿元） | 112.09 | 3744.6 | 2300 | 1903.23 | 6.56 | 81.5 | 27 | 0.4423 |
| | 标准化后 | 0.2635 | 0.4802 | 0.3376 | 0.0541 | 0.9062 | 0.4096 | 0.6194 | |
| 2013年排名 | | 2 | 2 | 2 | 2 | 2 | 3 | 2 | 2 |
| 2014年排名 | | 2 | 2 | 2 | 2 | 2 | 3 | 2 | 2 |
| 升降 | | 0 | 0 | 0 | 0 | 0 | 0 | 0 | 0 |

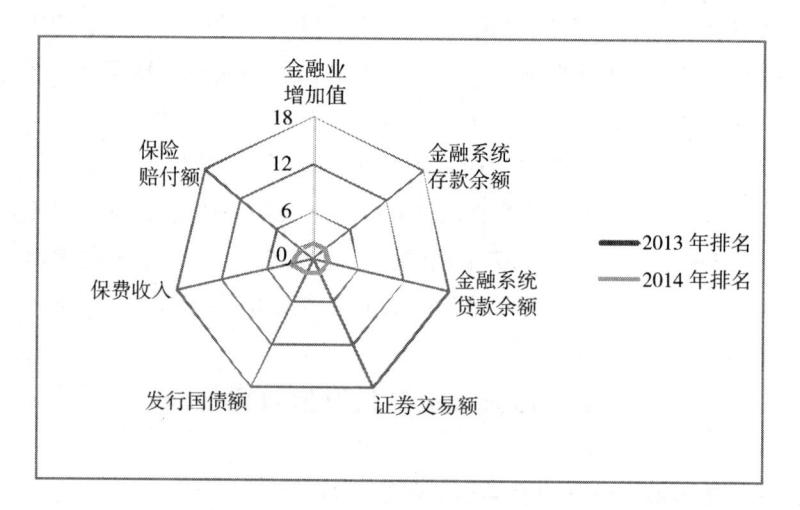

图 8—2—1 洛阳市 2013—2014 年金融市场发展指数四级指标比较雷达图

1. 2014 年洛阳市金融市场发展指数在整个河南省的综合排位处于第 2 位，表明其在河南省处于绝对优势地位；与 2013 年相比排位没有发生变化。

2. 从指标所处的水平看，金融业增加值、金融系统存款余额、金融系统贷款余额、证券交易额、发行国债额和保险赔付额在整个河南省排位均为第 2 位，保费收入排位为第 3 位，这说明洛阳市的金融市场发展在河南省处于绝对领先地位。

3. 从雷达图图形变化看，2014 年与 2013 年相比，面积保持不变，洛阳市金融市场发展呈现稳定态势。

4. 从排位变化的动因看，2014年洛阳市金融市场发展指数的7个四级指标在河南省的排位均没有发生变化，使其2014年的综合排位保持不变，仍位居河南省第2位。

## 二 洛阳市金融结构深化指数评价分析

2013—2014年洛阳市金融结构深化指标及其下属指标，在河南省的排位变化情况，如表8—2—2和图8—2—2所示。

表8—2—2 洛阳市2013—2014年金融结构深化指数及其四级指标

| 年份 | | 证券募集资金净额比GDP | 短期贷款占比 | 保费收入比全省金融业增加值 | 金融结构深化指数 |
|---|---|---|---|---|---|
| 2013 | 原值 | 0.0230 | 0.0955 | 0.0599 | 35.06 |
| | 标准化后 | 89.84 | 29.45 | 29.20 | |
| 2014 | 原值 | 0.033 | 0.0968 | 0.0589 | 0.8423 |
| | 标准化后 | 1.8307 | 0.6301 | 0.0330 | |
| 2013年排名 | | 3 | 2 | 3 | 2 |
| 2014年排名 | | 2 | 2 | 2 | 2 |
| 升降 | | 1 | 0 | 1 | 0 |

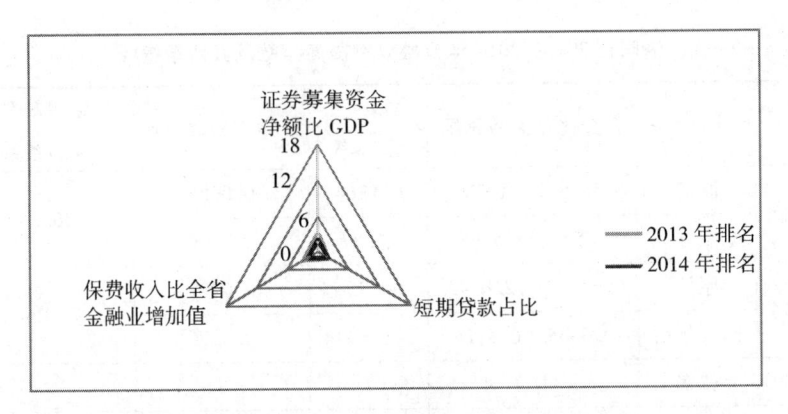

图8—2—2 洛阳市2013—2014年金融结构深化指数四级指标比较雷达图

1. 2014 年洛阳市金融结构深化指数在整个河南省的综合排位处于第 2 位,表明其在河南省处于绝对优势地位;与 2013 年相比排位没有发生变化。

2. 从指标所处的水平看,短期贷款占比和保费收入比全省金融业增加值 2 个指标在整个河南省排位均为第 2 位,即在整个省域内处于上游区且均为绝对优势指标,证券募集资金净额比 GDP 排位较上年上升 1 位升至第 2 名,同样是绝对优势指标,这说明洛阳市的金融结构深化程度在河南省处于绝对领先地位。

3. 从雷达图图形变化看,2014 年与 2013 年相比,面积有所缩小,金融结构深化指数呈现优化趋势,证券募集资金净额比 GDP 成为图形缩小的动力点。

4. 从排位变化的动因看,由于 2014 年洛阳市短期贷款占比和保费收入在河南省排位均未发生变化,证券募集资金净额比 GDP 指标排位有所上升,但升幅并不明显,综合作用下,其金融结构深化指数综合排位保持不变,仍位居河南省第 2 位。

### 三 洛阳市金融效率提高指数评价分析

2013—2014 年洛阳市金融效率提高指标及其下属指标,在河南省的排位变化情况,如表 8—2—3 和图 8—2—3 所示。

表 8—2—3　洛阳市 2013—2014 年金融效率提高指数及其四级指标

| 年份 | | 存贷比 | 保险密度 | 上市公司占有率 | 证券交易额占比 | 金融效率提高指数 |
|---|---|---|---|---|---|---|
| 2013 | 原值 | 0.5868 | 1070 | 0.1364 | 0.0985 | 26.34 |
| | 标准化后 | 37.50 | 25.68 | 42.87 | 17.48 | |
| 2014 | 原值 | 0.6142 | 1220.43 | 0.1364 | 0.0987 | 0.1234 |
| | 标准化后 | -0.0335 | 0.3124 | -0.0944 | 0.0276 | |
| 2013 年排名 | | 9 | 4 | 2 | 2 | 2 |
| 2014 年排名 | | 10 | 4 | 5 | 4 | 7 |
| 升降 | | -1 | 0 | -3 | -2 | -5 |

1. 2014 年洛阳市金融效率提高指数在整个河南省的综合排位处于第

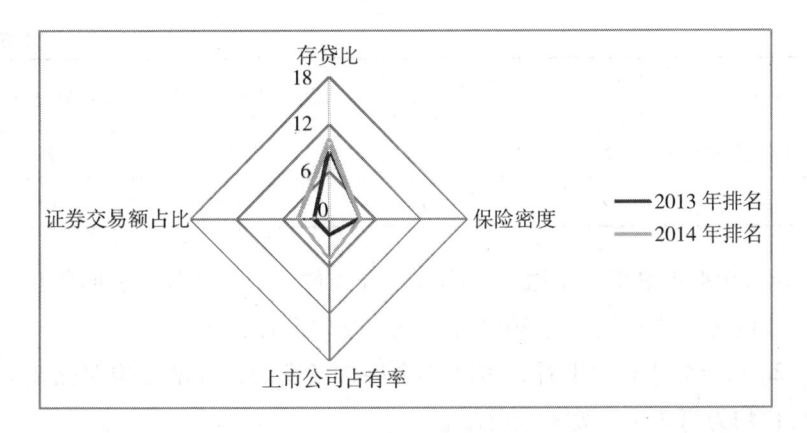

图 8—2—3　洛阳市 2013—2014 年金融效率提高指数四级指标比较雷达图

7 位，表明其在河南省处于中等地位；与 2013 年相比排位下降 4 位。

2. 从指标所处的水平看，保险密度和证券交易额占比在整个河南省排位均为第 4 位，处于绝对优势地位，存贷比指标位于第 10 位，处于中下游地位，表明洛阳市在银行业、保险业、证券业已初步形成规模效应。

3. 从雷达图图形变化看，2014 年与 2013 年相比，面积有所增大，其中保险密度和上市公司占有率成为了图形增大的动力点。

4. 从排位变化的动因看，洛阳市保险密度指标排位有所下降，其在其他地市排位的相对变动下，2014 年洛阳市金融效率提高指数综合排位下降 4 位，位居河南第 7 位。

### 四　洛阳市金融状况指数综合分析

2013—2014 年洛阳市金融状况指标及其下属指标，在河南省的排位变化和指标结构情况，如表 8—2—4 所示。

表 8—2—4　洛阳市 2013—2014 年金融状况指标及其三级指标

| 年份 | 金融市场发展指数 | 金融结构深化指数 | 金融效率提高指数 | 金融状况指数 |
| --- | --- | --- | --- | --- |
| 2013 | 23.58 | 35.06 | 26.34 | 28.87 |
| 2014 | 0.4423 | 0.8423 | 0.1234 | 0.5077 |
| 2013 年排名 | 2 | 2 | 2 | 2 |

续表

| 年份 | 金融市场发展指数 | 金融结构深化指数 | 金融效率提高指数 | 金融状况指数 |
|---|---|---|---|---|
| 2014年排名 | 2 | 2 | 7 | 2 |
| 升降 | 0 | 0 | -5 | 0 |

1. 2014年洛阳市金融状况指数综合排位处于第2位,表明其在河南省处于绝对优势地位;与2013年相比,排位没有变化。

2. 从指标所处水平看,2014年金融市场发展、金融结构深化2个指标排位均为第2位,处于上游区。

3. 从指标变化趋势看,金融市场发展、金融结构深化2个指标排位与上一年相比均没有变化,金融效率提高指数比上一年下降5位。

4. 从排位综合分析看,由于3个指标的绝对优势,决定了2014年洛阳市金融状况指数综合排位仍然位居河南省第2位。洛阳市金融业的主导作用进一步加强,金融业的规模效益进一步提升。

## 第三节 洛阳市成长发展指数评价分析

### 一 洛阳市资本市场成长性指数评价分析

2013—2014年洛阳市资本市场成长性指标及其下属指标,在河南省的排位变化情况,如表8-3—1和图8—3—1所示。

表8—3—1 洛阳市2013—2014年资本市场成长性指数及其四级指标

| 年份 | | 金融机构贷款余额年增长额 | 发行国债年增长额 | A股股票募集资金净额 | 资本市场成长性指标 |
|---|---|---|---|---|---|
| 2013 | 原值(亿元) | 320.65 | 0.7138 | 72.33 | 25.85 |
| | 标准化后 | 11.80 | 8.25 | 55.02 | |
| 2014 | 原值(亿元) | 334 | 0.7221 | 74.44 | 1.2052 |
| | 标准化后 | 0.3540 | 1.9457 | 1.1226 | |
| 2013年排名 | | 2 | 9 | 2 | 2 |
| 2014年排名 | | 2 | 1 | 2 | 2 |
| 升降 | | 0 | 8 | 0 | 0 |

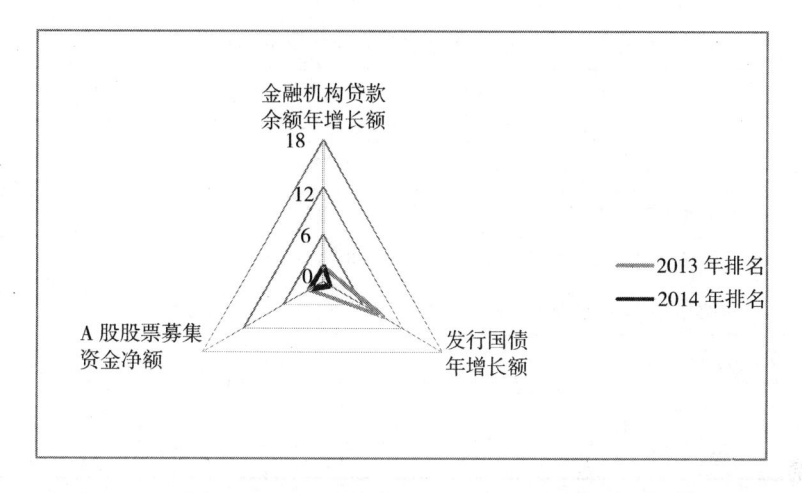

图 8—3—1　洛阳市 2013—2014 年资本市场成长性指数四级指标比较雷达图

1. 2014 年洛阳市资本市场成长性指数在整个河南省的综合排位处于第 2 位，表明其在河南省处于绝对优势地位；与 2013 年相比排位没有发生变化。

2. 从指标所处的水平看，金融机构贷款余额年增长额和 A 股股票募集资金净额在整个河南省排位均为第 2 位，处于上游区且为绝对优势指标，发行国债年增长额与 2013 年相比排位上升 8 位，处于绝对优势的地位。

3. 从雷达图图形变化看，2014 年与 2013 年相比，面积有所减小，其中发行国债年增长额成为了图形缩小的动力点。

4. 从排位变化的动因看，2014 年洛阳市发行国债年增长额较上年明显上升，排位上升 8 位，加之由于金融机构贷款余额年增长额和 A 股股票募集资金净额处于绝对优势，因此 2014 年洛阳市资本市场成长性指数位于第 2 位。

## 二　洛阳市经济成长性指数评价分析

2013—2014 年洛阳市经济成长性指标及其下属指标，在河南省的排位变化情况，如表 8—3—2 和图 8—3—2 所示。

表 8—3—2　洛阳市 2013—2014 年经济成长性指数及其四级指标

| 年份 | | GDP 年增长额 | 财政收入年增长额 | 社会固定资产投资年增长额 | 社会消费品零售总额年增长额 | 经济成长性指数 |
|---|---|---|---|---|---|---|
| 2013 | 原值（亿元） | 159.64 | 28.78 | 410.53 | 154.42 | 35.13 |
| | 标准化后 | 20.93 | 20.71 | 45.82 | 49.23 | |
| 2014 | 原值（亿元） | 143.8 | 23.4 | 387.3 | 171.5 | 0.6473 |
| | 标准化后 | -0.0501 | -0.2357 | 0.7904 | 1.1554 | |
| 2013 年排名 | | 6 | 2 | 2 | 2 | 2 |
| 2014 年排名 | | 9 | 4 | 2 | 2 | 3 |
| 升降 | | -3 | -2 | 0 | 0 | -1 |

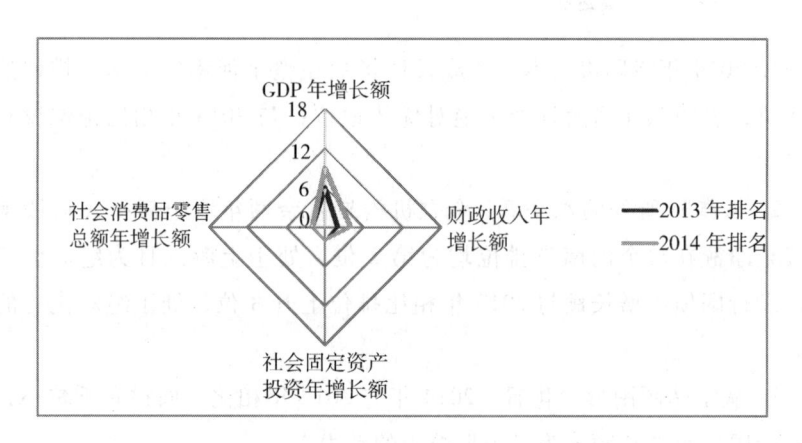

图 8—3—2　洛阳市 2013—2014 年经济成长性指数四级指标比较雷达图

1. 2014 年洛阳市经济成长性指数在整个河南省的综合排位处于第 3 位，表明其在河南省处于绝对优势地位；与 2013 年相比排位下降 1 位。

2. 从指标所处的水平看，除了 GDP 年增长额较 2013 年下降 3 位，财政收入年增长额下降 2 位外，社会固定资产投资年增长额和社会消费品零售总额年增长额在河南省排位均为第 2 位，这说明洛阳市的经济成长性在河南省处于绝对领先地位。

3. 从雷达图图形变化看，2014 年与 2013 年相比，面积增大，GDP 年增长额和财政收入年增长额成为面积增长的动力点。

4. 从排位变化的动因看，除 GDP 年增长额和财政收入年增长额外，

2014年洛阳市经济成长性指数四级指标在河南省的排位均没有发生变化,使其2014年的综合排位下降1位,位居河南省第3位。

### 三 洛阳市城市创新成长性指数评价分析

2013—2014年洛阳市城市创新成长性指标及其下属指标,在河南省的排位变化情况,如表8—3—3和图8—3—3所示。

表8—3—3 洛阳市2013—2014年城市创新成长性指数及其四级指标

| 年份 | | 政府研发经费支出年增长额 | 政府研发人员年增长额 | 新产品销售收入年增长额 | 城市创新成长性指数 |
|---|---|---|---|---|---|
| 2013 | 原值 | -0.525 | 638 | 73.71 | 7.59 |
| | 标准化后 | 0.00 | 14.35 | 4.85 | |
| 2014 | 原值 | -0.333 | 640 | 70.12 | -0.1546 |
| | 标准化后 | -0.8397 | 0.0126 | -0.0774 | |
| 2013年排名 | | 6 | 2 | 2 | 18 |
| 2014年排名 | | 18 | 5 | 3 | 6 |
| 升降 | | -12 | -3 | -1 | 12 |

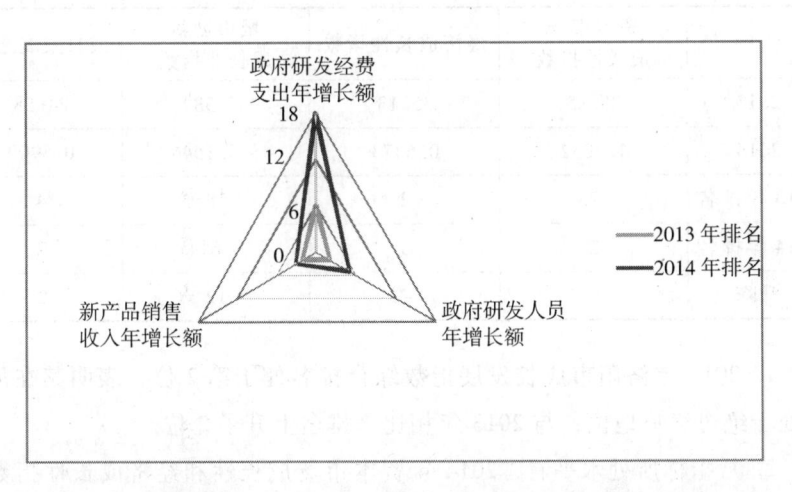

图8—3—3 洛阳市2013—2014年城市创新成长性指数四级指标比较雷达图

1. 2014年洛阳市城市创新成长性指数在整个河南省的综合排位处于第 6 位,表明其在河南省处于较优势地位;与 2013 年相比排位上升 12 位。

2. 从指标所处的水平看,政府研发经费支出年增长额在整个河南省排位为第 18 位,较 2013 年下降 12 位,处于下游区,新产品销售收入年增长额位于第 3 位,处于上游区且为绝对优势指标,较上年下降 1 位。

3. 从雷达图图形变化看,2014 年与 2013 年相比,面积增大,城市创新成长性呈现上升趋势,其中政府研发经费支出年增长额均成为了图形扩大的动力点。

4. 从排位变化的动因看,虽然新产品销售收入年增长额比上年下降了 1 位,综合作用下,因此 2014 年洛阳市城市创新成长性指数综合排位上升 6 位,位于河南省第 6 位。

### 四 洛阳市成长发展指数综合分析

2013—2014 年洛阳市成长发展指标及其下属指标,在河南省的排位变化和指标结构情况,如表 8—3—4 所示。

表 8—3—4　洛阳市 2013—2014 年成长发展指标及其三级指标

| 年份 | 资本市场成长性指数 | 经济成长性指数 | 城市创新成长性指数 | 成长发展指数 |
| --- | --- | --- | --- | --- |
| 2013 | 25.85 | 35.13 | 7.58 | 24.58 |
| 2014 | 1.2052 | 0.6473 | -0.1546 | 0.5909 |
| 2013 年排名 | 2 | 2 | 18 | 4 |
| 2014 年排名 | 2 | 3 | 6 | 2 |
| 升降 | 0 | -1 | 12 | 2 |

1. 2014 年洛阳市成长发展指数综合排名处于第 2 位,表明其在河南省处于绝对优势地位;与 2013 年相比,排名上升了 2 位。

2. 从指标所处水平看,2014 年资本市场成长性和经济成长性指数指标排名分别为第 2 位和第 3 位,处于上游区且为绝对优势指标,城市创新成长性指数排名第 6 位,比上年上升 12 位,变化幅度较大,为较优势指标。

3. 从指标变化趋势看，城市创新成长性指数排位上升12位，经济成长性指数下降1位，其他指数排名没有变化。

4. 从排位综合分析看，虽然资本市场成长性和经济成长性指数指标处于绝对优势地位，加之城市创新成长性指数的较优势地位，决定了2014年洛阳市成长发展指数综合排位居河南省第2位，较上年上升2位。

## 第四节 洛阳市服务水平指数评价分析

### 一 洛阳市智力资本指数评价分析

2013—2014年洛阳市智力资本指标及其下属指标，在河南省的排位变化情况，如表8—4—1和图8—4—1所示。

表8—4—1　洛阳市2013—2014年智力资本指数及其四级指标

| 年份 | | 金融业从业密度 | 受高等教育密度 | 科研人员密度 | 普通高等学校数量 | 智力资本指数 |
|---|---|---|---|---|---|---|
| 2013 | 原值 | 1.52 | 6.22 | 2.58 | 7 | 13.01 |
| | 标准化后 | 11.99 | 4.95 | 18.86 | 10.91 | |
| 2014 | 原值 | 1.55 | 6.34 | 2.63 | 7 | -0.1316 |
| | 标准化后 | -0.2280 | -0.2645 | 0.0000 | -0.0179 | |
| 2013年排名 | | 9 | 10 | 6 | 3 | 6 |
| 2014年排名 | | 9 | 10 | 6 | 3 | 8 |
| 升降 | | 0 | 0 | 0 | 0 | -2 |

1. 2014年洛阳市智力资本指数在整个河南省的综合排位处于第8位，表明其在河南省处于中势地位；与2013年相比排位下降了2位。

2. 从指标所处的水平看，金融业从业密度、受高等教育密度、科研人员密度和普通高等学校数量较上年排位没有变化。

3. 从雷达图图形变化看，2014年与2013年相比，面积保持不变。

4. 从排位变化的动因看，2014年洛阳市金融业从业密度、受高等教育密度、科研人员密度和普通高等学校数量排位较上年没有变化，其2014年的综合排位下降2位，位居河南省第8位。

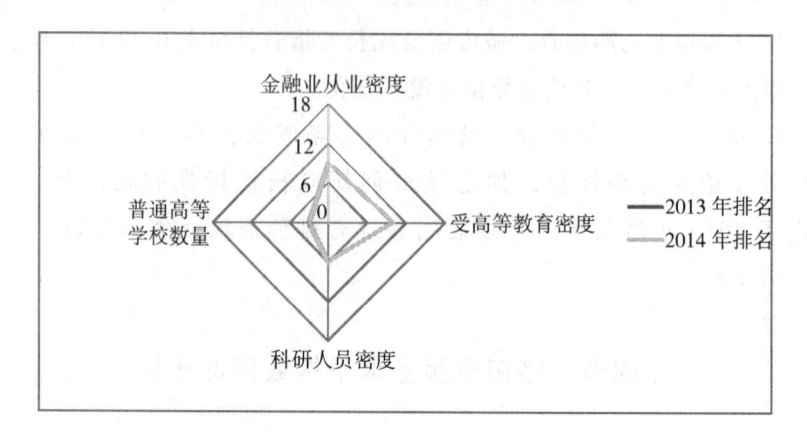

图 8—4—1　洛阳市 2013—2014 年智力资本指数四级指标比较雷达图

### 二　洛阳市城市环境指数评价分析

2013—2014 年洛阳市城市环境指标及其下属指标，在河南省的排位变化情况，如表 8—4—2 和图 8—4—2 所示。

表 8—4—2　洛阳市 2013—2014 年城市环境指数及其四级指标

| 年份 | | 城镇化水平 | 人均城市道路面积 | 人均绿化覆盖面积 | 基本医疗保险覆盖率 | 基本养老保险覆盖率 | 商品房屋销售均价 | 城镇从业人员平均工资 | 运营车辆数 | 城市环境指数 |
|---|---|---|---|---|---|---|---|---|---|---|
| 2013 | 原值 | 0.4944 | 8.96 | 10.81 | 0.2989 | 0.1602 | 4182 | 39559 | 1709 | 38.16 |
| | 标准化后 | 45.39 | 14.66 | 35.98 | 75.85 | 39.87 | 66.50 | 62.69 | 26.80 | |
| 2014 | 原值 | 0.5095 | 8.89 | 10.98 | 0.2993 | 0.1671 | 4150.23 | 39542 | 1800 | 3.5656 |
| | 标准化后 | 0.4831 | -1.2604 | 0.3122 | 1.0297 | 0.5206 | 0.6426 | -0.0942 | 0.6312 | |
| 2013 年排名 | | 5 | 17 | 5 | 3 | 3 | 17 | 4 | 2 | 5 |
| 2014 年排名 | | 5 | 17 | 5 | 3 | 4 | 2 | 9 | 2 | 3 |
| 升降 | | 0 | 0 | 0 | 0 | -1 | 15 | -5 | 0 | 2 |

1. 2014 年洛阳市城市环境指数在整个河南省的综合排位处于第 3 位，表明其在河南省处于较优势地位；与 2013 年相比排位上升 2 位。

2. 从指标所处的水平看，除基本养老保险覆盖率指标较上年下降一位、城镇从业人员平均工资下降 5 位和商品房销售均价上升 15 位外，其余指标较上年都保持不变。

3. 从雷达图图形变化看，2014 年与 2013 年相比，面积略有减小，城市

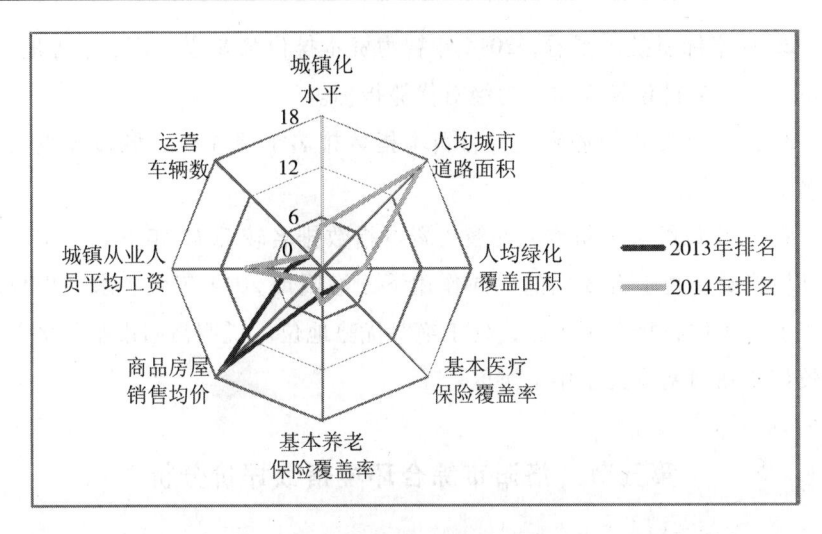

图 8—4—2　洛阳市 2013—2014 年城市环境指数四级指标比较雷达图

环境指数呈现上升趋势,其中商品房屋销售均价成为了图形缩小的动力点。

4. 从排位变化的动因看,除基本养老保险覆盖率指标较上年下降 1 位,城镇从业人员平均工资下降 5 位和商品房销售均价上升 15 位外,其余指标较上年都保持不变。因此 2014 年洛阳市城市环境指数综合排位上升 2 位,位居河南省第 3 位。

### 三　洛阳市服务水平指数综合分析

2013—2014 年洛阳市服务水平指标及其下属指标,在河南省的排位变化和指标结构情况,如表 8—4—3 所示。

表 8—4—3　洛阳市 2013—2014 年服务水平指标及其三级指标

| 年份 | 智力资本指数 | 城市环境指数 | 服务水平指数 |
| --- | --- | --- | --- |
| 2013 | 13.01 | 38.16 | 27.78 |
| 2014 | -0.1316 | 3.5656 | 1.7960 |
| 2013 年排名 | 6 | 5 | 4 |
| 2014 年排名 | 8 | 3 | 3 |
| 升降 | -4 | 8 | 1 |

1. 2014 年洛阳市服务水平指数综合排名处于第 3 位,较 2013 年排名上升 1 位,在河南省处于较优势地位。

2. 从指标所处水平看，2014 年智力资本排位第 8 位，处于中等地位；城市环境指数排位第 3 位，为绝对优势指标。

3. 从指标变化趋势看，智力资本指数排名下降 4 位，城市环境指数排名上升 8 位。

4. 从排位综合分析看，在智力资本指数排名较 2013 年下降 4 位和城市环境指数排位上升 8 位的共同作用下，洛阳市 2014 年服务水平指数较上年上升 1 位，排名第 3 位，处于绝对优势地位。说明洛阳市服务水平整体较好，在河南省处于中上游区。

## 第五节 洛阳市综合环境指数评价分析

### 一 洛阳市经济环境指数评价分析

2013—2014 年洛阳市经济环境指标及其下属指标，在河南省的排位变化情况，如表 8—5—1 和图 8—5—1 所示。

表 8—5—1　洛阳市 2013—2014 年经济环境指数及其四级指标

| 年份 | | 城镇人均可支配收入 | 农村人均纯收入 | 人均 GDP | 人均财政收入 | 人均社会商品零售额 | 经济环境指数 |
|---|---|---|---|---|---|---|---|
| 2013 | 原值（元） | 24820 | 8756 | 47569 | 3538 | 19186 | 54.68 |
| | 标准化后 | 79.05 | 25.58 | 57.03 | 38.13 | 53.18 | |
| 2014 | 原值（元） | 26974 | 9669 | 49185 | 6358.19 | 21401.62 | 0.7918 |
| | 标准化后 | 0.8141 | -0.3655 | 0.6111 | 1.0452 | 1.3719 | |
| 2013 年排名 | | 2 | 10 | 5 | 4 | 2 | 3 |
| 2014 年排名 | | 2 | 11 | 5 | 2 | 2 | 3 |
| 升降 | | 0 | -1 | 0 | 2 | 0 | 0 |

1. 2014 年洛阳市经济环境指数在整个河南省的综合排位处于第 3 位，表明其在河南省处于绝对优势地位；与 2013 年相比排位没有发生变化。

2. 从指标所处的水平看，除农村人均纯收入较上年下降 1 位和人均财政收入较上年上升 2 位外，其他指标排位均无变化，其中城镇人均可支配收入和人均社会商品零售额指标处于绝对优势地位。

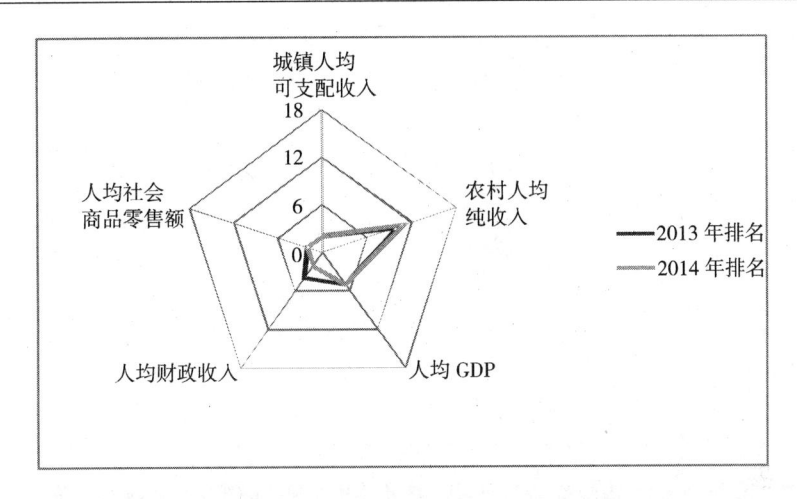

**图 8—5—1  洛阳市 2013—2014 年经济环境指数四级指标比较雷达图**

3. 从雷达图图形变化看，2014 年与 2013 年相比，面积有所减小，经济环境指数呈现上升趋势，其中人均财政收入成为了图形缩小的动力点。

4. 从排位变化的动因看，虽然洛阳市农村人均纯收入排位下降 1 位，但下降幅度较小，因此 2014 年洛阳市经济环境指数综合排位保持不变，位居河南省第 3 位。

### 二  洛阳市开放程度指数评价分析

2013—2014 年洛阳市开放程度指标及其下属指标，在河南省的排位变化情况，如表 8—5—2 和图 8—5—2 所示。

**表 8—5—2  洛阳市 2013—2014 年开放程度指数及其四级指标**

| 年份 | | 实际利用外资额 | 旅游创汇收入 | 进出口总额 | 开放程度指数 |
|---|---|---|---|---|---|
| 2013 | 原值（万美元） | 222272 | 20296 | 179484 | 61.86 |
| | 标准化后 | 64.51 | 100.00 | 3.63 | |
| 2014 | 原值（万美元） | 241000 | 23816 | 176300 | 1.7232 |
| | 标准化后 | 1.8994 | 2.8885 | -0.1694 | |
| 2013 年排名 | | 2 | 1 | 6 | 2 |
| 2014 年排名 | | 2 | 1 | 6 | 2 |
| 升降 | | 0 | 0 | 0 | 0 |

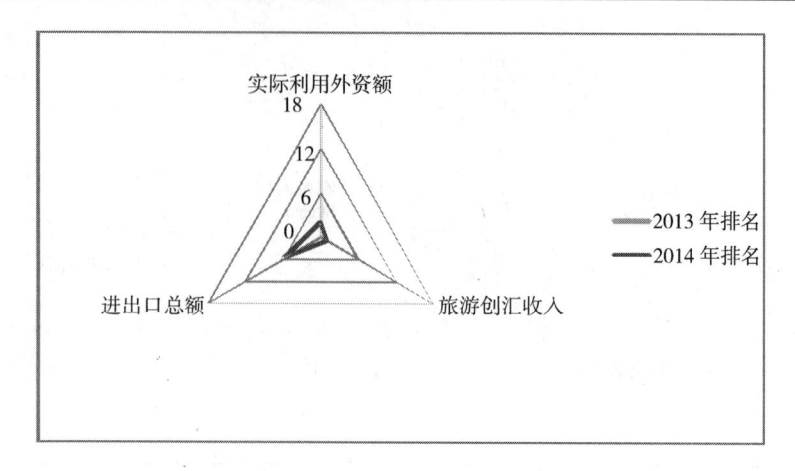

**图 8—5—2  洛阳市 2013—2014 年开放程度指数四级指标比较雷达图**

1. 2014 年洛阳市开放程度指数在整个河南省的综合排位处于第 2 位，表明其在河南省处于绝对优势地位；与 2013 年相比排位没有发生变化。

2. 从指标所处的水平看，实际利用外资额在整个河南省排位为第 2 位，旅游创汇收入排位为第 1 位，2 个指标均处于上游区且为绝对优势指标；进出口总额排位为第 6 位，处于中上游区。

3. 从雷达图图形变化看，2014 年与 2013 年相比，面积有所增加，进出口总额成为面积增大的动力点。

4. 从排位变化的动因看，2014 年洛阳市实际利用外资额、进出口总额和旅游创汇收入在河南省的排位均没有发生变化，使其 2014 年的开放程度指数的综合排位保持不变，仍位居河南省第 2 位。

### 三  洛阳市综合环境指数综合分析

2013—2014 年洛阳市综合环境指标及其下属指标，在河南省的排位变化和指标结构情况，如表 8—5—3 所示。

**表 8—5—3  洛阳市 2013—2014 年综合环境指标及其三级指标**

| 年份 | 经济环境指数 | 开放程度指数 | 综合环境指数 |
| --- | --- | --- | --- |
| 2013 | 54.68 | 61.86 | 61.88 |
| 2014 | 0.7918 | 1.7232 | 1.3380 |
| 2013 年排名 | 3 | 2 | 2 |

续表

| 年份 | 经济环境指数 | 开放程度指数 | 综合环境指数 |
|---|---|---|---|
| 2014 年排名 | 3 | 2 | 2 |
| 升降 | 0 | 0 | 0 |

1. 2014年洛阳市综合环境指数综合排名处于第2位,表明其在河南省处于绝对优势地位;与2013年相比,排位没有变化。

2. 从指标所处水平看,2014年经济环境和开放程度2个指标排位分别为第3位和第2位,均处于上游区且为绝对优势指标。

3. 从指标变化趋势看,经济环境和开放程度2个指标排位与上一年相比均没有变化,保持绝对优势地位。

4. 从排位综合分析看,由于2个指标的绝对优势,决定了2014年洛阳市综合环境指数综合排位仍然位居河南省第2位。说明洛阳市内部经济和对外经济发展程度都比较高,其综合环境在整个河南省处于上游区。

## 第六节 洛阳市金融发展指数综合评价分析

2013—2014年洛阳市金融发展指数综合指标及其下属指标,在河南省的排位变化和指标结构情况,如表8—6—1所示。

表8—6—1 洛阳市2013—2014年金融发展指数指标及其二级指标

| 年份 | 金融状况指数 | 成长发展指数 | 服务水平指数 | 综合环境指数 | 金融发展指数 |
|---|---|---|---|---|---|
| 2013 | 28.87 | 24.58 | 27.78 | 61.88 | 37.47 |
| 2014 | 0.5077 | 0.5909 | 1.7960 | 1.3380 | 4.0578 |
| 2013 年排名 | 2 | 4 | 4 | 2 | 2 |
| 2014 年排名 | 2 | 2 | 3 | 2 | 2 |
| 升降 | 0 | 2 | 1 | 0 | 0 |

1. 2014年洛阳市金融发展指数综合排位处于第2位,表明其在河南省处于绝对优势地位;与2013年相比,排位没有变化。

2. 从指标所处水平看,2014年洛阳市金融状况、成长发展和综合环境 2 个指标排位均处于第 2 位，处于上游区，服务水平指数和成长发展指数则处于较优势地位。

3. 从指标变化趋势看，金融状况和综合环境指标排位与上一年相比均没有变化，保持优势地位，成长发展指数排位较上一年上升 2 位，服务水平指数排位较上一年上升 1 位。

4. 从排位综合分析看，由于金融状况指数和综合环境指数的绝对优势地位，成长发展指数和服务水平指数的较优势地位，决定了 2014 年洛阳市金融发展指数综合排位仍然位居河南省第 2 位。

# 第九章　平顶山市2014年金融发展指数研究报告

## 第一节　平顶山市概述

平顶山市是国家重要的能源原材料工业基地、中国优秀旅游城市和中原城市群中心城市。平顶山市产业优势突出，拥有能源化工、装备制造、特种钢材、新型建材、农产品加工和现代服务业6大支柱产业。中平能化集团、舞钢公司、平高集团、姚电公司、天瑞集团、巨龙公司等企业在全省、全国乃至世界同行业都占有重要地位。

2014年，全年完成地区金融业增加值77.23亿元，较上年增长36.04%；全社会固定资产投资完成1449.17亿元，比上年增长17.65%；社会消费品零售总额完成614.99亿元，比上年增长12.80%。截至2014年年底，金融机构存款余额1815.32亿元，同比增长8.95%；各项贷款余额1242.31亿元，同比增长17.13%。

## 第二节　平顶山市金融状况指数评价分析

### 一　平顶山市金融市场发展指数评价分析

2013—2014年平顶山市金融市场发展指标及其下属指标，在河南省的排位变化情况，如表9—2—1和图9—2—1所示。

表 9—2—1  平顶山市 2013—2014 年金融市场发展指数及其四级指标

| 年份 | | 金融业增加值 | 金融系统存款余额 | 金融系统贷款余额 | 证券交易额 | 发行国债额 | 保费收入 | 保险赔付额 | 金融市场发展指数 |
|---|---|---|---|---|---|---|---|---|---|
| 2013 | 原值（亿元） | 56.77 | 1666.23 | 1060.61 | 718.20 | 1.55 | 42.06 | 14.33 | 7.69 |
| | 标准化后 | 10.97 | 11.56 | 9.43 | 6.41 | 4.11 | 15.77 | 19.58 | |
| 2014 | 原值（亿元） | 77.23 | 1815.32 | 1242.31 | 1177.05 | 0.52 | 45.97 | 15.75 | -0.1630 |
| | 标准化后 | -0.0098 | -0.1582 | -0.1054 | -0.1330 | -0.3842 | -0.1998 | -0.1417 | |
| 2013 排名 | | 3 | 7 | 4 | 4 | 13 | 11 | 7 | 7 |
| 2014 排名 | | 5 | 8 | 4 | 4 | 14 | 10 | 10 | 5 |
| 升降 | | -2 | -1 | 0 | 0 | -1 | 1 | -3 | 2 |

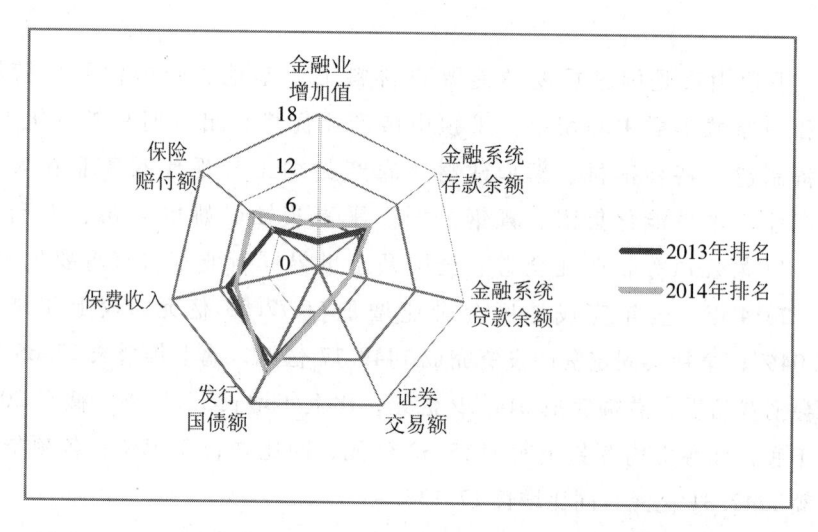

图 9—2—1  平顶山市 2013—2014 年金融市场发展指数四级指标比较雷达图

1. 2014 年平顶山市金融市场发展指数在整个河南省的综合排位处于第 5 位，表明其在河南省处于较优势地位；与 2013 年相比排位上升 2 位。

2. 从指标所处的水平看，金融业增加值、金融系统贷款余额和证券交易额在河南省排位均处于中上游；金融系统存款余额、保费收入和保险赔付额处于中游区；发行国债额则在整个河南省排位中处于中下游区，2014 年平顶山市的金融市场发展水平在河南省处于较优势地位。

3. 从雷达图图形变化看，2014年与2013年相比，面积略有变化，保费收入是其中图形缩小的动力点，金融业增加值、金融系统存款余额、发行国债额和保险赔付额是图形扩张的动力点。

4. 从排位变化的动因看，2014年平顶山市金融市场发展指数的7个四级指标中的6个在河南省中排位互有升降，使其2014年的综合排位上升2位，位居河南省第5位。

## 二　平顶山市金融结构深化指数评价分析

2013—2014年平顶山市金融结构深化指标及其下属指标，在河南省的排位变化情况，如表9—2—2和图9—2—2所示。

表9—2—2　平顶山市2013—2014年金融结构深化指数及其四级指标

| 年份 | | 证券募集资金净额比GDP | 短期贷款占比 | 保费收入比全省金融业增加值 | 金融结构深化指数 |
|---|---|---|---|---|---|
| 2013 | 原值 | 2.51 | 5.04 | 3.56 | 25.89 |
| | 标准化后 | 98.05 | 13.52 | 15.76 | |
| 2014 | 原值 | 2.39 | 5.49 | 3.05 | 0.2306 |
| | 标准化后 | 1.0407 | -0.0173 | -0.2303 | |
| 2013年排名 | | 2 | 5 | 11 | 3 |
| 2014年排名 | | 4 | 5 | 10 | 3 |
| 升降 | | -2 | 0 | 1 | 0 |

1. 2014年平顶山市金融结构深化指数在整个河南省的综合排位处于第3位，表明其在河南省处于绝对优势地位；与2013年相比排位没有发生变化。

2. 从指标所处的水平看，证券募集资金净额比GDP和短期贷款占比在整个河南省中的排位均处于较优势地位；保费收入比全省金融业增加值在整个河南省排位为第10位，处于中游区，2014年平顶山市的金融结构深化程度在河南省处于绝对优势地位，排位为第3位。

3. 从雷达图图形变化看，2014年与2013年相比，面积略有变大，证券募集资金净额比GDP下降2位，保费收入比全省金融业增加值排位上

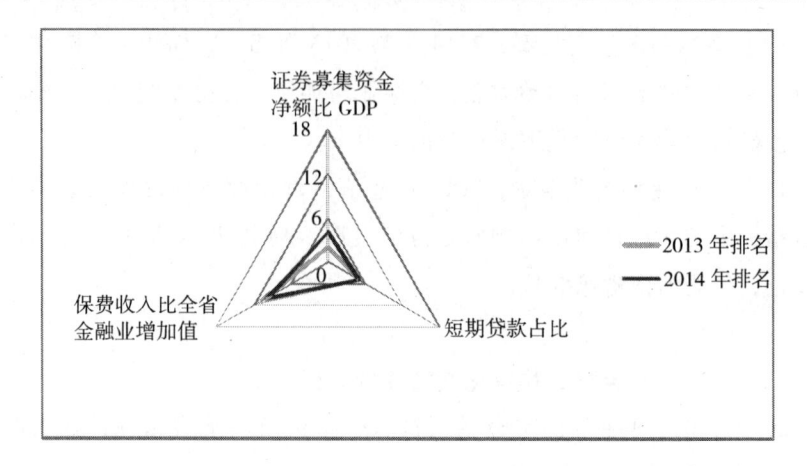

图 9—2—2 平顶山市 2013—2014 年金融结构深化指数四级指标比较雷达图

升 1 位。

4. 从排位变化的动因看，由于 2014 年平顶山市金融结构深化的四级指标除短期贷款占比外，其他指标在河南省排位互有升降，其金融结构深化指数综合排位保持不变，仍位居河南省第 3 位。

### 三　平顶山市金融效率提高指数评价分析

2013—2014 年平顶山市金融效率提高指标及其下属指标，在河南省的排位变化情况，如表 9—2—3 和图 9—2—3 所示。

表 9—2—3　平顶山市 2013—2014 年金融效率提高指数及其四级指标

| 年份 | | 存贷比 | 保险密度 | 上市公司占有率 | 证券交易额占比 | 金融效率提高指数 |
|---|---|---|---|---|---|---|
| 2013 | 原值 | 63.65 | 848 | 4.55 | 3.86 | 13.41 |
| | 标准化后 | 46.98 | 13.42 | 14.30 | 6.41 | |
| 2014 | 原值 | 68.43 | 927 | 4.48 | 3.37 | -0.1048 |
| | 标准化后 | 0.5159 | -0.2595 | -0.3528 | -0.3530 | |
| 2013 年排名 | | 6 | 10 | 5 | 4 | 6 |
| 2014 年排名 | | 5 | 10 | 8 | 6 | 9 |
| 升降 | | 1 | 0 | -3 | -2 | -3 |

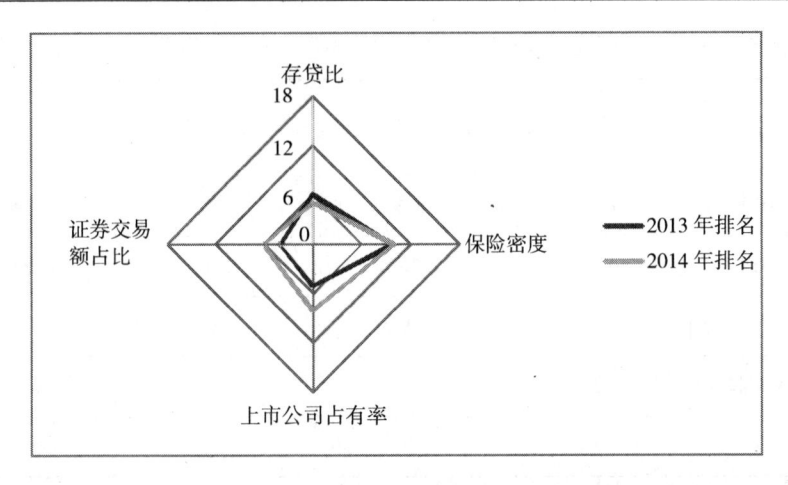

图 9—2—3 平顶山市 2013—2014 年金融效率提高指数四级指标比较雷达图

1. 2014 年平顶山市金融效率提高指数在整个河南省的综合排位处于第 9 位，表明其在河南省处于中等地位；与 2013 年相比排位下降 3 位。

2. 从指标所处的水平看，存贷比和证券交易额占比在整个河南省排位分别为第 5 位和第 6 位，均位于较优势地位；保险密度和上市公司占有率分别处于第 10 位和第 8 位，均位于中等地位。

3. 从雷达图图形变化看，2014 年与 2013 年相比，面积有所增大，金融效率提高指数呈现弱化趋势，其中上市公司占有率和证券交易额占比成为了图形扩大的动力点。

4. 从排位变化的动因看，平顶山市存贷比指标排位有所上升，上市公司占有率和证券交易额占比排位有所下降，综合作用下，2014 年平顶山市金融效率提高指数综合排位下降 3 位，位居河南省第 9 位。

### 四 平顶山市金融状况指数综合分析

2013—2014 年平顶山市金融状况指标及其下属指标，在河南省的排位变化和指标结构情况，如表 9—2—4 所示。

表 9—2—4　平顶山市 2013—2014 年金融状况指标及其三级指标

| 年份 | 金融市场发展指数 | 金融结构深化指数 | 金融效率提高指数 | 金融状况指数 |
| --- | --- | --- | --- | --- |
| 2013 | 7.69 | 25.89 | 13.41 | 15.94 |
| 2014 | -0.1630 | 0.2306 | -0.1048 | -0.0094 |
| 2013 年排位 | 7 | 3 | 6 | 4 |
| 2014 年排位 | 5 | 3 | 9 | 4 |
| 升降 | 2 | 0 | -3 | 0 |

1. 2014 年平顶山市金融状况指数综合排位处于第 4 位，表明其在河南省处于较优势地位；与 2013 年相比，排位没有变化。

2. 从指标所处水平看，2014 年金融市场发展、金融结构深化和金融效率提高 3 个指标排位分别处于中上游区、上游区和中游区，各指标排位有所分化。

3. 从指标变化趋势看，金融市场发展指标排位上升 2 位，金融结构深化指标排名不变，金融效率提高指标排位下降 3 位。各指标排位顺序进一步拉大。

4. 从排位综合分析看，由于 3 个指标的排位名次互有升降，决定了 2014 年平顶山市金融状况指数综合排位仍然位居河南省第 4 位，排名没有变化。2014 年面对国内外复杂的经济金融形式，平顶山市推动多层次资本市场建设，不断加快平顶山市金融业建设步伐。平顶山市金融业的主导作用进一步加强，金融业的规模效益进一步提升。

## 第三节　平顶山市成长发展指数评价分析

### 一　平顶山市资本市场成长性指数评价分析

2013—2014 年平顶山市资本市场成长性指标及其下属指标，在河南省的排位变化情况，如表 9—3—1 和图 9—3—1 所示。

表 9—3—1 平顶山市 2013—2014 年资本市场成长性指数及其四级指标

| 年份 | | 金融机构贷款余额年增长额 | 发行国债年增长额 | A 股股票募集资金净额 | 资本市场成长性指标 |
|---|---|---|---|---|---|
| 2013 | 原值（亿元） | 125.63 | 0.6382 | 39.08 | 14.09 |
| | 标准化后 | 4.07 | 7.15 | 29.73 | |
| 2014 | 原值（亿元） | 181.70 | -1.0300 | 39.08 | 0.0934 |
| | 标准化后 | -0.0990 | 0.0433 | 0.2914 | |
| 2013 年排名 | | 9 | 10 | 4 | 5 |
| 2014 年排名 | | 5 | 9 | 4 | 4 |
| 升降 | | 4 | 1 | 0 | 1 |

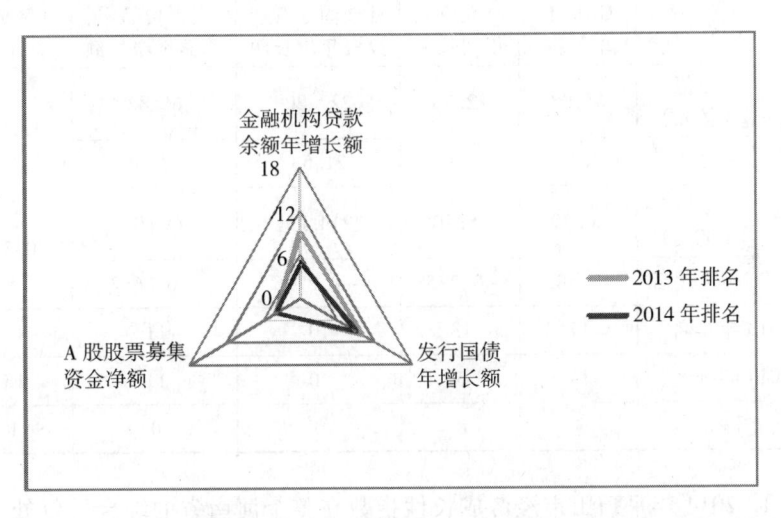

图 9—3—1 平顶山市 2013—2014 年资本市场成长性指数四级指标比较雷达图

1. 2014 年平顶山市资本市场成长性指数在整个河南省的综合排位处于第 4 位，表明其在河南省处于较优势地位；与 2013 年相比排位上升 1 位。

2. 从指标所处的水平看，金融机构贷款余额年增长额和 A 股股票募集资金净额在整个河南省排位分别为第 5 位和第 4 位，均处于较优势地位。发行国债年增长额排位为第 9 位，处于中游区。

3. 从雷达图图形变化看，2014年与2013年相比，面积明显缩小，金融机构贷款余额年增长额和发行国债年增长额是图形缩小的动力点。资本市场成长性呈现深化趋势。

4. 从排位变化的动因看，在2014年整个经济体内国债发行量均有所下降的背景下，平顶山市国债年增长额较上年下降微弱，排位上升了1位，使其资本市场成长性同样上升1位，资本市场成长性得到提高。

## 二 平顶山市经济成长性指数评价分析

2013—2014年平顶山市经济成长性指标及其下属指标，在河南省的排位变化情况，如表9—3—2和图9—3—2所示。

表9—3—2 平顶山市2013—2014年经济成长性指数及其四级指标

| 年份 | | GDP年增长额 | 财政收入年增长额 | 社会固定资产投资年增长额 | 社会消费品零售总额年增长额 | 经济成长性指数 |
|---|---|---|---|---|---|---|
| 2013 | 原值（亿元） | 61.08 | 12.38 | 227.20 | 66.82 | 13.23 |
| | 标准化后 | 5.11 | 5.96 | 21.53 | 18.84 | |
| 2014 | 原值（亿元） | 80.29 | 18.20 | 214.93 | 69.78 | -0.3656 |
| | 标准化后 | -0.5825 | -0.2358 | -0.2196 | -0.2662 | |
| 2013年排名 | | 17 | 13 | 10 | 11 | 14 |
| 2014年排名 | | 14 | 5 | 10 | 11 | 13 |
| 升降 | | 3 | 8 | 0 | 0 | 1 |

1. 2014年平顶山市经济成长性指数在整个河南省的综合排位处于第13位，表明其在河南省处于较劣势地位；与2013年相比排位上升1位。

2. 从指标所处的水平看，GDP年增长额处于河南省第14位，处于较劣势地位；财政收入年增长额处于河南省第5位，处于较优势地位；社会固定资产投资年增长额和社会消费品零售总额年增长额分别处于第10位和第11位。

3. 从雷达图图形变化看，2014年与2013年相比，面积明显减小，其中GDP年增长额和财政收入年增长额是图形缩小的动力点。

4. 从排位变化的动因看，2014年平顶山市GDP年增长额和财政收入

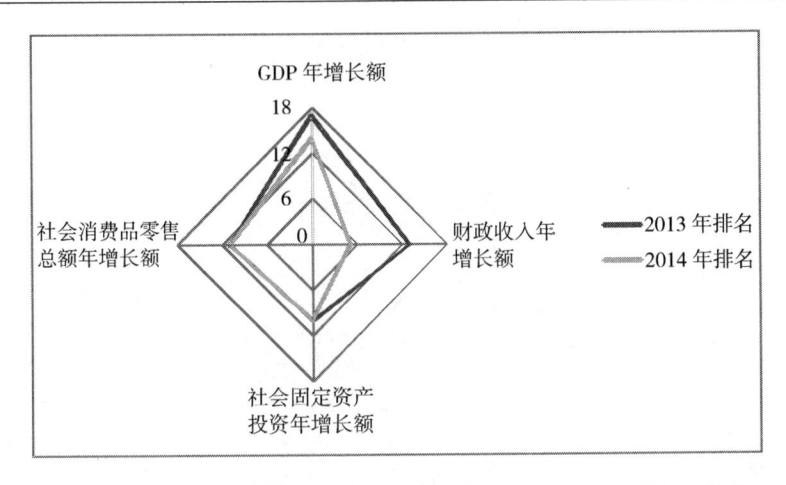

图 9—3—2 平顶山市 2013—2014 年经济成长性指数四级指标比较雷达图

年增长额指标排名有所提升，特别是财政收入年增长额指标的排名大幅提升了 8 位，使其 2014 年的综合排位上升 1 位，位居河南省第 13 位。

### 三 平顶山市城市创新成长性指数评价分析

2013—2014 年平顶山市城市创新成长性指标及其下属指标，在河南省的排位变化情况，如表 9—3—3 和图 9—3—3 所示。

表 9—3—3 平顶山市 2013—2014 年城市创新成长性指数及其四级指标

| 年份 | | 政府研发经费支出年增长额 | 政府研发人员年增长额 | 新产品销售收入年增长额 | 城市创新成长性指数 |
|---|---|---|---|---|---|
| 2013 | 原值 | 0.002 | 1444 | 38.04 | 27.23 |
| | 标准化后 | 35.35 | 29.68 | 2.90 | |
| 2014 | 原值 | 0.100 | -722 | -13.14 | -0.6746 |
| | 标准化后 | -0.4143 | -0.9246 | -0.3260 | |
| 2013 年排名 | | 10 | 2 | 5 | 4 |
| 2014 年排名 | | 11 | 17 | 17 | 18 |
| 升降 | | -1 | -15 | -12 | -14 |

1. 2014 年平顶山市城市创新成长性指数在整个河南省的综合排位处

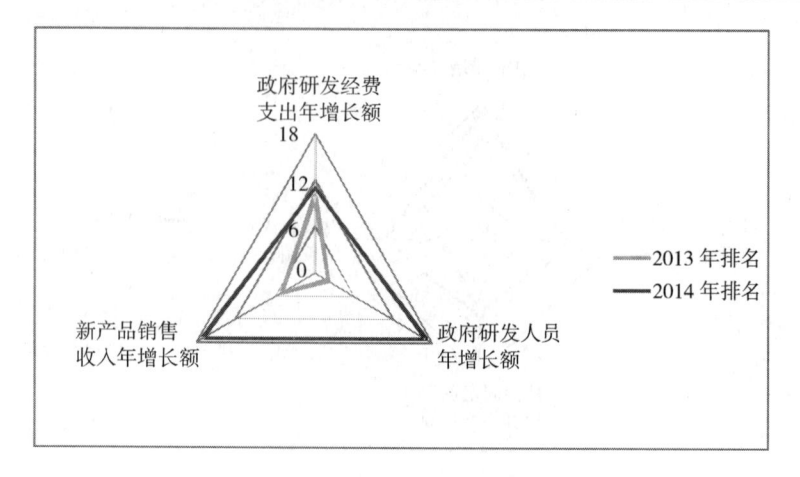

图9—3—3 平顶山市2013—2014年城市创新成长性指数四级指标比较雷达图

于第18位，表明其在河南省处于绝对劣势地位；与2013年相比排位大幅下降了14位。

2. 从指标所处的水平看，政府研发经费支出年增长额处于第11位，属于中等地位；政府研发人员年增长量和新产品销售收入年增长额在整个河南省排位均为第17位，处于下游区且为绝对劣势指标。

3. 从雷达图图形变化看，2014年与2013年相比，面积急剧扩大，城市创新成长性呈现下降趋势，其中政府研发人员年增长量和新产品销售收入年增长额均成为了图形扩大的主要动力点。

4. 从排位变化的动因看，政府研发人员数量和新产品销售额均出现较大的负增长的情况，政府研发人员数量的减少直接影响了新产品销售的情况，表现在新产品销售额的急剧萎缩。平顶山市2014年的城市创新成长性明显下降，严重影响了平顶山市经济发展的可持续性。2014年平顶山市城市创新成长性指数综合排位位居河南省第18位。

## 四 平顶山市成长发展指数综合分析

2013—2014年平顶山市成长发展指标及其下属指标，在河南省的排位变化和指标结构情况，如表9—3—4所示。

表 9—3—4　平顶山市 2013—2014 年成长发展指标及其三级指标

| 年份 | 资本市场成长性指数 | 经济成长性指数 | 城市创新成长性指数 | 成长发展指数 |
| --- | --- | --- | --- | --- |
| 2013 | 14.09 | 13.23 | 27.23 | 19.07 |
| 2014 | 0.0934 | -0.3656 | -0.6746 | -0.3303 |
| 2013 年排位 | 5 | 14 | 4 | 5 |
| 2014 年排位 | 4 | 13 | 18 | 13 |
| 升降 | 1 | 1 | -14 | -8 |

1. 2014 年平顶山市成长发展指数综合排位处于第 13 位，表明其在河南省处于较劣势地位；与 2013 年相比，排位下降了 8 位。

2. 从指标所处水平看，2014 年资本市场成长性指标排位为第 4 位，处于中上游区；经济成长性指标排位处于中下游区；城市创新成长性指标排位为第 18 位，处于下游区。

3. 从指标变化趋势看，资本市场成长性和经济成长性 2 个指标排位与上一年相比均上升 1 位；城市创新成长性指标排位下降 14 位。

4. 从排位综合分析看，受城市创新成长性指标排名下降的拖累，成长发展指标排位也下降了 8 位，位居河南省第 13 位，处于较劣势地位。反映了平顶山市成长发展形势不容乐观。

## 第四节　平顶山市服务水平指数评价分析

### 一　平顶山市智力资本指数评价分析

2013—2014 年平顶山市智力资本指标及其下属指标，在河南省的排位变化情况，如表 9—4—1 和图 9—4—1 所示。

表 9—4—1　平顶山市 2013—2014 年智力资本指数及其四级指标

| 年份 | | 金融业从业密度 | 受高等教育密度 | 科研人员密度 | 普通高等学校数量 | 智力资本指数 |
| --- | --- | --- | --- | --- | --- | --- |
| 2013 | 原值 | 2.18 | 7.52 | 2.71 | 4 | 14.12 |
| | 标准化后 | 23.14 | 6.27 | 19.95 | 5.45 | |

续表

| 年份 | | 金融业从业密度 | 受高等教育密度 | 科研人员密度 | 普通高等学校数量 | 智力资本指数 |
|---|---|---|---|---|---|---|
| 2014 | 原值 | 2.12 | 7.16 | 2.68 | 5 | -0.0654 |
| | 标准化后 | 0.1521 | -0.2352 | 0.0171 | -0.1794 | |
| 2013 年排名 | | 4 | 7 | 5 | 10 | 4 |
| 2014 年排名 | | 5 | 7 | 5 | 8 | 4 |
| 升降 | | -1 | 0 | 0 | 2 | 0 |

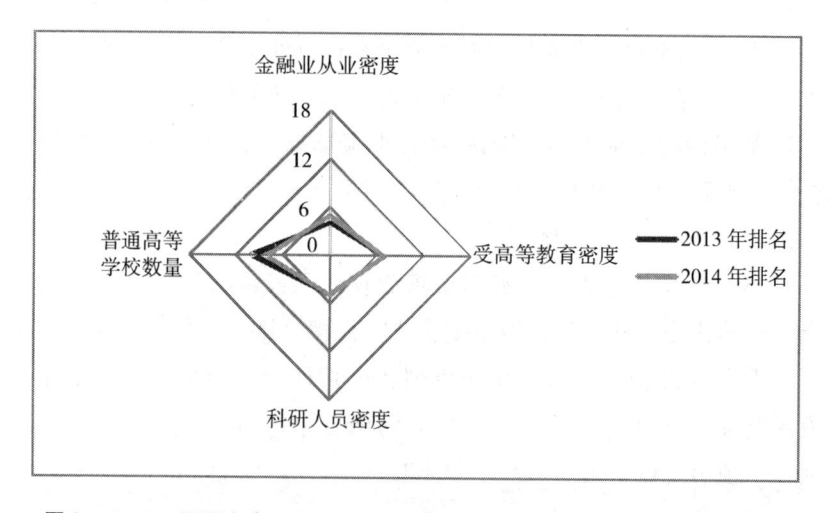

图 9—4—1 平顶山市 2013—2014 年智力资本指数四级指标比较雷达图

1. 2014 年平顶山市智力资本指数在整个河南省的综合排位处于第 4 位，表明其在河南省处于较优势地位；与 2013 年相比，排位没有发生变化。

2. 从指标所处的水平看，金融业从业密度、受高等教育密度和科研人员密度指标的排位处于中上游区，普通高等学校数量指标的排位处于中游区。整体来看平顶山市的智力资本在河南省处于较优势地位。

3. 从雷达图图形变化看，2014 年与 2013 年相比，面积基本保持不变。金融业从业密度排位下降 1 位，普通高等学校数量指标排位上升 2 位。

4. 从排位变化的动因看，2014 年平顶山市金融业从业密度排位和普通高等学校数量排位互有升降，其余指标排位保持不变。综合影响下，平顶山市 2014 年智力资本指标排位保持第 4 位不变。

## 二 平顶山市城市环境指数评价分析

2013—2014 年平顶山市城市环境指标及其下属指标，在河南省的排位变化情况，如表 9—4—2 和图 9—4—2 所示。

表 9—4—2  平顶山市 2013—2014 年城市环境指数及其四级指标

| 年份 | | 城镇化水平 | 人均城市道路面积 | 人均绿化覆盖面积 | 基本医疗保险覆盖率 | 基本养老保险覆盖率 | 商品房屋销售均价 | 城镇从业人员平均工资 | 运营车辆数 | 城市环境指数 |
|---|---|---|---|---|---|---|---|---|---|---|
| 2013 | 原值 | 46.37 | 11.29 | 5.85 | 25.73 | 10.04 | 3296 | 41839 | 668 | 20.91 |
| | 标准化后 | 35.88 | 28.83 | 13.70 | 53.16 | 16.83 | 86.28 | 81.35 | 7.93 | |
| 2014 | 原值 | 49.80 | 12.00 | 6.36 | 25.78 | 10.26 | 3540 | 43565 | 728 | 0.9556 |
| | 标准化后 | 0.3469 | -0.5327 | -0.4884 | 0.2901 | -0.4321 | 0.3154 | 1.2798 | -0.1834 | |
| 2013 年排名 | | 7 | 14 | 11 | 7 | 12 | 7 | 3 | 8 | 11 |
| 2014 年排名 | | 8 | 14 | 11 | 7 | 11 | 8 | 3 | 8 | 5 |
| 升降 | | -1 | 0 | 0 | 0 | 1 | -1 | 0 | 0 | 6 |

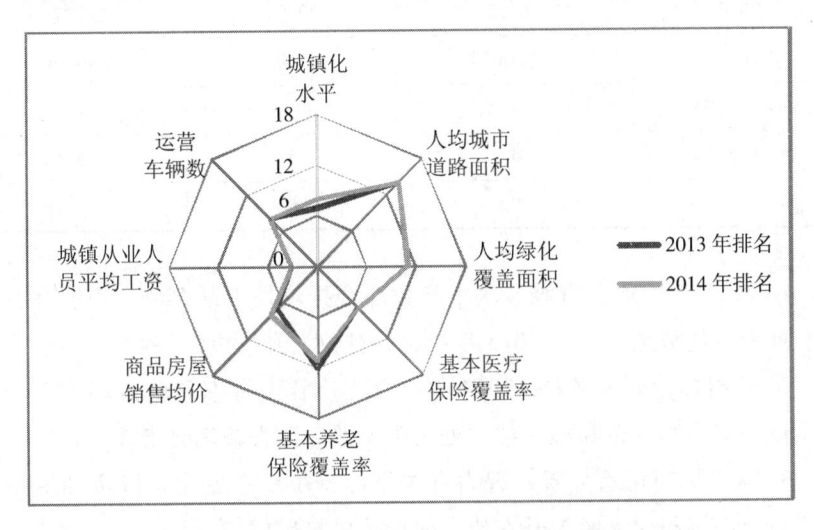

图 9—4—2  平顶山市 2013—2014 年城市环境指数四级指标比较雷达图

1. 2014 年平顶山市城市环境指数在整个河南省的综合排位处于第 5 位，表明其在河南省处于较优势地位；与 2013 年相比排位上升了 6 位。

2. 从指标所处的水平看，2014 年平顶山市城市环境指数各四级指标排位均基本保持上一年的排名。结合其他地市的情况综合来看，平顶山市的城市环境在河南省处于中上游区。

3. 从雷达图图形变化看，2014年与2013年相比，面积基本没有变化，城市环境指数维持上年趋势，其中基本养老保险覆盖率成为了图形缩小的动力点。

4. 从排位变化的动因看，平顶山市2014年城市环境各四级指标均未发生大的变化，综合其他地市，2014年平顶山市城市环境指数综合排位大幅上升，位居河南省第5位。

### 三 平顶山市服务水平指数综合分析

2013—2014年平顶山市服务水平指标及其下属指标，在河南省的排位变化和指标结构情况，如表9—4—3所示。

表9—4—3　平顶山市2013—2014年服务水平指标及其三级指标

| 年份 | 智力资本指数 | 城市环境指数 | 服务水平指数 |
|---|---|---|---|
| 2013 | 14.12 | 20.91 | 19.37 |
| 2014 | -0.0654 | 0.9556 | 0.4656 |
| 2013年排位 | 4 | 11 | 8 |
| 2014年排位 | 4 | 5 | 5 |
| 升降 | 0 | 6 | 3 |

1. 2014年平顶山市服务水平指数综合排位处于第5位，表明其在河南省处于较优势地位；与2013年相比，排位上升3位。

2. 从指标所处水平看，2014年平顶山市智力资本和城市环境2个指标排位分别为第4位和第5位，处于中上游区且为较优势指标。

3. 从指标变化趋势看，智力资本指标排位没有变化，城市环境指标排位与上一年相比大幅上升6位，保持较优势地位。

4. 从排位综合分析看，由于2个指标的优势地位，决定了2014年平顶山市服务水平指数综合排位位居河南省第5位，由于城市环境指标的排位提升拉动了2014年平顶山市服务水平指标，排位上升3位。

## 第五节　平顶山市综合环境指数评价分析

### 一　平顶山市经济环境指数评价分析

2013—2014 年平顶山市经济环境指标及其下属指标，在河南省的排位变化情况，如表 9—5—1 和图 9—5—1 所示。

表 9—5—1　平顶山市 2013—2014 年经济环境指数及其四级指标

| 年份 | | 城镇人均可支配收入 | 农村人均纯收入 | 人均 GDP | 人均财政收入 | 人均社会商品零售额 | 经济环境指数 |
|---|---|---|---|---|---|---|---|
| 2013 | 原值（元） | 22482 | 8541 | 31496 | 2415 | 10998 | 28.41 |
| | 标准化后 | 51.77 | 22.54 | 23.34 | 22.11 | 12.22 | |
| 2014 | 原值（元） | 24393 | 9489 | 33007 | 3821 | 12399 | -0.2140 |
| | 标准化后 | 0.3442 | -0.4554 | -0.4864 | 0.1800 | -0.3840 | |
| 2013 年排名 | | 5 | 12 | 10 | 8 | 10 | 11 |
| 2014 年排名 | | 5 | 12 | 12 | 5 | 10 | 11 |
| 升降 | | 0 | 0 | -2 | 3 | 0 | 0 |

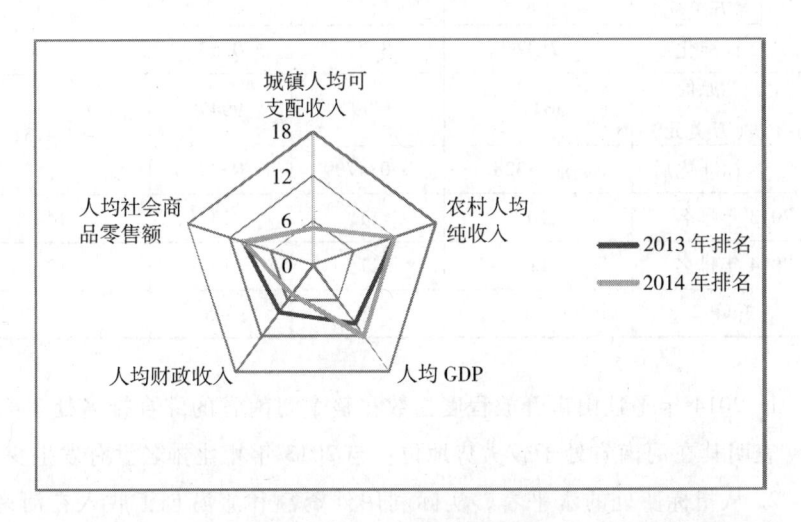

图 9—5—1　平顶山市 2013—2014 年经济环境指数四级指标比较雷达图

1. 2014 年平顶山市经济环境指数在整个河南省的综合排位处于第 11 位，表明其在河南省处于中等地位；与 2013 年相比排位没有发生变化。

2. 从指标所处的水平看，城镇人均可支配收入和人均财政收入排位为第 5 位，处于较优势地位；人均社会商品零售额排位为第 10 位，处于中等地位；农村人均纯收入和人均 GDP 排位为第 12 位，处于较劣势地位。

3. 从雷达图图形变化看，2014 年与 2013 年相比，面积基本保持不变，人均财政收入是图形缩小的动力点，人均 GDP 是图形扩大的动力点。

4. 从排位变化的动因看，平顶山市人均 GDP 指标排位下降 2 位，人均财政收入排位上升 3 位，因此 2014 年平顶山市经济环境指数综合排位保持不变，位居河南省第 11 位。

## 二 平顶山市开放程度指数评价分析

2013—2014 年平顶山市开放程度指标及其下属指标，在河南省的排位变化情况，如表 9—5—2 和图 9—5—2 所示。

表 9—5—2　平顶山市 2013—2014 年开放程度指数及其四级指标

| 年份 | | 实际利用外资额 | 旅游创汇收入 | 进出口总额 | 开放程度指数 |
|---|---|---|---|---|---|
| 2013 | 原值（万美元） | 45318 | 770 | 47610 | 4.42 |
| | 标准化后 | 7.37 | 3.77 | 0.53 | |
| 2014 | 原值（万美元） | 36493 | 799 | 9947 | -0.4131 |
| | 标准化后 | -0.3328 | -0.4709 | -0.3246 | |
| 2013 年排名 | | 10 | 11 | 13 | 14 |
| 2014 年排名 | | 11 | 11 | 18 | 12 |
| 升降 | | -1 | 0 | -5 | 2 |

1. 2014 年平顶山市开放程度指数在整个河南省的综合排名处于第 12 位，表明其在河南省处于较劣势地位；与 2013 年相比排名没有发生变化。

2. 从指标所处的水平看，实际利用外资额和旅游创汇收入在河南省的排位为第 11 位，处于中等地位；进出口总额在整个河南省排名为第 18 位，处于绝对劣势地位。

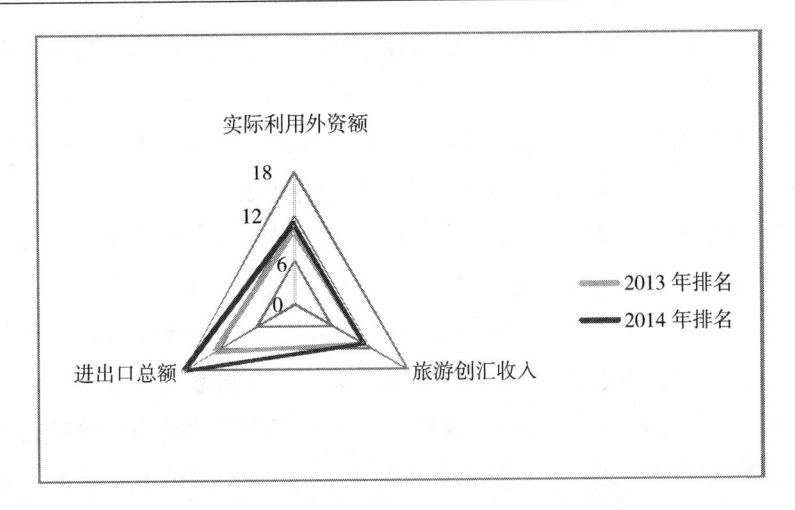

图 9—5—2　平顶山市 2013—2014 年开放程度指数四级指标比较雷达图

3. 从雷达图图形变化看，2014 年与 2013 年相比，面积有所扩大，进出口总额是图形扩大的动力点。

4. 从排位变化的动因看，2014 年平顶山市实际利用外资额排位下降 1 位，进出口总额排名下降 5 位，旅游创汇收入在河南省的排位没有发生变化，综合其他地市情况，2014 年平顶山市的开放程度指数的综合排位上升 2 位，位居河南省第 12 位。

### 三　平顶山市综合环境指数综合分析

2013—2014 年平顶山市综合环境指标及其下属指标，在河南省的排位变化和指标结构情况，如表 9—5—3 所示。

表 9—5—3　平顶山市 2013—2014 年综合环境指标及其三级指标

| 年份 | 经济环境指数 | 开放程度指数 | 综合环境指数 |
| --- | --- | --- | --- |
| 2013 | 28.41 | 4.42 | 17.43 |
| 2014 | −0.2140 | −0.4131 | −0.3336 |
| 2013 年排位 | 11 | 14 | 11 |
| 2014 年排位 | 11 | 12 | 12 |
| 升降 | 0 | 2 | −1 |

1. 2014年平顶山市综合环境指数综合排位处于第12位,表明其在河南省处于较劣势地位;与2013年相比,排位下降1位。

2. 从指标所处水平看,2014年经济环境和开放程度2个指标排位分别为第11位和第12位,分别处于中游区和中下游区。

3. 从指标变化趋势看,开放程度指标排位与上一年相比上升2位,经济环境指标排位没有变化。

4. 从排位综合分析看,结合经济环境指标和开放程度指标,加之其他地市的情况,决定了2014年平顶山市综合环境指数综合排位居河南省第12位,略微下降了1位。平顶山市近年来不断扩大经济开放程度,加强外资引入和出口创汇,但整体实力仍显不足,进一步深化开放程度是平顶山市经济发展的一个重点。

## 第六节 平顶山市金融发展指数综合评价分析

2013—2014年平顶山市金融发展指数综合指标及其下属指标,在河南省的排位变化和指标结构情况,如表9—9—1所示。

表9—9—1 平顶山市2013—2014年金融发展指数指标及其二级指标

| 年份 | 金融状况指数 | 成长发展指数 | 服务水平指数 | 综合环境指数 | 金融发展指数 |
|---|---|---|---|---|---|
| 2013 | 15.94 | 19.07 | 19.37 | 17.43 | 18.75 |
| 2014 | -0.0094 | -0.3303 | 0.4656 | -0.3336 | -0.2067 |
| 2013年排位 | 4 | 5 | 8 | 11 | 8 |
| 2014年排位 | 4 | 13 | 5 | 12 | 5 |
| 升降 | 0 | -8 | 3 | -1 | 3 |

1. 2014年平顶山市金融发展指数综合排位处于第5位,表明其在河南省处于较优势地位;与2013年相比,排位上升3位。

2. 从指标所处水平看,2014年平顶山市金融状况和服务水平均处于较优势地位,成长发展和综合环境指标均处于较劣势地位。

3. 从指标变化趋势看,金融状况指标排位保持不变,成长发展和综合环境指标排位与上一年相比有不同程度的下滑,服务水平指标排位有所上升，处于较优势地位。

4. 从排位综合分析看，除成长发展指数指标的排位变化较大以外，其余指标的排位较为稳定，综合其他地市的情况可以看到，2014年平顶山市的金融发展指数排位比上年上升了3位，位居河南省第5位。2014年平顶山市金融系统围绕全市工作大局，在对经济发挥支撑作用的同时，实现了自身的健康稳定发展。2014年平顶山银行纳税总额再创历史新高，实现各项税金3.41亿元，比上年增长45.62%，成为平顶山市名列前茅的纳税大户。由此可以看出，平顶山市金融发展不断深化，规模不断扩大，有力地支持了地方经济的发展，为平顶山市发展提供了充足动力。

# 第十章　安阳市2014年金融发展指数研究报告

## 第一节　安阳市概述

安阳市位于河南省的最北部,地处山西、河北、河南三省的交会点。安阳市是豫北工业重镇,初步形成了冶金建材、装备制造、煤化工、食品医药4个主导产业和纺织服装、电子信息、新能源3个优势产业的工业体系。安阳市是国家二级物流布局城市,是中原经济区5个区域物流枢纽之一。

2014年,全年完成地区金融业增加值66.93亿元;增长82.32%。全社会固定资产投资完成1609.17亿元,比上年增长17.55%;社会消费品零售总额完成602.24亿元,比上年增长12.35%。截至2014年年底,金融机构存款余额1793.94亿元,同比增长13.22%,各项贷款余额878.83亿元,比2013年末增长16.68%。

## 第二节　安阳市金融状况指数评价分析

### 一　安阳市金融市场发展指数评价分析

2013—2014年安阳市金融市场发展指标及其下属指标,在河南省的排位变化情况,如表10—2—1和图10—2—1所示。

表10—2—1　安阳市2013—2014年金融市场发展指数及其四级指标

| 年份 | | 金融业增加值 | 金融系统存款余额 | 金融系统贷款余额 | 证券交易额 | 发行国债 | 保费收入 | 保险赔付额 | 金融市场发展指数 |
|---|---|---|---|---|---|---|---|---|---|
| 2013 | 原值(亿元) | 36.71 | 1584.52 | 753.21 | 494.45 | 3.03 | 44.68 | 12.90 | 8.08 |
| | 标准化后 | 6.82 | 10.89 | 6.07 | 4.19 | 11.91 | 17.00 | 17.14 | |

第十章 安阳市2014年金融发展指数研究报告

续表

| 年份 | | 金融业增加值 | 金融系统存款余额 | 金融系统贷款余额 | 证券交易额 | 发行国债额 | 保费收入 | 保险赔付额 | 金融市场发展指数 |
|---|---|---|---|---|---|---|---|---|---|
| 2014 | 原值（亿元） | 66.93 | 1793.94 | 878.83 | 840.87 | 0.82 | 48.89 | 16.71 | -0.1849 |
| | 标准化后 | -0.0905 | -0.1652 | -0.2576 | -0.2196 | -0.3201 | -0.1497 | -0.0767 | |
| 2013年排名 | | 8 | 9 | 11 | 7 | 5 | 8 | 12 | 6 |
| 2014年排名 | | 6 | 9 | 10 | 9 | 10 | 9 | 7 | 8 |
| 升降 | | 2 | 0 | 1 | -2 | -5 | -1 | 5 | -2 |

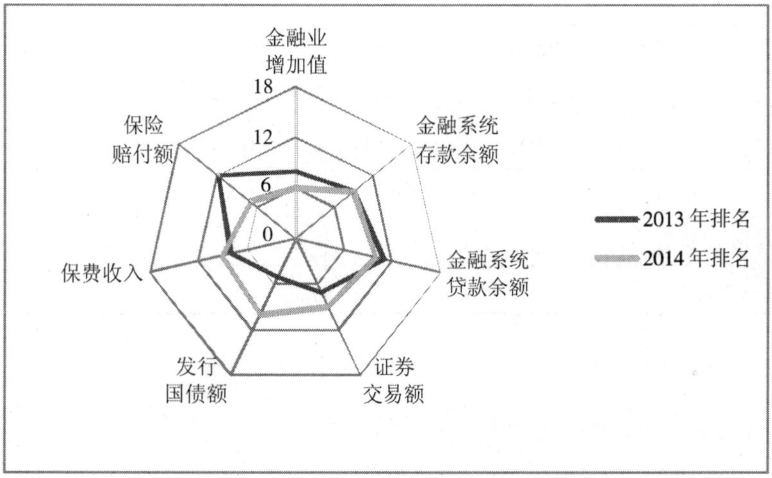

图10—2—1 安阳市2013—2014年金融市场发展指数四级指标比较雷达图

1. 2014年安阳市金融市场发展指数在整个河南省的综合排位处于第8位，表明其在河南省处于中等地位；与2013年相比排位下降2位。

2. 从指标所处的水平看，金融业增加值和保险赔付额在整个河南省排位均处于较优势地位，金融系统存款余额、金融系统贷款余额、证券交易额、发行国债额和保费收入排位均处于中游区。

3. 从雷达图图形变化看，2014年与2013年相比，面积有所变化，金融业增加值、金融系统贷款余额和保险赔付额是图形缩小的动力点，证券交易额、发行国债额和保费收入是图形扩大的动力点。

4. 从排位变化的动因看，除了金融系统存款余额排位未发生变化外，其余各四级指标排位互有升降。综合作用下，2014年安阳市金融市场发展指数指标的综合排位下降2位，位居河南省第8位。

## 二 安阳市金融结构深化指数评价分析

2013—2014 年安阳市金融结构深化指标及其下属指标,在河南省的排位变化情况,如表 10—2—2 和图 10—2—2 所示。

表 10—2—2 安阳市 2013—2014 年金融结构深化指数及其四级指标

| 年份 | | 证券募集资金净额比 GDP | 短期贷款占比 | 保费收入比全省金融业增加值 | 金融结构深化指数 |
|---|---|---|---|---|---|
| 2013 | 原值 | 2.56 | 4.07 | 3.78 | 25.40 |
| | 标准化后 | 100.00 | 10.10 | 16.98 | |
| 2014 | 原值 | 2.41 | 3.96 | 3.24 | 0.1482 |
| | 标准化后 | 1.0581 | -0.2537 | -0.2127 | |
| 2013 年排名 | | 1 | 9 | 8 | 4 |
| 2014 年排名 | | 3 | 11 | 9 | 4 |
| 升降 | | -2 | -2 | -1 | 0 |

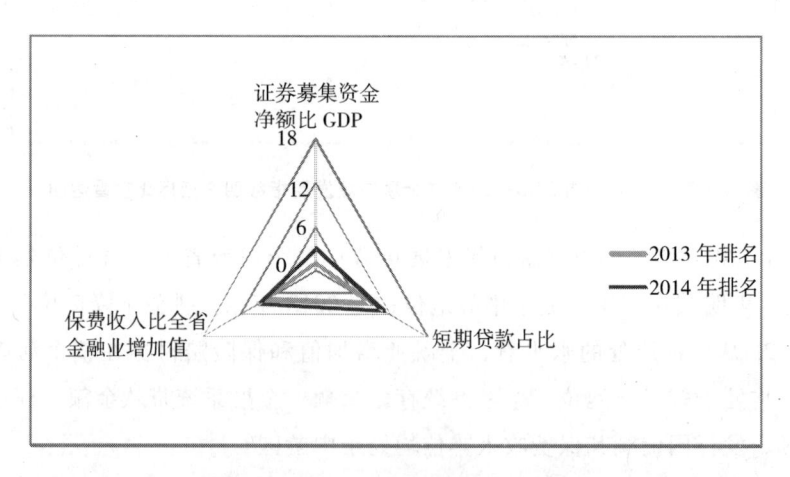

图 10—2—2 安阳市 2013—2014 年金融结构深化指数四级指标比较雷达图

1. 2014 年安阳市金融结构深化指数在整个河南省的综合排位处于第 4 位,表明其在河南省处于较优势地位;与 2013 年相比排位没有发生变化。

2. 从指标所处的水平看,证券募集资金净额比 GDP 排位处于绝对优势地位，短期贷款占比和保费收入比全省金融业增加值2个指标在整个河南省排位处于中游区，这说明安阳市的金融结构深化程度下的四级指标之间差距较大，发展不均衡。

3. 从雷达图图形变化看，2014年与2013年相比，面积有所扩大，金融结构深化有减弱的趋势；3个四级指标排位均呈现不同程度地下滑。

4. 从排位变化的动因看，2014年安阳市金融结构深化的四级指标在河南省排位均有所下滑，综合对比其他地市的情况，其金融结构深化指数综合排位保持不变，仍位居河南省第4位。

### 三　安阳市金融效率提高指数评价分析

2013—2014年安阳市金融效率提高指标及其下属指标，在河南省的排位变化情况，如表10—2—3和图10—2—3所示。

表10—2—3　安阳市2013—2014年金融效率提高指数及其四级指标

| 年份 | | 存贷比 | 保险密度 | 上市公司占有率 | 证券交易额占比 | 金融效率提高指数 |
|---|---|---|---|---|---|---|
| 2013 | 原值 | 47.54 | 878 | 4.55 | 2.66 | 10.41 |
| | 标准化后 | 16.25 | 15.07 | 14.30 | 4.19 | |
| 2014 | 原值 | 48.99 | 961 | 4.48 | 2.41 | -0.6479 |
| | 标准化后 | -1.0078 | -0.1933 | -0.3528 | -0.4092 | |
| 2013年排名 | | 15 | 9 | 5 | 7 | 10 |
| 2014年排名 | | 15 | 9 | 8 | 9 | 14 |
| 升降 | | 0 | 0 | -3 | -2 | -4 |

1. 2014年安阳市金融效率提高指数在整个河南省的综合排位处于第14位，表明其在河南省处于较劣势地位；与2013年相比排位下降4位。

2. 从指标所处的水平看，存贷比指标在河南省中的排位是第15位，处于较劣势地位；保险密度、上市公司占有率和证券交易额占比在整个河南省排位均处于中等地位。

3. 从雷达图图形变化看，2014年与2013年相比，面积有所增大，金融效率提高指数呈现弱化趋势，其中上市公司占有率和证券交易额占比成为了图形扩大的动力点。

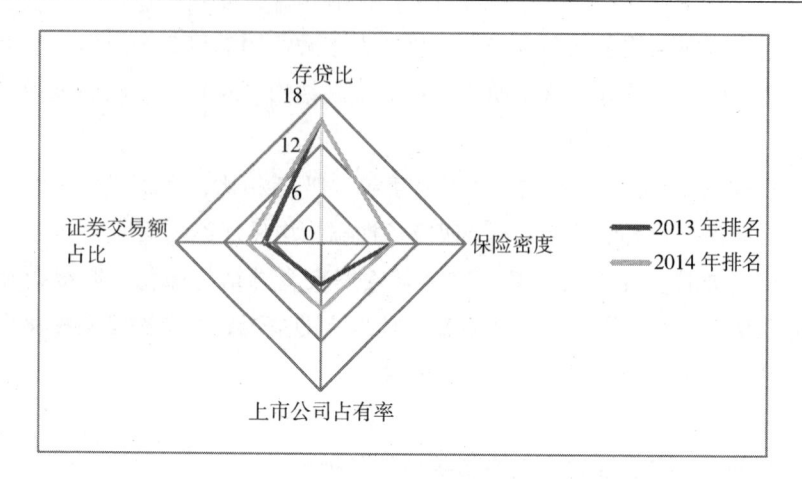

图 10—2—3 安阳市 2013—2014 年金融效率提高指数四级指标比较雷达图

4. 从排位变化的动因看，2014 年安阳市上市公司占有率和证券交易额占比指标的排位分别下降了 3 位和 2 位，综合作用下，2014 年安阳市金融效率提高指数综合排位下降了 4 位，位居河南省第 14 位。

### 四 安阳市金融状况指数综合分析

2013—2014 年安阳市金融状况指标及其下属指标，在河南省的排位变化和指标结构情况，如表 10—2—4 所示。

表 10—2—4 安阳市 2013—2014 年金融状况指标及其三级指标

| 年份 | 金融市场发展指数 | 金融结构深化指数 | 金融效率提高指数 | 金融状况指数 |
| --- | --- | --- | --- | --- |
| 2013 | 8.08 | 25.40 | 10.41 | 14.89 |
| 2014 | -0.1849 | 0.1482 | -0.6479 | -0.2282 |
| 2013 年排位 | 6 | 4 | 10 | 6 |
| 2014 年排位 | 8 | 4 | 14 | 9 |
| 升降 | -2 | 0 | -4 | -3 |

1. 2014 年安阳市金融状况指数综合排位处于第 9 位，表明其在河南省处于中等地位；与 2013 年相比，排位下降了 3 位。

2. 从指标所处水平看，2014 年金融市场发展、金融结构深化和金融效率提高 3 个指标排位分别处于 3 个层次：金融市场发展指标处于中等地位；金融结构深化指标处于较优势地位；金融效率提高指标处于较劣势地位。

3. 从指标变化趋势看，金融市场发展和金融效率提高 2 个指标排位分别下降了 2 位和 4 位，金融结构深化指标排位与上一年相比没有变化。

4. 从排位综合分析看，由于 3 个指标中的 2 个指标排位均出现了不同程度的下降，决定了 2014 年安阳市金融状况指数综合排位下降 3 位，位居河南省第 9 位。这说明了安阳市金融业的主导作用有所下降，金融业的规模效益有所回落。

## 第三节 安阳市成长发展指数评价分析

### 一 安阳市资本市场成长性指数评价分析

2013—2014 年安阳市资本市场成长性指标及其下属指标，在河南省的排位变化情况，如表 10—3—1 和图 10—3—1 所示。

表 10—3—1 安阳市 2013—2014 年资本市场成长性指数及其四级指标

| 年份 | | 金融机构贷款余额年增长额 | 发行国债年增长额 | A 股股票募集资金净额 | 资本市场成长性指标 |
|---|---|---|---|---|---|
| 2013 | 原值（亿元） | 65.92 | 2.0950 | 43.11 | 21.74 |
| | 标准化后 | 1.71 | 28.36 | 32.79 | |
| 2014 | 原值（亿元） | 125.62 | -2.2100 | 43.11 | -0.3239 |
| | 标准化后 | -0.2659 | -1.2380 | 0.3861 | |
| 2013 年排名 | | 14 | 2 | 3 | 3 |
| 2014 年排名 | | 11 | 17 | 3 | 11 |
| 升降 | | 3 | -15 | 0 | -8 |

1. 2014 年安阳市资本市场成长性指数在整个河南省的综合排位处于第 11 位，表明其在河南省处于中等地位；与 2013 年相比排位下降 8 位。

2. 从指标所处的水平看，金融机构贷款余额年增长额指标排位处于

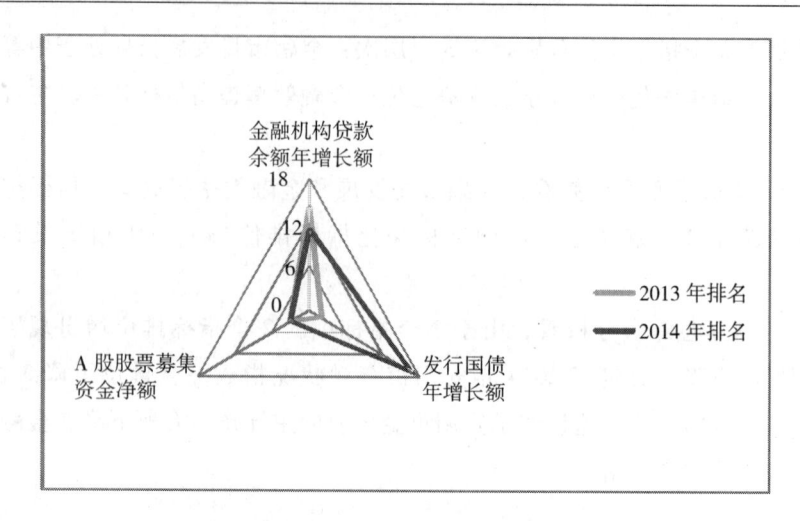

图 10—3—1  安阳市 2013—2014 年资本市场成长性指数四级指标比较雷达图

中等地位，发行国债年增长额处于绝对劣势地位，A 股股票募集资金净额在整个河南省排位处于绝对优势地位，处于上游区。

3. 从雷达图图形变化看，2014 年与 2013 年相比，面积明显扩大，发行国债年增长额出现负值，是图形主要的扩大动力点。

4. 从排位变化的动因看，安阳市国债年增长额由正变负，受此影响，国债年增长额指标的排位下降了 15 位，使其资本市场成长性排位下降了 8 位，处于第 11 位。

## 二  安阳市经济成长性指数评价分析

2013—2014 年安阳市经济成长性指标及其下属指标，在河南省的排位变化情况，如表 10—3—2 和图 10—3—2 所示。

表 10—3—2  安阳市 2013—2014 年经济成长性指数及其四级指标

| 年份 | | GDP 年增长额 | 财政收入年增长额 | 社会固定资产投资年增长额 | 社会消费品零售总额年增长额 | 经济成长性指数 |
|---|---|---|---|---|---|---|
| 2013 | 原值（亿元） | 116.75 | 8.63 | 248.59 | 63.98 | 15.13 |
| | 标准化后 | 14.05 | 2.59 | 24.37 | 17.86 | |

续表

| 年份 | | GDP年增长额 | 财政收入年增长额 | 社会固定资产投资年增长额 | 社会消费品零售总额年增长额 | 经济成长性指数 |
|---|---|---|---|---|---|---|
| 2014 | 原值（亿元） | 108.16 | 8.61 | 240.29 | 66.19 | -0.2534 |
| | 标准化后 | -0.3489 | -0.2362 | -0.0710 | -0.3163 | |
| 2013年排名 | | 13 | 16 | 8 | 12 | 12 |
| 2014年排名 | | 13 | 15 | 7 | 12 | 12 |
| 升降 | | 0 | 1 | 1 | 0 | 0 |

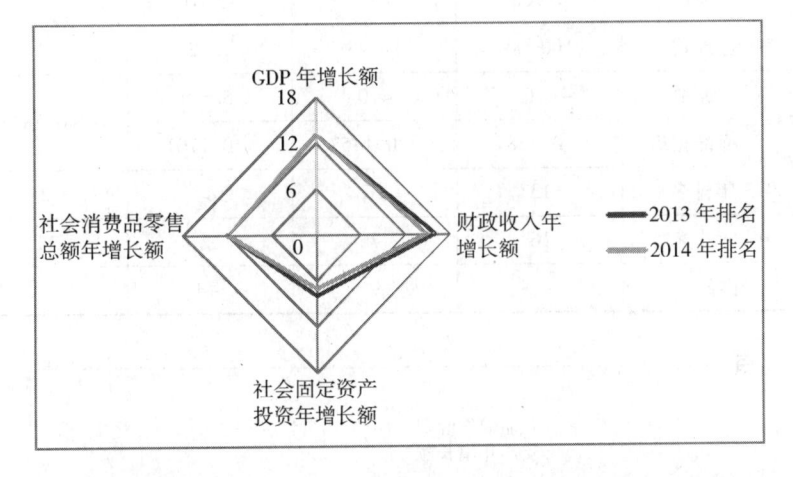

图10—3—2 安阳市2013—2014年经济成长性指数四级指标比较雷达图

1. 2014年安阳市经济成长性指数在整个河南省的综合排位处于第12位，表明其在河南省处于较劣势地位；与2013年相比没有发生变化。

2. 从指标所处的水平看，GDP年增长额、财政收入年增长额和社会消费品零售总额年增长额在河南省排位均处于较劣势地位，社会固定资产投资年增长额排位处于较优势地位。

3. 从雷达图图形变化看，2014年与2013年相比，面积略有缩小。财政收入增长额和社会固定资产投资年增长额是图形缩小的动力点。

4. 从排位变化的动因看，GDP年增长额和社会消费品零售总额年增长额在河南省排位均未发生变化，财政收入年增长额和社会固定资产投资年增长额排位均上升 1 位。2014 年安阳市经济成长性指数指标在河南省的排位没有发生变化,仍位居河南省第 12 位。

### 三 安阳市城市创新成长性指数评价分析

2013—2014 年安阳市城市创新成长性指标及其下属指标,在河南省的排位变化情况,如表 10—3—3 和图 10—3—3 所示。

表 10—3—3 　 安阳市 2013—2014 年城市创新成长性指数及其四级指标

| 年份 | | 政府研发经费支出年增长额 | 政府研发人员年增长量 | 新产品销售收入年增长额 | 城市创新成长性指数 |
|---|---|---|---|---|---|
| 2013 | 原值 | 0.966 | 432 | 12.61 | 44.83 |
| | 标准化后 | 100.00 | 10.43 | 1.52 | |
| 2014 | 原值 | -0.047 | 410 | 5.60 | -0.2863 |
| | 标准化后 | -0.5587 | -0.1457 | -0.2701 | |
| 2013 年排名 | | 13 | 16 | 8 | 2 |
| 2014 年排名 | | 16 | 7 | 12 | 11 |
| 升降 | | -3 | 9 | -4 | -9 |

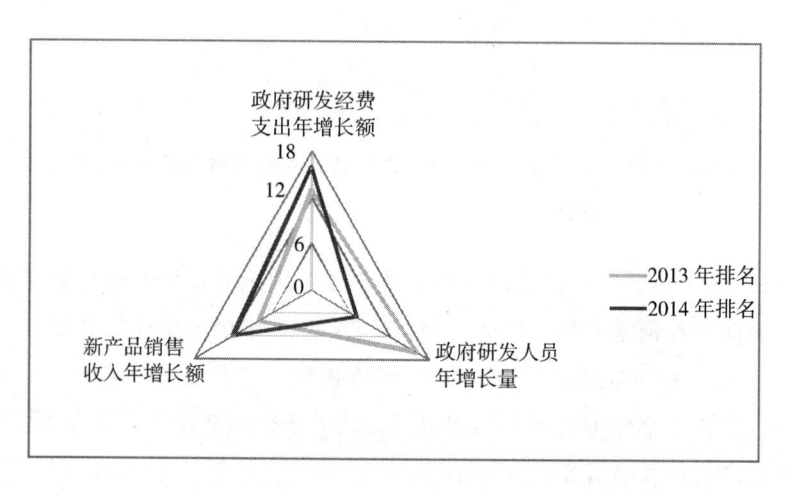

图 10—3—3 　 安阳市 2013—2014 年城市创新成长性指数四级指标比较雷达图

1. 2014 年安阳市城市创新成长性指数在整个河南省的综合排位处于第 11 位,表明其在河南省处于中等地位;与 2013 年相比排位下降了 9 位。

2. 从指标所处的水平看，政府研发经费支出年增长额的排位处于绝对劣势地位，政府研发人员年增长量指标的排位处于较优势地位，新产品销售收入年增长额在整个河南省排位处于较劣势地位，处于第3位。

3. 从雷达图图形变化看，2014年与2013年相比，面积略有缩小，其中政府研发人员年增长量成为了图形缩小的动力点。

4. 从排位变化的动因看，政府研发人员年增长量指标排位虽有所上升，但政府研发费用支出年增长额和新产品销售收入年增长额指标的排位都有所下降。受其影响，2014年安阳市城市创新成长性指数综合排位位居河南省第11位，下降了9位。

### 四 安阳市成长发展指数综合分析

2013—2014年安阳市成长发展指标及其下属指标，在河南省的排位变化和指标结构情况，如表10—3—4所示。

表10—3—4 安阳市2013—2014年成长发展指标及其三级指标

| 年份 | 资本市场成长性指数 | 经济成长性指数 | 城市创新成长性指数 | 成长发展指数 |
| --- | --- | --- | --- | --- |
| 2013 | 21.74 | 15.13 | 44.83 | 28.49 |
| 2014 | -0.3239 | -0.2534 | -0.2863 | -0.3007 |
| 2013年排位 | 3 | 12 | 2 | 2 |
| 2014年排位 | 11 | 12 | 11 | 12 |
| 升降 | -8 | 0 | -9 | -10 |

1. 2014年安阳市成长发展指数综合排位处于第12位，表明其在河南省处于较劣势地位；与2013年相比，排位明显下降了10位。

2. 从指标所处水平看，2014年资本市场成长性和城市创新成长性指标排位处于中等地位，经济成长性指标排位处于较劣势地位。

3. 从指标变化趋势看，资本市场成长性和城市创新成长性2个指标排位与上一年相比有较大的下降。

4. 从排位综合分析看，由于资本市场成长性和城市创新成长性2个指标排位与上一年相比有较大的下降，决定了2014年安阳市成长发展指数综合排位位居河南省第 12 位，大幅下降了 10 位。

## 第四节　安阳市服务水平指数评价分析

### 一　安阳市智力资本指数评价分析

2013—2014 年安阳市智力资本指标及其下属指标，在河南省的排位变化情况，如表 10—4—1 和图 10—4—1 所示。

表 10—4—1　安阳市 2013—2014 年智力资本指数及其四级指标

| 年份 | | 金融业从业密度 | 受高等教育密度 | 科研人员密度 | 普通高等学校数量 | 智力资本指数 |
|---|---|---|---|---|---|---|
| 2013 | 原值 | 1.96 | 8.4 | 2.1 | 6 | 13.01 |
| | 标准化后 | 19.43 | 7.15 | 14.81 | 9.09 | |
| 2014 | 原值 | 1.93 | 9.07 | 2.22 | 6 | -0.0994 |
| | 标准化后 | 0.0254 | -0.1670 | -0.1400 | -0.0987 | |
| 2013 年排名 | | 5 | 6 | 8 | 4 | 6 |
| 2014 年排名 | | 6 | 6 | 8 | 5 | 6 |
| 升降 | | -1 | 0 | 0 | -1 | 0 |

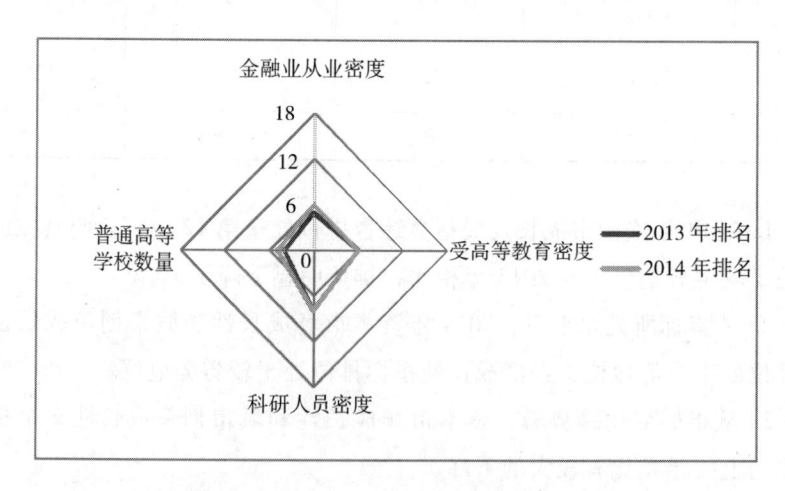

图 10—4—1　安阳市 2013—2014 年智力资本指数四级指标比较雷达图

1. 2014年安阳市智力资本指数在整个河南省的综合排位处于第6位，表明其在河南省处于较优势地位；与2013年相比排位没有发生变化。

2. 从指标所处的水平看，金融业从业密度、受高等教育密度和普通高等学校数量在整个河南省排位均处于较优势地位，科研人员密度排位处于中等地位。

3. 从雷达图图形变化看，2014年与2013年相比，面积略有扩大。

4. 从排位变化的动因看，金融业从业密度和普通高等学校数量指标的排位均下降1位，其他四级指标在河南省的排位均没有发生变化，使安阳市2014年的综合排位保持不变，仍位居河南省第6位。

## 二　安阳市城市环境指数评价分析

2013—2014年安阳市城市环境指标及其下属指标，在河南省的排位变化情况，如表10—4—2和图10—4—2所示。

表10—4—2　安阳市2013—2014年城市环境指数及其四级指标

| 年份 | | 城镇化水平 | 人均城市道路面积 | 人均绿化覆盖面积 | 基本医疗保险覆盖率 | 基本养老保险覆盖率 | 商品房屋销售均价 | 城镇从业人员平均工资 | 运营车辆数 | 城市环境指数 |
|---|---|---|---|---|---|---|---|---|---|---|
| 2013 | 原值 | 43.8 | 13.49 | 6.08 | 23.95 | 13.71 | 3185 | 34348 | 605 | 20.29 |
| | 标准化后 | 27.93 | 42.21 | 14.73 | 43.46 | 30.97 | 88.75 | 20.06 | 6.78 | |
| 2014 | 原值 | 50.90 | 14.00 | 6.26 | 24.39 | 14.10 | 3334 | 38343 | 618 | -0.1207 |
| | 标准化后 | 0.4771 | -0.0647 | -0.5057 | 0.0424 | 0.1351 | 0.2050 | -0.5037 | -0.2670 | |
| 2013年排名 | | 11 | 11 | 10 | 10 | 7 | 6 | 15 | 9 | 8 |
| 2014年排名 | | 6 | 9 | 13 | 9 | 5 | 9 | 13 | 10 | 8 |
| 升降 | | 5 | 2 | -3 | 1 | 2 | -3 | 2 | -1 | 0 |

1. 2014年安阳市城市环境指数在整个河南省的综合排位处于第8位，表明其在河南省处于中势地位；与2013年相比排位没有发生变化。

2. 从指标所处的水平看，城镇化水平和基本养老保险覆盖率指标处于较优势地位，人均绿化覆盖面积和城镇从业人员平均工资指标均处于较劣势地位，其余四级指标处于中等地位，综合来看，安阳市的城市环境在河南省仍处于中势地位。

3. 从雷达图图形变化看，2014年与2013年相比，面积略有减小，城

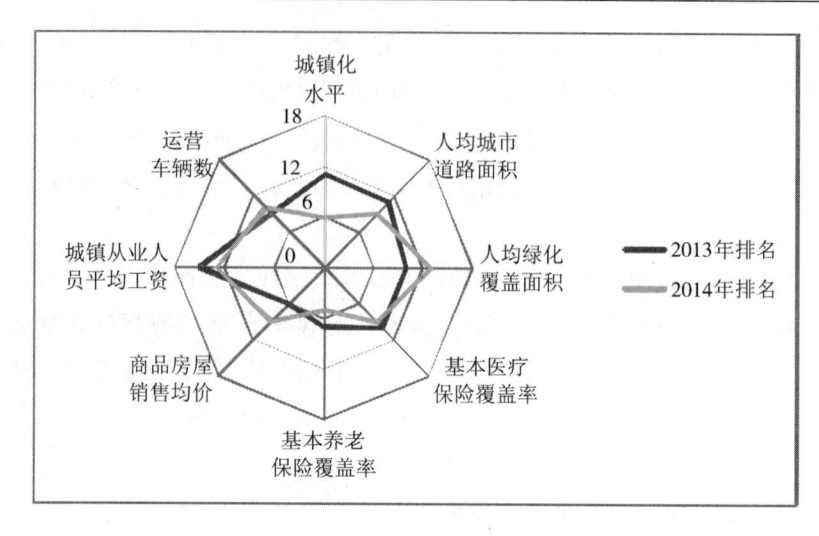

图 10—4—2　安阳市 2013—2014 年城市环境指数四级指标比较雷达图

市环境指数呈现上升趋势，其中城镇化水平、人均城市道路面积、基本医疗保险覆盖率、基本养老保险覆盖率和城镇从业人员平均工资指标成为了图形缩小的动力点。

4. 从排位变化的动因看，城市环境指数的各四级指标的排位互有升降，综合影响下，2014 年安阳市城市环境指数综合排位保持不变，位居河南省第 8 位。

### 三　安阳市服务水平指数综合分析

2013—2014 年安阳市服务水平指标及其下属指标，在河南省的排位变化和指标结构情况，如表 10—4—3 所示。

表 10—4—3　安阳市 2013—2014 年服务水平指标及其三级指标

| 年份 | 智力资本指数 | 城市环境指数 | 服务水平指数 |
| --- | --- | --- | --- |
| 2013 | 13.01 | 21.78 | 19.24 |
| 2014 | -0.0994 | -0.1207 | -0.1151 |
| 2013 年排名 | 6 | 10 | 9 |
| 2014 年排名 | 6 | 8 | 8 |
| 升降 | 0 | 2 | 1 |

1. 2014 年安阳市服务水平指数综合排位处于第 8 位,表明其在河南省处于中势地位;与 2013 年相比,排位上升 1 位。

2. 从指标所处水平看,2014 年智力资本和城市环境 2 个指标排位分别为第 6 位和第 8 位,分别处于中上游区和中游区。

3. 从指标变化趋势看,智力资本指标排位与上一年相比没有变化,城市环境指标排位比上年上升 2 位。

4. 从排位综合分析看,综合 2 个指标的平均影响,决定了 2014 年安阳市服务水平指数综合排位位居河南省第 8 位,上升了 1 位。

## 第五节 安阳市综合环境指数评价分析

### 一 安阳市经济环境指数评价分析

2013—2014 年安阳市经济环境指标及其下属指标,在河南省的排位变化情况,如表 10—5—1 和图 10—5—1 所示。

表 10—5—1 安阳市 2013—2014 年经济环境指数及其四级指标

| 年份 | | 城镇人均可支配收入 | 农村人均纯收入 | 人均 GDP | 人均财政收入 | 人均社会商品零售额 | 经济环境指数 |
|---|---|---|---|---|---|---|---|
| 2013 | 原值(元) | 23019 | 9670 | 33100 | 1811 | 10531 | 31.36 |
| | 标准化后 | 58.03 | 38.53 | 26.7 | 13.49 | 9.89 | |
| 2014 | 原值(元) | 25172 | 10680 | 40030 | 1915 | 11832 | -0.1178 |
| | 标准化后 | 0.4860 | 0.1390 | -0.0100 | -0.4700 | -0.4946 | |
| 2013 年排名 | | 4 | 8 | 9 | 11 | 13 | 9 |
| 2014 年排名 | | 4 | 8 | 8 | 13 | 13 | 9 |
| 升降 | | 0 | 0 | 1 | -2 | 0 | 0 |

1. 2014 年安阳市经济环境指数在整个河南省的综合排位处于第 9 位,表明其在河南省处于中势地位;与 2013 年相比排位没有发生变化。

2. 从指标所处的水平看,城镇人均可支配收入指标排位处于较优势地位,农村人均纯收入和人均 GDP 指标处于中等地位,其余指标排位处于较劣势地位。

3. 从雷达图图形变化看,2014 年与 2013 年相比,面积基本保持不变。

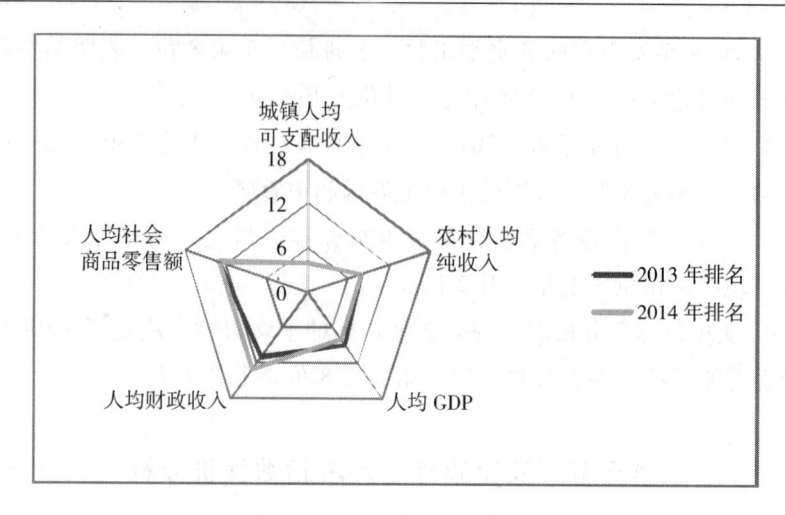

图 10—5—1　安阳市 2013—2014 年经济环境指数四级指标比较雷达图

4. 从排位变化的动因看，安阳市人均 GDP 指标排位上升 1 位，人均财政收入指标下降了 2 位，其余各指标的排位保持不变，因此 2014 年安阳市经济环境指数综合排位保持不变，位居河南省第 9 位。

## 二　安阳市开放程度指数评价分析

2013—2014 年安阳市开放程度指标及其下属指标，在河南省的排位变化情况，如表 10—5—2 和图 10—5—2 所示。

表 10—5—2　安阳市 2013—2014 年开放程度指数及其四级指标

| 年份 | | 实际利用外资额 | 旅游创汇收入 | 进出口总额 | 开放程度指数 |
|---|---|---|---|---|---|
| 2013 | 原值（万美元） | 38057 | 2051 | 186712 | 4.42 |
| | 标准化后 | 5.02 | 10.08 | 3.80 | |
| 2014 | 原值（万美元） | 42839 | 2279 | 187772 | -0.2510 |
| | 标准化后 | -0.2636 | -0.2549 | -0.1587 | |
| 2013 年排名 | | 15 | 6 | 4 | 7 |
| 2014 年排名 | | 10 | 6 | 5 | 6 |
| 升降 | | 5 | 0 | -1 | 1 |

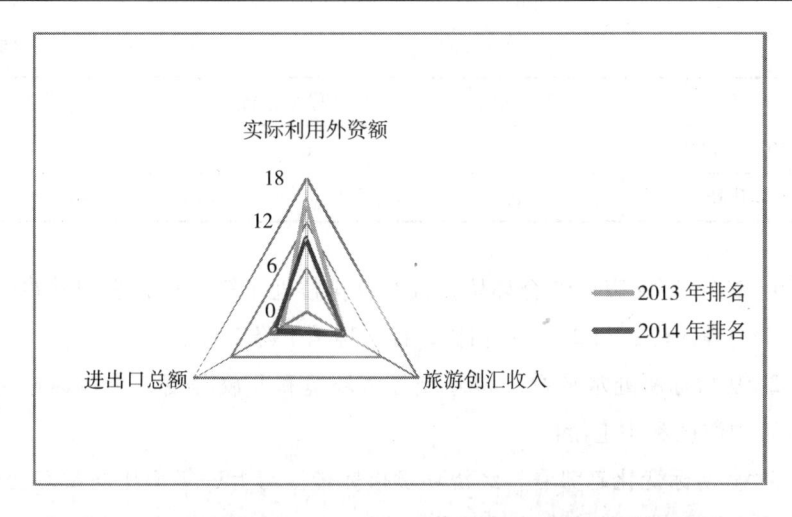

图10—5—2 安阳市2013—2014年开放程度指数四级指标比较雷达图

1. 2014年安阳市开放程度指数在整个河南省的综合排位处于第6位，表明其在河南省处于较优势地位；与2013年相比排位上升1位。

2. 从指标所处的水平看，实际利用外资额指标排位处于中等地位，旅游创汇收入和进出口总额指标在整个河南省排位处于较优势地位。

3. 从雷达图图形变化看，2014年与2013年相比，面积稍有缩小。实际利用外资额指标是图形缩小的动力点。

4. 从排位变化的动因看，2014年安阳市实际利用外资额排位上升5位，进出口总额在河南省的排位下降1位，旅游创汇收入排位没有变化。使其2014年的开放程度指数的综合排位上升1位，位居河南省第6位。

### 三 安阳市综合环境指数综合分析

2013—2014年安阳市综合环境指标及其下属指标，在河南省的排位变化和指标结构情况，如表10—5—3所示。

表10—5—3 安阳市2013—2014年综合环境指标及其三级指标

| 年份 | 经济环境指数 | 开放程度指数 | 综合环境指数 |
| --- | --- | --- | --- |
| 2013 | 31.36 | 4.42 | 20.29 |
| 2014 | -0.1178 | -0.2510 | -0.1962 |
| 2013年排位 | 9 | 7 | 8 |

续表

| 年份 | 经济环境指数 | 开放程度指数 | 综合环境指数 |
|---|---|---|---|
| 2014年排位 | 9 | 6 | 9 |
| 升降 | 0 | 1 | -1 |

1. 2014年安阳市综合环境指数综合排位处于第9位，表明其在河南省处于中等地位；与2013年相比，排位稍稍下降1位。

2. 从指标所处水平看，2014年经济环境和开放程度2个指标排位分别处于中游区和中上游区。

3. 从指标变化趋势看，经济环境指标排位与上一年相比均没有变化，开放程度指标排位比上年上升1位。

4. 从排位综合分析看，经济环境指数和开放程度指数指标的排位分别为第9位和第6位，与上年相比没有明显变化。结合分析其他地市的情况，安阳市2014年综合环境指标在河南省的排位是第9位，与上年相比稍稍下降1位。整体来看，安阳市综合环境保持改善趋势。

## 第六节 安阳市金融发展指数综合评价分析

2013—2014年安阳市金融发展指数综合指标及其下属指标，在河南省的排位变化和指标结构情况，如表10—10—1所示。

表10—10—1 安阳市2013—2014年金融发展指数指标及其二级指标

| 年份 | 金融状况指数 | 成长发展指数 | 服务水平指数 | 综合环境指数 | 金融发展指数 |
|---|---|---|---|---|---|
| 2013 | 14.89 | 28.49 | 19.24 | 20.29 | 21.61 |
| 2014 | -0.2282 | -0.3007 | -0.1151 | -0.1962 | -0.8097 |
| 2013年排位 | 6 | 2 | 9 | 8 | 5 |
| 2014年排位 | 9 | 12 | 8 | 9 | 7 |
| 升降 | -3 | -10 | 1 | -1 | -2 |

1. 2014年安阳市金融发展指数综合排位处于第7位，表明其在河南省处于较优势地位；与2013年相比，排位比上一年下降2位。

2. 从指标所处水平看，2014年安阳市金融状况、服务水平和综合环境指标排位均处于中势地位，成长发展指标有较大幅度倒退，处于较劣势地位。

3. 从指标变化趋势看，金融状况指数指标下降3位，成长发展指数指标下降10位，服务水平指数指标上升1位，以及综合环境指标排位相比上年下降1位。

4. 从排位综合分析看，4个二级指标的排位互有升降，整体来看，略有下降。成长发展指标受资本市场成长性和城市创新成长性指标的影响排名大幅下滑，从而影响到了安阳市整体金融发展指数的排名。由此可见，安阳市2014年的金融发展方面，其对于资本市场的建设和科研投入是较薄弱的环节。增强资本市场实力和本地科研实力有助于安阳市金融发展，进而为当地发展提供助力。

# 第十一章　鹤壁市2014年金融发展指数研究报告

## 第一节　鹤壁市概述

鹤壁市是河南省省辖市，位于河南省北部。鹤壁市拥有4个产业集聚区和3个特色产业园区，其中现代化学工业、食品、汽车零部件、金属镁、数码电子等产业被列入河南省十大产业振兴规划，是中国中部地区重要的现代化工基地、镁加工基地和食品产业集群。

2014年，全年完成地区金融业增加值13.22亿元；增长21.28%。全社会固定资产投资完成598.68亿元，比上年增长20.11%；社会消费品零售总额完成163.44亿元，比上年增长12.62%。截至2014年年底，金融机构存款余额477.70亿元，同比增长12.14%，各项贷款余额438.34亿元，同比增长12.52%。

## 第二节　鹤壁市金融状况指数评价分析

### 一　鹤壁市金融市场发展指数评价分析

2013—2014年鹤壁市金融市场发展指标及其下属指标，在河南省的排位变化情况，如表11—2—1和图11—2—1所示。

表11—2—1　鹤壁市2013—2014年金融市场发展指数及其四级指标

| 年份 | | 金融业增加值 | 金融系统存款余额 | 金融系统贷款余额 | 证券交易额 | 发行国债额 | 保费收入 | 保险赔付额 | 金融市场发展指数 |
|---|---|---|---|---|---|---|---|---|---|
| 2013 | 原值（亿元） | 10.90 | 426.00 | 389.57 | 152.79 | 0.77 | 11.93 | 4.34 | 0.96 |
| | 标准化后 | 1.49 | 1.39 | 2.10 | 0.79 | 0.00 | 1.67 | 2.53 | |

续表

| 年份 | | 金融业增加值 | 金融系统存款余额 | 金融系统贷款余额 | 证券交易额 | 发行国债额 | 保费收入 | 保险赔付额 | 金融市场发展指数 |
|---|---|---|---|---|---|---|---|---|---|
| 2014 | 原值（亿元） | 13.22 | 477.70 | 438.34 | 316.61 | 0.16 | 13.00 | 4.07 | -0.5879 |
| | 标准化后 | -0.5116 | -0.6008 | -0.4420 | -0.3547 | -0.4611 | -0.7652 | -0.9318 | |
| 2013年排名 | | 16 | 17 | 15 | 17 | 18 | 17 | 17 | 17 |
| 2014年排名 | | 16 | 17 | 16 | 17 | 18 | 17 | 17 | 17 |
| 升降 | | 0 | 0 | -1 | 0 | 0 | 0 | 0 | 0 |

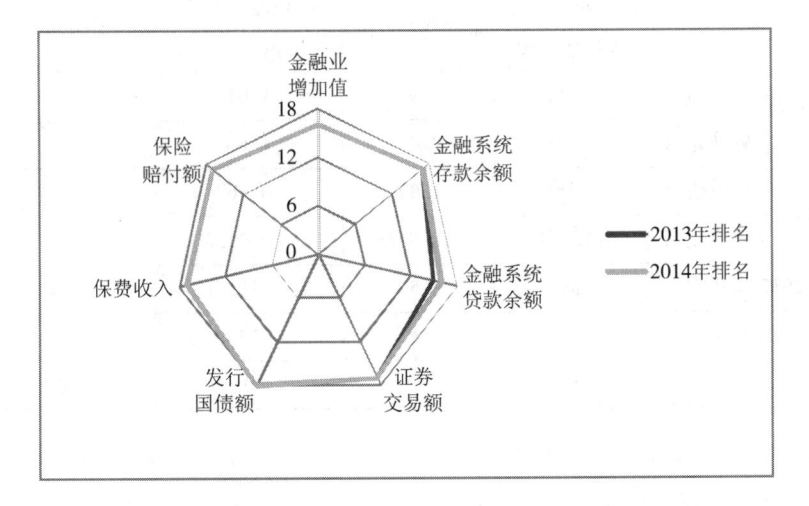

图 11—2—1 鹤壁市 2013—2014 年金融市场发展指数四级指标比较雷达图

1. 2014 年鹤壁市金融市场发展指数在整个河南省的综合排位处于第 17 位，表明其在河南省处于绝对劣势地位；与 2013 年相比排位没有发生变化。

2. 从指标所处的水平看，金融业增加值、金融系统存款余额、金融系统贷款余额、证券交易额、发行国债额、保费收入和保险赔付额在整个河南省排位均处于绝对劣势地位。

3. 从雷达图图形变化看，2014 年与 2013 年相比，面积基本保持不变，鹤壁市金融市场发展呈现稳定态势。

4. 从排位变化的动因看，2014 年鹤壁市金融市场发展指数的 7 个四级指标中仅有金融系统贷款余额指标在河南省的排位中下降 1 位，其余各指标排位均没有发生变化,使其2014年的综合排位保持不变,位居河南省第17位。

## 二 鹤壁市金融结构深化指数评价分析

2013—2014年鹤壁市金融结构深化指标及其下属指标,在河南省的排位变化情况,如表11—2—2和图11—2—2所示。

表11—2—2 鹤壁市2013—2014年金融结构深化指数及其四级指标

| 年份 | | 证券募集资金净额比GDP | 短期贷款占比 | 保费收入比全省金融业增加值 | 金融结构深化指数 |
|---|---|---|---|---|---|
| 2013 | 原值 | 0.00 | 1.90 | 1.01 | 1.46 |
| | 标准化后 | 0.00 | 2.44 | 1.66 | |
| 2014 | 原值 | 0.00 | 1.92 | 0.86 | -0.7237 |
| | 标准化后 | -1.0340 | -0.5688 | -0.4333 | |
| 2013年排名 | | 18 | 15 | 17 | 18 |
| 2014年排名 | | 17 | 16 | 17 | 18 |
| 升降 | | 1 | -1 | 0 | 0 |

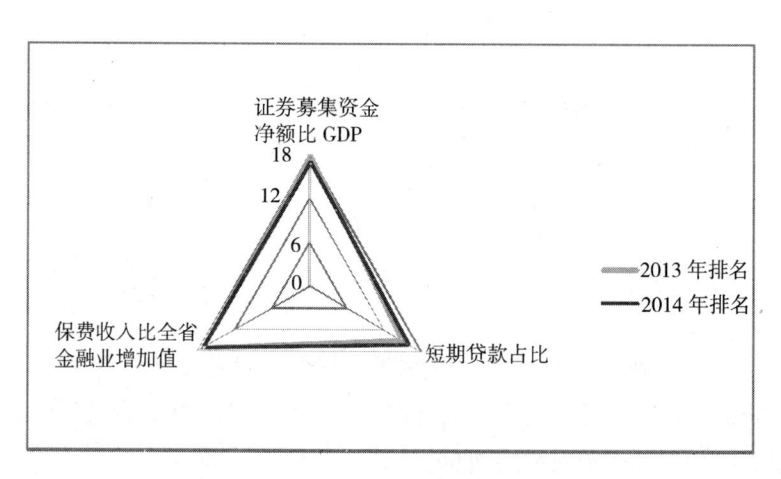

图11—2—2 鹤壁市2013—2014年金融结构深化指数四级指标比较雷达图

1. 2014年鹤壁市金融结构深化指数在整个河南省的综合排位处于第18位,表明其在河南省处于绝对劣势地位;与2013年相比排位没有发生变化。

2.从指标所处的水平看,证券募集资金净额比 GDP、短期贷款占比和保费收入比全省金融业增加值3个指标在整个河南省排位处于绝对劣势地位,鹤壁市没有在沪深股市上市的公司,这直接影响了其在资本市场筹集资金的能力。

3.从雷达图图形变化看,2014年与2013年相比,面积基本不变,金融结构深化趋于稳定。

4.从排位变化的动因看,由于2014年鹤壁市证券募集资金净额比 GDP 指标和短期贷款占比指标排位互有升降,其他指标在河南省排位均未发生变化,其金融结构深化指数综合排位保持不变,位居河南省第18位。

### 三 鹤壁市金融效率提高指数评价分析

2013—2014年鹤壁市金融效率提高指标及其下属指标,在河南省的排位变化情况,如表11—2—3和图11—2—3所示。

表11—2—3　　鹤壁市2013—2014年金融效率提高指数及其四级指标

| 年份 | | 存贷比 | 保险密度 | 上市公司占有率 | 证券交易额占比 | 金融效率提高指数 |
|---|---|---|---|---|---|---|
| 2013 | 原值 | 91.45 | 741 | 0.00 | 0.82 | 11.45 |
| | 标准化后 | 100.00 | 7.51 | 0.00 | 0.79 | |
| 2014 | 原值 | 91.76 | 813 | 0.00 | 0.91 | 0.3859 |
| | 标准化后 | 2.3446 | -0.4817 | -0.4791 | -0.4970 | |
| 2013年排名 | | 1 | 11 | 18 | 17 | 8 |
| 2014年排名 | | 1 | 14 | 18 | 14 | 4 |
| 升降 | | 0 | -3 | 0 | 3 | 4 |

1.2014年鹤壁市金融效率提高指数在整个河南省的综合排位处于第4位,表明其在河南省处于较优势地位;与2013年相比排位上升4位。

2.从指标所处的水平看,存贷比指标位于第1位,处于绝对优势地位;保险密度和证券交易额占比在整个河南省排位均为第14位,处于较

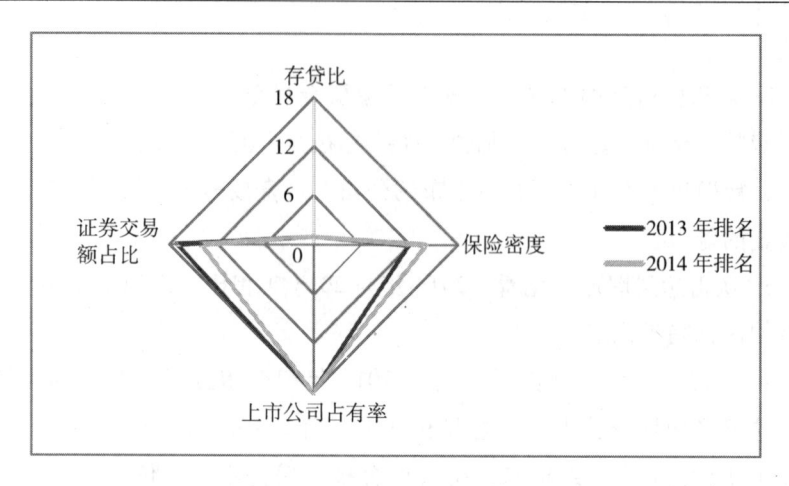

图 11—2—3　鹤壁市 2013—2014 年金融效率提高指数四级指标比较雷达图

劣势地位；上市公司占有率处于第 18 位，属于绝对劣势地位。

3. 从雷达图图形变化看，2014 年与 2013 年相比，面积稍稍缩小，证券交易额占比指标成为了图形缩小的动力点。

4. 从排位变化的动因看，鹤壁市存贷比指标排位保持不变，仍居于第 1 位；保险密度指标排位下降 2 位；证券交易额占比指标上升 3 位。综合作用下，2014 年鹤壁市金融效率提高指数综合排位上升 4 位，位居河南省第 4 位。

## 四　鹤壁市金融状况指数综合分析

2013—2014 年鹤壁市金融状况指标及其下属指标，在河南省的排位变化和指标结构情况，如表 11—2—4 所示。

表 11—2—4　鹤壁市 2013—2014 年金融状况指标及其三级指标

| 年份 | 金融市场发展指数 | 金融结构深化指数 | 金融效率提高指数 | 金融状况指数 |
| --- | --- | --- | --- | --- |
| 2013 | 101.20 | 84.30 | 86.03 | 4.71 |
| 2014 | -0.5879 | -0.7237 | 0.3859 | -0.3473 |
| 2013 年排位 | 17 | 18 | 8 | 18 |
| 2014 年排位 | 17 | 18 | 4 | 11 |
| 升降 | 0 | 0 | 4 | 7 |

1. 2014 年鹤壁市金融状况指数综合排位处于第 11 位，表明其在河南省处于中等地位；与 2013 年相比，排位上升 7 位。

2. 从指标所处水平看，2014 年金融市场发展和金融结构深化 2 个指标排位均处于绝对劣势地位；金融效率提高指标排位为第 4 位，处于中上游区。

3. 从指标变化趋势看，金融市场发展和金融结构深化指标排位与上一年相比均没有变化，金融效率提高指标排位上升 4 位，达到较优势地位。

4. 从排位综合分析看，鹤壁市 2014 年金融效率提高指数指标拉动作用明显，结合其他地市的情况可以了解到，2014 年鹤壁市金融状况指数综合排位位居河南省第 11 位，迅速从绝对劣势地位转变为中势地位。获益于 2014 年股市情势良好的背景，鹤壁市证券交易额有了十分明显地提升，这也反映出当地人民日渐多元化的投资习惯，为鹤壁市金融发展打下了良好的基础。

## 第三节 鹤壁市成长发展指数评价分析

### 一 鹤壁市资本市场成长性指数评价分析

2013—2014 年鹤壁市资本市场成长性指标及其下属指标，在河南省的排位变化情况，如表 11—3—1 和图 11—3—1 所示。

表 11—3—1　鹤壁市 2013—2014 年资本市场成长性指数及其四级指标

| 年份 | | 金融机构贷款余额年增长额 | 发行国债年增长额 | A 股股票募集资金净额 | 资本市场成长性指标 |
|---|---|---|---|---|---|
| 2013 | 原值（亿元） | 53.01 | 0.4003 | 0.00 | 1.72 |
| | 标准化后 | 1.20 | 3.69 | 0.00 | |
| 2014 | 原值（亿元） | 48.77 | -0.6100 | 0.00 | -0.3186 |
| | 标准化后 | -0.4945 | 0.4993 | -0.6273 | |
| 2013 年排名 | | 16 | 16 | 18 | 18 |
| 2014 年排名 | | 16 | 5 | 18 | 10 |
| 升降 | | 0 | 11 | 0 | 8 |

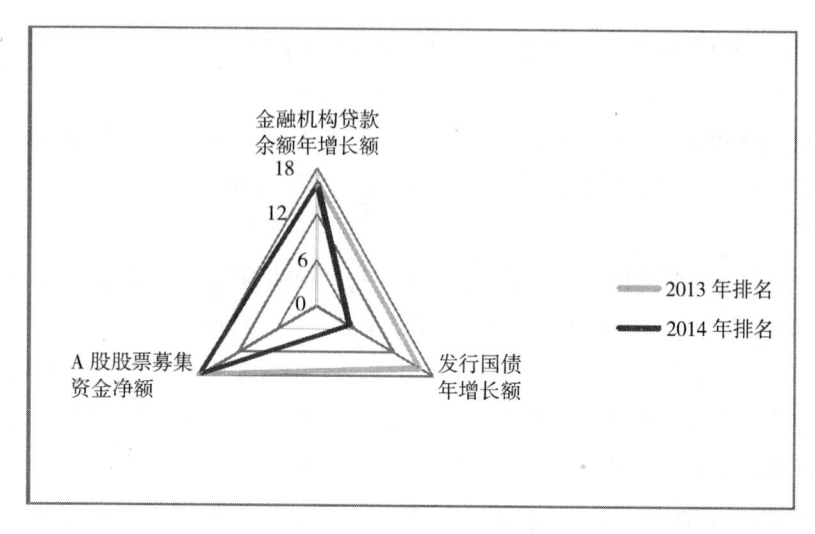

图 11—3—1 鹤壁市 2013—2014 年资本市场成长性指数四级指标比较雷达图

1. 2014 年鹤壁市资本市场成长性指数在整个河南省的综合排位处于第 10 位,表明其在河南省处于中势地位;与 2013 年相比排位大幅上升 8 位。

2. 从指标所处的水平看,金融机构贷款余额年增长额和 A 股股票募集资金净额在整个河南省排位均处于绝对劣势地位,处于下游区;发行国债年增长额指标排位为第 5 位,处于中上游区且为较优势指标。

3. 从雷达图图形变化看,2014 年与 2013 年相比,面积明显缩小,资本市场成长性呈现进一步发展的趋势,其中发行国债年增长额是图形缩小的动力点。

4. 从排位变化的动因看,在 2014 年整个经济体内国债发行量均有所下降的背景下,鹤壁市国债年增长额较上年反而有所上升,直接导致与其他地市相比,鹤壁市发行国债年增长额指标排位大幅上升了 11 位,使其资本市场成长性上升 8 位,优势显著。

## 二 鹤壁市经济成长性指数评价分析

2013—2014 年鹤壁市经济成长性指标及其下属指标,在河南省的排位变化情况,如表 11—3—2 和图 11—3—2 所示。

表 11—3—2  鹤壁市 2013—2014 年经济成长性指数及其四级指标

| 年份 | | GDP 年增长额 | 财政收入年增长额 | 社会固定资产投资年增长额 | 社会消费品零售总额年增长额 | 经济成长性指数 |
|---|---|---|---|---|---|---|
| 2013 | 原值（亿元） | 76.34 | 6.98 | 71.43 | 17.76 | 2.91 |
| | 标准化后 | 7.56 | 1.11 | 0.90 | 1.82 | |
| 2014 | 原值（亿元） | 60.08 | 6.89 | 100.25 | 18.31 | -0.8998 |
| | 标准化后 | -0.7520 | -0.2362 | -0.8916 | -0.9855 | |
| 2013 年排名 | | 15 | 17 | 17 | 17 | 17 |
| 2014 年排名 | | 16 | 17 | 17 | 17 | 17 |
| 升降 | | -1 | 0 | 0 | 0 | 0 |

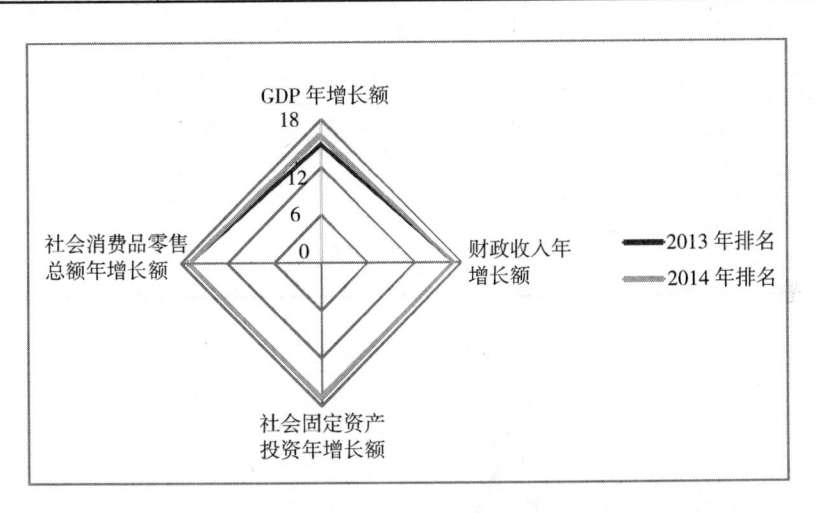

图 11—3—2  鹤壁市 2013—2014 年经济成长性指数四级指标比较雷达图

1. 2014 年鹤壁市经济成长性指数在整个河南省的综合排位处于第 17 位，表明其在河南省处于绝对劣势地位；与 2013 年相比没有发生变化。

2. 从指标所处的水平看，GDP 年增长额、财政收入年增长额、社会固定资产投资年增长额和社会消费品零售总额年增长额在河南省排位均处于绝对劣势地位，这说明鹤壁市的经济成长性在河南省处于不利地位。

3. 从雷达图图形变化看，2014 年与 2013 年相比，面积基本保持不变。

4. 从排位变化的动因看,2014 年鹤壁市经济成长性指数四级指标中仅 GDP 年增长额排位下降 1 位,其余指标在河南省的排位均没有发生变化,使其 2014 年的综合排位保持不变,仍位居河南省第 17 位。

### 三 鹤壁市城市创新成长性指数评价分析

2013—2014 年鹤壁市城市创新成长性指标及其下属指标,在河南省的排位变化情况,如表 11—3—3 和图 11—3—3 所示。

表 11—3—3　鹤壁市 2013—2014 年城市创新成长性指数及其四级指标

| 年份 | | 政府研发经费支出年增长额 | 政府研发人员年增长额 | 新产品销售收入年增长额 | 城市创新成长性指数 |
|---|---|---|---|---|---|
| 2013 | 原值 | 0.029 | 47 | 24.87 | 16.94 |
| | 标准化后 | 37.16 | 3.10 | 2.19 | |
| 2014 | 原值 | -0.072 | 115 | 1.01 | -0.3928 |
| | 标准化后 | -0.5833 | -0.3418 | -0.2838 | |
| 2013 年排名 | | 8 | 14 | 9 | 10 |
| 2014 年排名 | | 17 | 13 | 14 | 15 |
| 升降 | | -9 | 1 | -5 | -5 |

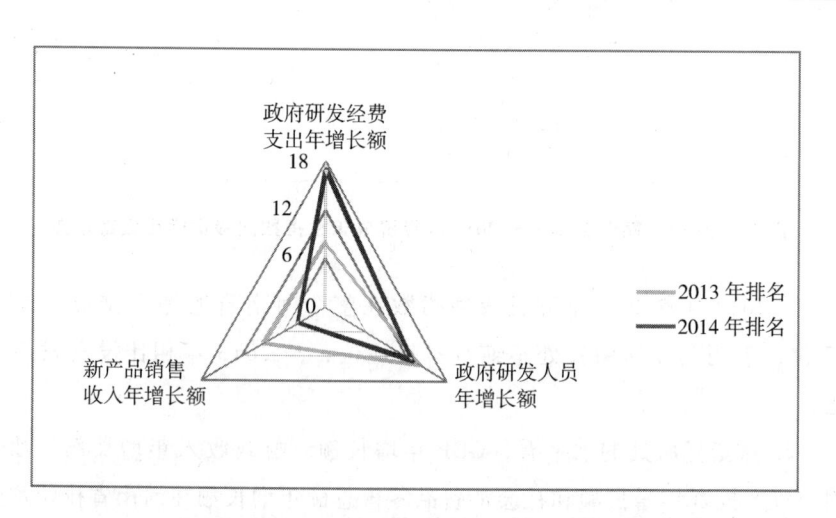

图 11—3—3　鹤壁市 2013—2014 年城市创新成长性指数四级指标比较雷达图

1. 2014年鹤壁市城市创新成长性指数在整个河南省的综合排位处于第15位，表明其在河南省处于较劣势地位；与2013年相比排位下降5位。

2. 从指标所处的水平看，政府研发人员年增长量和新产品销售收入年增长额在整个河南省排位均处于较劣势地位，而政府研发经费支出年增长额处于绝对劣势地位。

3. 从雷达图图形变化看，2014年与2013年相比，面积明显扩大，城市创新成长性呈现下降趋势，其中政府研发经费支出年增长额和新产品销售收入年增长额均成为了图形扩大的动力点。

4. 从排位变化的动因看，政府研发经费支出年增长额和新产品销售收入年增长额2个指标分别下降了9位和5位，在这种双重影响下，2014年鹤壁市城市创新成长性指数综合排位位居河南省第15位，下降了5位。

### 四 鹤壁市成长发展指数综合分析

2013—2014年鹤壁市成长发展指标及其下属指标，在河南省的排位变化和指标结构情况，如表11—3—4所示。

**表11—3—4　鹤壁市2013—2014年成长发展指标及其三级指标**

| 年份 | 资本市场成长性指数 | 经济成长性指数 | 城市创新成长性指数 | 成长发展指数 |
|---|---|---|---|---|
| 2013 | 1.72 | 2.91 | 16.94 | 7.38 |
| 2014 | -0.3186 | -0.8998 | -0.3928 | -0.5622 |
| 2013年排名 | 18 | 17 | 10 | 17 |
| 2014年排名 | 10 | 17 | 15 | 16 |
| 升降 | 8 | 0 | -5 | 1 |

1. 2014年鹤壁市成长发展指数综合排位处于第16位，表明其在河南省处于绝对劣势地位；与2013年相比，排位上升了1位。

2. 从指标所处水平看，2014年资本市场成长性指标处于中势地位，经济成长性指标处于绝对劣势地位，城市创新成长性指标排位处于较劣势地位。

3. 从指标变化趋势看，资本市场成长性和城市创新成长性两个指标排位与上一年相比互有升降，经济成长性指标排位保持不变。

4. 从排位综合分析看，由于3个指标的排位变化有升有降，综合作用下，导致了2014年鹤壁市成长发展指数综合排位位居河南省第16位，比上一年排位上升1位。

## 第四节　鹤壁市服务水平指数评价分析

### 一　鹤壁市智力资本指数评价分析

2013—2014年鹤壁市智力资本指标及其下属指标，在河南省的排位变化情况，如表11—4—1和图11—4—1所示。

表11—4—1　鹤壁市2013—2014年智力资本指数及其四级指标

| 年份 | | 金融业从业密度 | 受高等教育密度 | 科研人员密度 | 普通高等学校数量 | 智力资本指数 |
|---|---|---|---|---|---|---|
| 2013 | 原值 | 1.96 | 4.9 | 1.21 | 2 | 8.25 |
| | 标准化后 | 19.43 | 3.62 | 7.32 | 1.82 | |
| 2014 | 原值 | 2.20 | 5.21 | 1.24 | 3 | -0.2398 |
| | 标准化后 | 0.2054 | -0.3048 | -0.4748 | -0.3408 | |
| 2013年排名 | | 5 | 11 | 11 | 14 | 11 |
| 2014年排名 | | 4 | 11 | 11 | 11 | 9 |
| 升降 | | 1 | 0 | 0 | 2 | 2 |

1. 2014年鹤壁市智力资本指数在整个河南省的综合排位处于第9位，表明其在河南省处于中势地位；与2013年相比排位上升2位。

2. 从指标所处的水平看，金融业从业密度指标排位处于较优势地位，属于中上游区；受高等教育密度、科研人员密度和普通高等学校数量指标在整个河南省排位均为第11位，属于中游区。

3. 从雷达图图形变化看，2014年与2013年相比，面积略有缩小。其中金融业从业密度和普通高等学校数量指标是图形缩小的动力点。

4. 从排位变化的动因看，2014年鹤壁市金融业从业密度和普通高等学校数量指标的排位均有不同程度得上升，其他指标的排位保持不变。使其2014年的综合排位上升2位，位居河南省第9位。鹤壁市2014年新增

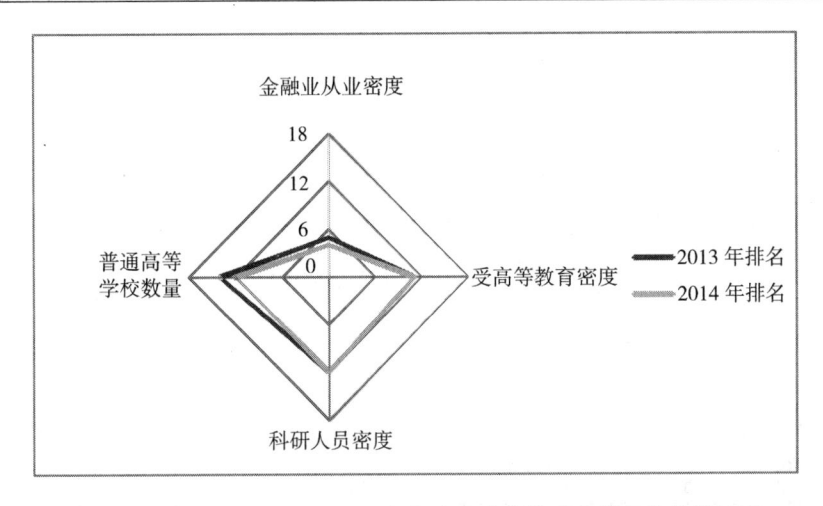

**图 11—4—1　鹤壁市 2013—2014 年智力资本指数四级指标比较雷达图**

1 所普通高等学校，进一步增强了人才规模，对当地经济发展有一定的促进作用，同时也体现了鹤壁市智力资本的进一步增强。

### 二　鹤壁市城市环境指数评价分析

2013—2014 年鹤壁市城市环境指标及其下属指标，在河南省的排位变化情况，如表 11—4—2 和图 11—4—2 所示。

**表 11—4—2　鹤壁市 2013—2014 年城市环境指数及其四级指标**

| 年份 | | 城镇化水平 | 人均城市道路面积 | 人均绿化覆盖面积 | 基本医疗保险覆盖率 | 基本养老保险覆盖率 | 商品房屋销售均价 | 城镇从业人员平均工资 | 运营车辆数 | 城市环境指数 |
|---|---|---|---|---|---|---|---|---|---|---|
| 2013 | 原值 | 52.84 | 15.90 | 15.35 | 24.37 | 11.24 | 2917 | 36839 | 341 | 38.26 |
| | 标准化后 | 55.91 | 56.87 | 56.38 | 45.75 | 21.46 | 94.73 | 40.44 | 1.99 | |
| 2014 | 原值 | 54.14 | 16.00 | 15.87 | 24.75 | 11.00 | 3069 | 37186 | 338 | 0.3702 |
| | 标准化后 | 0.8608 | 0.4032 | 1.1596 | 0.1065 | -0.1751 | 0.0629 | -0.8989 | -0.4798 | |
| 2013 年排名 | | 3 | 5 | 3 | 9 | 10 | 3 | 6 | 14 | 4 |
| 2014 年排名 | | 3 | 5 | 3 | 8 | 9 | 14 | 16 | 14 | 7 |
| 升降 | | 0 | 0 | 0 | 1 | 1 | -11 | -10 | 0 | -3 |

1. 2014 年鹤壁市城市环境指数在整个河南省的综合排位处于第 7 位，表明其在河南省处于较优势地位；与 2013 年相比排位下降 3 位。

2. 从指标所处的水平看，鹤壁市城镇化水平和人均绿化覆盖面积排

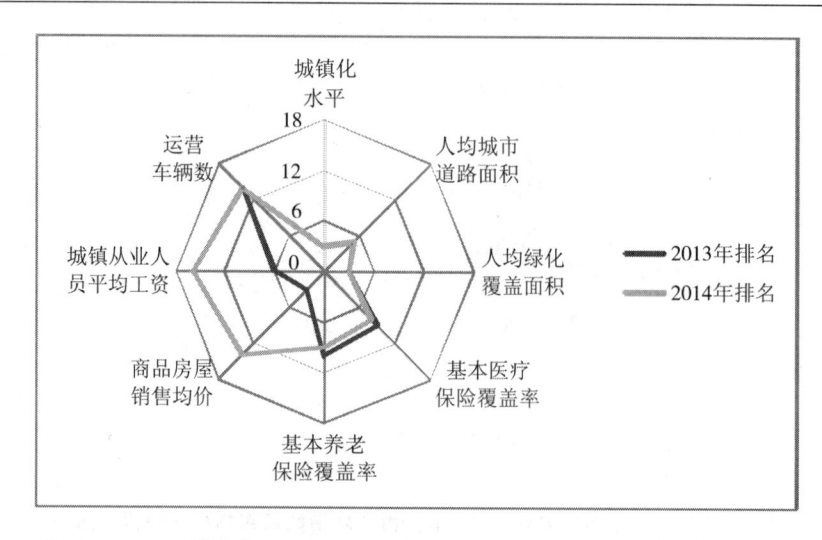

图 11—4—2　鹤壁市 2013—2014 年城市环境指数四级指标比较雷达图

名均为第 3 位，处于绝对优势地位；人均道路面积排位处于较优势；基本医疗保险覆盖率和基本养老保险覆盖率排位处于中势地位；商品房屋销售均价与运营车辆数的排位处于较劣势地位；城镇从业人员平均工资排位处于绝对劣势地位。

3. 从雷达图图形变化看，2014 年与 2013 年相比，面积明显扩大，城市环境指数呈现下降趋势，其中商品房屋销售均价和城镇从业人员平均工资指标成为了图形扩大的动力点。

4. 从排位变化的动因看，商品房屋销售均价和城镇从业人员平均工资指标排位大幅下降影响了鹤壁市城市环境指数，2014 年鹤壁市城市环境指数综合排位下降 3 位，位居河南省第 7 位。

### 三　鹤壁市服务水平指数综合分析

2013—2014 年鹤壁市服务水平指标及其下属指标，在河南省的排位变化和指标结构情况，如表 11—4—3 所示。

表 11—4—3　鹤壁市 2013—2014 年服务水平指标及其三级指标

| 年份 | 智力资本指数 | 城市环境指数 | 服务水平指数 |
| --- | --- | --- | --- |
| 2013 | 8.25 | 38.26 | 25.72 |
| 2014 | -0.2398 | 0.3702 | 0.0682 |

续表

| 年份 | 智力资本指数 | 城市环境指数 | 服务水平指数 |
|---|---|---|---|
| 2013 年排位 | 11 | 4 | 5 |
| 2014 年排位 | 9 | 7 | 6 |
| 升降 | 2 | -3 | -1 |

1. 2014 年鹤壁市服务水平指数综合排位处于第 6 位,表明其在河南省处于较优势地位;与 2013 年相比,排位下降 1 位。

2. 从指标所处水平看,2014 年智力资本指标排位处于中势地位;城市环境指标排位处于较优势地位。

3. 从指标变化趋势看,智力资本和城市环境 2 个指标排位与上一年相比互有升降。

4. 从排位综合分析看,鹤壁市智力资本和城市环境 2 个指标排位一升一降,综合影响下 2014 年鹤壁市服务水平指数综合排位位居河南省第 6 位,下降了 1 位。

## 第五节 鹤壁市综合环境指数评价分析

### 一 鹤壁市经济环境指数评价分析

2013—2014 年鹤壁市经济环境指标及其下属指标,在河南省的排位变化情况,如表 11—5—1 和图 11—5—1 所示。

表 11—5—1 鹤壁市 2013—2014 年经济环境指数及其四级指标

| 年份 | | 城镇人均可支配收入 | 农村人均纯收入 | 人均 GDP | 人均财政收入 | 人均社会商品零售额 | 经济环境指数 |
|---|---|---|---|---|---|---|---|
| 2013 | 原值(元) | 21128 | 10608 | 38919 | 2464 | 9020 | 32.98 |
| | 标准化后 | 37.13 | 51.82 | 38.90 | 22.81 | 2.33 | |
| 2014 | 原值(元) | 23113 | 11709 | 42638 | 2535 | 10215 | -0.0456 |
| | 标准化后 | 0.1111 | 0.6526 | 0.1670 | -0.2586 | -0.8099 | |
| 2013 年排名 | | 11 | 5 | 7 | 15 | 15 | 7 |
| 2014 年排名 | | 11 | 5 | 7 | 9 | 15 | 8 |
| 升降 | | -1 | 0 | 0 | -2 | 0 | -1 |

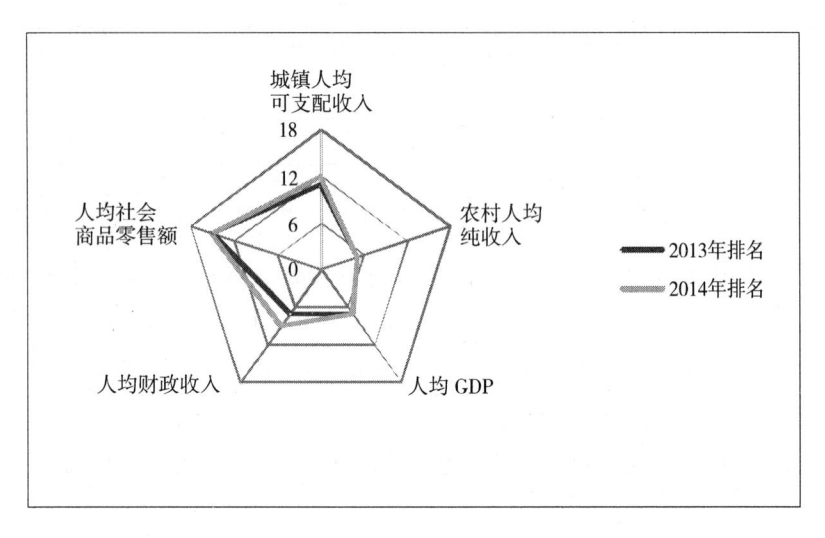

图 11—5—1　鹤壁市 2013—2014 年经济环境指数四级指标比较雷达图

1. 2014 年鹤壁市经济环境指数在整个河南省的综合排位处于第 8 位，表明其在河南省处于中势地位；与 2013 年相比排位下降 1 位。

2. 从指标所处的水平看，城镇人均可支配收入和人均财政收入指标处于中势地位，属于中游区；农村人均纯收入和人均 GDP 指标处于较优势地位，属于中上游区；人均社会商品零售额指标排位处于较劣势地位。

3. 从雷达图图形变化看，2014 年与 2013 年相比，面积略微扩大。人均财政收入和城镇人均可支配收入指标是图形扩大的动力点。

4. 从排位变化的动因看，鹤壁市城镇人均可支配收入指标排位下降 1 位，人均财政收入指标排位下降了 2 位，其余各指标的排位保持不变，因此 2014 年鹤壁市经济环境指数综合排位下降 1 位，位居河南省第 8 位。

## 二　鹤壁市开放程度指数评价分析

2013—2014 年鹤壁市开放程度指标及其下属指标，在河南省的排位变化情况，如表 11—5—2 和图 11—5—2 所示。

表 11—5—2　　鹤壁市 2013—2014 年开放程度指数及其四级指标

| 年份 | | 实际利用外资额 | 旅游创汇收入 | 进出口总额 | 开放程度指数 |
|---|---|---|---|---|---|
| 2013 | 原值（万美元） | 55783 | 243 | 26419 | 4.67 |
| | 标准化后 | 10.75 | 1.17 | 0.03 | |
| 2014 | 原值（万美元） | 66785 | 142 | 32224 | -0.3075 |
| | 标准化后 | -0.0022 | -0.5668 | -0.3038 | |
| 2013 年排名 | | 7 | 14 | 17 | 13 |
| 2014 年排名 | | 5 | 16 | 16 | 9 |
| 升降 | | 2 | -2 | 1 | 4 |

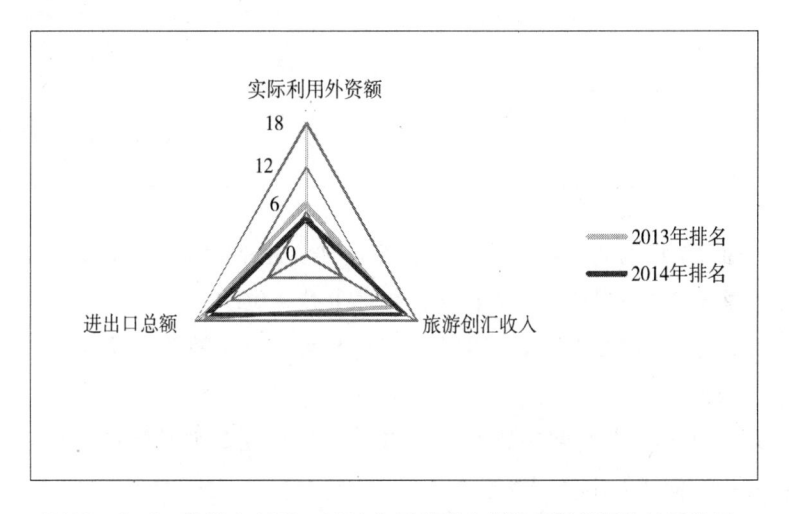

图 11—5—2　鹤壁市 2013—2014 年开放程度指数四级指标比较雷达图

1. 2014 年鹤壁市开放程度指数在整个河南省的综合排位处于第 9 位，表明其在河南省处于中势地位；与 2013 年相比排位上升 4 位。

2. 从指标所处的水平看，实际利用外资额指标排位处于较优势地位，旅游创汇收入和进出口总额在整个河南省排位均处于绝对劣势地位。

3. 从雷达图图形变化看，2014 年与 2013 年相比，面积基本保持不变。

4. 从排位变化的动因看，2014 年鹤壁市实际利用外资额在河南省的排位上升 2 位，旅游创汇收入的排位下降 2 位，进出口总额排位上升 1 位。综合其他地市的情况，2014 年鹤壁市的开放程度指数的综合排位保持不变，仍位居河南省第 1 位。

### 三　鹤壁市综合环境指数综合分析

2013—2014 年鹤壁市综合环境指标及其下属指标，在河南省的排位变化和指标结构情况，如表 11—5—3 所示。

表 11—5—3　鹤壁市 2013—2014 年综合环境指标及其三级指标

| 年份 | 经济环境指数 | 开放程度指数 | 综合环境指数 |
|---|---|---|---|
| 2013 | 32.98 | 4.67 | 19.99 |
| 2014 | −0.0456 | −0.3075 | −0.1879 |
| 2013 年排名 | 7 | 13 | 10 |
| 2014 年排名 | 8 | 9 | 8 |
| 升降 | −1 | 4 | 2 |

1. 2014 年鹤壁市综合环境指数综合排位处于第 8 位，表明其在河南省处于中势地位；与 2013 年相比，排名上升 2 位。

2. 从指标所处水平看，2014 年经济环境和开放程度 2 个指标排名均处于中势地位。

3. 从指标变化趋势看，经济环境和开放程度 2 个指标排位与上一年相比分别下降 1 位和上升 4 位。

4. 从排位综合分析看，由于开放程度指数指标强势上升了 4 位，一定程度上提升了 2014 年鹤壁市综合环境指数综合排位，其排位上升了 2 位，位居河南省第 8 位，处于中游区。

## 第六节　鹤壁市金融发展指数综合评价分析

2013—2014 年鹤壁市金融发展指数综合指标及其下属指标，在河南省的排位变化和指标结构情况，如表 11—11—1 所示。

表 11—11—1　鹤壁市 2013—2014 年金融发展指数指标及其二级指标

| 年份 | 金融状况指数 | 成长发展指数 | 服务水平指数 | 综合环境指数 | 金融发展指数 |
|---|---|---|---|---|---|
| 2013 | 4.71 | 7.38 | 25.72 | 19.99 | 15.04 |
| 2014 | -0.3473 | -0.5622 | 0.0682 | -0.1879 | -0.9939 |
| 2013 年排位 | 18 | 17 | 5 | 10 | 11 |
| 2014 年排位 | 11 | 16 | 6 | 8 | 9 |
| 升降 | 7 | 1 | -1 | 2 | 2 |

1. 2014 年鹤壁市金融发展指数综合排位处于第 9 位，表明其在河南省处于中势地位；与 2013 年相比，排位上升 2 位。

2. 从指标所处水平看，2014 年鹤壁市金融状况和综合环境指标的排位处于中游区；成长发展指标的排位处于中下游区；服务水平指标排位处于中上游区，属于较优势指标。

3. 从指标变化趋势看，除了服务水平指标排位略微下降 1 位以外，金融状况、成长发展和综合环境 3 个指标排位与上一年相比均有不同程度地提升，其中金融状况指标排位大幅上升 7 位，成长发展指标上升 1 位，综合环境指标排位上升 2 位。

4. 从排位综合分析看，由于 4 个指标中的 3 个指标都出现了不同程度地提升，决定了 2014 年鹤壁市金融发展指数综合排位位居河南省第 9 位，与上一年相比排位上升了 2 位。在服务建设方面加大投入是鹤壁市的发展重点。2014 年，鹤壁市金融机构全面优化金融服务，持续加大信贷投放，各县区充分发挥主动性、创造性，积极拓宽融资渠道，推动政银企合作，河南永达美基食品股份有限公司、河南杰科新材料股份有限公司成功在"新三板"挂牌，实现鹤壁市"新三板"挂牌工作零的突破。这些均表明鹤壁市金融发展不断推进，有力地支持了地方经济发展。

# 第十二章 新乡市2014年金融发展指数研究报告

## 第一节 新乡市概述

新乡市地处河南省北部,紧邻河南省会郑州,自古以来就是晋冀鲁豫接壤地区的商品集散地,是中原经济区及中原城市群核心区重要城市,其经济逆势而上、晋位升级,经济社会发展保持比较好的态势,是中部地区重要综合交通枢纽,也是豫北的经济、教育、交通、商贸物流中心。

2014年,全年完成地区金融业增加值1917.81亿元;增长8.59%。全社会固定资产投资完成1885.22亿元,比上年增长17.65%;公共财政预算收入139.13亿元,增长7.44%;社会消费品零售总额完成704.15亿元,比上年增长12.85%。截至2014年年底,金融机构存款余额1898.47亿元,同比增长10.18%;各项贷款余额1175.07亿元,同比增长13.23%。

## 第二节 新乡市金融状况指数评价分析

### 一 新乡市金融市场发展指数评价分析

2013—2014年新乡市金融市场发展指标及其下属指标,在河南省的排位变化情况,如表12—2—1和图12—2—1所示。

表12—2—1 新乡市2013—2014年金融市场发展指数及其四级指标

| 年份 | | 金融业增加值 | 金融系统存款余额 | 金融系统贷款余额 | 证券交易额 | 发行国债额 | 保费收入 | 保险赔付额 | 金融市场发展指数 |
|---|---|---|---|---|---|---|---|---|---|
| 2013 | 原值(亿元) | 54.34 | 1723.02 | 1037.76 | 759.19 | 2.60 | 47.97 | 15.00 | 9.34 |
| | 标准化后 | 10.47 | 12.03 | 9.18 | 6.82 | 9.64 | 18.54 | 20.72 | |

续表

| 年份 | | 金融业增加值 | 金融系统存款余额 | 金融系统贷款余额 | 证券交易额 | 发行国债额 | 保费收入 | 保险赔付额 | 金融市场发展指数 |
|---|---|---|---|---|---|---|---|---|---|
| 2014 | 原值（亿元） | 105.5 | 1898.47 | 1175.07 | 1466.3 | 1.06 | 50.81 | 16.77 | -0.0817 |
| | 标准化后 | 0.2119 | -0.1307 | -0.1335 | -0.0585 | -0.2688 | -0.1168 | -0.0727 | |
| 2013年排名 | | 5 | 5 | 5 | 3 | 6 | 6 | 6 | 5 |
| 2014年排名 | | 3 | 6 | 5 | 3 | 7 | 6 | 6 | 4 |
| 升降 | | 2 | -1 | 0 | 0 | -1 | 0 | 0 | 1 |

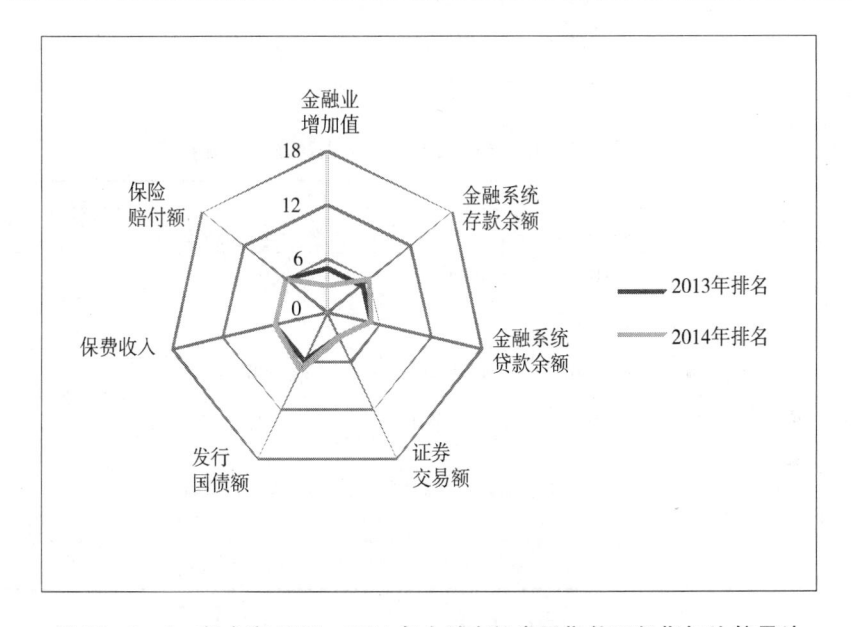

图12—2—1 新乡市2013—2014年金融市场发展指数四级指标比较雷达图

1. 2014年新乡市金融市场发展指数在整个河南省的综合排位处于第4位，表明其在河南省处于较优势地位；与2013年相比排位上升了1位。

2. 从指标所处的水平看，金融业增加值和证券交易额排位均位于第3位，处于绝对优势地位；金融系统存款余额、保费收入和保险赔付额在整个河南省排位均为第6位；金融系统贷款余额和发行国债额排位分别为第5位、第7位，处于较优势地位。这说明新乡市的金融市场发展在河南省处于相对领先地位。

3. 从雷达图图形变化看，2014年与2013年相比，面积减少，新乡市金融市场发展呈现上升态势。其中，金融业增加值指标排位的提高是图形收缩的动力点。

4. 从排位变化的动因看，尽管金融系统存款余额指标和发行国债额指标下降了1位，但金融业增加值指标与上一年相比排位有所上升，上升了2位，因此2014年新乡市金融市场发展指数在河南省的排位上升了1位，居河南省第4位。

## 二 新乡市金融结构深化指数评价分析

2013—2014年新乡市金融结构深化指标及其下属指标，在河南省的排位变化情况，如表12—2—2和图12—2—2所示。

表12—2—2 新乡市2013—2014年金融结构深化指数及其四级指标

| 年份 | | 证券募集资金净额比GDP | 短期贷款占比 | 保费收入比全省金融业增加值 | 金融结构深化指数 |
|---|---|---|---|---|---|
| 2013 | 原值 | 0.5100 | 5.0400 | 4.0600 | 14.55 |
| | 标准化后 | 19.92 | 13.52 | 18.53 | |
| 2014 | 原值 | 0.4800 | 4.7600 | 3.3700 | -0.3253 |
| | 标准化后 | -0.6174 | -0.1300 | -0.2006 | |
| 2013年排名 | | 12 | 5 | 6 | 8 |
| 2014年排名 | | 12 | 6 | 7 | 10 |
| 升降 | | 0 | -1 | -1 | -2 |

1. 2014年新乡市金融结构深化指数在整个河南省的综合排位处于第10位，表明其在河南省处于中等地位；与2013年相比排位下降了2位。

2. 从指标所处的水平看，短期贷款占比和保费收入比全省金融业增加值两个指标在整个河南省排位分别为第6位、第7位，在整个省内处于中上游区，证券募集资金净额比GDP排位较为靠后，处于中下游区，这说明新乡市的金融结构深化程度在河南省处于中下等地位。

3. 从雷达图图形变化看，2014年与2013年相比，面积有所扩大，金融结构深化有减弱的趋势，其中，短期贷款占比和保费收入比全省金融业增加值是图形扩大的主要原因。

4. 从排位变化的动因看，短期贷款占比和保费收入比全省金融业增

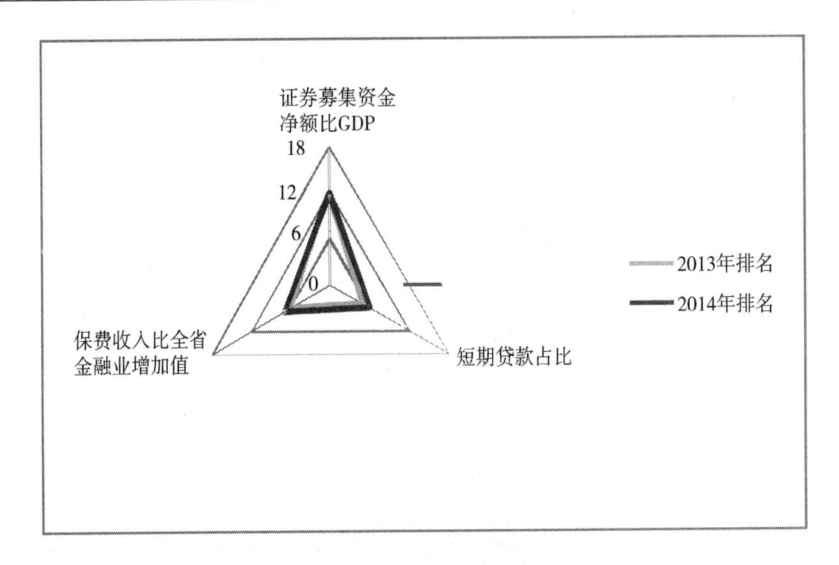

**图 12—2—2　新乡市 2013—2014 年金融结构深化指数四级指标比较雷达图**

加值指标排位与上一年相比有所下降，证券募集资金净额比 GDP 指标不变，使 2014 年新乡市金融结构深化的指标在河南省排位下降了 2 位，居河南省第 10 位。

### 三　新乡市金融效率提高指数评价分析

2013—2014 年新乡市金融效率提高指标及其下属指标，在河南省的排位变化情况，如表 12—2—3 和图 12—2—3 所示。

**表 12—2—3　新乡市 2013—2014 年金融效率提高指数及其四级指标**

| 年份 | | 存贷比 | 保险密度 | 上市公司占有率 | 证券交易额占比 | 金融效率提高指数 |
|---|---|---|---|---|---|---|
| 2013 | 原值 | 0.6023 | 845 | 0.0303 | 0.0408 | 11.59 |
| | 标准化后 | 40.45 | 13.25 | 9.52 | 6.82 | |
| 2014 | 原值 | 0.6189 | 890 | 0.0299 | 0.0251 | -0.3064 |
| | 标准化后 | 0.0033 | -0.3317 | -0.3948 | -0.3149 | |
| 2013 年排名 | | 8 | 11 | 8 | 3 | 7 |
| 2014 年排名 | | 9 | 11 | 12 | 5 | 10 |
| 升降 | | -1 | 0 | -4 | -2 | -3 |

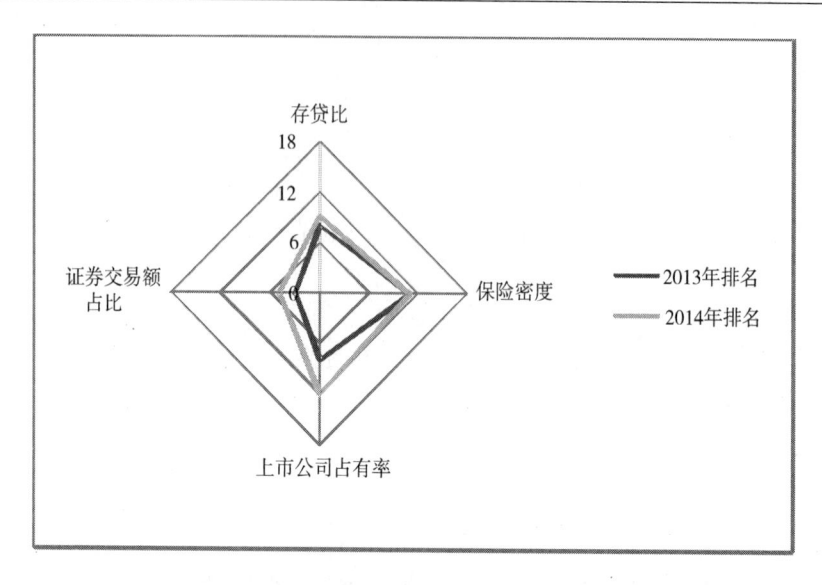

图 12—2—3　新乡市 2013—2014 年金融效率提高指数四级指标比较雷达图

1. 2014 年新乡市金融效率提高指数在整个河南省的综合排位处于第 10 位，表明其在河南省处于中等地位；与 2013 年相比排位下降了 3 位。

2. 从指标所处的水平看，证券交易额占比在整个河南省排位为第 5 位，处于较优势地位，存贷比指标位于第 9 位，保险密度和上市公司占有率指标分别处于河南省第 11 位、第 12 位，处于中等地位，表明新乡市在金融效率提高方面的排位处于中游水平。

3. 从雷达图图形变化看，2014 年与 2013 年相比，面积明显增大，金融效率提高指数呈现弱化趋势，其中存贷比、上市公司占有率和证券交易额占比均成为了图形扩大的动力点。

4. 从排位变化的动因看，新乡市存贷比指标、上市公司占有率和证券交易额占比指标排位均有不同程度的下降，保险密度指标排位保持不变，综合作用下，2014 年新乡市金融效率提高指数综合排位下降了 3 位，居河南省第 10 位，政府应着力扩大信贷投放，提高企业融资能力，解决企业融资难问题。

## 四　新乡市金融状况指数综合分析

2013—2014 年新乡市金融状况指标及其下属指标，在河南省的排位变化和指标结构情况，如表12—2—4所示。

表12—2—4　新乡市2013—2014年金融状况指标及其三级指标

| 年份 | 金融市场发展指数 | 金融结构深化指数 | 金融效率提高指数 | 金融状况指数 |
| --- | --- | --- | --- | --- |
| 2013 | 9.34 | 14.55 | 11.59 | 12.05 |
| 2014 | -0.0817 | -0.3253 | -0.3064 | -0.2501 |
| 2013年排名 | 5 | 8 | 7 | 8 |
| 2014年排名 | 4 | 10 | 10 | 10 |
| 升降 | 1 | -2 | -3 | -2 |

1. 2014年新乡市金融状况指数综合排名处于第10位，表明其在河南省处于中等地位；与2013年相比，排名下降了2位。

2. 从指标所处水平看，2014年金融市场发展指标排名为第4位，处于上游区；金融结构深化和金融效率提高2个指标排名均为第10位，处于中游区。

3. 从指标变化趋势看，金融市场发展指标排名上升1位，金融结构深化和金融效率提高2个指标排位与上一年相比分别下降了2位和3位。

4. 从排位综合分析看，尽管有优势指标，但由于金融结构深化和金融效率提高指标的劣势，决定了2014年新乡市金融状况指数综合排位居河南省第10位。2014年面对国内外复杂的经济金融形式，新乡市应持续加大信贷投放，推动多层次资本市场建设，提高金融利用效率，加大金融的支持力度。

## 第三节　新乡市成长发展指数评价分析

### 一　新乡市资本市场成长性指数评价分析

2013—2014年新乡市资本市场成长性指标及其下属指标，在河南省的排位变化情况，如表12—3—1和图12—3—1所示。

表 12—3—1　新乡市 2013—2014 年资本市场成长性指数及其四级指标

| 年份 | | 金融机构贷款余额年增长额 | 发行国债年增长额 | A 股股票募集资金净额 | 资本市场成长性指标 |
|---|---|---|---|---|---|
| 2013 | 原值（亿元） | 169.28 | 0.8922 | 8.97 | 8.19 |
| | 标准化后 | 5.80 | 10.85 | 6.82 | |
| 2014 | 原值（亿元） | 137.31 | -1.5401 | 8.97 | -0.4251 |
| | 标准化后 | -0.2311 | -0.5106 | -0.4165 | |
| 2013 年排名 | | 4 | 8 | 11 | 9 |
| 2014 年排名 | | 10 | 13 | 11 | 13 |
| 升降 | | -6 | -5 | 0 | -4 |

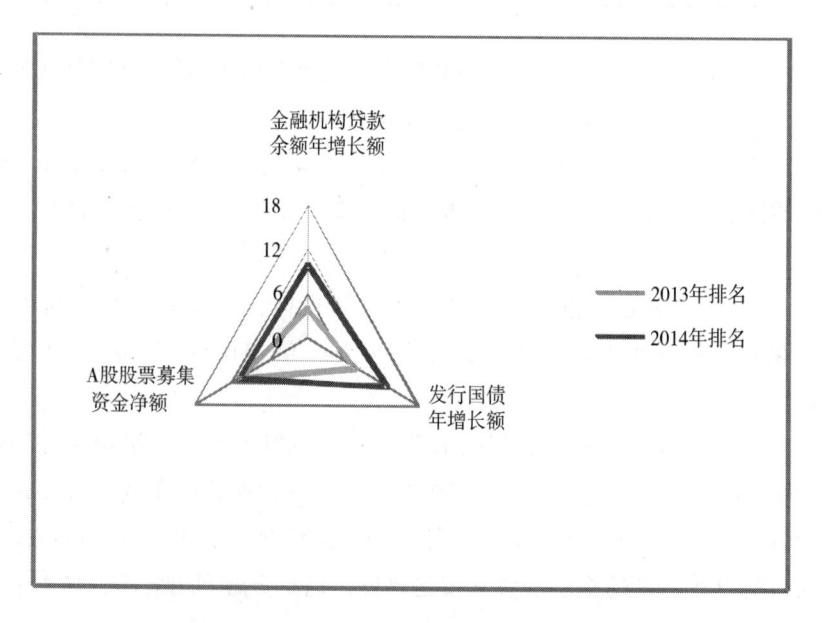

图 12—3—1　新乡市 2013—2014 年资本市场成长性指数四级指标比较雷达图

1. 2014 年新乡市资本市场成长性指数在整个河南省的综合排位处于第 13 位，表明其在河南省处于中下游区；与 2013 年相比排位下降了 4 位。

2. 从指标所处的水平看，金融机构贷款余额年增长额和 A 股股票募集资金净额在整个河南省排位分别为第 10 位、第 11 位，处于中游区；发行国债年增长额指标排位在整个河南省排位为第 13 位,处于中下游区。

3. 从雷达图图形变化看,2014 年与 2013 年相比,面积明显扩大,资本市场成长性呈现下降趋势,其中,金融机构贷款余额年增长额和 A 股股票募集资金净额成为了图形扩大的动力点。

4. 从排位变化的动因看,在 2014 年整个经济体内国债发行量均有所下降的背景下,新乡市国债年增长额较上年下降较大,排位下降了 5 位,同时金融机构贷款年增长额指标也有大幅下降,排位下降了 6 位,使其资本市场成长性处于第 13 位。利用资本市场,拓宽融资渠道,充分发挥银行信贷融资主渠道作用,扩大证券市场融资规模,是新乡市拓宽金融市场贷款投放能力的方向。

## 二 新乡市经济成长性指数评价分析

2013—2014 年新乡市经济成长性指标及其下属指标,在河南省的排位变化情况,如表 12—3—2 和图 12—3—2 所示。

表 12—3—2  新乡市 2013—2014 年经济成长性指数及其四级指标

| 年份 | | GDP 年增长额 | 财政收入年增长额 | 社会固定资产投资年增长额 | 社会消费品零售总额年增长额 | 经济成长性指数 |
|---|---|---|---|---|---|---|
| 2013 | 原值（亿元） | 146.32 | 21.16 | 282.45 | 75.91 | 21.45 |
| | 标准化后 | 18.79 | 13.86 | 28.85 | 21.99 | |
| 2014 | 原值（亿元） | 151.71 | 9.63 | 282.76 | 80.17 | 0.0217 |
| | 标准化后 | 0.0163 | -0.2361 | 0.1779 | -0.1210 | |
| 2013 年排名 | | 10 | 3 | 4 | 7 | 5 |
| 2014 年排名 | | 7 | 13 | 4 | 8 | 6 |
| 升降 | | 3 | -10 | 0 | -1 | -1 |

1. 2014 年新乡市经济成长性指数在整个河南省的综合排位处于第 6 位,表明其在河南省处于较优势地位;与 2013 年相比下降了 1 位。

2. 从指标所处的水平看,社会固定资产投资年增长额指标在整个河南省排位靠前,居第 4 位,处于较优势地位;GDP 年增长额和社会消费

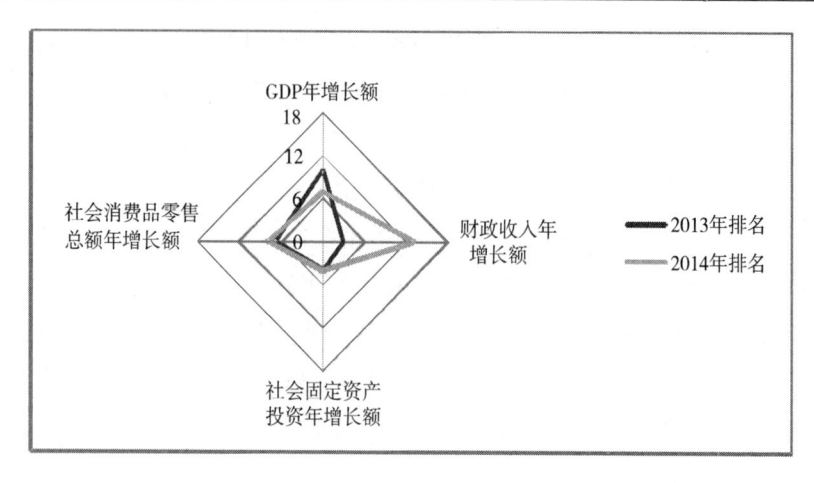

图 12—3—2  新乡市 2013—2014 年经济成长性指数四级指标比较雷达图

品零售总额年增长额在河南省排位分别为第 7 位、第 8 位，处于中上游区；财政收入年增长额指标处于第 13 位，处于中游区，这说明新乡市的经济成长性在河南省处于中上游区。

3. 从雷达图图形变化看，2014 年与 2013 年相比，面积扩大，其中财政收入年增长额和社会消费品零售总额年增长额成为了图形扩大的动力点。

4. 从排位变化的动因看，由于 GDP 年增长指标排位上升 3 位，财政收入年增长额指标排位下降 10 位，一升一降使 2014 年新乡市经济成长性指数四级指标在河南省的排位下降了 1 位，居河南省第 6 位。

### 三  新乡市城市创新成长性指数评价分析

2013—2014 年新乡市城市创新成长性指标及其下属指标，在河南省的排位变化情况，如表 12—3—3 和图 12—3—3 所示。

表 12—3—3  新乡市 2013—2014 年城市创新成长性指数及其四级指标

| 年份 | | 政府研发经费支出年增长额 | 政府研发人员年增长量 | 新产品销售收入年增长额 | 城市创新成长性指数 |
|---|---|---|---|---|---|
| 2013 | 原值 | 0.7839 | 788 | 25.77 | 42.94 |
| | 标准化后 | 87.79 | 17.20 | 2.24 | |

续表

| 年份 | | 政府研发经费支出年增长额 | 政府研发人员年增长量 | 新产品销售收入年增长额 | 城市创新成长性指数 |
|---|---|---|---|---|---|
| 2014 | 原值 | 0.7369 | 851 | 12.44 | -0.0151 |
| | 标准化后 | 0.2113 | 0.1578 | -0.2496 | |
| 2013 年排名 | | 2 | 4 | 8 | 3 |
| 2014 年排名 | | 6 | 4 | 8 | 5 |
| 升降 | | -4 | 0 | 0 | -2 |

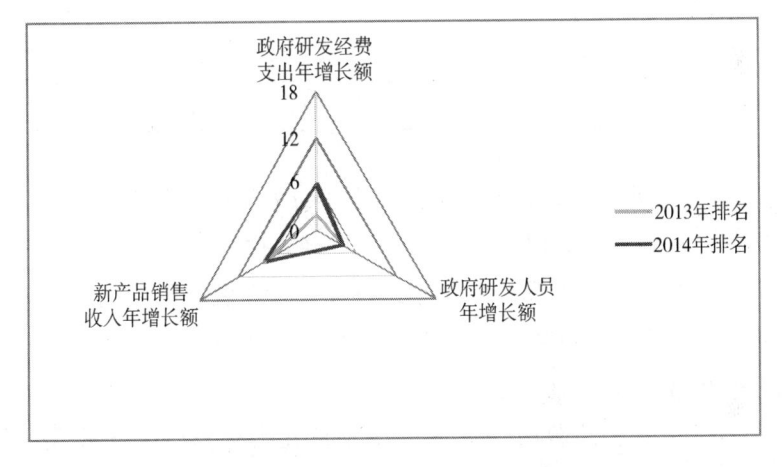

图 12—3—3 新乡市 2013—2014 年城市创新成长性指数四级指标比较雷达图

1. 2014 年新乡市城市创新成长性指数在整个河南省的综合排位处于第 5 位，表明其在河南省处于较优势地位；与 2013 年相比排位下降了 2 位。

2. 从指标所处的水平看，政府研发人员年增长量指标在整个河南省排位为第 4 位，处于上游区且为优势指标；政府研发经费支出年增长额处于第 6 位，处于上游区；新产品销售收入年增长额为第 8 位，处于中等水平。

3. 从雷达图图形变化看，2014 年与 2013 年相比，面积明显扩大，城市创新成长性呈现下降趋势，其中政府研发人员年增长量成为了图形扩大的动力点。

4. 从排位变化的动因看，由于政府研发经费支出年增长额的减少，使得其在 2014 年新乡市城市创新成长性排位降低 2 位，居河南省第 5 位。

### 四 新乡市成长发展指数综合分析

2013—2014 年新乡市成长发展指标及其下属指标，在河南省的排位变化和指标结构情况，如表 12—3—4 所示。

表 12—3—4　新乡市 2013—2014 年成长发展指标及其三级指标

| 年份 | 资本市场成长性指数 | 经济成长性指数 | 城市创新成长性指数 | 成长发展指数 |
| --- | --- | --- | --- | --- |
| 2013 | 8.19 | 21.45 | 42.94 | 25.13 |
| 2014 | −0.4251 | 0.0217 | −0.0151 | −0.1452 |
| 2013 年排位 | 9 | 5 | 3 | 3 |
| 2014 年排位 | 13 | 6 | 5 | 7 |
| 升降 | −4 | −1 | −2 | −4 |

1. 2014 年新乡市成长发展指数综合排位处于第 7 位，表明其在河南省处于中上游区；与 2013 年相比，排位下降 4 位。

2. 从指标所处水平看，2014 年经济成长性和城市创新成长性 2 个指标排位分别为第 6 位、第 5 位，处于上游区且为优势指标；资本市场成长性指标排在第 13 位，处于中下游区。

3. 从指标变化趋势看，资本市场成长性指标排位下降较大，相比 2013 年下降 4 位，经济成长性和城市创新成长性 2 个指标排位均有下降，分别下降 1 位和 2 位。

4. 从排位综合分析看，由于 3 个指标的排位均有不同程度的下降，决定了 2014 年新乡市成长发展指数综合排位居河南省第 7 位。这表明 2014 年受经济形势下滑的影响，新乡市成长发展态势有所下降。新乡市政府需持续加大金融机构引进力度，不断丰富和强化金融融资能力，优化金融环境。

## 第四节　新乡市服务水平指数评价分析

### 一　新乡市智力资本指数评价分析

2013—2014 年新乡市智力资本指标及其下属指标，在河南省的排位变化情况，如表12—4—1和图12—4—1所示。

表12—4—1 新乡市2013—2014年智力资本指数及其四级指标

| 年份 | | 金融业从业密度 | 受高等教育密度 | 科研人员密度 | 普通高等学校数量 | 智力资本指数 |
|---|---|---|---|---|---|---|
| 2013 | 原值 | 1.44 | 16.09 | 3.28 | 9 | 16.84 |
| | 标准化后 | 10.64 | 14.91 | 24.75 | 14.55 | |
| 2014 | 原值 | 1.43 | 15.98 | 3.36 | 9 | 0.0452 |
| | 标准化后 | -0.3080 | 0.0796 | 0.2494 | 0.1435 | |
| 2013年排名 | | 10 | 3 | 4 | 2 | 3 |
| 2014年排名 | | 10 | 3 | 4 | 2 | 3 |
| 升降 | | 0 | 0 | 0 | 0 | 0 |

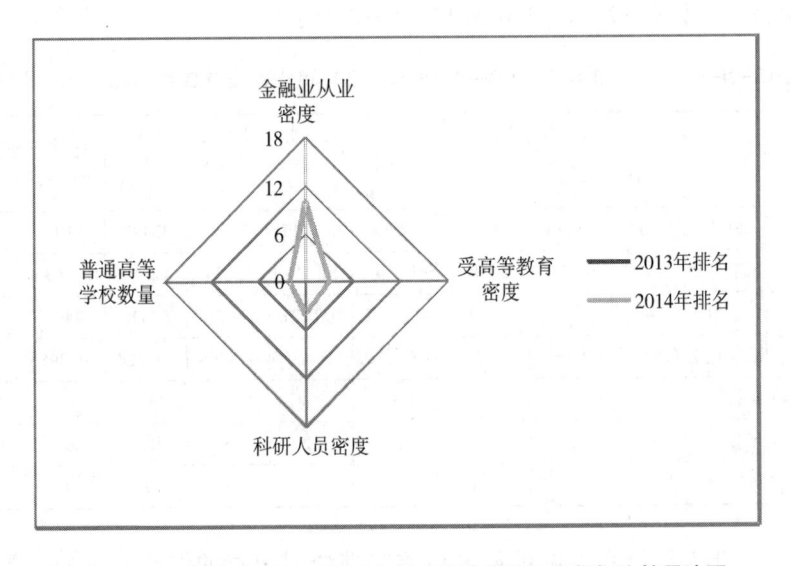

图12—4—1 新乡市2013—2014年智力资本指数四级指标比较雷达图

1. 2014年新乡市智力资本指数在整个河南省的综合排位处于第3位，表明其在河南省处于绝对优势地位；与2013年相比排位没有发生变化。

2. 从指标所处的水平看，受高等教育密度和普通高等学校数量在整个河南省排位分别为第3位、第2位，均处于绝对优势地位；科研人员密度的排名为第 4 位,处于较优势地位;金融业从业密度指标的排位为第 10 位,处于中势地位,这说明新乡市的智力资本在河南省处于相对领先地位。

3. 从雷达图图形变化看,2014 年与 2013 年相比,面积保持不变。

4. 从排位变化的动因看,2014 年新乡市智力资本指数四级指标在河南省的排位均没有发生变化,使其 2014 年的综合排位保持不变,仍居河南省第 3 位。这表明新乡市政府比较注重教育和智力资本的培养,其教育产业在数量上和质量上都具有优势,为新乡市金融的发展奠定了良好的基础,为经济的发展提供了源源不断的动力。

## 二 新乡市城市环境指数评价分析

2013—2014 年新乡市城市环境指标及其下属指标,在河南省的排位变化情况,如表 12—4—2 和图 12—4—2 所示。

表 12—4—2　　新乡市 2013—2014 年城市环境指数及其四级指标

| 年份 | | 城镇化水平 | 人均城市道路面积 | 人均绿化覆盖面积 | 基本医疗保险覆盖率 | 基本养老保险覆盖率 | 商品房屋销售均价 | 城镇从业人员平均工资 | 运营车辆数 | 城市环境指数 |
|---|---|---|---|---|---|---|---|---|---|---|
| 2013 | 原值 | 0.4607 | 14.26 | 7.92 | 0.2504 | 0.1417 | 3341 | 33427 | 817 | 27.74 |
| | 标准化后 | 34.95 | 46.90 | 23.00 | 49.40 | 32.74 | 85.27 | 12.53 | 10.63 | |
| 2014 | 原值 | 0.476 | 14 | 7.9 | 0.2342 | 0.1021 | 3747 | 37696 | 840 | -0.8784 |
| | 标准化后 | 0.0864 | -0.0647 | -0.2215 | -0.1305 | -0.4395 | 0.4264 | -0.7247 | -0.0983 | |
| 2013 年排名 | | 8 | 9 | 7 | 8 | 5 | 8 | 17 | 6 | 8 |
| 2014 年排名 | | 9 | 9 | 8 | 10 | 12 | 5 | 15 | 6 | 10 |
| 升降 | | -1 | 0 | -1 | -2 | 7 | 3 | 2 | 0 | -2 |

1. 2014 年新乡市城市环境指数在整个河南省的综合排位处于第 10 位,表明其在河南省处于中等地位;与 2013 年相比排位下降了 2 位。

2. 从指标所处的水平看,虽然城镇从业人员平均工资在河南省排位第 15 位,基本养老保险覆盖率为第 12 位,但是其余指标在整个河南省排位均为中上等水平,综合来看,新乡市的城市环境在河南省仍处于中等地位。

3. 从雷达图图形变化看,2014 年与 2013 年相比,面积明显扩大,城

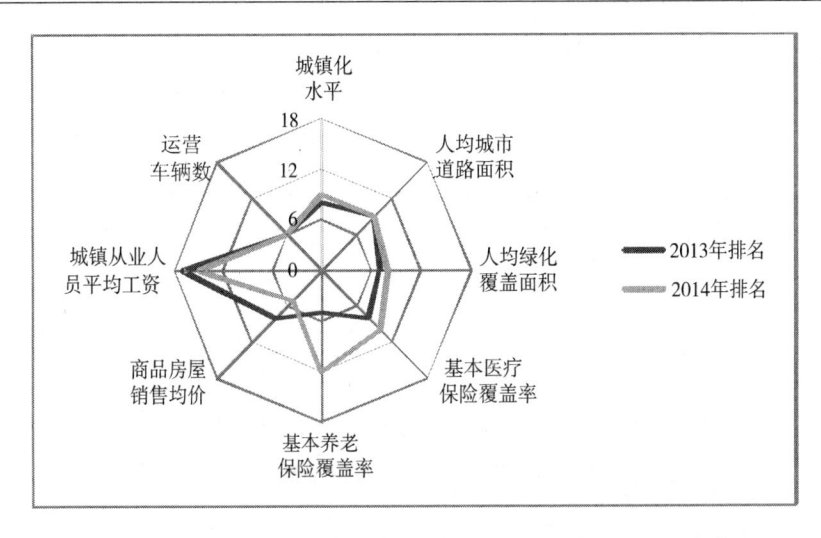

图 12—4—2　新乡市 2013—2014 年城市环境指数四级指标比较雷达图

市环境指数呈现下降趋势,其中基本养老保险覆盖率和基本医疗保险覆盖率成为了图形扩大的动力点。

4. 从排位变化的动因看,除人均道路面积和运营车辆数排位不变外,其余各项指标的排位均发生不同程度的变化,其中基本养老保险覆盖率指标下降幅度最大,而上升的指标幅度较小,使得 2014 年新乡市城市环境指数综合排位下降 2 位,居河南省第 10 位。

### 三　新乡市服务水平指数综合分析

2013—2014 年新乡市服务水平指标及其下属指标,在河南省的排位变化和指标结构情况,如表 12—4—3 所示。

表 12—4—3　新乡市 2013—2014 年服务水平指标及其三级指标

| 年份 | 智力资本指数 | 城市环境指数 | 服务水平指数 |
| --- | --- | --- | --- |
| 2013 | 16.84 | 27.74 | 24.65 |
| 2014 | 0.0452 | -0.8784 | -0.4358 |
| 2013 年排名 | 3 | 8 | 7 |
| 2014 年排名 | 3 | 10 | 10 |
| 升降 | 0 | -2 | -3 |

1. 2014年新乡市服务水平指数综合排位处于第10位，表明其在河南省处于中势地位；与2013年相比，排位下降了3位。

2. 从指标所处水平看，2014年智力资本指标排位为第3位，处于上游区且为绝对优势指标；城市环境指标排位为第10位，处于中等水平。

3. 从指标变化趋势看，智力资本指标排位没有变化，保持绝对优势地位，而城市环境指标排位与上一年相比下降了2位。

4. 从排位综合分析看，由于智力资本指标具有绝对优势，但城市环境指数排位下降了2位，决定了2014年新乡市服务水平指数综合排位下降了3位，居河南省第10位。政府应打造金融安全区，解决居民金融服务问题，进一步完善医疗服务、财政补贴和基础设施服务等方面的支持政策。

## 第五节 新乡市综合环境指数评价分析

### 一 新乡市经济环境指数评价分析

2013—2014年新乡市经济环境指标及其下属指标，在河南省的排位变化情况，如表12—5—1和图12—5—1所示。

表12—5—1 新乡市2013—2014年经济环境指数及其四级指标

| 年份 | | 城镇人均可支配收入 | 农村人均纯收入 | 人均GDP | 人均财政收入 | 人均社会商品零售额 | 经济环境指数 |
|---|---|---|---|---|---|---|---|
| 2013 | 原值（元） | 22105 | 9728 | 31138 | 2282 | 10995 | 30.44 |
| | 标准化后 | 47.37 | 39.35 | 22.59 | 20.21 | 12.21 | |
| 2014 | 原值（元） | 23983 | 10730 | 33696 | 2437 | 12332 | -0.1882 |
| | 标准化后 | 0.2696 | 0.1640 | -0.4397 | -0.2920 | -0.3970 | |
| 2013年排名 | | 6 | 7 | 12 | 9 | 11 | 10 |
| 2014年排名 | | 6 | 7 | 11 | 10 | 11 | 10 |
| 升降 | | 0 | 0 | 1 | -1 | 0 | 0 |

1. 2014年新乡市经济环境指数在整个河南省的综合排位处于第10位，表明其在河南省处于中势地位；与2013年相比排位没有发生变化。

2. 从指标所处的水平看，城镇人均可支配收入和农村人均纯收入指

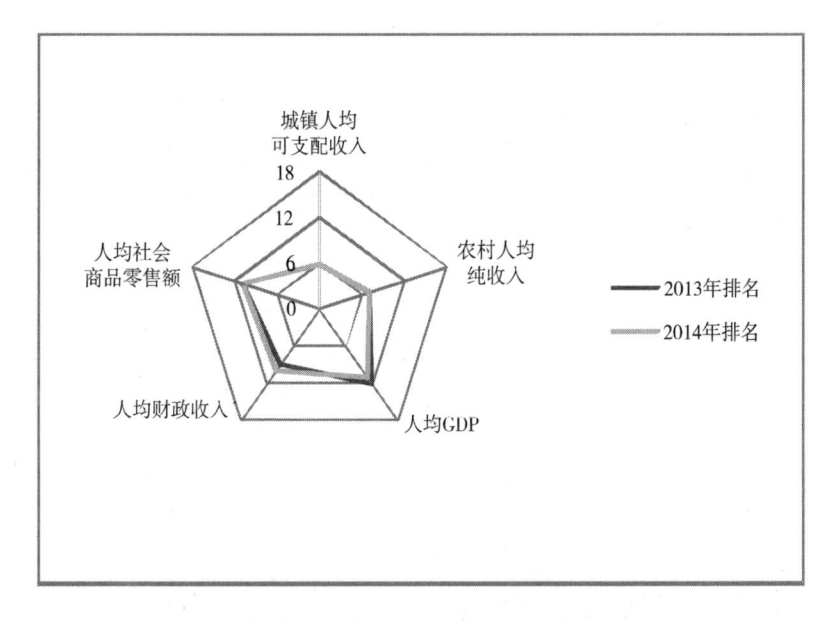

图 12—5—1　新乡市 2013—2014 年经济环境指数四级指标比较雷达图

标在整个河南省排位分别为第 6 位和第 7 位，处于较优势地位；人均财政收入指标的排位为第 10 位，人均 GDP 和人均社会商品零售额指标的排位均为第 11 位，处于中势地位。

3. 从雷达图图形变化看，2014 年与 2013 年相比，面积基本保持不变。

4. 从排位变化的动因看，由于新乡市人均 GDP 指标排位上升 1 位，人均财政收入指标排位下降 1 位，其余各指标的排位保持不变，因此 2014 年新乡市经济环境指数综合排位保持不变，居河南省第 10 位。

## 二　新乡市开放程度指数评价分析

2013—2014 年新乡市开放程度指标及其下属指标，在河南省的排位变化情况，如表 12—5—2 和图 12—5—2 所示。

表 12—5—2　新乡市 2013—2014 年开放程度指数及其四级指标

| 年份 | | 实际利用外资额 | 旅游创汇收入 | 进出口总额 | 开放程度指数 |
|---|---|---|---|---|---|
| 2013 | 原值（万美元） | 74009 | 1153 | 112668 | 9.28 |
|  | 标准化后 | 16.63 | 5.65 | 2.06 |  |

续表

| 年份 | | 实际利用外资额 | 旅游创汇收入 | 进出口总额 | 开放程度指数 |
|---|---|---|---|---|---|
| 2014 | 原值（万美元） | 86988 | 1222 | 121000 | -0.1346 |
| | 标准化后 | 0.2183 | -0.4091 | -0.2210 | |
| 2013年排名 | | 4 | 8 | 8 | 6 |
| 2014年排名 | | 3 | 9 | 8 | 5 |
| 升降 | | 1 | -1 | 0 | 1 |

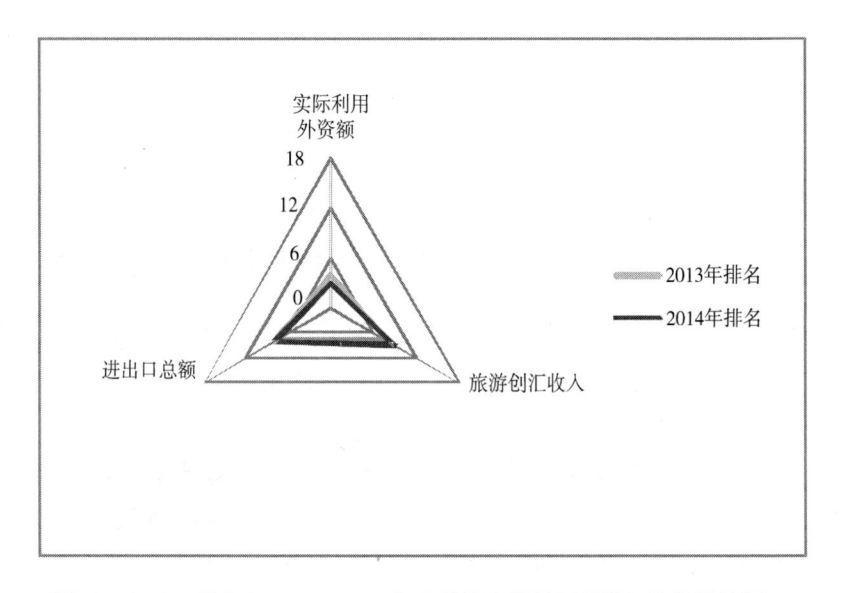

图12—5—2 新乡市2013—2014年开放程度指数四级指标比较雷达图

1. 2014年新乡市开放程度指数在整个河南省的综合排位处于第5位，表明其在河南省处于相对优势地位；与2013年相比排位上升了1位。

2. 从指标所处的水平看，实际利用外资额指标在整个河南省排位为第3位，处于上游区且为绝对优势指标；进出口总额和旅游创汇收入排位分别为第8位和第9位，2个指标均处于中游区。

3. 从雷达图图形变化看，2014年与2013年相比，面积基本保持不变。

4. 从排位变化的动因看，2014年新乡市实际利用外资额指标排位上升1位、旅游创汇收入指标排位下降1位，进出口总额排位没有发生变化，使其 2014 年的开放程度指数的综合排位上升 1 位，居河南省第 5 位。这表明新乡市的开放程度处于优势地位。

### 三 新乡市综合环境指数综合分析

2013—2014 年新乡市综合环境指标及其下属指标，在河南省的排位变化和指标结构情况，如表 12—5—3 所示。

表 12—5—3 新乡市 2013—2014 年综合环境指标及其三级指标

| 年份 | 经济环境指数 | 开放程度指数 | 综合环境指数 |
| --- | --- | --- | --- |
| 2013 | 30.44 | 9.28 | 21.09 |
| 2014 | -0.1882 | -0.1346 | -0.1718 |
| 2013 年排位 | 10 | 6 | 7 |
| 2014 年排位 | 10 | 5 | 7 |
| 升降 | 0 | 1 | 0 |

1. 2014 年新乡市综合环境指数综合排位处于第 7 位，表明其在河南省处于相对优势地位；与 2013 年相比，排位没有变化。

2. 从指标所处水平看，2014 年经济环境指标排位位居河南省第 10 位，处于中势地位；开放程度指标排位为第 5 位，处于中上游区且为相对优势指标。

3. 从指标变化趋势看，经济环境指标排位与上一年相比均没有变化，开放程度指标上升了 1 位。

4. 从排位综合分析看，尽管开发程度指数的相对优势，但经济环境指数处于中势地位，决定了 2014 年新乡市综合环境指数综合排位仍然居河南省第 7 位。新乡市是豫北地区唯一的国家级交通运输枢纽城市，坚持把引资项目双带动作为经济发展主战略，因此新乡市对外经济发展程度比较高，其综合环境在整个河南省处于相对领先地位。

## 第六节 新乡市金融发展指数综合评价分析

2013—2014 年新乡市金融发展指数综合指标及其下属指标，在河南省的排位变化和指标结构情况,如表12—12—1所示。

表12—12—1　新乡市2013—2014年金融发展指数指标及其二级指标

| 年份 | 金融状况指数 | 成长发展指数 | 服务水平指数 | 综合环境指数 | 金融发展指数 |
| --- | --- | --- | --- | --- | --- |
| 2013 | 12.05 | 25.13 | 24.65 | 21.09 | 21.59 |
| 2014 | -0.2501 | -0.1452 | -0.4358 | -0.1718 | 19.9500 |
| 2013年排位 | 8 | 3 | 7 | 7 | 6 |
| 2014年排位 | 10 | 7 | 10 | 7 | 8 |
| 升降 | -2 | -4 | -3 | 0 | -2 |

1. 2014年新乡市金融发展指数综合排位处于第8位,表明其在河南省处于相对优势地位;与2013年相比,排位下降了2位。

2. 从指标所处水平看,2014年新乡市成长发展和综合环境指数排位均为第7位,处于中上游区;金融状况和服务水平2个指标排位均处于第10位,处于中游区。

3. 从指标变化趋势看,除综合环境指标排位不变,金融状况、成长发展、服务水平3个指标排位与上一年相比均有不同程度的下降。

4. 从排位综合分析看,由于综合环境指标排位保持不变,其他3个指标排位均有不同程度的下降,决定了2014年新乡市金融发展指数综合排位下降至河南省第8位。这说明新乡市金融发展指数处于中上游区,发展潜力较大,金融状况、城市环境和服务水平有待提高。进一步加强金融工作,加快金融业发展,加大政策支持,创造优良金融环境,拓宽金融市场,加强金融服务体系建设,尽快形成现代金融体系,是推进中原经济区强市建设的重要保障。

# 第十三章 焦作市2014年金融发展指数研究报告

## 第一节 焦作市概述

焦作市地处河南省西北部,是河南省享受振兴东北老工业基地政策的5个重点城市之一,是商务部确定的中部9个加工贸易梯度转移重点承接地之一,改革开放以来,焦作市对外贸易异军突起,现已形成了对外贸易、利用外资、技术引进、国际旅游等共同发展的新格局。焦作被政府确认为建设中原经济区经济转型示范市。

2014年,全年完成地区生产总值1844.31亿元,比上年增长8.02%;金融业增加值46.26亿元,增长49.81%。全社会固定资产投资完成1653.7亿元,比上年增长17.43%;社会消费品零售总额完成558.01亿元,比上年增长12.22%。截至2014年年底,金融机构存款余额1264.32亿元,同比增长9.8%,各项贷款余额853.98亿元,同比增长10.42%。

## 第二节 焦作市金融状况指数评价分析

### 一 焦作市金融市场发展指数评价分析

2013—2014年焦作市金融市场发展指标及其下属指标,在河南省的排位变化情况,如表13—2—1和图13—2—1所示。

表 13—2—1 焦作市 2013—2014 年金融市场发展指数及其四级指标

| 年份 | | 金融业增加值 | 金融系统存款余额 | 金融系统贷款余额 | 证券交易额 | 发行国债额 | 保费收入 | 保险赔付额 | 金融市场发展指数 |
|---|---|---|---|---|---|---|---|---|---|
| 2013 | 原值（亿元） | 30.88 | 1151.52 | 773.40 | 449.34 | 4.93 | 41.97 | 12.96 | 10.14 |
| | 标准化后 | 5.62 | 7.34 | 6.29 | 3.74 | 21.92 | 15.73 | 17.24 | |
| 2014 | 原值（亿元） | 46.26 | 1264.32 | 853.98 | 877.84 | 2.1 | 44.29 | 14.99 | -0.2235 |
| | 标准化后 | -0.2526 | -0.3405 | -0.2680 | -0.2101 | -0.0466 | -0.2286 | -0.1931 | |
| 2013 年排名 | | 9 | 12 | 9 | 8 | 3 | 12 | 11 | 4 |
| 2014 年排名 | | 10 | 13 | 12 | 8 | 4 | 12 | 12 | 11 |
| 升降 | | -1 | -1 | -3 | 0 | -1 | 0 | -1 | -7 |

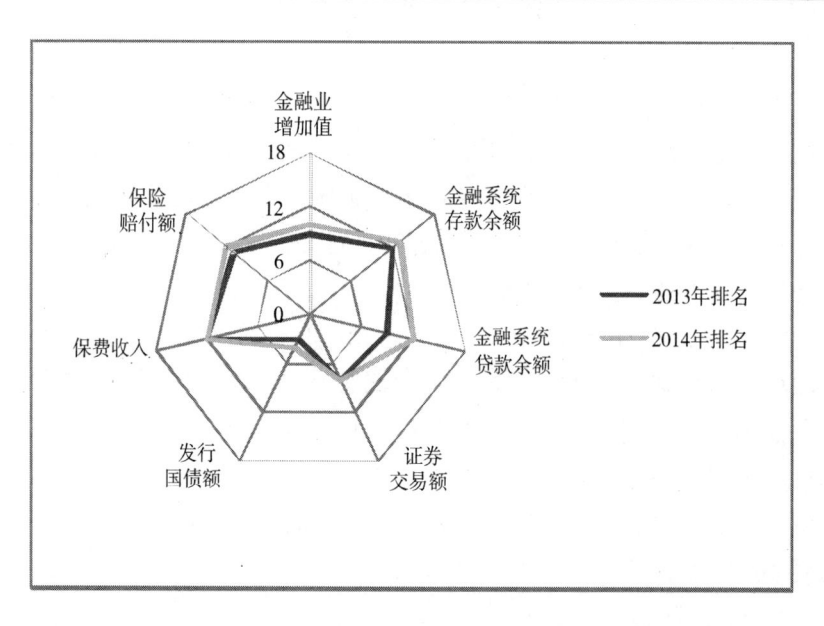

图 13—2—1 焦作市 2013—2014 年金融市场发展指数四级指标比较雷达图

1. 2014 年焦作市金融市场发展指数在整个河南省的综合排位处于第 11 位，表明其在河南省处于中势地位；与 2013 年相比排位下降了 7 位。

2. 从指标所处的水平看，发行国债额指标排位处于较优势地位，金融业增加值、金融系统存款余额、金融系统贷款余额、证券交易额、保费收入和保险赔付额在整个河南省排位均处于中等水平。

3. 从雷达图图形变化看，2014 年与 2013 年相比，面积有所扩大，焦作市金融市场发展呈现弱化态势。其中金融系统贷款余额指标成为图形扩大的主要动力点。

4. 从排位变化的动因看，在2014年经济形势下滑的背景下，2014年焦作市金融市场发展指数的7个四级指标中仅证券交易额和保费收入指标排位均没有发生变化，其余指标均有不同程度的下降，使其2014年的综合排位下降7位，居河南省第11位。

## 二 焦作市金融结构深化指数评价分析

2013—2014年焦作市金融结构深化指标及其下属指标，在河南省的排位变化情况，如表13—2—2和图13—2—2所示。

表13—2—2　焦作市2013—2014年金融结构深化指数及其四级指标

| 年份 | | 证券募集资金净额比GDP | 短期贷款占比 | 保费收入比全省金融业增加值 | 金融结构深化指数 |
|---|---|---|---|---|---|
| 2013 | 原值 | 0.0204 | 0.0398 | 0.0355 | 21.64 |
| | 标准化后 | 79.69 | 9.78 | 15.71 | |
| 2014 | 原值 | 0.0187 | 0.0354 | 0.0293 | -0.0367 |
| | 标准化后 | 0.5893 | -0.3185 | -0.2414 | |
| 2013年排名 | | 6 | 10 | 12 | 6 |
| 2014年排名 | | 6 | 12 | 12 | 7 |
| 升降 | | 0 | -2 | 0 | -1 |

1. 2014年焦作市金融结构深化指数在整个河南省的综合排位处于第7位，表明其在河南省处于相对优势地位；与2013年相比排位下降了1位。

2. 从指标所处的水平看，短期贷款占比和保费收入比全省金融业增加值2个指标在整个河南省排位均为第12位，即在整个省域内处于中势地位；但证券募集资金净额比GDP与其他指标相比排位比较靠前，是优势指标。

3. 从雷达图图形变化看，2014年与2013年相比，面积有所变大，金融结构深化有减弱的趋势，其中，短期贷款占比指标成为图形扩大的动力点。

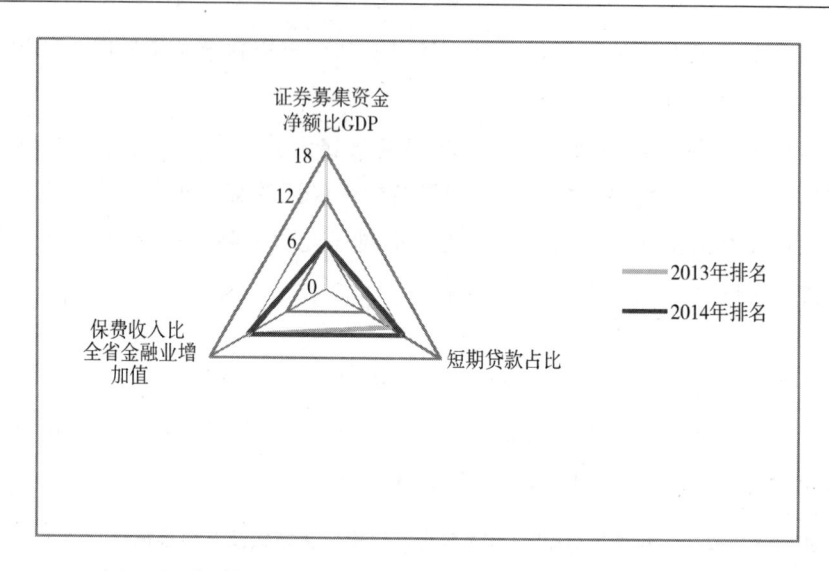

**图 13—2—2　焦作市 2013—2014 年金融结构深化指数四级指标比较雷达图**

4. 从排位变化的动因看，由于 2014 年焦作市金融结构深化的四级指标除短期贷款占比指标排位下降了 2 位外，其他指标在河南省排位均未发生变化，其金融结构深化指数综合排位下降了 1 位，居河南省第 7 位。

### 三　焦作市金融效率提高指数评价分析

2013—2014 年焦作市金融效率提高指标及其下属指标，在河南省的排位变化情况，如表 13—2—3 和图 13—2—3 所示。

**表 13—2—3　焦作市 2013—2014 年金融效率提高指数及其四级指标**

| 年份 | | 存贷比 | 保险密度 | 上市公司占有率 | 证券交易额占比 | 金融效率提高指数 |
|---|---|---|---|---|---|---|
| 2013 | 原值 | 0.6716 | 1194 | 0.1061 | 0.0242 | 23.44 |
| | 标准化后 | 53.67 | 32.52 | 0.33 | 0.04 | |
| 2014 | 原值 | 0.6754 | 1258 | 0.1045 | 0.0251 | 0.1344 |
| | 标准化后 | 0.4462 | 0.3856 | -0.1844 | -0.4033 | |
| 2013 年排名 | | 5 | 2 | 3 | 8 | 3 |
| 2014 年排名 | | 7 | 3 | 6 | 8 | 6 |
| 升降 | | -2 | -1 | -3 | 0 | -3 |

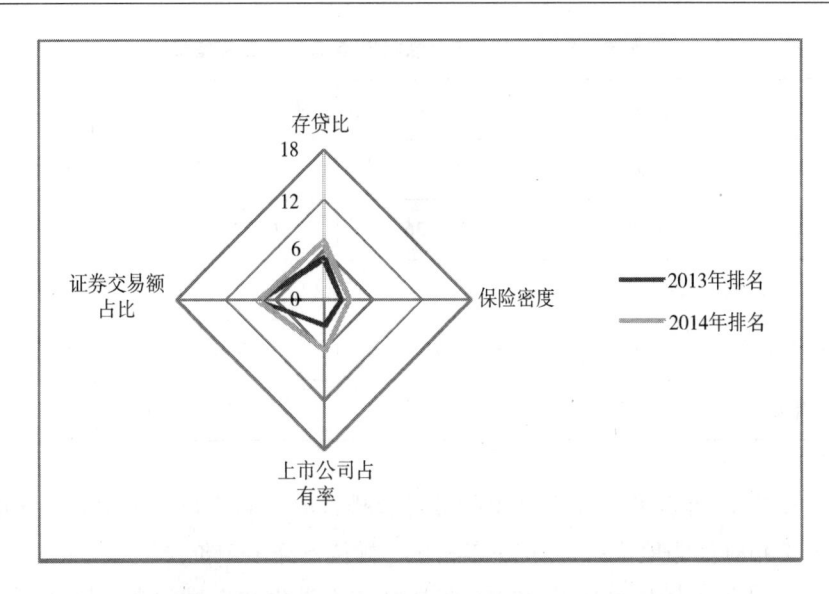

图13—2—3　焦作市2013—2014年金融效率提高指数四级指标比较雷达图

1. 2014年焦作市金融效率提高指数在整个河南省的综合排位处于第6位，表明其在河南省处于相对优势地位；与2013年相比排位下降了3位。

2. 从指标所处的水平看，保险密度指标在整个河南省排位为第3位，处于绝对优势地位，存贷比、上市公司占有率和证券交易额占比指标排位均处于中上游区，表明焦作市需要在证券业方面加大投入力度。

3. 从雷达图图形变化看，2014年与2013年相比，面积明显增大，金融效率提高指数呈现弱化趋势，其中存贷比和上市公司占有率成为了图形扩大的主要动力点。

4. 从排位变化的动因看，由于存贷比、保险密度和上市公司占有率指标排位均有不同程度地下降，证券交易额占比指标排位保持不变，综合作用下，2014年焦作市金融效率提高指数综合排位下降了3位，居河南省第6位。

**四　焦作市金融状况指数综合分析**

2013—2014年焦作市金融状况指标及其下属指标，在河南省的排位变化和指标结构情况，如表13—2—4所示。

表13—2—4　焦作市2013—2014年金融状况指标及其三级指标

| 年份 | 金融市场发展指数 | 金融结构深化指数 | 金融效率提高指数 | 金融状况指数 |
| --- | --- | --- | --- | --- |
| 2013 | 10.14 | 21.64 | 23.44 | 18.75 |
| 2014 | -0.2235 | -0.0367 | 0.1344 | -0.0491 |
| 2013年排位 | 4 | 6 | 3 | 3 |
| 2014年排位 | 11 | 7 | 6 | 5 |
| 升降 | -7 | -1 | -3 | -2 |

1. 2014年焦作市金融状况指数综合排位处于第5位，表明其在河南省处于相对优势地位；与2013年相比，排位下降了2位。

2. 从指标所处水平看，2014年金融结构深化和金融效率提高2个指标排位分别为第7位和第6位，处于中上游区；金融市场发展指标排位为第11位，处于中游区。

3. 从指标变化趋势看，金融市场发展、金融结构深化和金融效率提高3个指标排位与上一年相比均有不同程度地下降，其中金融市场发展指数下降幅度最大。

4. 从排位综合分析看，2014年焦作市金融状况中两个指标处于中上游区，且3个指标均有不同幅度地下降，决定了2014年焦作市金融状况指数综合排位下降2位，居河南省第5位。2014年面对国内外复杂的经济金融形式，焦作市更应优化信贷结构，同时利用资本市场，支持多渠道融资，使资金使用持续高效，金融运行持续稳健。

## 第三节　焦作市成长发展指数评价分析

### 一　焦作市资本市场成长性指数评价分析

2013—2014年焦作市资本市场成长性指标及其下属指标，在河南省的排位变化情况，如表13—3—1和图13—3—1所示。

表 13—3—1　焦作市 2013—2014 年资本市场成长性指数及其四级指标

| 年份 | | 金融机构贷款余额年增长额 | 发行国债年增长额 | A 股股票募集资金净额 | 资本市场成长性指标 |
|---|---|---|---|---|---|
| 2013 | 原值（亿元） | 101.22 | 1.6099 | 34.86 | 17.62 |
| | 标准化后 | 3.11 | 21.30 | 26.52 | |
| 2014 | 原值（亿元） | 80.58 | -2.837 | 32.38 | -0.6911 |
| | 标准化后 | -0.3999 | -1.9188 | 0.1339 | |
| 2013 年排名 | | 11 | 4 | 5 | 4 |
| 2014 年排名 | | 14 | 18 | 5 | 18 |
| 升降 | | -3 | -14 | 0 | -14 |

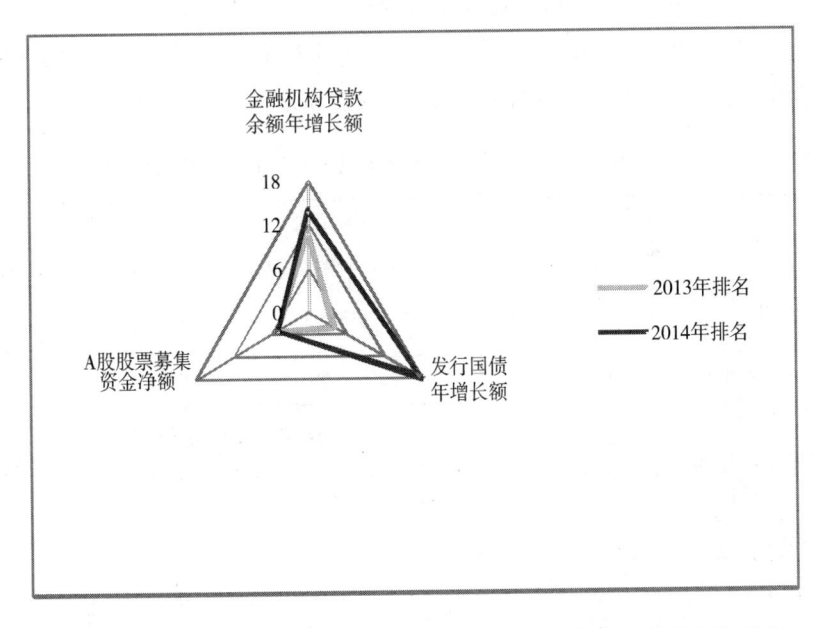

图 13—3—1　焦作市 2013—2014 年资本市场成长性指数四级指标比较雷达图

1. 2014 年焦作市资本市场成长性指数在整个河南省的综合排位处于第 18 位，表明其在河南省处于绝对劣势地位；与 2013 年相比排位下降了 14 位。

2. 从指标所处的水平看，A 股股票募集资金净额在整个河南省排位为第 5 位，处于上游区且为相对优势指标；金融机构贷款余额年增长额指标排位处于中下游水平；发行国债年增长额指标排位为第 18 位，处于绝对劣势地位。

3. 从雷达图图形变化看，2014 年与 2013 年相比，面积明显扩大，资本市场成长性呈现弱化趋势，其中，发行国债年增长额和金融机构贷款余额年增长额成为图形扩大的动力点。

4. 从排位变化的动因看，在 2014 年整个经济体内国债发行量均有所下降的背景下，焦作市国债年增长额较上年下降幅度较大，排位下降了 14 位，金融机构贷款余额年增长额指标排位也大幅下降，使其资本市场成长性指标排位下降了 14 位，处于第 18 位。

## 二　焦作市经济成长性指数评价分析

2013—2014 年焦作市经济成长性指标及其下属指标，在河南省的排位变化情况，如表 13—3—2 和图 13—3—2 所示。

表 13—3—2　焦作市 2013—2014 年经济成长性指数及其四级指标

| 年份 | | GDP 年增长额 | 财政收入年增长额 | 社会固定资产投资年增长额 | 社会消费品零售总额年增长额 | 经济成长性指数 |
|---|---|---|---|---|---|---|
| 2013 | 原值（亿元） | 156.01 | 12.21 | 254.03 | 57.83 | 17.20 |
| | 标准化后 | 20.35 | 5.81 | 25.09 | 15.72 | |
| 2014 | 原值（亿元） | 138.95 | 8.23 | 245.46 | 60.77 | -0.1822 |
| | 标准化后 | -0.0907 | -0.2362 | -0.0407 | -0.3921 | |
| 2013 年排名 | | 9 | 15 | 6 | 13 | 10 |
| 2014 年排名 | | 10 | 16 | 6 | 13 | 9 |
| 升降 | | -1 | -1 | 0 | 0 | 1 |

1. 2014 年焦作市经济成长性指数在整个河南省的综合排位处于第 9 位，表明其在河南省处于中势地位；与 2013 年相比排位上升了 1 位。

2. 从指标所处的水平看，社会固定资产投资年增长额在河南省排位为第 6 位，处于相对优势地位；GDP 年增长额和社会消费品零售总额年增长额均属于中等指标；财政收入年增长额指标位于河南省下游水平。

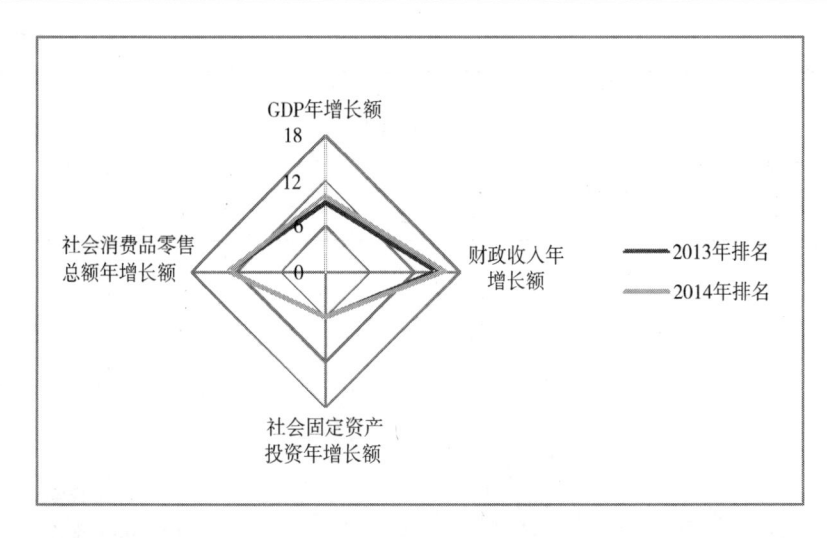

图 13—3—2　焦作市 2013—2014 年经济成长性指数四级指标比较雷达图

3. 从雷达图图形变化看，2014 年与 2013 年相比，面积有所扩大，经济成长性指数呈弱化趋势。其中，GDP 年增长额和财政收入年增长额成为图形扩大的动力点。

4. 从排位变化的动因看，尽管 GDP 年增长额和财政收入年增长额指标排位有所下降，但由于其他省内城市经济成长较慢，2014 年焦作市经济成长性指数四级指标在河南省的排位上升了 1 位，居河南省第 9 位。

### 三　焦作市城市创新成长性指数评价分析

2013—2014 年焦作市城市创新成长性指标及其下属指标，在河南省的排位变化情况，如表 13—3—3 和图 13—3—3 所示。

表 13—3—3　焦作市 2013—2014 年城市创新成长性指数及其四级指标

| 年份 | | 政府研发经费支出年增长额 | 政府研发人员年增长量 | 新产品销售收入年增长额 | 城市创新成长性指数 |
|---|---|---|---|---|---|
| 2013 | 原值 | 0.0105 | -2 | 38.46 | 16.35 |
| | 标准化后 | 35.95 | 2.17 | 2.93 | |
| 2014 | 原值 | 0.1105 | 1479 | 44.54 | 0.1541 |
| | 标准化后 | -0.4040 | 0.5899 | -0.1538 | |
| 2013 年排名 | | 9 | 16 | 14 | 11 |

续表

| 年份 | 政府研发经费支出年增长额 | 政府研发人员年增长量 | 新产品销售收入年增长额 | 城市创新成长性指数 |
| --- | --- | --- | --- | --- |
| 2014 年排名 | 10 | 2 | 4 | 3 |
| 升降 | -1 | 14 | 10 | 8 |

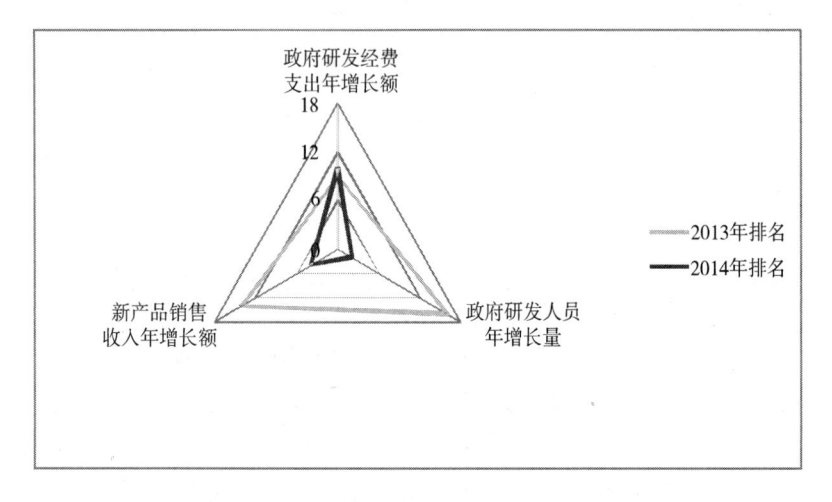

图 13—3—3 焦作市 2013—2014 年城市创新成长性指数四级指标比较雷达图

1. 2014 年焦作市城市创新成长性指数在整个河南省的综合排位处于第 3 位，表明其在河南省处于绝对优势地位；与 2013 年相比排位上升了 8 位。

2. 从指标所处的水平看，政府研发人员年增长量和新产品销售收入年增长额在整个河南省排位分别为第 2 位和第 4 位，处于上游区且为优势指标，而政府研发经费支出年增长额处于第 10 位，处于中游区。

3. 从雷达图图形变化看，2014 年与 2013 年相比，面积明显缩小，城市创新成长性呈现上升趋势，其中政府研发人员年增长量和新产品销售收入年增长额均成为了图形缩小的动力点。

4. 从排位变化的动因看，由于焦作市在 2014 年的研发人员的大量投入，使得其在 2014 年的新产品销售收入表现明显得增加，成为其城市创新成长性提高的主要拉动力量。2014 年焦作市城市创新成长性指数综合排位提升了 8 位，居河南省第 3 位。

## 四 焦作市成长发展指数综合分析

2013—2014 年焦作市成长发展指标及其下属指标,在河南省的排位变化和指标结构情况,如表 13—3—4 所示。

表 13—3—4　焦作市 2013—2014 年成长发展指标及其三级指标

| 年份 | 资本市场成长性指数 | 经济成长性指数 | 城市创新成长性指数 | 成长发展指数 |
| --- | --- | --- | --- | --- |
| 2013 | 17.62 | 17.20 | 16.35 | 18.12 |
| 2014 | -0.6911 | -0.1822 | 0.1541 | -0.2499 |
| 2013 年排位 | 4 | 10 | 11 | 7 |
| 2014 年排位 | 18 | 9 | 3 | 10 |
| 升降 | -14 | -1 | 7 | -3 |

1. 2014 年焦作市成长发展指数综合排位处于第 10 位,表明其在河南省处于中势地位;与 2013 年相比,排位下降了 3 位。

2. 从指标所处水平看,2014 年城市创新成长性指标排位为第 3 位,处于上游区且为绝对优势指标;经济成长性排位处于中游区;资本市场成长性排位靠后,处于绝对劣势地位。

3. 从指标变化趋势看,资本市场成长性和经济成长性 2 个指标排位与上一年相比有不同程度的下降,资本市场成长性指标排位更是下降了 14 位;城市创新成长性指标排位上升了 7 位。

4. 从排位综合分析看,由于资本市场成长性排名下降较多,决定了 2014 年焦作市成长发展指数综合排位下降 3 位,居河南省第 10 位。

## 第四节　焦作市服务水平指数评价分析

### 一 焦作市智力资本指数评价分析

2013—2014 年焦作市智力资本指标及其下属指标,在河南省的排位变化情况,如表 13—4—1 和图 13—4—1 所示。

表 13—4—1　焦作市 2013—2014 年智力资本指数及其四级指标

| 年份 | | 金融业从业密度 | 受高等教育密度 | 科研人员密度 | 普通高等学校数量 | 智力资本指数 |
|---|---|---|---|---|---|---|
| 2013 | 原值 | 4.25 | 20.42 | 5.62 | 6 | 33.75 |
| | 标准化后 | 58.11 | 19.28 | 44.44 | 9.09 | |
| 2014 | 原值 | 4.25 | 23.04 | 5.28 | 7 | 0.7142 |
| | 标准化后 | 1.5723 | 0.3316 | 0.9053 | -0.0179 | |
| 2013 年排名 | | 2 | 2 | 2 | 4 | 2 |
| 2014 年排名 | | 2 | 2 | 2 | 3 | 2 |
| 升降 | | 0 | 0 | 0 | 1 | 0 |

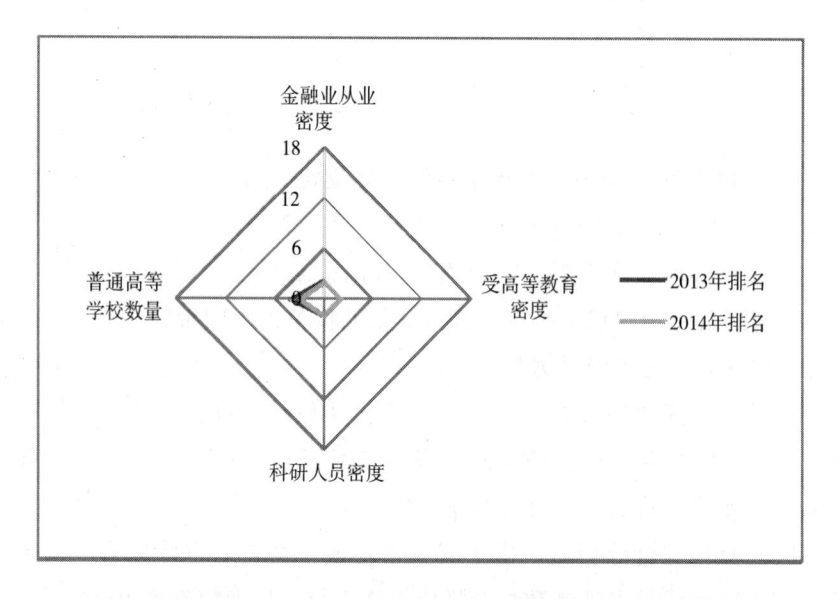

图 13—4—1　焦作市 2013—2014 年智力资本指数四级指标比较雷达图

1. 2014 年焦作市智力资本指数在整个河南省的综合排位处于第 2 位，表明其在河南省处于绝对优势地位；与 2013 年相比排位没有发生变化。

2. 从指标所处的水平看，金融业从业密度、受高等教育密度和科研人员密度在整个河南省排位均为第 2 位，具有绝对优势，普通高等学校数量指标处于较优势地位。这说明焦作市的智力资本在河南省处于绝对领先地位。

3. 从雷达图图形变化看，2014 年与 2013 年相比，面积略有缩小，智力资本呈现优化趋势，其中，普通高等学校数量增加是图形缩小的动力点。

4. 从排位变化的动因看，2014 年焦作市智力资本指数四级指标 3 个指标在河南省的排位均没有发生变化，且普通高等学校数量指标排位提升了 1 位，使其 2014 年的综合排位保持不变，仍居河南省第 2 位。焦作市注重教育和智力资本的培养，为焦作市金融的发展奠定了良好的基础。

## 二 焦作市城市环境指数评价分析

2013—2014 年焦作市城市环境指标及其下属指标，在河南省的排位变化情况，如表 13—4—2 和图 13—4—2 所示。

表 13—4—2　焦作市 2013—2014 年城市环境指数及其四级指标

| 年份 | | 城镇化水平 | 人均城市道路面积 | 人均绿化覆盖面积 | 基本医疗保险覆盖率 | 基本养老保险覆盖率 | 商品房屋销售均价 | 城镇从业人员平均工资 | 运营车辆数 | 城市环境指数 |
|---|---|---|---|---|---|---|---|---|---|---|
| 2013 | 原值 | 0.5202 | 15.6 | 11.54 | 0.2693 | 0.1536 | 3389 | 37241 | 689 | 39.23 |
| | 标准化后 | 53.37 | 55.05 | 39.26 | 59.71 | 37.33 | 84.20 | 43.73 | 8.31 | |
| 2014 | 原值 | 0.532 | 16 | 12 | 0.2697 | 0.1773 | 3279 | 39428 | 644 | 1.7056 |
| | 标准化后 | 0.7495 | 0.4032 | 0.4890 | 0.5022 | 0.6713 | 0.1755 | -0.1332 | -0.2472 | |
| 2013 年排名 | | 4 | 6 | 4 | 6 | 4 | 9 | 5 | 7 | 3 |
| 2014 年排名 | | 4 | 5 | 4 | 5 | 3 | 11 | 10 | 9 | 4 |
| 升降 | | 0 | 1 | 0 | 1 | 1 | -2 | -5 | -2 | -1 |

1. 2014 年焦作市城市环境指数在整个河南省的综合排位处于第 4 位，表明其在河南省处于绝对优势地位；与 2013 年相比排位下降了 1 位。

2. 从指标所处的水平看，虽然商品房屋销售均价、城镇从业人员平均工资和运营车辆数指标在河南省排位均为中等水平，但是其余指标在整个河南省排位均为上游区，综合来看，焦作市的城市环境在河南省仍处于相对领先地位。

3. 从雷达图图形变化看，2014 年与 2013 年相比，面积有所扩大，城市环境指数呈现下降趋势，其中商品房屋销售均价、城镇从业人员平均工资和运营车辆数指标成为了图形扩大的动力点。

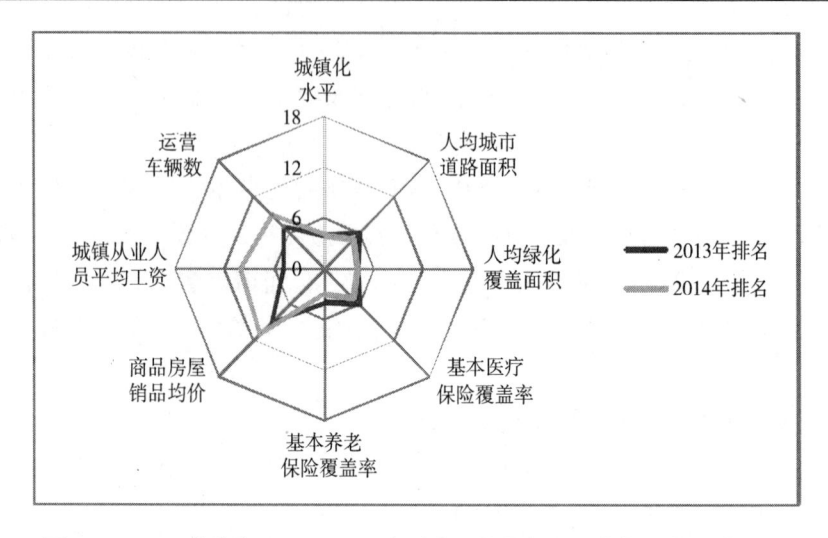

**图 13—4—2　焦作市 2013—2014 年城市环境指数四级指标比较雷达图**

4. 从排位变化的动因看，由于下降的指标幅度大于上升的指标幅度，因此 2014 年焦作市城市环境指数综合排位下降了 1 位，居河南省第 4 位。

### 三　焦作市服务水平指数综合分析

2013—2014 年焦作市服务水平指标及其下属指标，在河南省的排位变化和指标结构情况，如表 13—4—3 所示。

**表 13—4—3　焦作市 2013—2014 年服务水平指标及其三级指标**

| 年份 | 智力资本指数 | 城市环境指数 | 服务水平指数 |
| --- | --- | --- | --- |
| 2013 | 33.75 | 39.23 | 40.36 |
| 2014 | 0.7142 | 1.7056 | 1.2655 |
| 2013 年排位 | 2 | 3 | 3 |
| 2014 年排位 | 2 | 4 | 4 |
| 升降 | 0 | -1 | -1 |

1. 2014 年焦作市服务水平指数综合排位处于第 4 位，表明其在河南省处于相对优势地位；与 2013 年相比，排位下降了 1 位。

2. 从指标所处水平看，2014 年智力资本和城市环境 2 个指标排位分别为第 2 位和第 4 位，处于上游区且为优势指标。

3. 从指标变化趋势看,智力资本指标排位与上一年相比均没有变化,保持绝对优势地位;城市环境指数排位下降了1位,具有相对优势地位。

4. 从排位综合分析看,由于2个指标的优势,决定了2014年焦作市服务水平指数综合排位位居河南省第4位。

## 第五节 焦作市综合环境指数评价分析

### 一 焦作市经济环境指数评价分析

2013—2014年焦作市经济环境指标及其下属指标,在河南省的排位变化情况,如表13—5—1和图13—5—1所示。

表13—5—1 焦作市2013—2014年经济环境指数及其四级指标

| 年份 | | 城镇人均可支配收入 | 农村人均纯收入 | 人均GDP | 人均财政收入 | 人均社会商品零售额 | 经济环境指数 |
|---|---|---|---|---|---|---|---|
| 2013 | 原值(元) | 22058 | 11367 | 48545 | 2770 | 14150 | 48.25 |
| | 标准化后 | 46.82 | 62.57 | 59.07 | 27.17 | 27.99 | |
| 2014 | 原值(元) | 23977 | 12518 | 52421 | 2999 | 15854 | 0.5430 |
| | 标准化后 | 0.2685 | 1.0564 | 0.8306 | -0.1004 | 0.2899 | |
| 2013年排名 | | 7 | 3 | 5 | 5 | 4 | 4 |
| 2014年排名 | | 7 | 3 | 4 | 6 | 4 | 4 |
| 升降 | | 0 | 0 | 1 | -1 | 0 | 0 |

1. 2014年焦作市经济环境指数在整个河南省的综合排位处于第4位,表明其在河南省处于优势地位;与2013年相比排位没有发生变化。

2. 从指标所处的水平看,除农村人均纯收入、人均GDP和人均社会商品零售额指标在河南省排位较靠前,其余各项四级指标在整个河南省排位均处于中上游区,这说明焦作市的经济环境在河南省处于中上游水平。

3. 从雷达图图形变化看,2014年与2013年相比,面积基本保持不变。

4. 从排位变化的动因看,焦作市人均GDP指标排位上升1位,人均财政收入排位下降了1位,其余各指标的排位保持不变,因此2014年焦

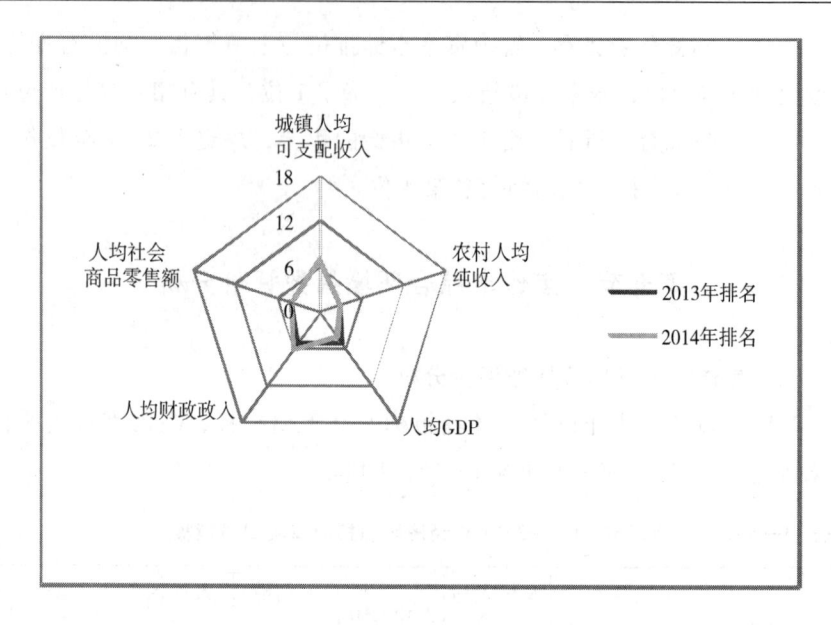

图 13—5—1　焦作市 2013—2014 年经济环境指数四级指标比较雷达图

作市经济环境指数综合排位保持不变,居河南省第 4 位。

## 二　焦作市开放程度指数评价分析

2013—2014 年焦作市开放程度指标及其下属指标,在河南省的排位变化情况,如表 13—5—2 和图 13—5—2 所示。

表 13—5—2　焦作市 2013—2014 年开放程度指数及其四级指标

| 年份 | | 实际利用外资额 | 旅游创汇收入 | 进出口总额 | 开放程度指数 |
|---|---|---|---|---|---|
| 2013 | 原值（万美元） | 66181 | 12295 | 226165 | 28.50 |
| | 标准化后 | 14.10 | 60.57 | 4.73 | |
| 2014 | 原值（万美元） | 72850 | 12501 | 246400 | 0.4272 |
| | 标准化后 | 0.0640 | 1.2371 | -0.1041 | |
| 2013 年排名 | | 6 | 3 | 2 | 3 |
| 2014 年排名 | | 4 | 3 | 2 | 3 |
| 升降 | | 2 | 0 | 0 | 0 |

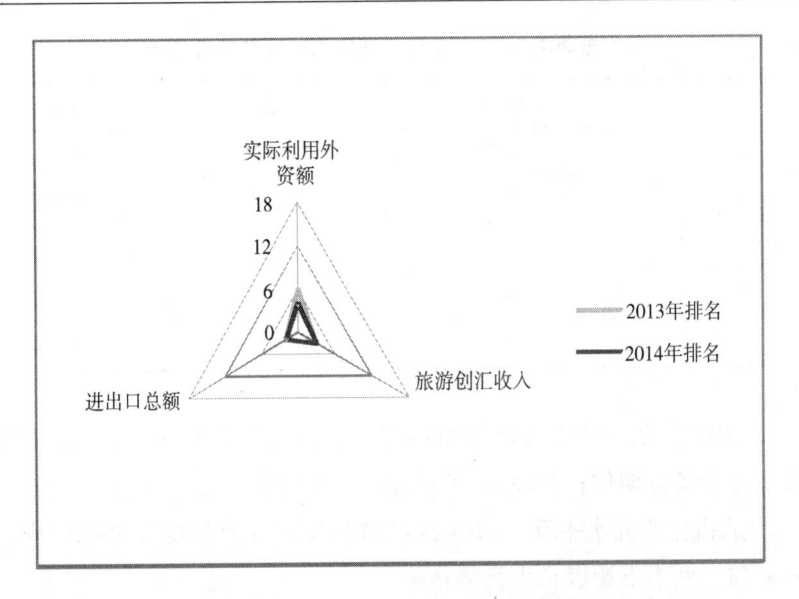

**图 13—5—2　焦作市 2013—2014 年开放程度指数四级指标比较雷达图**

1. 2014 年焦作市开放程度指数在整个河南省的综合排位处于第 3 位，表明其在河南省处于绝对优势地位；与 2013 年相比排位没有发生变化。

2. 从指标所处的水平看，旅游创汇收入和进出口总额在整个河南省排位分别为第 3 位和第 2 位，实际利用外资额排位为第 4 位，3 项指标均处于上游区且为优势指标。

3. 从雷达图图形变化看，2014 年与 2013 年相比，面积有所缩小，开放程度指标呈现优化趋势，其中，实际利用外资额成为图形缩小的动力点。

4. 从排位变化的动因看，2014 年焦作市实际利用外资额指标较上一年相比提升了 2 位，旅游创汇收入和进出口总额在河南省的排位均没有发生变化，使其 2014 年的开放程度指数的综合排位保持不变，居河南省第 3 位。

### 三　焦作市综合环境指数综合分析

2013—2014 年焦作市综合环境指标及其下属指标，在河南省的排位变化和指标结构情况，如表 13—5—3 所示。

表 13—5—3　焦作市 2013—2014 年综合环境指标及其三级指标

| 年份 | 经济环境指数 | 开放程度指数 | 综合环境指数 |
|---|---|---|---|
| 2013 | 48.25 | 28.50 | 40.75 |
| 2014 | 0.5430 | 0.4272 | 0.5161 |
| 2013 年排位 | 4 | 3 | 3 |
| 2014 年排位 | 4 | 3 | 3 |
| 升降 | 0 | 0 | 0 |

1. 2014 年焦作市综合环境指数综合排位处于第 3 位，表明其在河南省处于绝对优势地位；与 2013 年相比，排位没有变化。

2. 从指标所处水平看，2014 年经济环境和开放程度 2 个指标排位均比较靠前，处于上游区且为优势指标。

3. 从指标变化趋势看，经济环境和开放程度 2 个指标排位与上一年相比均没有变化，保持优势地位。

4. 从排位综合分析看，由于 2 个指标的绝对优势，决定了 2014 年焦作市综合环境指数综合排位仍然位居河南省第 3 位。说明焦作市内部经济和对外经济发展程度都很高，导致综合环境在整个河南省处于绝对优势地位。

## 第六节　焦作市金融发展指数综合评价分析

2013—2014 年焦作市金融发展指数综合指标及其下属指标，在河南省的排位变化和指标结构情况，如表 13—13—1 所示。

表 13—13—1　焦作市 2013—2014 年金融发展指数指标及其二级指标

| 年份 | 金融状况指数 | 成长发展指数 | 服务水平指数 | 综合环境指数 | 金融发展指数 |
|---|---|---|---|---|---|
| 2013 | 18.75 | 18.12 | 40.36 | 40.75 | 30.79 |
| 2014 | −0.0491 | −0.2499 | 1.2655 | 0.5161 | 1.4115 |
| 2013 年排位 | 3 | 7 | 3 | 3 | 3 |
| 2014 年排位 | 5 | 10 | 4 | 3 | 4 |
| 升降 | −2 | −3 | −1 | 0 | −1 |

1. 2014年焦作市金融发展指数综合排位处于第4位,表明其在河南省处于相对优势地位;与2013年相比,排位下降了1位。

2. 从指标所处水平看,2014年焦作市除成长发展指数在省内排位处于中上游区外,金融状况、服务水平和综合环境3个指标排位均处于中上游区。

3. 从指标变化趋势看,金融状况、成长发展、服务水平3个指标排位与上一年相比均有不同程度地下降;综合环境排位没有变化,保持优势地位。

4. 从排位综合分析看,由于4个指标中3个指标都有不同程度地下降,决定了2014年焦作市金融发展指数综合排位下降了1位,居河南省第4位。这表明焦作市金融状况良好,且智力资本投入力度较大,同时城市环境水平较完善,为金融发展奠定了坚实基础;经济实力雄厚、开放程度较高,具有较强竞争力。综合来看,焦作市金融发展水平较高。

# 第十四章 濮阳市 2014 年金融发展指数研究报告

## 第一节 濮阳市概述

濮阳市位于中国河南省的东北部，黄河下游北岸，冀鲁豫三省交会处。濮阳市北与河北省邯郸市交界，西与安阳市、滑县接壤，西南与长垣县毗邻，东与山东省泰安市、济宁市接壤，东北与山东省聊城市接壤，东南与山东省菏泽市接壤。

2014 年，全年完成地区金融业增加值 20.13 亿元；增长 73.38%。全社会固定资产投资完成 1115.78 亿元，比上年增长 15.62%；社会消费品零售总额完成 416 亿元，比上年增长 12.85%。截至 2014 年年底，金融机构存款余额 1059.14 亿元，同比增长 9.02%；各项贷款余额 461.36 亿元，同比增长 21.71%。

## 第二节 濮阳市金融状况指数评价分析

### 一 濮阳市金融市场发展指数评价分析

2013—2014 年濮阳市金融市场发展指标及其下属指标，在河南省的排位变化情况，如表 14—2—1 和图 14—2—1 所示。

1. 2014 年濮阳市金融市场发展指数在整个河南省的综合排位处于第 13 位，表明其在河南省处于中势地位；与 2013 年相比排位下降 5 位。

2. 从指标所处的水平看，金融业增加值、金融系统贷款余额、证券交易额、发行国债额、保险赔付额在河南省排位均有所上升，其中发行国债额排名第 3 位，处于较优势地位。

表 14—2—1　濮阳市 2013—2014 年金融市场发展指数及其四级指标

| 年份 | | 金融业增加值 | 金融系统存款余额 | 金融系统贷款余额 | 证券交易额 | 发行国债额 | 保费收入 | 保险赔付额 | 金融市场发展指数 |
|---|---|---|---|---|---|---|---|---|---|
| 2013 | 原值（亿元） | 11.61 | 971.49 | 379.05 | 341.07 | 4.14 | 38.55 | 11.77 | 11.98 |
| | 标准化后 | 1.64 | 5.86 | 1.98 | 2.66 | 17.76 | 14.13 | 15.21 | |
| 2014 | 原值（亿元） | 20.13 | 1059.14 | 461.36 | 661.58 | 2.25 | 40.58 | 16.6 | -0.2845 |
| | 标准化后 | -0.45739 | -0.40839 | -0.4324 | -0.2658 | -0.01459 | -0.29221 | -0.08417 | |
| 2013 年排名 | | 15 | 14 | 16 | 12 | 4 | 13 | 13 | 8 |
| 2014 年排名 | | 14 | 14 | 15 | 10 | 3 | 13 | 8 | 13 |
| 升降 | | 1 | 0 | 1 | 2 | 1 | 0 | 5 | -5 |

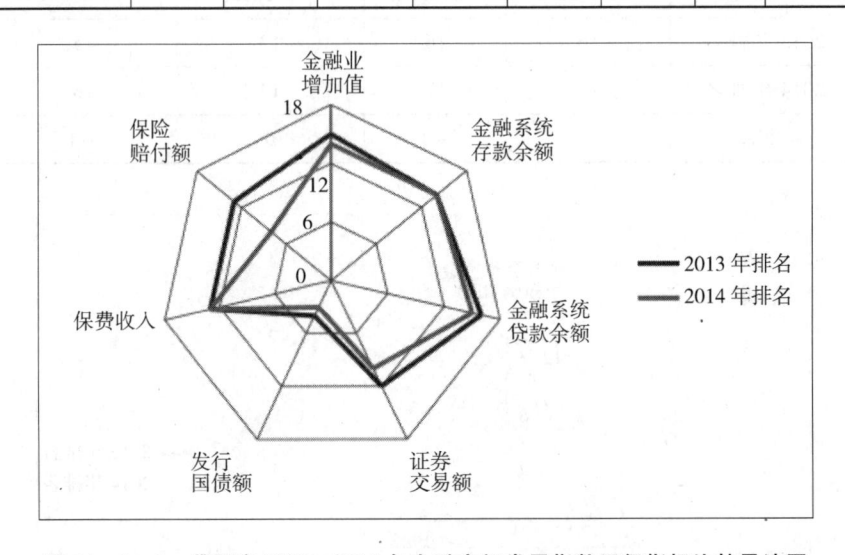

图 14—2—1　濮阳市 2013—2014 年金融市场发展指数四级指标比较雷达图

3. 从雷达图图形变化看，2014 年与 2013 年相比，面积保持不变，濮阳市金融市场发展呈现稳定态势。

4. 从排位变化的动因看，2014 年濮阳市金融市场发展指数的 7 个四级指标有 2 个指标排序没有变动，由于与其他地市的绝对差距均有所缩小以及保险赔付额的增加，使其 2014 年的总额排位下降 5 位，居河南省第 8 位。

## 二　濮阳市金融结构深化指数评价分析

2013—2014年濮阳市金融结构深化指标及其下属指标，在河南省的排位变化情况，如表14—2—2和图14—2—2所示。

表14—2—2　濮阳市2013—2014年金融结构深化指数及其四级指标

| 年份 | | 证券募集资金净额比GDP | 短期贷款占比 | 保费收入比全省金融业增加值 | 金融结构深化指数 |
|---|---|---|---|---|---|
| 2013 | 原值 | 0.2400 | 1.8800 | 3.2600 | 7.33 |
| | 标准化后 | 9.38 | 2.37 | 14.10 | |
| 2014 | 原值 | 0.00241 | 0.0181 | 0.0269 | -0.5981 |
| | 标准化后 | -0.82483 | -0.58583 | -0.26365 | |
| 2013年排名 | | 16 | 16 | 13 | 15 |
| 2014年排名 | | 15 | 17 | 13 | 16 |
| 升降 | | 1 | -1 | 0 | -1 |

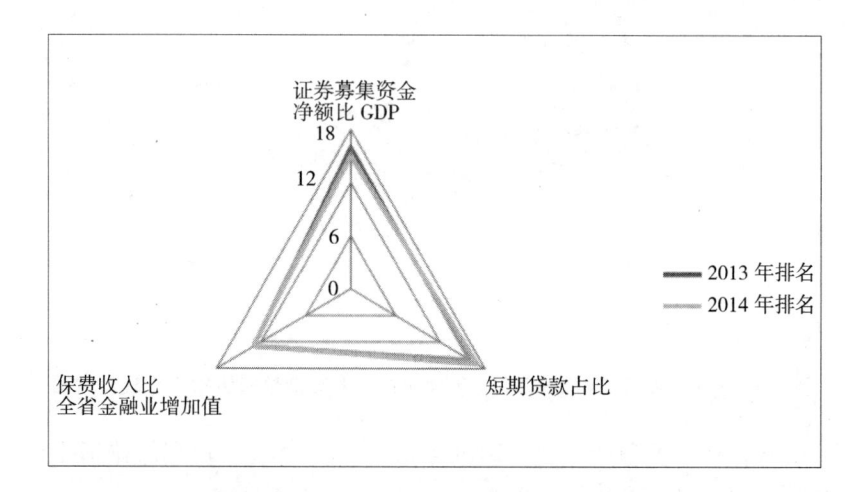

图14—2—2　濮阳市2013—2014年金融结构深化指数四级指标比较雷达图

1. 2014年濮阳市金融结构深化指数在整个河南省的综合排位处于第16位，表明其在河南省处于较劣势地位；与2013年相比排位下降1位。

2. 从指标所处的水平看，证券募集资金净额比GDP、短期贷款占比分别位于河南省第15位和第16位，处于下游区且为绝对劣势指标。保费收入比全省金融业增加值排位不变，处于中下游区且为较劣势指标。

3. 从雷达图图形变化看，2014年与2013年相比，面积基本保持不变，金融结构深化稳定。

4. 从排位变化的动因看，2014年濮阳市金融结构深化的4项指标在河南省排位变动幅度较小，保费收入比全省金融业增加值排位保持不变，综合作用，使其金融结构深化指数综合排位下降1位，居河南省第16位。

### 三 濮阳市金融效率提高指数评价分析

2013—2014年濮阳市金融效率提高指标及其下属指标，在河南省的排位变化情况，如表14—2—3和图14—2—3所示。

表14—2—3　濮阳市2013—2014年金融效率提高指数及其四级指标

| 年份 | | 存贷比 | 保险密度 | 上市公司占有率 | 证券交易额占比 | 金融效率提高指数 |
|---|---|---|---|---|---|---|
| 2013 | 原值 | 39.0200 | 1076 | 1.5200 | 1.8400 | 8.84 |
| | 标准化后 | 0.00 | 26.01 | 4.78 | 2.68 | |
| 2014 | 原值 | 0.4356 | 1127.22 | 0.0157 | 0.0053 | -0.7184 |
| | 标准化后 | -1.43 | 0.13 | -0.43 | -0.52 | |
| 2013年排名 | | 18 | 4 | 13 | 12 | 13 |
| 2014年排名 | | 18 | 5 | 15 | 14 | 16 |
| 升降 | | 0 | -1 | -2 | -2 | -3 |

1. 2014年濮阳市金融效率提高指数在整个河南省的综合排位处于第16位，表明其在河南省处于较劣势地位；与2014年相比排位下降了3位。

2. 从指标所处的水平看，保险密度、上市公司占有率和证券交易额占比在整个河南省排位分别为第5位、第15位和第14位，存贷比指标位于第18位，处于绝对劣势地位，可以发现，濮阳市保险业与银行业、证券业相比，效率优势较为明显。

3. 从雷达图图形变化看，2014年与2013年相比，面积有所增大，金融效率提高指数呈现弱化趋势，其中证券交易额占比和保险密度成为了图

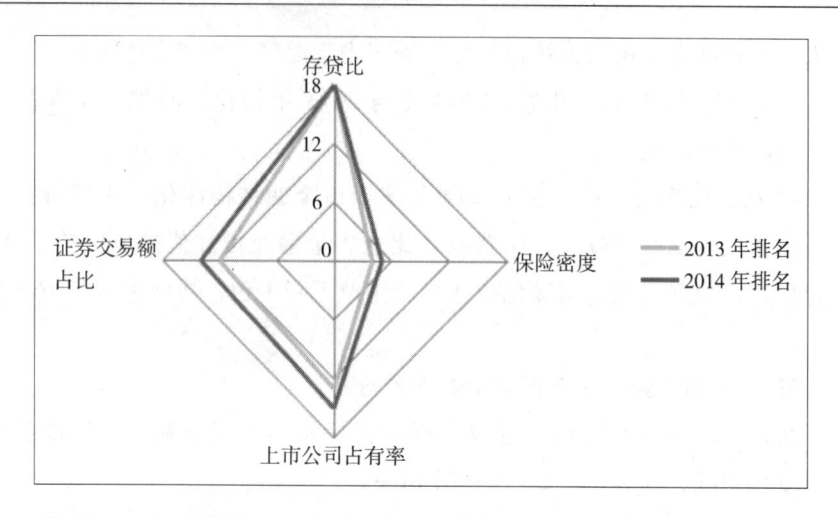

图 14—2—3　濮阳市 2013—2014 年金融效率提高指数四级指标比较雷达图

形扩大缩小的动力点。

4. 从排位变化的动因看,濮阳市存贷比指标排位有所不变,其他各项指标排位均下降,综合作用下,2014 年濮阳市金融效率提高指数综合排位下降 3 位,居河南省第 16 位。

### 四　濮阳市金融状况指数综合分析

2013—2014 年濮阳市金融状况指标及其下属指标,在河南省的排位变化和指标结构情况,如表 14—2—4 所示。

表 14—2—4　　濮阳市 2013—2014 年金融状况指标及其四级指标

| 年份 | 金融市场发展指数 | 金融结构深化指数 | 金融效率提高指数 | 金融状况指数 |
| --- | --- | --- | --- | --- |
| 2013 | 7.21 | 7.33 | 8.84 | 7.95 |
| 2014 | -0.2845 | -0.5981 | -0.7184 | -0.5599 |
| 2013 年排位 | 8 | 15 | 13 | 13 |
| 2014 年排位 | 13 | 16 | 16 | 17 |
| 升降 | -5 | -1 | -3 | -4 |

1. 2014 年濮阳市金融状况指数综合排位处于第 17 位,表明其在河南省处于绝对劣势地位;与 2013 年相比,排位下降 4 位。

2. 从指标所处水平看,2014 年金融市场发展、金融结构深化和金融效率提高3个指标排位均下降,金融发展指数位于第13位,处于中下游区,金融结构深化指数和金融效率提高指数均位于第16位,处于下游区。

3. 从指标变化趋势看,金融市场发展、金融结构深化和金融效率提高3个指标排位与上一年相比均下降。

4. 从排位综合分析看,在金融市场发展指数、金融结构深化指数和金融效率提高指数3个指标共同下降的作用下,2014年濮阳市金融状况指数综合排位位居河南省第17位,处于下游区。这说明濮阳市金融市场发展状况缺乏深入发展并有退化的情况,金融市场有待进一步发展。

## 第三节 濮阳市成长发展指数评价分析

### 一 濮阳市资本市场成长性指数评价分析

2013—2014年濮阳市资本市场成长性指标及其下属指标,在河南省的排位变化情况,如表14—3—1和图14—3—1所示。

表14—3—1 濮阳市2013—2014年资本市场成长性指数及其四级指标

| 年份 | | 金融机构贷款余额年增长额 | 发行国债年增长额 | A股股票募集资金净额 | 资本市场成长性指标 |
|---|---|---|---|---|---|
| 2013 | 原值(亿元) | 74.96 | 1.6762 | 2.7 | 9.25 |
| | 标准化后 | 2.07 | 22.26 | 2.05 | |
| 2014 | 原值(亿元) | 82.31 | -1.8889 | 2.69 | 3.6117 |
| | 标准化后 | -0.3947 | -0.88934 | -0.5641 | |
| 2013年排名 | | 16 | 8 | 15 | 16 |
| 2014年排名 | | 13 | 16 | 16 | 17 |
| 升降 | | 3 | -8 | -1 | -1 |

1. 2014年濮阳市资本市场成长性指数在整个河南省的综合排位处于第17位,表明其在河南省处于绝对劣势地位;与2013年相比排位下降1位。

2. 从指标所处的水平看,金融机构贷款余额年增长额在整个河南

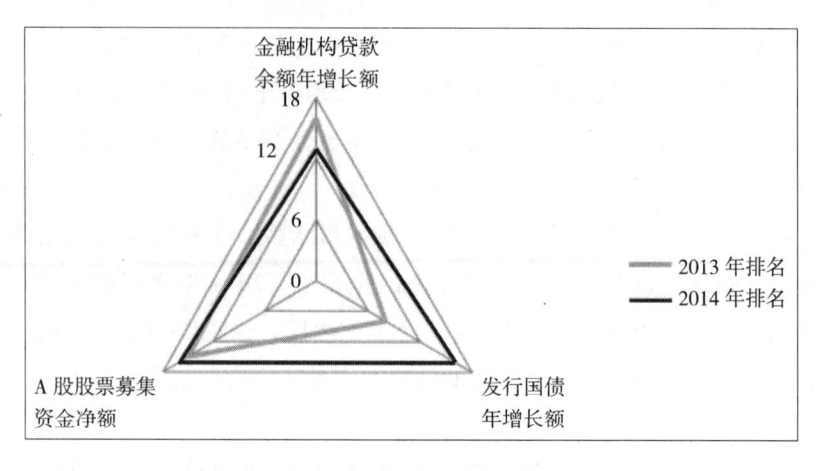

图 14—3—1 濮阳市 2013—2014 年资本市场成长性指数四级指标比较雷达图

省排位为第 13 位，处于中游区。发行国债年增长额和 A 股股票募集资金净额在整个河南省排位均为第 16 位，处于下游区且为绝对劣势指标。

3. 从雷达图图形变化看，2014 年与 2013 年相比，面积略微缩小，发行国债年增长额和 A 股股票募集资金净额成为图形缩小的动力点。

4. 从排位变化的动因看，在 2014 年整个经济体内国债发行量均有所下降的背景下，濮阳市国债年增长额较上年大幅下降，排位下降了 8 位，使其资本市场成长性下降 1 位。

## 二　濮阳市经济成长性指数评价分析

2013—2014 年濮阳市经济成长性指标及其下属指标，在河南省的排位变化情况，如表 14—3—2 和图 14—3—2 所示。

表 14—3—2　濮阳市 2013—2014 年经济成长性指数及其四级指标

| 年份 | | GDP 年增长额 | 财政收入年增长额 | 社会固定资产投资年增长额 | 社会消费品零售总额年增长额 | 经济成长性指数 |
|---|---|---|---|---|---|---|
| 2013 | 原值（亿元） | 140.78 | 12.41 | 203.18 | 47.40 | 13.95 |
| | 标准化后 | 17.90 | 5.99 | 18.35 | 12.11 | |

续表

| 年份 | | GDP 年增长额 | 财政收入年增长额 | 社会固定资产投资年增长额 | 社会消费品零售总额年增长额 | 经济成长性指数 |
|---|---|---|---|---|---|---|
| 2014 | 原值（亿元） | 123.13 | 9.89 | 150.71 | 47.37 | 3.5475 |
| | 标准化后 | -0.22 | -0.24 | -0.60 | -0.58 | |
| 2013 年排名 | | 12 | 12 | 13 | 14 | 13 |
| 2014 年排名 | | 12 | 12 | 15 | 14 | 14 |
| 升降 | | 0 | 0 | -2 | 0 | -1 |

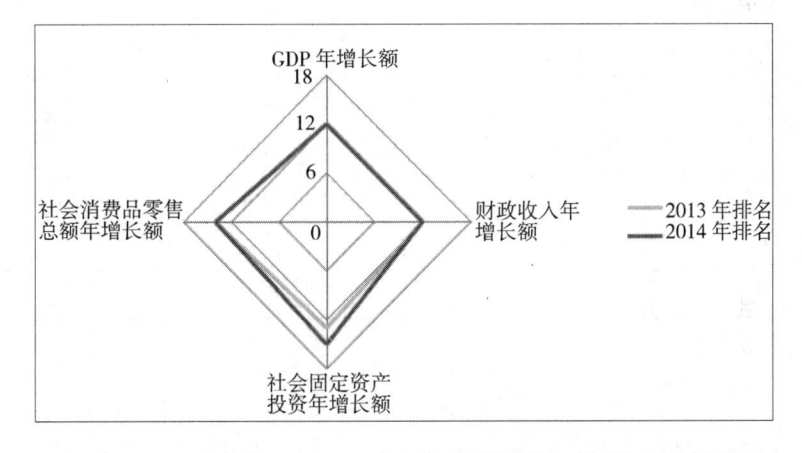

图 14—3—2　濮阳市 2013—2014 年经济成长性指数四级指标比较雷达图

1. 2014 年濮阳市经济成长性指数在整个河南省的综合排位处于第 14 位，表明其在河南省处于较劣势地位；与 2013 年相比下降 1 位。

2. 从指标所处的水平看，GDP 年增长额和社会消费品零售总额年增长额在河南省排位均为第 12 位，财政收入年增长额和社会固定资产投资年增长额在河南省排名分别为第 15 位和第 14 位，这说明濮阳市的经济成长性在河南省处于相对落后的地位。

3. 从雷达图图形变化看，2014 年与 2013 年相比，面积有所扩大，经济成长性呈现恶化趋势，其中社会固定资产投资年增长额成为图形扩大的动力点。

4. 从排位变化的动因看，由于 2014 年濮阳市社会固定资产投资年增长额的排位下降 2 位，其他 3 项经济指标排位不变，使其 2014 年的综合排位下降 1 位，仍位居河南省第 14 位。

### 三 濮阳市城市创新成长性指数评价分析

2013—2014 年濮阳市城市创新成长性指标及其下属指标，在河南省的排位变化情况，如表 14—3—3 和图 14—3—3 所示。

表 14—3—3　濮阳市 2013—2014 年城市创新成长性指数及其四级指标

| 年份 | | 政府研发经费支出年增长额 | 政府研发人员年增长量 | 新产品销售收入年增长额 | 城市创新成长性指数 |
| --- | --- | --- | --- | --- | --- |
| 2013 | 原值 | 0.032 | 767 | 5.76 | 22.18 |
| | 标准化后 | 37.36 | 16.80 | 1.15 | |
| 2014 | 原值 | 1.11 | 1047 | 6.12 | 0.0951 |
| | 标准化后 | 0.57783 | 0.29268 | -0.2685 | |
| 2013 年排名 | | 7 | 5 | 14 | 6 |
| 2014 年排名 | | 2 | 3 | 11 | 4 |
| 升降 | | 5 | 2 | 3 | 2 |

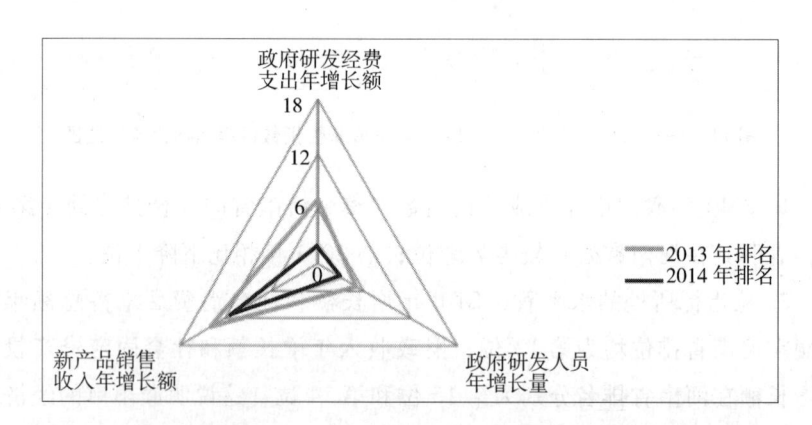

图 14—3—3　濮阳市 2013—2014 年城市创新成长性指数四级指标比较雷达图

1. 2014 年濮阳市城市创新成长性指数在整个河南省的综合排位处于第 4 位，表明其在河南省处于较优势地位；与 2013 年相比排位上升 2 位。

2. 从指标所处的水平看，政府研发经费支出年增长额和政府研发人员年增长量在整个河南省排位分别为第 2 位和第 3 位，处于上游区且为绝对优势指标，而新产品销售收入年增长额处于第 11 位，处于中游区且为较劣势指标。

3. 从雷达图图形变化看，2014 年与 2013 年相比，面积基本保持不变，城市创新成长性呈现上升趋势。

4. 从排位变化的动因看，由于政府研发经费支出年增长额大幅度上升的拉动作用，使得其在 2014 年城市创新成长性指数排位上升 2 位，位于河南省第 4 位。

### 四　濮阳市成长发展指数综合分析

2013—2014 年濮阳市成长发展指标及其下属指标，在河南省的排位变化和指标结构情况，如表 14—3—4 所示。

表 14—3—4　濮阳市 2013—2014 年成长发展指标及其三级指标

| 年份 | 资本市场成长性指数 | 经济成长性指数 | 城市创新成长性指数 | 成长发展指数 |
| --- | --- | --- | --- | --- |
| 2013 | 9.25 | 13.95 | 22.18 | 15.85 |
| 2014 | 3.6117 | 3.5475 | 0.0951 | 3.8381 |
| 2013 年排位 | 8 | 13 | 6 | 11 |
| 2014 年排位 | 17 | 14 | 4 | 14 |
| 升降 | -9 | -1 | 2 | -3 |

1. 2014 年濮阳市成长发展指数综合排位处于第 14 位，表明其在河南省处于较劣势地位；与 2013 年相比，排位下降 3 位。

2. 从指标所处水平看，2014 年资本市场成长性为第 17 位，处于绝对劣势地位；经济成长性位于第 14 位，处于较劣势地位；城市创新成长性为第 4 位，为较优势地位。

3. 从指标变化趋势看，资本市场成长性和经济成长性 2 个指标排位与上一年相比均下降，其中资本市场成长性大幅下降 9 位，处于绝对劣势地位。

4. 从排位综合分析看，由于资本市场成长性的绝对劣势地位的作用，使其 2014 年成长发展指数综合排位下降 3 位，位居河南省第 14 位。

## 第四节 濮阳市服务水平指数评价分析

### 一 濮阳市智力资本指数评价分析

2013—2014 年濮阳市智力资本指标及其下属指标，在河南省的排位变化情况，如表 14—4—1 和图 14—4—1 所示。

表 14—4—1　濮阳市 2013—2014 年智力资本指数及其四级指标

| 年份 | | 金融业从业密度 | 受高等教育密度 | 科研人员密度 | 普通高等学校数量 | 智力资本指数 |
|---|---|---|---|---|---|---|
| 2013 | 原值 | 1.74 | 2.32 | 2.25 | 1 | 8.44 |
| | 标准化后 | 15.71 | 1.02 | 16.08 | 0.00 | |
| 2014 | 原值 | 1.7 | 1.94 | 2.54 | 1 | -0.2807 |
| | 标准化后 | -0.12796 | -0.42152 | -0.03072 | -0.50225 | |
| 2013 年排名 | | 7 | 16 | 7 | 16 | 10 |
| 2014 年排名 | | 7 | 17 | 7 | 16 | 11 |
| 升降 | | 0 | -1 | 0 | 0 | -1 |

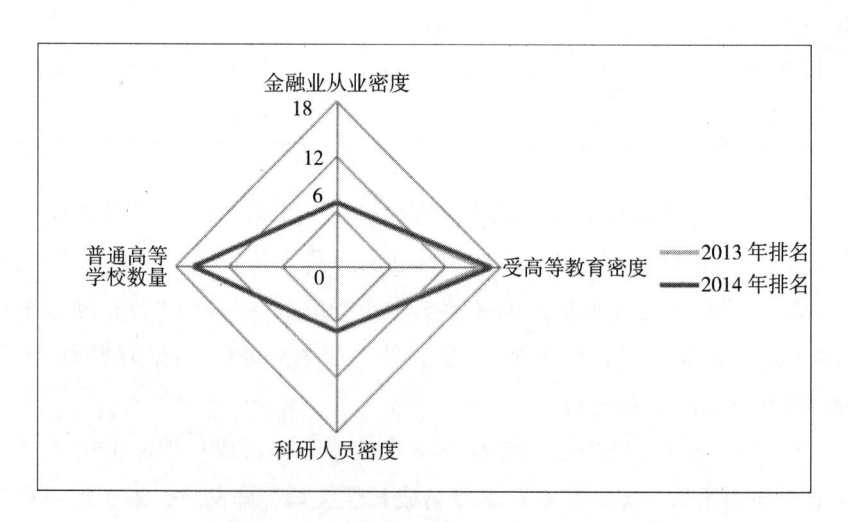

图 14—4—1　濮阳市 2013—2014 年智力资本指数四级指标比较雷达图

1. 2014 年濮阳市智力资本指数在整个河南省的综合排位处于第 11

位，表明其在河南省处于较劣势地位；与 2013 年相比排位下降 1 位。

2. 从指标所处的水平看，金融业从业密度、科研人员密度在整个河南省排位均为第 7 位，处于较优势地位；受高等教育密度和普通高等学校数量分别为第 17 位和第 16 位，处于绝对劣势地位。

3. 从雷达图图形变化看，2014 年与 2013 年相比，面积基本不变。

4. 从排位变化的动因看，2014 年濮阳市受高等教育密度排位下降 1 位，其他 3 项指标排位均未发生变化，在此作用下 2014 年濮阳市的综合排位下降 1 位，居河南省第 11 位。

## 二 濮阳市城市环境指数评价分析

2013—2014 年濮阳市城市环境指标及其下属指标，在河南省的排位变化情况，如表 14—4—2 和图 14—4—2 所示。

表 14—4—2　濮阳市 2013—2014 年城市环境指数及其四级指标

| 年份 | | 城镇化水平 | 人均城市道路面积 | 人均绿化覆盖面积 | 基本医疗保险覆盖率 | 基本养老保险覆盖率 | 商品房屋销售均价 | 城镇从业人员平均工资 | 运营车辆数 | 城市环境指数 |
|---|---|---|---|---|---|---|---|---|---|---|
| 2013 | 原值 | 36.72 | 13.14 | 5.46 | 19.39 | 8.36 | 3540 | 36814 | 565 | 8.79 |
| | 标准化后 | 6.01 | 44.65 | 11.95 | 18.59 | 10.36 | 80.83 | 40.24 | 6.06 | |
| 2014 | 原值 | 0.3850 | 13 | 6.04 | 0.1792 | 0.0868 | 1.11 | 41216 | 573 | -3.5431 |
| | 标准化后 | -0.99119 | -0.29873 | -0.54384 | -1.11067 | -0.66553 | -1.58211 | 0.47754 | -0.30118 | |
| 2013 年排名 | | 15 | 10 | 14 | 15 | 15 | 13 | 7 | 10 | 14 |
| 2014 年排名 | | 15 | 11 | 14 | 16 | 15 | 15 | 5 | 11 | 16 |
| 升降 | | 0 | -1 | 0 | -1 | 0 | -2 | 2 | -1 | -2 |

1. 2014 年濮阳市城市环境指数在整个河南省的综合排位处于第 16 位，表明其在河南省处于绝对劣势地位；与 2013 年相比排位下降 2 位。

2. 从指标所处的水平看，城镇化水平、基本养老保险覆盖率和商品房屋销售均价在河南省排位第 15 位，人均绿化覆盖面积和基本医疗保险覆盖率分别位于河南省第 14 位和第 16 位，这 5 个指标均位于下游区；人均城市道路面积和运营车辆数均位于河南省第 11 位，处于中游区；城镇从业人员平均工资位于第 5 位，处于上游区。

3. 从雷达图图形变化看，2014 年与 2013 年相比，面积有所增大，城

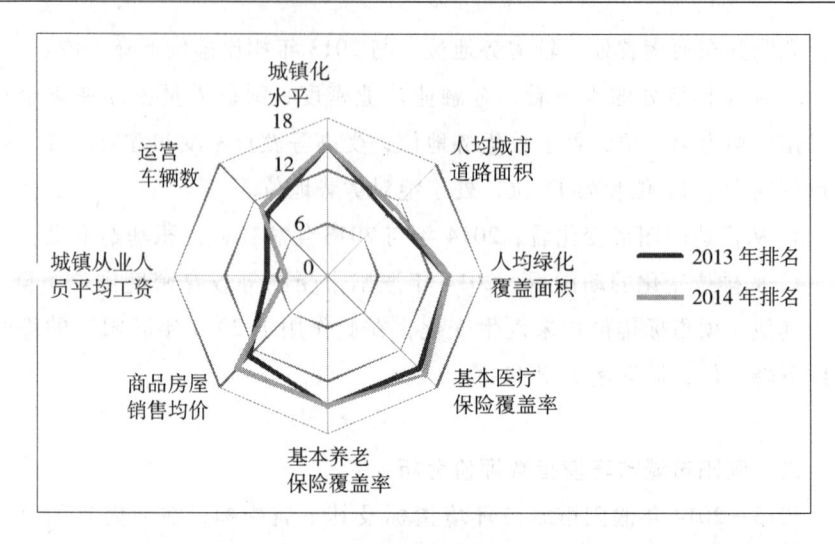

图 14—4—2　濮阳市 2013—2014 年城市环境指数四级指标比较雷达图

市环境指数呈现下降趋势,其中人均道路面积、基本养老保险覆盖率、商品房屋销售均价和运营车辆数成为图形扩大的动力点。

4. 从排位变化的动因看,城镇化水平、人均绿化覆盖面积和基本养老保险覆盖率排位不变,人均道路面积、基本医疗保险覆盖率、商品房屋销售均价和运营车辆数排位均下降,只有城镇从业人员平均工资排位上升 2 位,在此作用下,2014 年濮阳市城市环境指数综合排位下降 2 位,位居河南省第 16 位。

### 三　濮阳市服务水平指数综合分析

2013—2014 年濮阳市服务水平指标及其下属指标,在河南省的排位变化和指标结构情况,如表 14—4—3 所示。

表 14—4—3　濮阳市 2013—2014 年服务水平指标及其三级指标

| 年份 | 智力资本指数 | 城市环境指数 | 服务水平指数 |
| --- | --- | --- | --- |
| 2013 | 8.44 | 8.79 | 9.53 |
| 2014 | -0.2807 | -3.5431 | -1.9998 |
| 2013 年排位 | 10 | 14 | 14 |
| 2014 年排位 | 11 | 16 | 16 |
| 升降 | -1 | -2 | -2 |

1. 2014年濮阳市服务水平指数综合排位处于第16位，表明其在河南省处于绝对劣势地位；与2013年相比，排位下降2位。

2. 从指标所处水平看，2014年智力资本排位位于第11位，处于中游区；城市环境2个指标排位为第16位，处于下游区且为绝对劣势指标。

3. 从指标变化趋势看，智力资本与上一年相比下降1位，城市环境指标排位下降2位。

4. 从排位综合分析看，3项指标排位均有所下降，城市环境指数和服务水平指数均排名第16位，处于绝对劣势地位，濮阳市政府应加大力度整治城市环境，提高服务水平，进而促进金融市场的发展。

## 第五节 濮阳市综合环境指数评价分析

### 一 濮阳市经济环境指数评价分析

2013—2014年濮阳市经济环境指标及其下属指标，在河南省的排位变化情况，如表14—5—1和图14—5—1所示。

表14—5—1 濮阳市2013—2014年经济环境指数及其四级指标

| 年份 | | 城镇人均可支配收入 | 农村人均纯收入 | 人均GDP | 人均财政收入 | 人均社会商品零售额 | 经济环境指数 |
|---|---|---|---|---|---|---|---|
| 2013 | 原值（元） | 21571 | 7904 | 31483 | 1688 | 21571 | 21.30 |
| | 标准化后 | 41.14 | 13.51 | 23.31 | 11.73 | 41.14 | |
| 2014 | 原值（元） | 23767 | 8820 | 34895 | 1955.56 | 11555.6 | -0.4747 |
| | 标准化后 | 0.23025 | -0.78926 | -0.35832 | -0.45619 | -0.54846 | |
| 2013年排名 | | 10 | 15 | 11 | 13 | 14 | 13 |
| 2014年排名 | | 8 | 15 | 10 | 12 | 14 | 14 |
| 升降 | | 2 | 0 | 1 | 1 | 0 | -1 |

1. 2014年濮阳市经济环境指数在整个河南省的综合排位处于第14位，表明其在河南省处于较劣势地位；与2013年相比排位下降1位。

2. 从指标所处的水平看，农村人均纯收入和人均社会商品零售额排

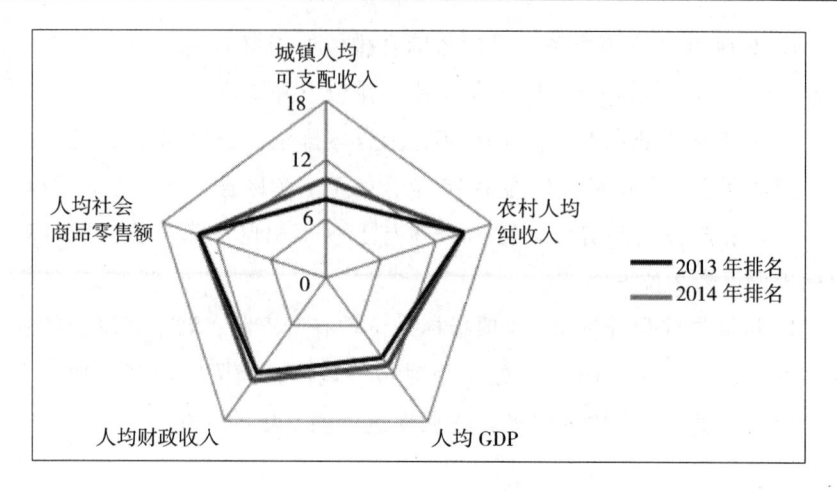

图 14—5—1　濮阳市 2013—2014 年经济环境指数四级指标比较雷达图

位不变，位于中下游区；城镇人均可支配收入、人均 GDP 和人均财政收入排位均上升 1 位到 2 位，位于中游区。

3. 从雷达图图形变化看，2014 年与 2013 年相比，面积有所缩小，城镇人均可支配收入、人均 GDP 和人均财政收入是图形缩小的动力点。

4. 从排位变化的动因看，虽然濮阳市城镇人均可支配收入、人均 GDP 和人均财政收入排位均上升 1 位到 2 位，其余各指标的排位保持不变，但绝对数比较小，因此 2014 年濮阳市经济环境指数综合排位下降 1 位，位居河南省第 14 位。

## 二　濮阳市开放程度指数评价分析

2013—2014 年濮阳市开放程度指标及其下属指标，在河南省的排位变化情况，如表 14—5—2 和图 14—5—2 所示。

1. 2014 年濮阳市开放程度指数在整个河南省的综合排位处于第 18 位，表明其在河南省处于绝对劣势地位；与 2013 年相比排位下降 2 位。

2. 从指标所处的水平看，实际利用外资额在整个河南省排位第 18 位，旅游创汇收入排位第 17 位，这 2 项指标处于下游区；进出口总额排位第 11 位，处于中游区。

3. 从雷达图图形变化看，2014 年与 2013 年相比，面积有所扩大。

表 14—5—2　濮阳市 2013—2014 年开放程度指数及其四级指标

| 年份 | | 实际利用外资额 | 旅游创汇收入 | 进出口总额 | 开放程度指数 |
|---|---|---|---|---|---|
| 2013 | 原值（万美元） | 38979 | 116 | 66495 | 2.63 |
| | 标准化后 | 5.32 | 0.54 | 0.97 | |
| 2014 | 原值（万美元） | 176.6 | 121 | 75400 | -0.5854 |
| | 标准化后 | -0.7292 | -0.5698 | -0.2636 | |
| 2013 年排名 | | 14 | 17 | 11 | 16 |
| 2014 年排名 | | 18 | 17 | 11 | 18 |
| 升降 | | -4 | 0 | 0 | -2 |

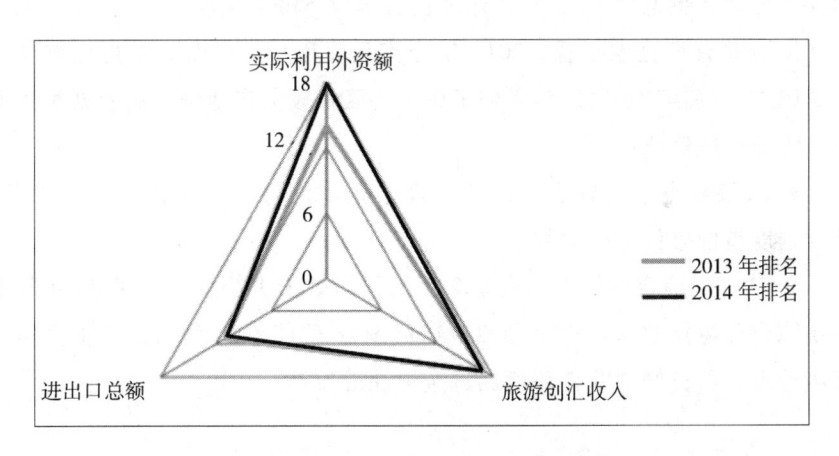

图 14—5—2　濮阳市 2013—2014 年开放程度指数四级指标比较雷达图

4. 从排位变化的动因看，2014 年濮阳市旅游创汇收入和进出口总额在河南省的排位均没有发生变化，实际利用外资额在河南省排位下降 4 位，使其 2014 年的开放程度指数的综合排位下降 2 位，居河南省第 18 位。

### 三　濮阳市综合环境指数综合分析

2013—2014 年濮阳市综合环境指标及其下属指标，在河南省的排位变化和指标结构情况，如表 14—5—3 所示。

表 14—5—3　濮阳市 2013—2014 年综合环境指标及其三级指标

| 年份 | 经济环境指数 | 开放程度指数 | 综合环境指数 |
|---|---|---|---|
| 2013 | 21.23 | 2.63 | 12.62 |
| 2014 | -0.4747 | -0.5854 | -0.5640 |
| 2013 年排位 | 13 | 16 | 14 |
| 2014 年排位 | 14 | 18 | 18 |
| 升降 | -1 | -2 | -4 |

1. 2014 年濮阳市综合环境指数综合排位处于第 18 位，表明其在河南省处于绝对劣势地位；与 2013 年相比，排位下降 4 位。

2. 从指标所处水平看，2014 年经济环境和开放程度 2 个指标排位分别为第 14 位和第 18 位，前者处于中下游区且较劣势地位，后者处于下游区且绝对劣势地位。

3. 从指标变化趋势看，经济环境指标排位与上一年相比下降 1 位，开放程度指标排位下降 2 位。

4. 从排位综合分析看，由于 2 个指标均处于劣势，决定了 2014 年濮阳市综合环境指数综合排位仍然位居河南省第 18 位，濮阳市应加大综合环境治理，以良好的综合环境促进金融业的发展。

## 第六节　濮阳市金融发展指数综合评价分析

2013—2014 年濮阳市金融发展指数综合指标及其下属指标，在河南省的排位变化和指标结构情况，如表 14—6—1 所示。

表 14—6—1　濮阳市 2013—2014 年金融发展指数指标及其二级指标

| 年份 | 金融状况指数 | 成长发展指数 | 服务水平指数 | 综合环境指数 | 金融发展指数 |
|---|---|---|---|---|---|
| 2013 | 7.95 | 15.85 | 9.53 | 12.62 | 11.98 |
| 2014 | -0.5599 | 3.8381 | -1.9998 | -0.5640 | -3.3386 |

续表

| 年份 | 金融状况指数 | 成长发展指数 | 服务水平指数 | 综合环境指数 | 金融发展指数 |
|---|---|---|---|---|---|
| 2013年排位 | 13 | 11 | 14 | 14 | 14 |
| 2014年排位 | 17 | 14 | 16 | 18 | 16 |
| 升降 | -4 | -3 | -2 | -4 | -2 |

1. 2014年濮阳市金融发展指数综合排位处于第16位，表明其在河南省处于绝对劣势地位；与2013年相比，排位下降2位。

2. 从指标所处水平看，2014年濮阳市成长发展指标排位位于第14位，处于中下游区；金融状况、服务水平和综合环境3个指标排位分别处于第17位、第16位和第18位，均处于下游区。

3. 从指标变化趋势看，金融状况、成长发展、服务水平和综合环境4个指标排位与上一年相比均下降2位到4位。

4. 从排位综合分析看，由于成长发展指数排位处于中下游区，其他3项指标排位均处于下游区，这决定了2014年濮阳市金融发展指数综合排位下降2位，位居河南省第16位。濮阳市的金融发展指数与上一年相比下降幅度较大，且4项指标均未挤进中上游区，濮阳市政府应重视金融市场的发展，集中力量对各方面进行提升，完善金融服务体系，促进金融市场的发展。

# 第十五章　许昌市2014年金融发展指数研究报告

## 第一节　许昌市概述

许昌市地处"中原之中",集高速公路、高速铁路、航空为一体的快捷交通体系初步形成。许昌市现代工业体系齐全,非公有制经济发达,是河南省经济、文化和社会发展最为快速和活跃的省辖市之一,同时拥有许昌市新区和东城区、许昌经济开发区3个现代化新城区。

2014年,全年完成地区金融业增加值49.56亿元;增长19.13%。全社会固定资产投资完成1637.23亿元,比上年增长15.65%;社会消费品零售总额完成627.2亿元,比上年增长12.69%。截至2014年年底,金融机构存款余额1533.27亿元,同比增长8.7%;各项贷款余额1166.20亿元,同比增长14.32%。

## 第二节　许昌市金融状况指数评价分析

### 一　许昌市金融市场发展指数评价分析

2013—2014年许昌市金融市场发展指标及其下属指标,在河南省的排位变化情况,如表15—2—1和图15—2—1所示。

1. 2014年许昌市金融市场发展指数在整个河南省的综合排位处于第12位,表明其在河南省处于较劣势地位;与2013年相比排位下降1位。

2. 从指标所处的水平看,金融系统存款余额和证券交易额在河南省排位均为第6位,处于较优势地位;金融业增加值排位位于第9位,处于中势地位;金融系统贷款余额、保费收入和保险赔付额在整个河南省排位

表 15—2—1　许昌市 2013—2014 年金融市场发展指数及其四级指标

| 年份 | | 金融业增加值 | 金融系统存款余额 | 金融系统贷款余额 | 证券交易额 | 发行国债额 | 保费收入 | 保险赔付额 | 金融市场发展指数 |
|---|---|---|---|---|---|---|---|---|---|
| 2013 | 原值（亿元） | 41.60 | 1410.52 | 999.23 | 585.25 | 1.39 | 42.76 | 13.28 | 6.21 |
| | 标准化后 | 7.84 | 9.46 | 8.76 | 5.09 | 3.27 | 16.10 | 17.79 | |
| 2014 | 原值（亿元） | 49.56 | 1533.27 | 1166.20 | 1021.34 | 0.54 | 45.41 | 15.15 | -0.2253 |
| | 标准化后 | -0.22668 | -0.2515 | -0.13724 | -0.17311 | -0.37992 | -0.20937 | -0.18225 | |
| 2013 年排名 | | 6 | 11 | 6 | 6 | 16 | 9 | 10 | 11 |
| 2014 年排名 | | 9 | 11 | 6 | 6 | 13 | 11 | 11 | 12 |
| 升降 | | -3 | 0 | 0 | 0 | 3 | -2 | -1 | -1 |

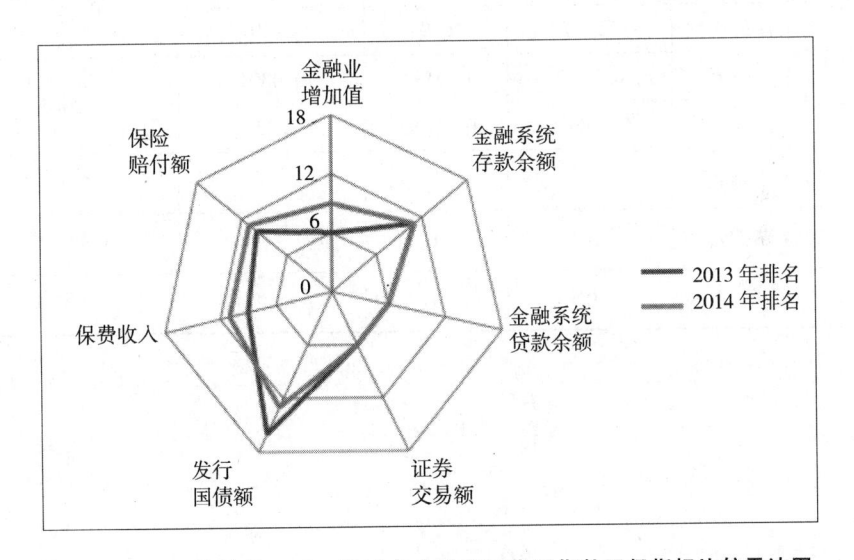

图 15—2—1　许昌市 2013—2014 年金融市场发展指数四级指标比较雷达图

均为第 11 位，处于中势地位；发行国债额排位位于第 13 位，处于较劣势地位。

3. 从雷达图图形变化看，2014 年与 2013 年相比，面积略微扩大，金融业增加值、保费收入和保险赔付额指标成为图形扩大的动力点。

4. 从排位变化的动因看，2014 年许昌市金融市场发展指数中，除了金融系统存款余额、金融系统贷款余额和证券交易额排位不变，发行国债额的排位上升3位，但金融业增加值排位下降3位，保费收入排位下降2位，保险赔付额下降1位，这使得2014年许昌市的综合排位下降1位，位居河南省第12位。

## 二 许昌市金融结构深化指数评价分析

2013—2014年许昌市金融结构深化指标及其下属指标，在河南省的排位变化情况，如表15—2—2和图15—2—2所示。

表15—2—2 许昌市2013—2014年金融结构深化指数及其四级指标

| 年份 | | 证券募集资金净额比GDP | 短期贷款占比 | 保费收入比全省金融业增加值 | 金融结构深化指数 |
|---|---|---|---|---|---|
| 2013 | 原值 | 0.0142 | 0.06 | 0.0362 | 20.51 |
| | 标准化后 | 55.47 | 16.91 | 16.10 | |
| 2014 | 原值 | 0.0142 | 0.0597 | 0.0301 | -0.0063 |
| | 标准化后 | 0.19865 | 0.05691 | -0.23399 | |
| 2013年排名 | | 7 | 4 | 9 | 7 |
| 2014年排名 | | 7 | 4 | 11 | 5 |
| 升降 | | 0 | 0 | -2 | 2 |

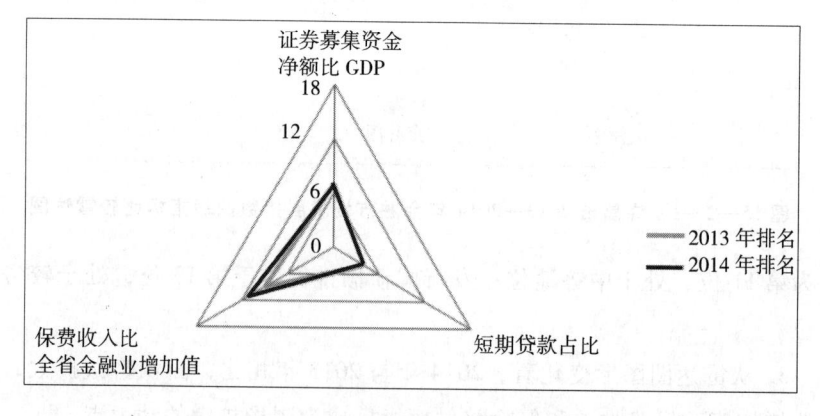

图15—2—2 许昌市2013—2014年金融结构深化指数四级指标比较雷达图

1. 2014年许昌市金融结构深化指数在整个河南省的综合排位处于第5位，表明其在河南省处于较优势地位；与2013年相比排位上升2位。

2. 从指标所处的水平看，证券募集资金净额比GDP、短期贷款占比2个指标在整个河南省排位未发生变动，分别为第7位和第4位，在河南省中处于较优势地位；保费收入比全省金融业增加值在河南省的排位为第11位，下降2位，处于中势地位。

3. 从雷达图图形变化看，2014年与2013年相比，面积有所扩大，金融结构深化有减弱的趋势。

4. 从排位变化的动因看，由于2014年许昌市金融结构深化的四级指标除保费收入比全省金融业增加值指标排位下降2位外，其他指标在河南省排位均未发生变化，但由于其他地市指标排位的相对变动，使其金融结构深化指数综合排位上升2位，仍位居河南省第5位。

### 三 许昌市金融效率提高指数评价分析

2013—2014年许昌市金融效率提高指标及其下属指标，在河南省的排位变化情况，如表15—2—3和图15—2—3所示。

表15—2—3 许昌市2013—2014年金融效率提高指数及其四级指标

| 年份 | | 存贷比 | 保险密度 | 上市公司占有率 | 证券交易额占比 | 金融效率提高指数 |
|---|---|---|---|---|---|---|
| 2013 | 原值 | 70.8400 | 995 | 7.5800 | 3.1500 | 19.01 |
| | 标准化后 | 0.00 | 26.01 | 4.78 | 2.68 | |
| 2014 | 原值 | 0.7606 | 1051.16 | 0.076 | 0.4893 | 1.3610 |
| | 标准化后 | 1.114 | -0.01753 | -0.26477 | 2.31474 | |
| 2013年排名 | | 4 | 6 | 4 | 6 | 4 |
| 2014年排名 | | 3 | 7 | 7 | 2 | 2 |
| 升降 | | 1 | -1 | -3 | 4 | 2 |

1. 2014年许昌市金融效率提高指数在整个河南省的综合排位处于第2位，表明其在河南省处于绝对优势地位；与2013年相比排位上升2位。

2. 从指标所处的水平看，证券交易额占比在整个河南省排位为第2位，

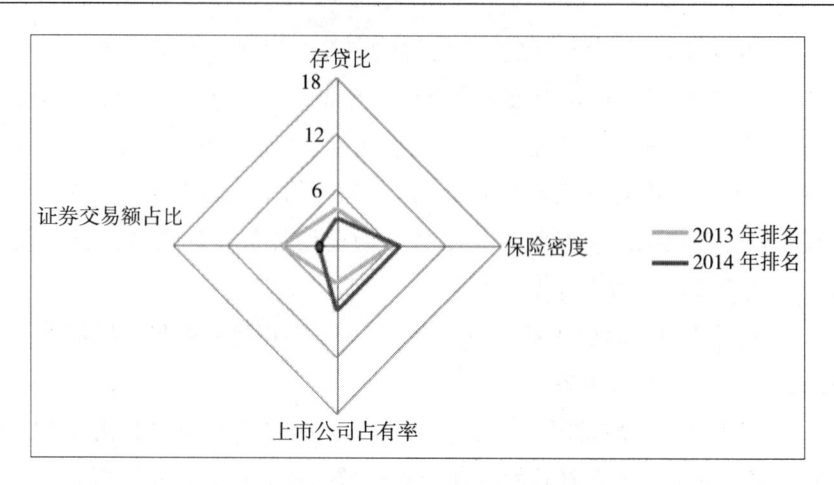

图 15—2—3　许昌市 2013—2014 年金融效率提高指数四级指标比较雷达图

处于绝对优势地位，存贷比指标位于第 3 位，处于较优势地位，保险密度和上市公司占有率处于第 7 位，处于较优势地位。这表明许昌市银行、保险、证券三大金融产业齐头发展，虽然规模不大，但效率相对较高。

3. 从雷达图图形变化看，2014 年与 2013 年相比，面积有所缩小，金融效率提高指数呈现强化趋势，其中证券交易额占比成为了图形缩小的动力点。

4. 从排位变化的动因看，许昌市存贷比指标和证券交易额占比排位有所上升，上市公司占有率和保险密度排位有所下降，综合作用下，2014年许昌市金融效率提高指数综合排位上升 2 位，仍位居河南省第 2 位。

**四　许昌市金融状况指数综合分析**

2013—2014 年许昌市金融状况指标及其下属指标，在河南省的排位变化和指标结构情况，如表 15—2—4 所示。

表 15—2—4　许昌市 2013—2014 年金融状况指标及其三级指标

| 年份 | 金融市场发展指数 | 金融结构深化指数 | 金融效率提高指数 | 金融状况指数 |
| --- | --- | --- | --- | --- |
| 2013 | 6.21 | 20.51 | 19.01 | 15.52 |
| 2014 | −0.2253 | −0.0063 | 1.3610 | 0.3698 |
| 2013 年排位 | 11 | 7 | 4 | 5 |
| 2014 年排位 | 12 | 5 | 2 | 3 |
| 升降 | −1 | 2 | 2 | 2 |

1. 2014年许昌市金融状况指数综合排位处于第3位，表明其在河南省处于较优势地位；与2013年相比，排位上升2位。

2. 从指标所处水平看，2014年金融市场发展指标位于第12位，处于中游区，金融结构深化和金融效率提高指标排位分别为第5位和第2位，处于上游区。

3. 从指标变化趋势看，金融市场发展指标排位下降1位，金融结构深化和金融效率提高3个指标排位与上一年相比均上升2位。

4. 从排位综合分析看，由于金融结构深化指数和金融效率提高指数2个指标排位上升，决定了2014年许昌市金融状况指数综合排位上升2位，位居河南省第3位。许昌市金融市场规模、结构、效率三个方面发展水平存在一定差距，并没有实现金融市场的全面发展，许昌市必须注意到其金融发展的短板，致力于扩大金融市场发展规模。

## 第三节 许昌市成长发展指数评价分析

### 一 许昌市资本市场成长性指数评价分析

2013—2014年许昌市资本市场成长性指标及其下属指标，在河南省的排位变化情况，如表15—3—1和图15—3—1所示。

表15—3—1　许昌市2013—2014年资本市场成长性指数及其四级指标

| 年份 | | 金融机构贷款余额年增长额 | 发行国债年增长额 | A股股票募集资金净额 | 资本市场成长性指标 |
|---|---|---|---|---|---|
| 2013 | 原值（亿元） | 148.47 | 0.455 | 26.96 | 10.34 |
| | 标准化后 | 2.07 | 22.26 | 2.05 | |
| 2014 | 原值（亿元） | 166.97 | -0.8555 | 27.553 | 0.0190 |
| | 标准化后 | -0.14285 | 0.23274 | 0.02038 | |
| 2013年排名 | | 6 | 15 | 6 | 7 |
| 2014年排名 | | 8 | 6 | 6 | 5 |
| 升降 | | -2 | 9 | 0 | 2 |

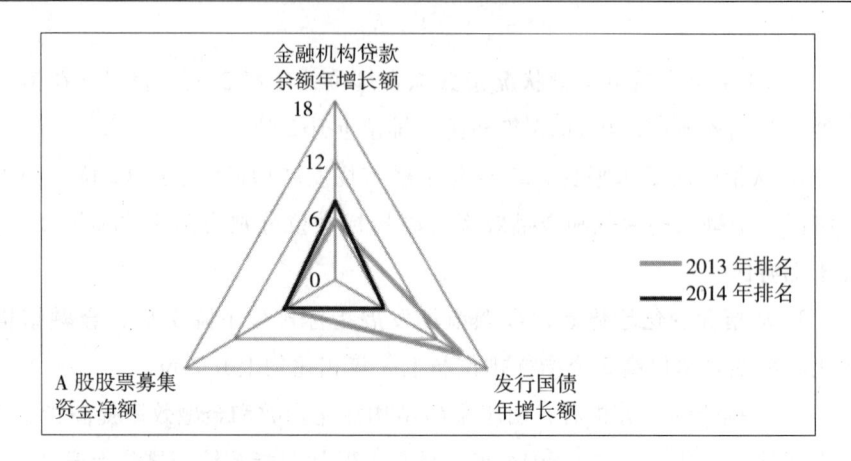

**图 15—3—1　许昌市 2013—2014 年资本市场成长性指数四级指标比较雷达图**

1. 2014 年许昌市资本市场成长性指数在整个河南省的综合排位处于第 5 位，表明其在河南省处于较优势地位；与 2013 年相比排位上升 2 位。

2. 从指标所处的水平看，金融机构贷款余额年增长额在河南省排位第 8 位，处于中上游区，发行国债年增长额和 A 股股票募集资金净额在整个河南省排位均为第 6 位，处于中上游区且为较优势指标。

3. 从雷达图图形变化看，2014 年与 2013 年相比，面积有所缩小，资本市场成长性呈现稳定趋势。

4. 从排位变化的动因看，在 2014 年整个经济体内国债发行量均有所下降的背景下，许昌市国债年增长额较上年排位上升了 9 位，使其资本市场成长性仍处于第 5 位。

## 二　许昌市经济成长性指数评价分析

2013—2014 年许昌市经济成长性指标及其下属指标，在河南省的排位变化情况，如表 15—3—2 和图 15—3—2 所示。

**表 15—3—2　许昌市 2013—2014 年经济成长性指数及其四级指标**

| 年份 | | GDP 年增长额 | 财政收入年增长额 | 社会固定资产投资年增长额 | 社会消费品零售总额年增长额 | 经济成长性指数 |
|---|---|---|---|---|---|---|
| 2013 | 原值（亿元） | 187.13 | 18.14 | 259.87 | 67.71 | 20.33 |
| | 标准化后 | 25.35 | 11.14 | 25.86 | 19.15 | |

续表

| 年份 | | GDP年增长额 | 财政收入年增长额 | 社会固定资产投资年增长额 | 社会消费品零售总额年增长额 | 经济成长性指数 |
|---|---|---|---|---|---|---|
| 2014 | 原值（亿元） | 183.92 | 16.72 | 221.57 | 70.65 | -0.0562 |
|  | 标准化后 | 0.2863 | -0.23589 | -0.1807 | -0.254 | |
| 2013年排名 | | 3 | 6 | 5 | 10 | 6 |
| 2014年排名 | | 3 | 7 | 9 | 10 | 8 |
| 升降 | | 0 | -1 | -4 | 0 | -2 |

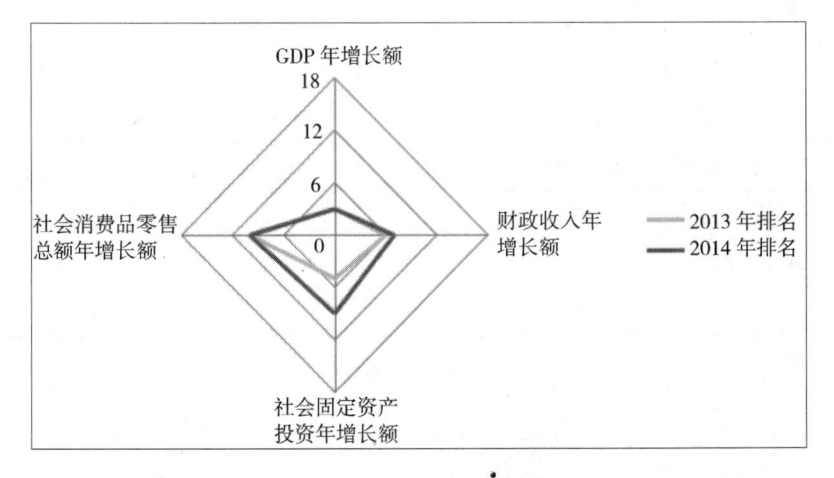

图15—3—2 许昌市2013—2014年经济成长性指数四级指标比较雷达图

1. 2014年许昌市经济成长性指数在整个河南省的综合排位处于第8位，表明其在河南省处于中势地位；与2013年相比排位下降2位。

2. 从指标所处的水平看，GDP年增长额在河南省排第3位，处于优势地位，财政收入年增长额、社会固定资产投资年增长额和社会消费品零售总额年增长额在河南省排位分别为第7位、第9位和第10位，处于中势地位。

3. 从雷达图图形变化看，2014年与2013年相比，面积有所扩大，财政收入年增长额和社会固定资产投资年增长额指标成为图形扩大的动力点。

4. 从排位变化的动因看，2014年许昌市GDP年增长额和社会消费品零售总额年增长额指标的排位不变，财政收入年增长额和社会固定资产投资年增长额指标排位分别下降1位和4位,使其2014年的综合排位下降2位,居河南省第8位。

### 三 许昌市城市创新成长性指数评价分析

2013—2014年许昌市城市创新成长性指标及其下属指标,在河南省的排位变化情况,如表15—3—3和图15—3—3所示。

表15—3—3 许昌市2013—2014年城市创新成长性指数及其四级指标

| 年份 | | 政府研发经费支出年增长额 | 政府研发人员年增长量 | 新产品销售收入年增长额 | 城市创新成长性指数 |
|---|---|---|---|---|---|
| 2013 | 原值 | -0.417 | 804 | 92.65 | 12.14 |
| | 标准化后 | 7.24 | 17.50 | 5.88 | |
| 2014 | 原值 | 4.19 | 398 | 91 | 0.4432 |
| | 标准化后 | 3.60337 | -0.15391 | -0.01505 | |
| 2013年排名 | | 17 | 3 | 2 | 16 |
| 2014年排名 | | 1 | 9 | 2 | 2 |
| 升降 | | 16 | -6 | 0 | 14 |

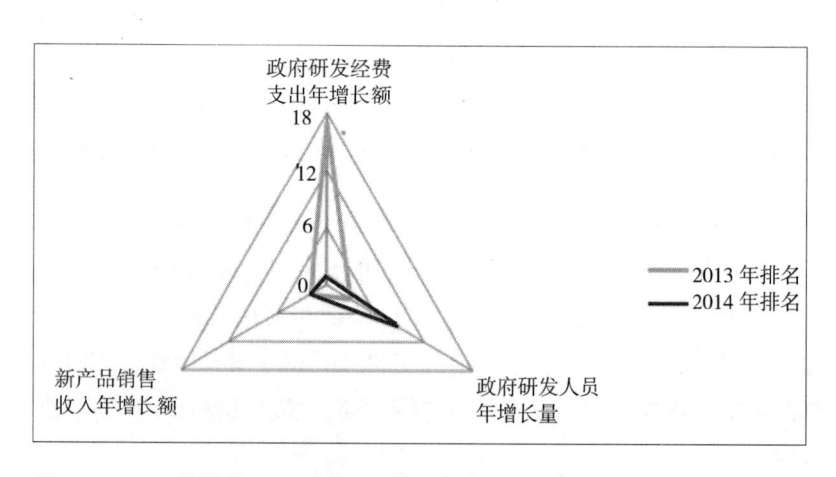

图15—3—3 许昌市2013—2014年城市创新成长性指数四级指标比较雷达图

1. 2014年许昌市城市创新成长性指数在整个河南省的综合排位处于第2位,表明其在河南省处于绝对优势地位;与2013年相比排位上升14位。

2. 从指标所处的水平看，政府研发经费支出年增长额和新产品销售收入年增长额指标在整个河南省排位分别为第 1 位和第 2 位，处于绝对优势，政府研发人员年增长量指标在河南省排位第 9 位，处于中势地位。

3. 从雷达图图形变化看，2014 年与 2013 年相比，面积有明显缩小，政府研发经费支出年增长额和新产品销售收入年增长额均成为了图形缩小的动力点。

4. 从排位变化的动因看，由于政府研发经费支出年增长额的明显提高，虽然研发人员增长额有所下降，但综合作用下 2014 年许昌市城市创新成长性指数排位上升 14 位，位居河南省第 2 位。

### 四 许昌市成长发展指数综合分析

2013—2014 年许昌市成长发展指标及其下属指标，在河南省的排位变化和指标结构情况，如表 15—3—4 所示。

表 15—3—4　许昌市 2013—2014 年成长发展指标及其三级指标

| 年份 | 资本市场成长性指数 | 经济成长性指数 | 城市创新成长性指数 | 成长发展指数 |
| --- | --- | --- | --- | --- |
| 2013 | 10.34 | 20.92 | 12.14 | 13.35 |
| 2014 | 0.0190 | -0.0562 | 0.4432 | 0.141151701 |
| 2013 年排位 | 7 | 6 | 16 | 12 |
| 2014 年排位 | 5 | 8 | 2 | 3 |
| 升降 | 2 | -2 | 14 | 9 |

1. 2014 年许昌市成长发展指数综合排位处于第 3 位，表明其在河南省处于较优势地位；与 2013 年相比，排位上升 9 位。

2. 从指标所处水平看，2014 年资本市场成长性和排位分别为第 5 位和第 2 位，为较优势指标，经济成长性指标排位为第 8 名，为中势指标。

3. 从指标变化趋势看，资本市场成长性和城市创新成长性指标排位分别上升 2 位和 14 位，经济成长性指标排位与上一年相比下降 2 位。

4. 从排位综合分析看，由于资本市场成长性和城市创新成长性指标排位均上升，经济成长性指标排位与上一年相比下降 2 位，但综合作用下 2014 年许昌市成长发展指数综合排位上升 9 位，位居河南省第 3 位。

## 第四节　许昌市服务水平指数评价分析

### 一　许昌市智力资本指数评价分析

2013—2014 年许昌市智力资本指标及其下属指标，在河南省的排位变化情况，如表 15—4—1 和图 15—4—1 所示。

表 15—4—1　许昌市 2013—2014 年智力资本指数及其四级指标

| 年份 | | 金融业从业密度 | 受高等教育密度 | 科研人员密度 | 普通高等学校数量 | 智力资本指数 |
|---|---|---|---|---|---|---|
| 2013 | 原值 | 1.39 | 6.8 | 3.82 | 4 | 12.99 |
| | 标准化后 | 9.80 | 5.54 | 29.29 | 5.45 | |
| 2014 | 原值 | 1.42 | 6.9 | 4.05 | 4 | -0.0846 |
| | 标准化后 | -0.31465 | -0.24449 | 0.48513 | -0.2601 | |
| 2013 年排名 | | 11 | 9 | 3 | 10 | 7 |
| 2014 年排名 | | 11 | 9 | 3 | 11 | 5 |
| 升降 | | 0 | 0 | 0 | -1 | 2 |

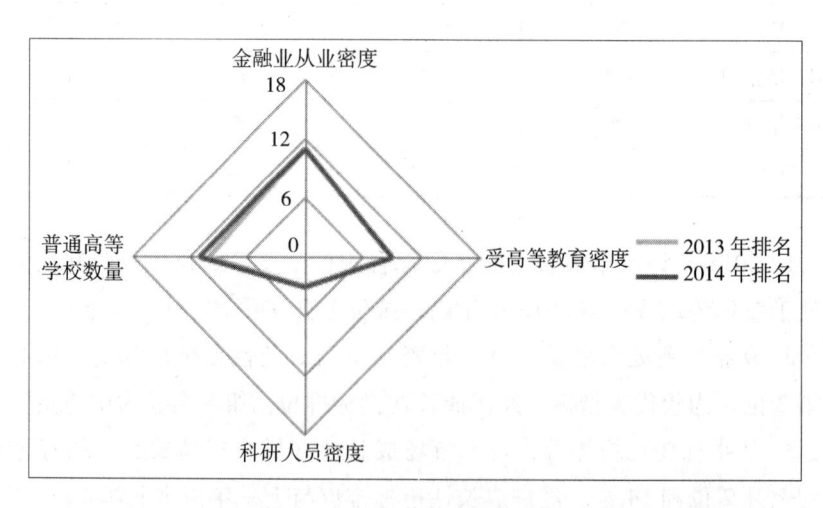

图 15—4—1　许昌市 2013—2014 年智力资本指数四级指标比较雷达图

1. 2014 年许昌市智力资本指数在整个河南省的综合排位处于第 5 位，表明其在河南省处于较优势地位；与 2013 年相比排位上升 2 位。

2. 从指标所处的水平看，科研人员密度在河南省排位为第 3 位，处于绝对优势地位，金融业从业密度、受高等教育密度和普通高等学校数量排位分别为第 11 位、第 9 位和第 11 位，处于中势地位。

3. 从雷达图图形变化看，2014 年与 2013 年相比，面积有所扩大，普通高等学校数量成为图形扩张的动力点。

4. 从排位变化的动因看，除了普通高等学校数量指数下降 1 位，其他 3 项指标排位均未发生变动，但由于其绝对数较大，使 2014 年许昌市的综合排位上升 2 位，位居河南省第 5 位。

## 二 许昌市城市环境指数评价分析

2013—2014 年许昌市城市环境指标及其下属指标，在河南省的排位变化情况，如表 15—4—2 和图 15—4—2 所示。

表 15—4—2　许昌市 2013—2014 年城市环境指数及其四级指标

| 年份 | | 城镇化水平 | 人均城市道路面积 | 人均绿化覆盖面积 | 基本医疗保险覆盖率 | 基本养老保险覆盖率 | 商品房屋销售均价 | 城镇从业人员平均工资 | 运营车辆数 | 城市环境指数 |
|---|---|---|---|---|---|---|---|---|---|---|
| 2013 | 原值 | 44.21 | 12.4 | 7.65 | 21.5 | 10.49 | 3737 | 35877 | 550 | 19.25 |
| | 标准化后 | 29.20 | 35.58 | 21.79 | 30.10 | 18.57 | 76.43 | 32.57 | 5.79 | |
| 2014 | 原值 | 0.4570 | 13 | 7.81 | 0.2155 | 0.1123 | 0.00 | 41310 | 740 | -1.4885 |
| | 标准化后 | -0.13861 | -0.29873 | -0.23712 | -0.46375 | -0.28886 | -1.5827 | 0.50964 | -0.17427 | |
| 2013 年排名 | | 10 | 13 | 9 | 12 | 11 | 15 | 12 | 11 | 12 |
| 2014 年排名 | | 10 | 11 | 10 | 12 | 10 | 17 | 4 | 7 | 11 |
| 升降 | | 0 | 2 | -1 | 0 | 1 | -2 | 8 | 4 | 1 |

1. 2014 年许昌市城市环境指数在整个河南省的综合排位处于第 11 位，表明其在河南省处于中势地位；与 2013 年相比排位上升 1 位。

2. 从指标所处的水平看，城镇从业人员人均工资在河南省排位为第 4 位，处于优势地位，运营车辆数排位为第 7 位，处于较优势地位，城镇化水平、人均城市道路面积、人均绿化覆盖面积、基本医疗保险覆盖率和基本养老保险覆盖率在河南省排位分别为第 10 位、第 11 位、第 10 位、第 12 位和第 10 位，处于中势地位，商品房销售均价排位为第 17 位，许昌

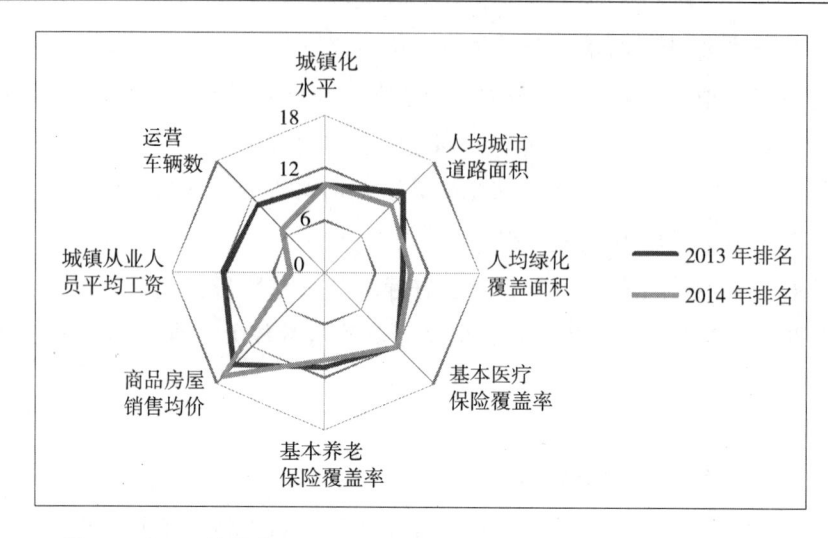

图 15—4—2　许昌市 2013—2014 年城市环境指数四级指标比较雷达图

市的城市环境在河南省排位为第 11 名，处于中势地位。

3. 从雷达图图形变化看，2014 年与 2013 年相比，面积略有减小，城市环境指数呈现上升趋势，其中城镇从业人员和运营车辆数成为了图形缩小的动力点。

4. 从排位变化的动因看，城镇从业人员平均工资和运营车辆数排位上升幅度较大，其他指标小幅变动且变动趋势正负抵消，使得 2014 年许昌市城市环境指标综合排位上升 1 位，位居河南省第 11 位。

### 三　许昌市服务水平指数综合分析

2013—2014 年许昌市服务水平指标及其下属指标，在河南省的排位变化和指标结构情况，如表 15—4—3 所示。

表 15—4—3　许昌市 2013—2014 年服务水平指标及其三级指标

| 年份 | 智力资本指数 | 城市环境指数 | 服务水平指数 |
| --- | --- | --- | --- |
| 2013 | 12.99 | 19.25 | 17.83 |
| 2014 | −0.0846 | −1.4885 | −0.8227 |
| 2013 年排位 | 12 | 6 | 10 |
| 2014 年排位 | 5 | 11 | 11 |
| 升降 | 7 | −5 | −1 |

1. 2014年许昌市服务水平指数综合排位处于第11位，表明其在河南省处于中势地位；与2013年相比，排位下降1位。

2. 从指标所处水平看，2014年智力资本指标排位位于第5位，处于中上游区，城市环境指标排位为第11位，处于中游区。

3. 从指标变化趋势看，智力资本指标排位与上一年相比上升7位，城市环境指标排位与上一年相比下降5位。

4. 从排位综合分析看，由于2个指标上升和下降的幅度，决定了2014年许昌市服务水平指数综合排位位居河南省第11位，与上一年相比下降1位。许昌市政府应注意城市环境指数的大幅下降，要加大环境整治力度，为市民提供良好的城市环境。

## 第五节　许昌市综合环境指数评价分析

### 一　许昌市经济环境指数评价分析

2013—2014年许昌市经济环境指标及其下属指标，在河南省的排位变化情况，如表15—5—1和图15—5—1所示。

表15—5—1　许昌市2013—2014年经济环境指数及其四级指标

| 年份 | | 城镇人均可支配收入 | 农村人均纯收入 | 人均GDP | 人均财政收入 | 人均社会商品零售额 | 经济环境指数 |
|---|---|---|---|---|---|---|---|
| 2013 | 原值（元） | 21717 | 11007 | 44297 | 2525 | 12952 | 42.29 |
| | 标准化后 | 42.84 | 57.47 | 50.17 | 23.68 | 22.00 | |
| 2014 | 原值（元） | 23753 | 12140 | 48471 | 2898.61 | 14518.5 | 0.3550 |
| | 标准化后 | 0.2277 | 0.86771 | 0.56264 | -0.13459 | 0.02943 | |
| 2013年排名 | | 8 | 4 | 6 | 6 | 7 | 6 |
| 2014年排名 | | 9 | 4 | 6 | 7 | 8 | 5 |
| 升降 | | -1 | 0 | 1 | -1 | -1 | 1 |

1. 2014年许昌市经济环境指数在整个河南省的综合排位处于第5位，表明其在河南省处于较优势地位；与2013年相比排位上升1位。

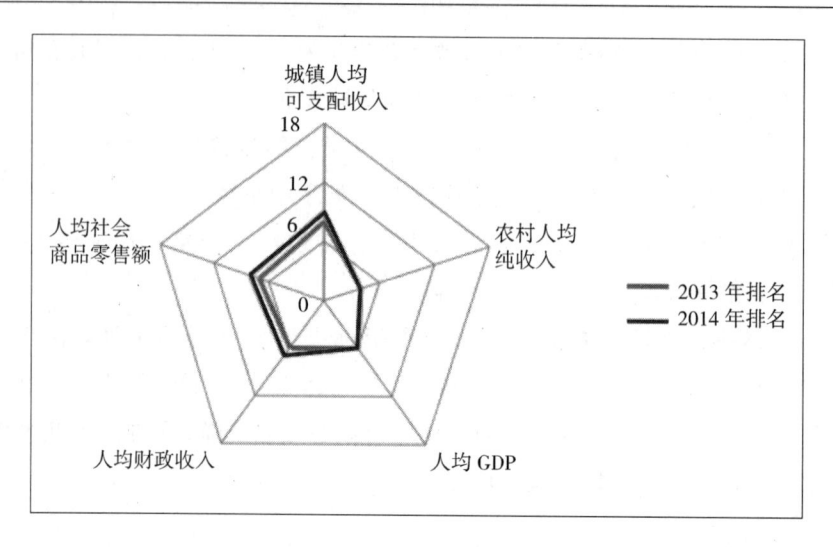

图 15—5—1 许昌市 2013—2014 年经济环境指数四级指标比较雷达图

2. 从指标所处的水平看，农村人均纯收入在河南省排位为第 4 位，处于较优势地位，城镇人均可支配收入、人均 GDP、人均财政收入和人均社会商品零售额指标在整个河南省排位分别为第 9 位、第 6 位、第 7 位和第 8 位，处于中势地位。

3. 从雷达图图形变化看，2014 年与 2013 年相比面积基本保持不变。

4. 从排位变化的动因看，许昌市人均 GDP 指标排位上升 1 位，农村人均纯收入指标排位不变，其余各指标的排位均下降 1 位，但绝对数较大，因此 2014 年许昌市经济环境指数综合排位上升 1 位，位居河南省第 5 位。

## 二 许昌市开放程度指数评价分析

2013—2014 年许昌市开放程度指标及其下属指标，在河南省的排位变化情况，如表 15—5—2 和图 15—5—2 所示。

表 15—5—2 许昌市 2013—2014 年开放程度指数及其四级指标

| 年份 | | 实际利用外资额 | 旅游创汇收入 | 进出口总额 | 开放程度指数 |
|---|---|---|---|---|---|
| 2013 | 原值（万美元） | 53113 | 6 | 214340 | 5.47 |
| | 标准化后 | 9.88 | 0.00 | 4.45 | |

续表

| 年份 | | 实际利用外资额 | 旅游创汇收入 | 进出口总额 | 开放程度指数 |
|---|---|---|---|---|---|
| 2014 | 原值（万美元） | 374 | 201 | 228000 | -0.5307 |
| | 标准化后 | -0.72708 | -0.55816 | -0.12122 | |
| 2013 年排名 | | 8 | 18 | 3 | 11 |
| 2014 年排名 | | 15 | 14 | 3 | 16 |
| 升降 | | -7 | 4 | 0 | -5 |

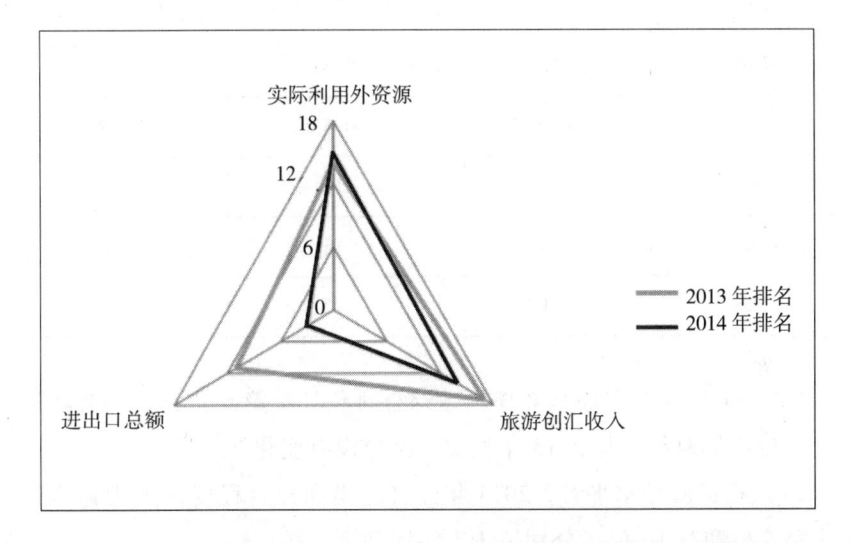

图15—5—2　许昌市2013—2014年开放程度指数四级指标比较雷达图

1. 2014 年许昌市开放程度指数在整个河南省的综合排位处于第16位，表明其在河南省处于绝对劣势地位；与2013年相比排位没有发生变化。

2. 从指标所处的水平看，进出口总额在整个河南省排位为第3位，处于绝对优势地位，实际利用外资额和旅游创汇收入排位为第15位和第14位，处于较劣势地位。

3. 从雷达图图形变化看，2014年与2013年相比，面积有所扩大，实际利用外资额是图形扩大的动力点。

4. 从排位变化的动因看，2014年许昌市实际利用外资额指数的排位大幅度下降，旅游创汇收入指数排位有所上升，进出口总额指数排位不变，使其 2014 年的开放程度指数的综合排位下降 5 位，仍位居河南省第 16 位。

### 三 许昌市综合环境指数综合分析

2013—2014 年许昌市综合环境指标及其下属指标，在河南省的排位变化和指标结构情况，如表 15—5—3 所示。

表 15—5—3　许昌市 2013—2014 年综合环境指标及其三级指标

| 年份 | 经济环境指数 | 开放程度指数 | 综合环境指数 |
| --- | --- | --- | --- |
| 2013 | 42.29 | 5.47 | 25.36 |
| 2014 | 0.3550 | -0.5307 | 3.3879 |
| 2013 年排位 | 6 | 11 | 6 |
| 2014 年排位 | 5 | 16 | 6 |
| 升降 | 1 | -5 | 0 |

1. 2014 年许昌市综合环境指数综合排位处于第 6 位，表明其在河南省处于较优势地位；与 2013 年相比，排位没有变化。

2. 从指标所处水平看，2014 年经济环境和开放程度两个指标排位分别为第 5 位和第 16 位，分别位于上游区和下游区。

3. 从指标变化趋势看，经济环境指数排位上升 1 位，开放程度指标排位与上一年相比均下降 5 位。

4. 从排位综合分析看，由于两个指标的上升和下降幅度相抵，决定了 2014 年许昌市综合环境指数排位仍然位居河南省第 6 位，说明许昌市为金融业的发展营造了良好的综合环境。

## 第六节　许昌市金融发展指数综合评价分析

2013—2014 年许昌市金融发展指数综合指标及其下属指标，在河南省的排位变化和指标结构情况，如表 15—6—1 所示。

表15—6—1　许昌市2013—2014年金融发展指数指标及其二级指标

| 年份 | 金融状况指数 | 成长发展指数 | 服务水平指数 | 综合环境指数 | 金融发展指数 |
|---|---|---|---|---|---|
| 2013 | 15.52 | 15.35 | 17.83 | 25.36 | 19.36 |
| 2014 | 0.3698 | 0.141151701 | -0.8227 | -0.0935 | -0.3697 |
| 2013年排位 | 5 | 12 | 10 | 6 | 6 |
| 2014年排位 | 3 | 3 | 11 | 6 | 6 |
| 升降 | 2 | 9 | -1 | 0 | 0 |

1. 2014年许昌市金融发展指数综合排位处于第6位，表明其在河南省处于相对优势地位；与2013年相比，排位没有变化。

2. 从指标所处水平看，2014年许昌市金融状况和成长发展指标排位为第3位，处于上游水平，服务水平指标排位为第11位，处于中游水平，综合环境指标排位处于第6位，处于中上游区。

3. 从指标变化趋势看，金融状况指标排位上升2位，成长发展指标排位上升9位，服务水平指标排位下降1位，综合环境指标排位不变。

4. 从排位综合分析看，由于金融状况指数和成长发展指数排位上升，服务水平指标排位下降，综合环境指标排位不变，决定了2014年许昌市金融发展指数综合排位仍然位居河南省第6位。许昌市在服务水平方面表现相对较差，要提高服务水平和综合环境的能力，完善金融服务体系，注重培养其成长发展的能力。

# 第十六章　漯河市 2014 年金融发展指数研究报告

## 第一节　漯河市概述

漯河市位于河南省中部偏南,伏牛山东麓平原和淮北平原交错地带,是国家二类交通枢纽城市,据郑州新郑国际机场不足 1 小时车程。

2014 年,全年完成地区金融业增加值 8.78 亿元;减少 24.57%。全社会固定资产投资完成 773.30 亿元,比上年增长 15.02%;社会消费品零售总额完成 386.4 亿元,比上年增长 11.61%。截至 2014 年年底,金融机构存款余额 753.64 亿元,同比减少 22.42%,各项贷款余额 420.18 亿元,同比增长 10.85%。

## 第二节　漯河市金融状况指数评价分析

### 一　漯河市金融市场发展指数评价分析

2013—2014 年漯河市金融市场发展指标及其下属指标,在河南省的排位变化情况,如表 16—2—1 和图 16—2—1 所示。

表 16—2—1　漯河市 2013—2014 年金融市场发展指数及其四级指标

| 年份 | | 金融业增加值 | 金融系统存款余额 | 金融系统贷款余额 | 证券交易额 | 发行国债额 | 保费收入 | 保险赔付额 | 金融市场发展指数 |
|---|---|---|---|---|---|---|---|---|---|
| 2013 | 原值(亿元) | 11.61 | 971.49 | 379.05 | 341.07 | 4.14 | 38.55 | 11.77 | 2.52 |
| | 标准化后 | 1.64 | 5.86 | 1.98 | 2.66 | 17.76 | 14.13 | 15.21 | |
| 2014 | 原值(亿元) | 8.78 | 753.64 | 420.18 | 367.44 | 0.39 | 27.43 | 10 | -0.4787 |
| | 标准化后 | -0.54637 | -0.50948 | -0.44965 | -0.34158 | -0.41197 | -0.51773 | -0.53062 | |

续表

| 年份 | 金融业增加值 | 金融系统存款余额 | 金融系统贷款余额 | 证券交易额 | 发行国债额 | 保费收入 | 保险赔付额 | 金融市场发展指数 |
|---|---|---|---|---|---|---|---|---|
| 2013年排名 | 17 | 16 | 17 | 15 | 14 | 15 | 15 | 16 |
| 2014年排名 | 18 | 16 | 17 | 16 | 16 | 15 | 14 | 16 |
| 升降 | -1 | 0 | 0 | -1 | -2 | 0 | 1 | 0 |

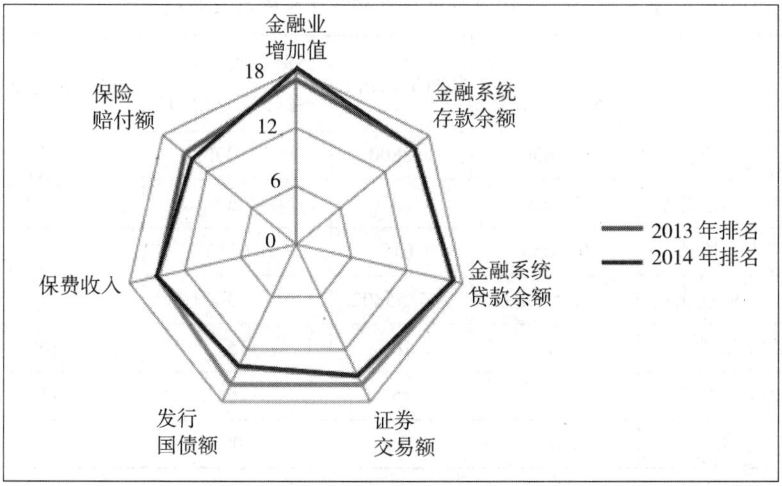

图16—2—1 漯河市2013—2014年金融市场发展指数四级指标比较雷达图

1. 2014年漯河市金融市场发展指数在整个河南省的综合排位处于第16位,表明其在河南省处于绝对劣势地位;与2013年相比排位不变。

2. 从指标所处的水平看,金融业增加值、金融系统存款余额、金融系统贷款余额、证券交易额、发行国债额在河南省排位分别为第18位、第16位、第17位、第16位和第16位,处于绝对劣势地位,保费收入和保险赔付额在整个河南省排位分别为第15位和第14位,处于较劣势地位。

3. 从雷达图图形变化看,2014年与2013年相比,面积略微扩大,金融业增加值、证券交易额和发行国债额指标成为图形扩大的动力点。

4. 从排位变化的动因看,2014年漯河市金融市场发展指数中,除了金融系统存款余额、金融系统贷款余额和保费收入排位不变,保险赔付额指数排位上升1位,其他3项指标排位不变,这使得2014年漯河市的综合排位不变,位居河南省第16位。

## 二 漯河市金融结构深化指数评价分析

2013—2014年漯河市金融结构深化指标及其下属指标,在河南省的排位变化情况,如表16—2—2和图16—2—2所示。

表16—2—2 漯河市2013—2014年金融结构深化指数及其四级指标

| 年份 | | 证券募集资金净额比GDP | 短期贷款占比 | 保费收入比全省金融业增加值 | 金融结构深化指数 |
|---|---|---|---|---|---|
| 2013 | 原值 | 0.5600 | 1.8800 | 2.1000 | 7.03 |
| | 标准化后 | 21.88 | 2.37 | 7.69 | |
| 2014 | 原值 | 0.0055 | 0.0199 | 0.0182 | -0.5341 |
| | 标准化后 | -0.55659 | -0.55802 | -0.3443 | |
| 2013年排名 | | 11 | 16 | 15 | 16 |
| 2014年排名 | | 11 | 15 | 15 | 15 |
| 升降 | | 0 | 1 | 0 | 1 |

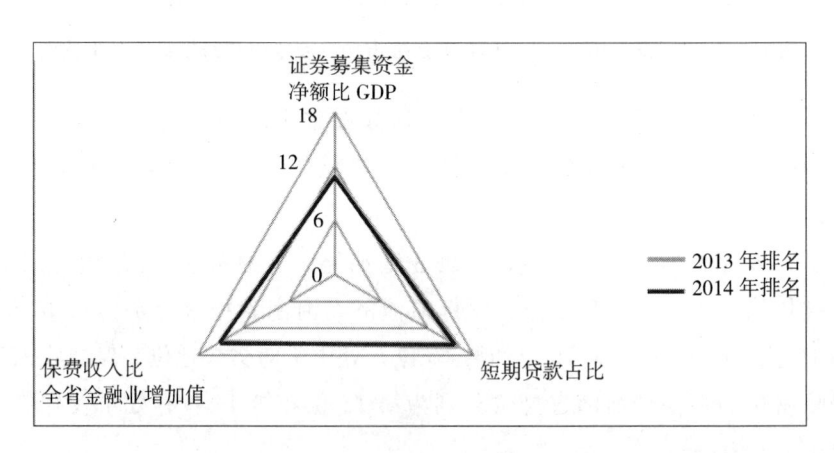

图16—2—2 漯河市2013—2014年金融结构深化指数四级指标比较雷达图

1. 2014年漯河市金融结构深化指数在整个河南省的综合排位处于第15位,表明其在河南省处于较劣势地位;与2013年相比排位上升1位。

2. 从指标所处的水平看,证券募集资金净额比GDP和保费收入比全省金融业增加值2个指标在整个河南省排位未发生变动,分别为第11位和第15位,在河南省处于中势地位;短期贷款占比在河南省的排位为第15位,上升1位,处于较劣势地位。

3. 从雷达图图形变化看,2014年与2013年相比,面积略微缩小,短期贷款占比是图形变化的动力点。

4. 从排位变化的动因看,由于2014年漯河市金融结构深化的四级指标除短期贷款占比指标排位上升1位外,其他指标在河南省排位均未发生变化,其金融结构深化指数综合排位上升1位,仍位居河南省第15位。

## 三 漯河市金融效率提高指数评价分析

2013—2014年漯河市金融效率提高指标及其下属指标,在河南省的排位变化情况,如表16—2—3和图16—2—3所示。

表16—2—3 漯河市2013—2014年金融效率提高指数及其四级指标

| 年份 | | 存贷比 | 保险密度 | 上市公司占有率 | 证券交易额占比 | 金融效率提高指数 |
|---|---|---|---|---|---|---|
| 2013 | 原值 | 50.0300 | 966 | 3.0300 | 1.5200 | 10.29 |
| | 标准化后 | 0.00 | 26.01 | 4.78 | 2.68 | |
| 2014 | 原值 | 0.5575 | 1055 | 0.0312 | 0.0039 | -0.4344 |
| | 标准化后 | -0.47796 | -0.01004 | -0.39114 | -0.52748 | |
| 2013年排名 | | 13 | 7 | 8 | 15 | 11 |
| 2014年排名 | | 13 | 6 | 11 | 17 | 11 |
| 升降 | | 0 | 1 | -3 | -2 | 0 |

1. 2014年漯河市金融效率提高指数在整个河南省的综合排位处于第11位,表明其在河南省处于较优势地位;与2013年相比排位没有发生变化。

2. 从指标所处的水平看,存贷比指标和上市公司占有率指标在河南省排位分别位于第13位和第11位,处于中势地位,保险密度占比在整个河南省排位为第6位,处于较优势地位,证券交易额占比指数排位为第17位,处于绝对劣势地位。

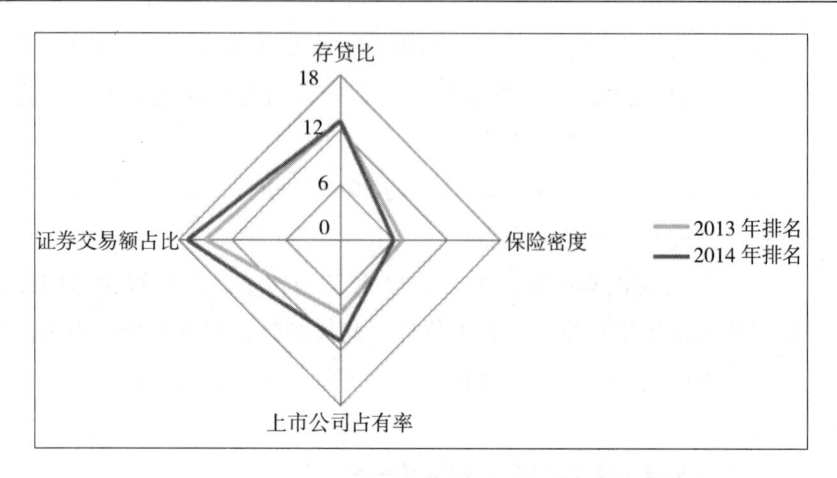

**图 16—2—3  漯河市 2013—2014 年金融效率提高指数四级指标比较雷达图**

3. 从雷达图图形变化看，2014 年与 2013 年相比，面积基本没有变化。

4. 从排位变化的动因看，漯河市存贷比指标排位不变，保险密度排位有所上升，上市公司占有率和证券交易额占比排位有所下降，综合作用下，2014 年漯河市金融效率提高指数综合排位不变，仍位居河南省第 11 位。

### 四  漯河市金融状况指数综合分析

2013—2014 年漯河市金融状况指标及其下属指标，在河南省的排位变化和指标结构情况，如表 16—2—4 所示。

**表 16—2—4  漯河市 2013—2014 年金融状况指标及其三级指标**

| 年份 | 金融市场发展指数 | 金融结构深化指数 | 金融效率提高指数 | 金融状况指数 |
| --- | --- | --- | --- | --- |
| 2013 | 2.52 | 7.03 | 10.29 | 6.74 |
| 2014 | -0.4787 | -0.5341 | -0.4344 | -0.5119 |
| 2013 年排位 | 16 | 16 | 11 | 17 |
| 2014 年排位 | 16 | 15 | 11 | 15 |
| 升降 | 0 | 1 | 0 | 2 |

1. 2014 年漯河市金融状况指数综合排位处于第 15 位，表明其在河南

省处于较劣势地位；与2013年相比，排位上升2位。

2. 从指标所处水平看，2014年金融市场发展和金融结构深化指标分别位于第16位和第15位，处于下游区，金融效率提高指标排位第11位，处于中游区。

3. 从指标变化趋势看，金融市场发展指标和金融效率提高指标排位不变，金融结构深化指标排位上升1位。

4. 从排位综合分析看，由于金融市场发展指标和金融效率提高指标排位不变，金融结构深化指标排位上升1位，决定了2014年漯河市金融状况指数综合排位上升2位，位居河南省第15位。漯河市金融市场规模、结构、效率三个方面发展水平存在一定差距，漯河市应致力于扩大金融市场发展规模。

## 第三节 漯河市成长发展指数评价分析

### 一 漯河市资本市场成长性指数评价分析

2013—2014年漯河市资本市场成长性指标及其下属指标，在河南省的排位变化情况，如表16—3—1和图16—3—1所示。

表16—3—1 漯河市2013—2014年资本市场成长性指数及其四级指标

| 年份 | | 金融机构贷款余额年增长额 | 发行国债年增长额 | A股股票募集资金净额 | 资本市场成长性指标 |
|---|---|---|---|---|---|
| 2013 | 原值（亿元） | 33 | 0.624 | 4.79 | 3.83 |
| | 标准化后 | 0.41 | 6.95 | 3.64 | |
| 2014 | 原值（亿元） | 76.26 | -1.1243 | 4.81 | -0.4057 |
| | 标准化后 | -0.4127 | -0.05912 | -0.51426 | |
| 2013年排名 | | 17 | 11 | 14 | 15 |
| 2014年排名 | | 15 | 10 | 14 | 12 |
| 升降 | | 2 | 1 | 0 | 3 |

1. 2014年漯河市资本市场成长性指数在整个河南省的综合排位处于第12位，表明其在河南省处于较劣势地位；与2013年相比排位上升3位。

2. 从指标所处的水平看，金融机构贷款余额年增长额和A股股票募

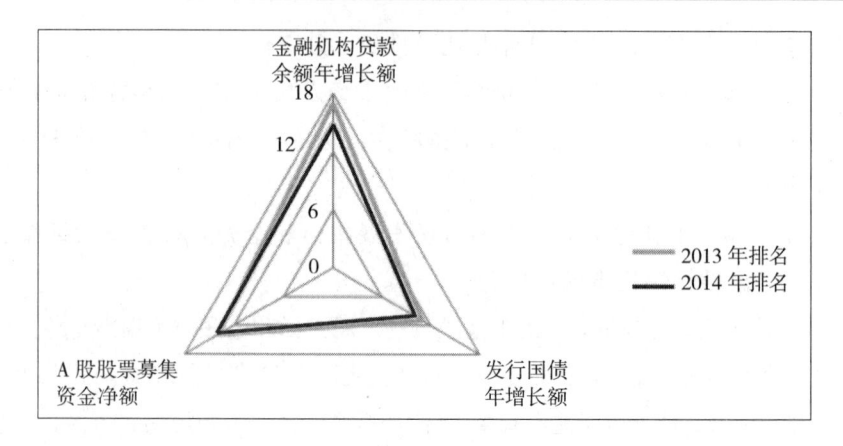

图 16—3—1　漯河市 2013—2014 年资本市场成长性指数四级指标比较雷达图

集资金净额在河南省排位为第 15 位和第 14 位，处于中下游区，发行国债年增长额在整个河南省排位均为第 10 位，处于中游区且为中势指标。

3. 从雷达图图形变化看，2014 年与 2013 年相比，面积有所缩小，资本市场成长性呈现稳定趋势，金融机构贷款余额年增长额和 A 股股票募集资金净额指标成为图形变化的动力点。

4. 从排位变化的动因看，在 2014 年整个经济体内国债发行量均有所下降的背景下，金融机构贷款余额年增长额和发行国债年增长额指标排位上升，在此作用下，2014 年漯河市资本市场成长性指标排位上升了 3 位，居河南省第 12 位。

## 二　漯河市经济成长性指数评价分析

2013—2014 年漯河市经济成长性指标及其下属指标，在河南省的排位变化情况，如表 16—3—2 和图 16—3—2 所示。

表 16—3—2　漯河市 2013—2014 年经济成长性指数及其四级指标

| 年份 | | GDP 年增长额 | 财政收入年增长额 | 社会固定资产投资年增长额 | 社会消费品零售总额年增长额 | 经济成长性指数 |
|---|---|---|---|---|---|---|
| 2013 | 原值（亿元） | 64.41 | 12.37 | 121.64 | 42.32 | 7.57 |
| | 标准化后 | 5.64 | 5.95 | 7.55 | 10.34 | |

续表

| 年份 | | GDP<br>年增长额 | 财政收入年增长额 | 社会固定资产投资年增长额 | 社会消费品零售总额年增长额 | 经济成长性指数 |
|---|---|---|---|---|---|---|
| 2014 | 原值（亿元） | 79.62 | 8.88 | 100.97 | 44.86 | -0.7160 |
| | 标准化后 | -0.58814 | -0.23616 | -0.88738 | -0.61443 | |
| 2013年排名 | | 16 | 14 | 16 | 15 | 16 |
| 2014年排名 | | 15 | 14 | 16 | 15 | 16 |
| 升降 | | 1 | 0 | 0 | 0 | 0 |

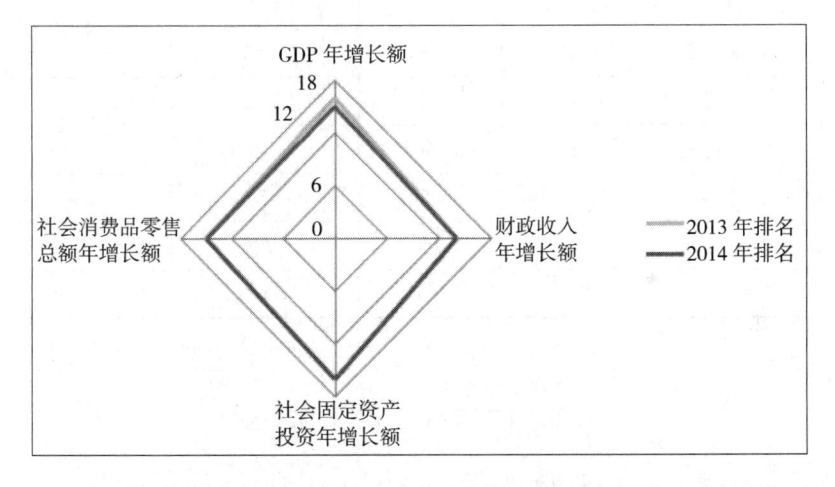

图16—3—2 漯河市2013—2014年经济成长性指数四级指标比较雷达图

1. 2014年漯河市经济成长性指数在整个河南省的综合排位处于第16位，表明其在河南省处于绝对劣势地位；与2013年相比没有发生变化。

2. 从指标所处的水平看，GDP年增长额、财政收入年增长额、社会固定资产投资年增长额和社会消费品零售总额年增长额在河南省排位分别为第15位、第14位、第16位和第15位，这说明漯河市的经济成长性在河南省处于劣势地位。

3. 从雷达图图形变化看，2014年与2013年相比，面积基本保持不变。

4. 从排位变化的动因看，2014年漯河市经济成长性指数四级指标中，除了 GDP 年增长额指标排位上升 1 位,其他 3 项指标排位均未发生变动,使其 2014 年的综合排位保持不变,仍位居河南省第 16 位。

### 三 漯河市城市创新成长性指数评价分析

2013—2014 年漯河市城市创新成长性指标及其下属指标,在河南省的排位变化情况,如表 16—3—3 和图 16—3—3 所示。

表 16—3—3　漯河市 2013—2014 年城市创新成长性指数及其四级指标

| 年份 | | 政府研发经费支出年增长额 | 政府研发人员年增长量 | 新产品销售收入年增长额 | 城市创新成长性指数 |
|---|---|---|---|---|---|
| 2013 | 原值 | -0.053 | 5 | 31.74 | 14.55 |
| | 标准化后 | 31.66 | 2.30 | 2.56 | |
| 2014 | 原值 | 1.02 | 34 | 32.02 | -0.2211 |
| | 标准化后 | 0.48942 | -0.40438 | -0.19116 | |
| 2013 年排名 | | 13 | 15 | 6 | 14 |
| 2014 年排名 | | 4 | 16 | 5 | 7 |
| 升降 | | 9 | -1 | 1 | 7 |

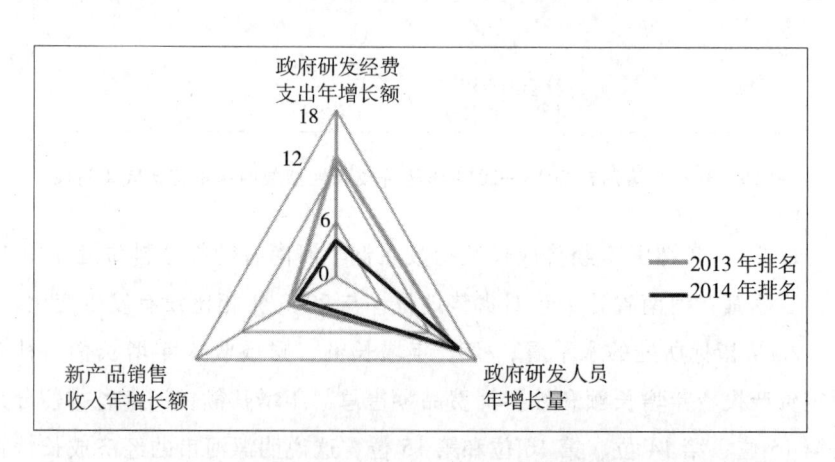

图 16—3—3　漯河市 2013—2014 年城市创新成长性指数四级指标比较雷达图

1. 2014 年漯河市城市创新成长性指数在整个河南省的综合排位处于第 7 位,表明其在河南省处于较优势地位;与 2013 年相比排位上升了 7 位。

2. 从指标所处的水平看，政府研发经费支出年增长额和新产品销售收入年增长额在整个河南省排位分别为第 4 位和第 5 位，处于上游区且为较优势指标，政府研发人员年增长量指标排位处于第 16 位，处于下游区且为绝对劣势指标。

3. 从雷达图图形变化看，2014 年与 2013 年相比，面积有所缩小，城市创新成长性呈现上升趋势，其中政府研发经费支出年增长额和新产品销售收入年增长额均成为了图形缩小的动力点。

4. 从排位变化的动因看，由于研发投入和研发成果之间存在着时间差，即时滞，漯河市在 2013 年的研发支出和研发人员的大量投入，使得其在 2014 年的新产品销售收入表现明显地增加，政府研发经费支付增加额成为其城市创新成长性提高的主要拉动力量。2014 年漯河市城市创新成长性指数综合排位位居河南省第 7 位。

**四　漯河市成长发展指数综合分析**

2013—2014 年漯河市成长发展指标及其下属指标，在河南省的排位变化和指标结构情况，如表 16—3—4 所示。

**表 16—3—4　漯河市 2013—2014 年成长发展指标及其三级指标**

| 年份 | 资本市场成长性指数 | 经济成长性指数 | 城市创新成长性指数 | 成长发展指数 |
| --- | --- | --- | --- | --- |
| 2013 | 3.83 | 7.57 | 14.55 | 9.05 |
| 2014 | -0.4057 | -0.7160 | -0.2211 | -0.4684 |
| 2013 年排位 | 15 | 16 | 14 | 16 |
| 2014 年排位 | 12 | 16 | 7 | 15 |
| 升降 | 3 | 0 | 7 | 1 |

1. 2014 年漯河市成长发展指数综合排位处于第 15 位，表明其在河南省处于较劣势地位；与 2013 年相比，排位上升 1 位。

2. 从指标所处水平看，2014 年资本市场成长性指标排位为第 12 位，处于中游区且为中势指标，经济成长性指标排位为第 16 位，处于下游区且为绝对劣势指标，城市创新成长性指标排位为第 7 位，处于中上游区且为较优势指标。

3. 从指标变化趋势看，资本市场成长性和城市创新成长性 2 个指标排位与上一年相比均有上升，经济成长性指标排位不变。

4. 从排位综合分析看，除了经济成长性指标排位不变，其余两项指标排位均上升，但由于 3 项指标排位缺乏优势，决定了 2014 年漯河市成长发展指数综合排位上升 1 位，位居河南省第 15 位。

## 第四节 漯河市服务水平指数评价分析

### 一 漯河市智力资本指数评价分析

2013—2014 年漯河市智力资本指标及其下属指标，在河南省的排位变化情况，如表 16—4—1 和图 16—4—1 所示。

表 16—4—1　漯河市 2013—2014 年智力资本指数及其四级指标

| 年份 | | 金融业从业密度 | 受高等教育密度 | 科研人员密度 | 普通高等学校数量 | 智力资本指数 |
|---|---|---|---|---|---|---|
| 2013 | 原值 | 2.33 | 10.03 | 1.96 | 39 | 13.32 |
| | 标准化后 | 25.68 | 8.80 | 13.64 | 3.64 | |
| 2014 | 原值 | 2.25 | 9.8 | 1.97 | 3 | -0.1235 |
| | 标准化后 | 0.23876 | -0.14098 | -0.22544 | -0.34082 | |
| 2013 年排名 | | 3 | 5 | 10 | 12 | 5 |
| 2014 年排名 | | 3 | 5 | 11 | 12 | 7 |
| 升降 | | 0 | 0 | -1 | 0 | -2 |

1. 2014 年漯河市智力资本指数在整个河南省的综合排位处于第 7 位，表明其在河南省处于较优势地位；与 2013 年相比排位下降 2 位。

2. 从指标所处的水平看，金融业从业密度和受高等教育密度在整个河南省排位分别为第 3 位和第 5 位，处于上游区且为优势地位，科研人员密度和普通高等学校数量指数排位分别为第 11 位和第 12 位，处于中游区且为中势地位。

3. 从雷达图图形变化看，2014 年与 2013 年相比，面积有所扩大，科

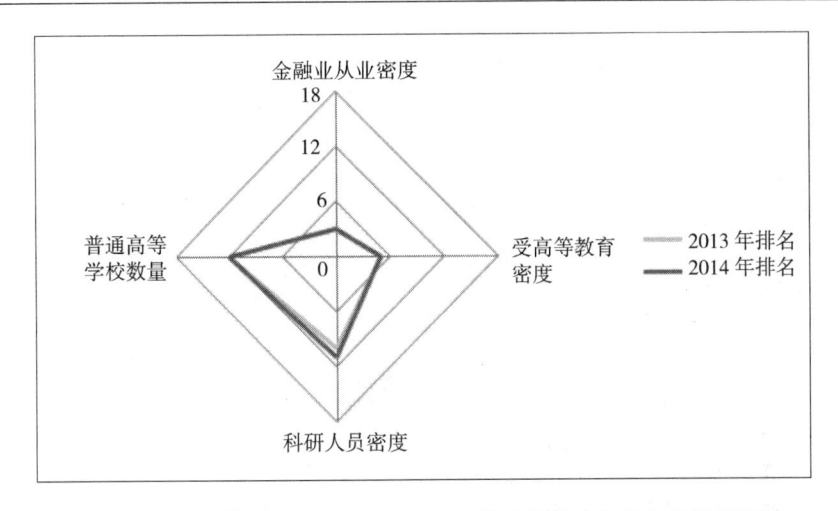

图 16—4—1  漯河市 2013—2014 年智力资本指数四级指标比较雷达图

研人员密度是图形变化的动力点。

4. 从排位变化的动因看，2014 年漯河市智力资本指数四级指标中，除了科研人员密度指标排位下降 1 位外，其他 3 项指标排位没有发生变化，综合作用下其 2014 年的综合排位下降 2 位，位居河南省第 7 位。

## 二  漯河市城市环境指数评价分析

2013—2014 年漯河市城市环境指标及其下属指标，在河南省的排位变化情况，如表 16—4—2 和图 16—4—2 所示。

表 16—4—2  漯河市 2013—2014 年城市环境指数及其四级指标

| 年份 | | 城镇化水平 | 人均城市道路面积 | 人均绿化覆盖面积 | 基本医疗保险覆盖率 | 基本养老保险覆盖率 | 商品房屋销售均价 | 城镇从业人员平均工资 | 运营车辆数 | 城市环境指数 |
|---|---|---|---|---|---|---|---|---|---|---|
| 2013 | 原值 | 44.24 | 14.43 | 9.3 | 29.7 | 11.58 | 3477 | 34538 | 968 | 31.76 |
| | 标准化后 | 29.29 | 47.93 | 29.20 | 74.81 | 22.77 | 82.24 | 21.61 | 13.37 | |
| 2014 | 原值 | 0.5 | 15 | 9.69 | 0.2957 | 0.1206 | 0.00 | 38304 | 1007 | -0.6292 |
| | 标准化后 | -0.1386 | 0.1693 | 0.0887 | 0.9655 | -0.1663 | -1.5827 | -0.5171 | 0.0286 | |
| 2013 年排名 | | 9 | 8 | 6 | 5 | 9 | 11 | 14 | 4 | 6 |
| 2014 年排名 | | 10 | 8 | 6 | 4 | 8 | 18 | 14 | 4 | 9 |
| 升降 | | -1 | 0 | 0 | 1 | 1 | -6 | 0 | 0 | -3 |

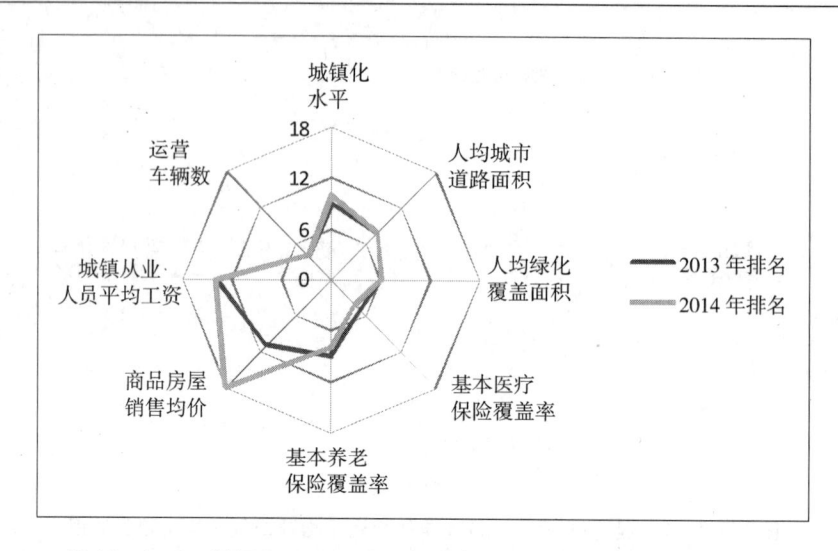

图 16—4—2 漯河市 2013—2014 年城市环境指数四级指标比较雷达图

1. 2014 年漯河市城市环境指数在整个河南省的综合排位处于第 9 位，表明其在河南省处于中势地位；与 2013 年相比排位下降 3 位。

2. 从指标所处的水平看，基本医疗保险覆盖率和运营车辆数指数在河南省的排位均为第 4 位，处于上游区且为较优势地位，城镇化水平、人均城市道路面积、人均绿化覆盖面积和基本养老保险覆盖率在河南省排位分别为第 10 位、第 8 位、第 6 位和第 8 位，处于中游区且为中势地位，城镇从业人员平均工资指数排位为第 14 位，处于中下游区且为较劣势地位。

3. 从雷达图图形变化看，2014 年与 2013 年相比，面积有所扩大，城市环境指数呈现弱化趋势，其中商品房屋销售均价成为了图形缩小的动力点。

4. 从排位变化的动因看，除人均商品房销售均价排位下降幅度较大外，其余各项指标的排位升降相抵，综合作用下 2014 年漯河市城市环境指数综合排位下降，位居河南省第 9 位。

### 三 漯河市服务水平指数综合分析

2013—2014 年漯河市服务水平指标及其下属指标，在河南省的排位变化和指标结构情况，如表 16—4—3 所示。

表16—4—3  漯河市2013—2014年服务水平指标及其三级指标

| 年份 | 智力资本指数 | 城市环境指数 | 服务水平指数 |
| --- | --- | --- | --- |
| 2013 | 13.32 | 31.76 | 24.93 |
| 2014 | -0.1235 | -0.6292 | -0.3937 |
| 2013年排位 | 5 | 6 | 6 |
| 2014年排位 | 7 | 9 | 9 |
| 升降 | -2 | -3 | -3 |

1. 2014年漯河市服务水平指数综合排位处于第9位，表明其在河南省处于中势地位；与2013年相比，排位下降3位。

2. 从指标所处水平看，2014年智力资本和城市环境2个指标排位分别为第7位和第9位，处于中游区且为中势指标。

3. 从指标变化趋势看，智力资本和城市环境2个指标排位与上一年相比分别下降2位和3位。

4. 从排位综合分析看，由于2个指标排位的下降，决定了2014年漯河市服务水平指数综合排位下降3位，位居河南省第9位。

## 第五节　漯河市综合环境指数评价分析

### 一　漯河市经济环境指数评价分析

2013—2014年漯河市经济环境指标及其下属指标，在河南省的排位变化情况，如表16—5—1和图16—5—1所示。

表16—5—1  漯河市2013—2014年经济环境指数及其四级指标

| 年份 | | 城镇人均可支配收入 | 农村人均纯收入 | 人均GDP | 人均财政收入 | 人均社会商品零售额 | 经济环境指数 |
| --- | --- | --- | --- | --- | --- | --- | --- |
| 2013 | 原值（元） | 19136 | 9876 | 33568 | 2096 | 13264 | 31.57 |
| | 标准化后 | 36.50 | 41.45 | 27.68 | 17.55 | 23.56 | |
| 2014 | 原值（元） | 23281 | 10893 | 36566 | 2417.69 | 14861.5 | -0.0298 |
| | 标准化后 | 0.14177 | 0.24535 | -0.25853 | -0.2986 | 0.09633 | |

续表

| 年份 | 城镇人均可支配收入 | 农村人均纯收入 | 人均GDP | 人均财政收入 | 人均社会商品零售额 | 经济环境指数 |
| --- | --- | --- | --- | --- | --- | --- |
| 2013年排名 | 12 | 6 | 8 | 10 | 6 | 6 |
| 2014年排名 | 11 | 6 | 9 | 11 | 6 | 7 |
| 升降 | 1 | 0 | -1 | -1 | 0 | -1 |

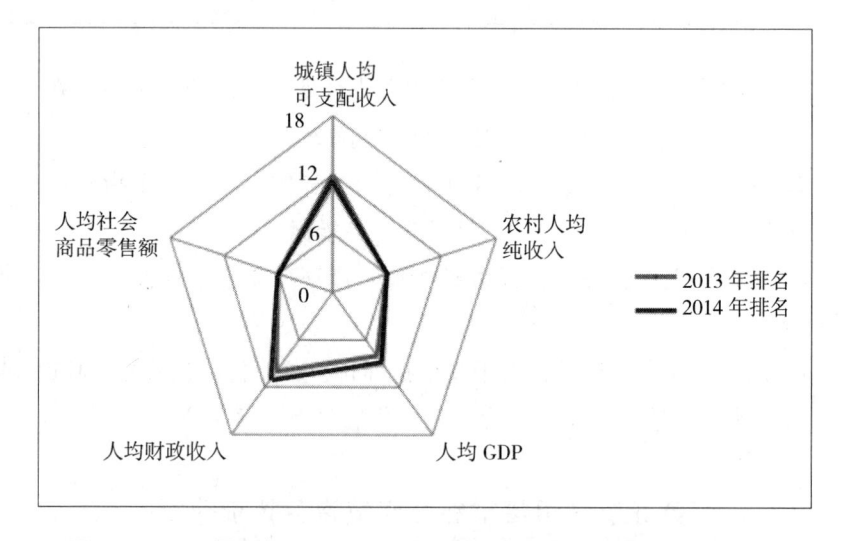

图16—5—1 漯河市2013—2014年经济环境指数四级指标比较雷达图

1. 2014年漯河市经济环境指数在整个河南省的综合排位处于第7位，表明其在河南省处于较优势地位；与2013年相比排名下降1位。

2. 从指标所处的水平看，农村人均纯收入和人均社会商品零售额指标在河南省的排位为第6位，处于中上游且为较优势地位，城镇人均可支配收入、人均GDP和人均财政收入指标在整个河南省排位分别为第11位、第9位和第11位，处于中下游区且为较劣势地位。

3. 从雷达图图形变化看，2014年与2013年相比，面积有所扩大，人均GDP和人均财政收入是图形变化的动力点。

4. 从排位变化的动因看，漯河市城镇人均可支配收入指标排位上升1位，人均GDP和人均财政收入指标排位均下降1位，其余各指标的排位保持不变，因此2014年漯河市经济环境指数综合排位下降1位，位居河南省第 7 位。

## 二 漯河市开放程度指数评价分析

2013—2014 年漯河市开放程度指标及其下属指标，在河南省的排位变化情况，如表 16—5—2 和图 16—5—2 所示。

表 16—5—2　漯河市 2013—2014 年开放程度指数及其四级指标

| 年份 | | 实际利用外资额 | 旅游创汇收入 | 进出口总额 | 开放程度指数 |
|---|---|---|---|---|---|
| 2013 | 原值（万美元） | 70401 | 219 | 44452 | 6.64 |
|  | 标准化后 | 15.47 | 1.05 | 0.45 |  |
| 2014 | 原值（万美元） | 192.2 | 229.8 | 60124 | -0.5847 |
|  | 标准化后 | -0.72907 | -0.55396 | -0.27781 |  |
| 2013 年排名 | | 5 | 16 | 14 | 8 |
| 2014 年排名 | | 17 | 13 | 12 | 17 |
| 升降 | | -12 | 3 | 2 | -9 |

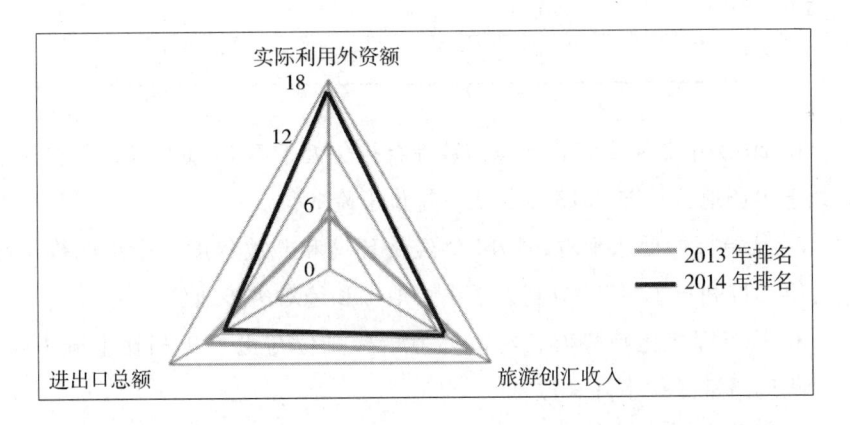

图 16—5—2　漯河市 2013—2014 年开放程度指数四级指标比较雷达图

1. 2014 年漯河市开放程度指数在整个河南省的综合排位处于第 17 位，表明其在河南省处于绝对劣势地位；与 2013 年相比排位下降了 9 位。

2. 从指标所处的水平看，实际利用外资额指标在河南省排位为第 17 位，处于下游区且为绝对劣势地位，进出口总额和旅游创汇收入指标在整个河南省排位分别为第 13 位和第 12 位，处于下游区且为较劣势指标。

3. 从雷达图图形变化看,2014 年与 2013 年相比,面积有明显扩大,实际利用外资额是图形变化的动力点。

4. 从排位变化的动因看,2014 年漯河市实际利用外资额指标排位大幅下降,旅游创汇收入和进出口总额指标排位有所上升,综合作用下,2014 年漯河市的开放程度指数的综合排位下降 9 位,位居河南省第 17 位。

### 三 漯河市综合环境指数综合分析

2013—2014 年漯河市综合环境指标及其下属指标,在河南省的排位变化和指标结构情况,如表 16—5—3 所示。

表 16—5—3　漯河市 2013—2014 年综合环境指标及其三级指标

| 年份 | 经济环境指数 | 开放程度指数 | 综合环境指数 |
| --- | --- | --- | --- |
| 2013 | 31.57 | 6.64 | 20.29 |
| 2014 | -0.0298 | -0.5847 | -0.3268 |
| 2013 年排位 | 8 | 8 | 8 |
| 2014 年排位 | 7 | 17 | 11 |
| 升降 | 1 | -9 | -3 |

1. 2014 年漯河市综合环境指数综合排位处于第 11 位,表明其在河南省处于中势地位;与 2013 年相比,排位下降 3 位。

2. 从指标所处水平看,2014 年经济环境和开放程度 2 个指标排位分别为第 7 位和第 17 位,分别处于中势地位和绝对劣势地位。

3. 从指标变化趋势看,经济环境指标排位与上一年相比上升 1 位,开放程度指标排位下降 9 位。

4. 从排位综合分析看,由于开放程度指标排位下降幅度较大,决定了 2014 年漯河市综合环境指数综合排位位居河南省第 11 位,下降 3 位。

## 第六节　漯河市金融发展指数综合评价分析

2013—2014 年漯河市金融发展指数综合指标及其下属指标,在河南省的排位变化和指标结构情况,如表 16—6—1 所示。

表 16—6—1　　漯河市 2013—2014 年金融发展指数指标及其二级指标

| 年份 | 金融状况指数 | 成长发展指数 | 服务水平指数 | 综合环境指数 | 金融发展指数 |
|---|---|---|---|---|---|
| 2013 | 6.74 | 9.01 | 24.93 | 20.29 | 15.88 |
| 2014 | -0.5119 | -0.4684 | -0.3937 | -0.3268 | -1.6386 |
| 2013 年排位 | 17 | 16 | 6 | 8 | 10 |
| 2014 年排位 | 15 | 15 | 9 | 11 | 12 |
| 升降 | 2 | 1 | -3 | -3 | -2 |

1. 2014 年漯河市金融发展指数综合排位处于第 12 位，表明其在河南省处于较劣势地位；与 2013 年相比，排位下降 2 位。

2. 从指标所处水平看，2014 年漯河市金融状况和成长发展指数在河南省排位均为第 15 位，处于下游区且为较劣势地位，服务水平和综合环境指标排位分别处于第 9 位和第 11 位，处于中游区且为中势地位。

3. 从指标变化趋势看，金融状况和成长发展指标排位均小幅度上升，服务水平和综合环境指标排位均下降 3 位。

4. 从排位综合分析看，由于金融状况和成长发展指标排位均小幅度上升，服务水平和综合环境指标排位均下降 3 位，综合决定了 2014 年漯河市金融发展指数排位下降 2 位，居河南省第 12 位。漯河市政府应重视金融发展指数排位下降的现象，加大金融市场支持力度，创造适合金融业发展的环境。

# 第十七章 三门峡市2014年金融发展指数研究报告

## 第一节 三门峡市概述

三门峡市地处中原豫、晋、陕三省交界处,豫西重镇,东与千古帝都洛阳市为邻,南依伏牛山与南阳市相接,西望古城西安,北隔黄河与三晋呼应,是历史上三省交界的经济、文化中心。

2014年,全年完成地区金融业增加值23.11亿元;增长67.95%。全社会固定资产投资完成1327.57亿元,比上年增长17.97%;社会消费品零售总额完成355.76亿元,比上年增长12.67%。截至2014年年底,金融机构存款余额942.33亿元,同比增长0.67%;各项贷款余额587.04亿元,同比增长7.09%。

## 第二节 三门峡市金融状况指数评价分析

### 一 三门峡市金融市场发展指数评价分析

2013—2014年三门峡市金融市场发展指标及其下属指标,在河南省的排位变化情况,如表17—2—1和图17—2—1所示。

表17—2—1 三门峡市2013—2014年金融市场发展指数及其四级指标

| 年份 | | 金融业增加值 | 金融系统存款余额 | 金融系统贷款余额 | 证券交易额 | 发行国债额 | 保费收入 | 保险赔付额 | 金融市场发展指数 |
|---|---|---|---|---|---|---|---|---|---|
| 2013 | 原值(亿元) | 13.76 | 936.03 | 548.16 | 275.74 | 2.23 | 21.51 | 7.07 | 4.45 |
| | 标准化后 | 2.08 | 5.57 | 3.83 | 2.01 | 7.69 | 6.16 | 7.19 | |

续表

| 年份 | | 金融业增加值 | 金融系统存款余额 | 金融系统贷款余额 | 证券交易额 | 发行国债额 | 保费收入 | 保险赔付额 | 金融市场发展指数 |
|---|---|---|---|---|---|---|---|---|---|
| 2014 | 原值（亿元） | 23.11 | 942.33 | 587.04 | 457.88 | 0.88 | 22.61 | 7.75 | −0.4585 |
| | 标准化后 | −0.43403 | −0.44704 | −0.37977 | −0.31828 | −0.30728 | −0.6004 | −0.68283 | |
| 2013 年排名 | | 14 | 15 | 14 | 15 | 7 | 16 | 15 | 15 |
| 2014 年排名 | | 13 | 15 | 14 | 13 | 9 | 16 | 16 | 15 |
| 升降 | | 1 | 0 | 0 | 2 | −2 | 0 | −1 | 0 |

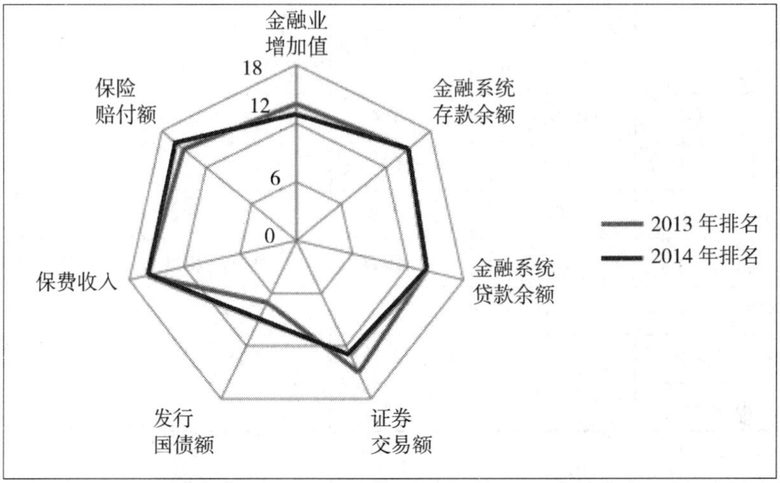

图 17—2—1　三门峡市 2013—2014 年金融市场发展指数四级指标比较雷达图

1. 2014 年三门峡市金融市场发展指数在整个河南省的综合排位处于第 15 位，表明其在河南省处于较劣势地位；与 2013 年相比排位没有变化。

2. 从指标所处的水平看，金融业增加值、金融系统存款余额、金融系统贷款余额和证券交易额在河南省排位分别为第 13 位、第 15 位、第 14 位和第 15 位，处于较劣势地位，发行国债额排位位于第 9 位，处于中势地位，保费收入和保险赔付额在整个河南省排位均为第 16 位，处于绝对劣势地位。

3. 从雷达图图形变化看，2014 年与 2013 年相比，面积基本不变。

4. 从排位变化的动因看，2014 年三门峡市金融市场发展指数中，除了金融系统存款余额、金融系统贷款余额和保费收入排位不变,其他指标上升下降抵消,使其在河南省的排位与上年相比没有发生变化,仍居河南省第15位。

## 二 三门峡市金融结构深化指数评价分析

2013—2014年三门峡市金融结构深化指标及其下属指标,在河南省的排位变化情况,如表17—2—2和图17—2—2所示。

表17—2—2　三门峡市2013—2014年金融结构深化指数及其四级指标

| 年份 | | 证券募集资金净额比GDP | 短期贷款占比 | 保费收入比全省金融业增加值 | 金融结构深化指数 |
|---|---|---|---|---|---|
| 2013 | 原值 | 0.1600 | 2.8100 | 1.8200 | 5.18 |
| | 标准化后 | 6.25 | 5.65 | 6.14 | |
| 2014 | 原值 | 0.0017 | 0.0249 | 0.015 | -0.6186 |
| | 标准化后 | -0.88646 | -0.48077 | -0.37396 | |
| 2013年排名 | | 17 | 13 | 16 | 17 |
| 2014年排名 | | 16 | 14 | 16 | 17 |
| 升降 | | 1 | -1 | 0 | 0 |

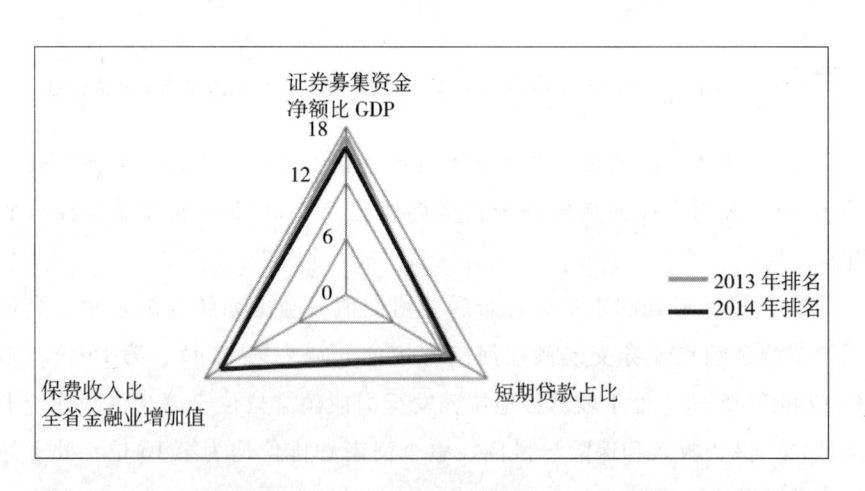

图17—2—2　三门峡市2013—2014年金融结构深化指数四级指标比较雷达图

1. 2014年三门峡市金融结构深化指数在整个河南省的综合排位处于

第 17 位，表明其在河南省处于绝对劣势地位；与 2013 年相比排位没有发生变化。

2. 从指标所处的水平看，短期贷款占比指标在河南省排位为第 14 位，处于较劣势地位，证券募集资金净额比 GDP 和保费收入比全省金融业增加值在河南省的排位均为第 16 位，处于绝对劣势地位。

3. 从雷达图图形变化看，2014 年与 2013 年相比，面积不变，金融结构深化保持稳定的趋势。

4. 从排位变化的动因看，由于 2014 年三门峡市金融结构深化的四级指标除保费收入比全省金融业增加值排位不变外，证券募集资金净额比 GDP 和短期贷款占比指标排位分别上升 1 位和下降 1 位，综合作用下，其金融结构深化指数综合排位保持不变，仍位居河南省第 17 位。

### 三 三门峡市金融效率提高指数评价分析

2013—2014 年三门峡市金融效率提高指标及其下属指标，在河南省的排位变化情况，如表 17—2—3 和图 17—2—3 所示。

**表 17—2—3　三门峡市 2013—2014 年金融效率提高指数及其四级指标**

| 年份 | | 存贷比 | 保险密度 | 上市公司占有率 | 证券交易额占比 | 金融效率提高指数 |
|---|---|---|---|---|---|---|
| 2013 | 原值 | 58.5600 | 960 | 1.5200 | 1.3300 | 13.93 |
| | 标准化后 | 32.27 | 19.60 | 4.78 | 2.01 | |
| 2014 | 原值 | 0.623 | 1004.89 | 1.52 | 0.0037 | 0.0610 |
| | 标准化后 | 0.03545 | -0.10772 | 3.80814 | -0.52865 | |
| 2013 年排名 | | 10 | 8 | 13 | 16 | 9 |
| 2014 年排名 | | 8 | 8 | 1 | 18 | 8 |
| 升降 | | 2 | 0 | 12 | -2 | 1 |

1. 2014 年三门峡市金融效率提高指数在整个河南省的综合排位处于第 8 位，表明其在河南省处于中势地位；与 2013 年相比排位上升 1 位。

2. 从指标所处的水平看，存贷比和保险密度指标在河南省排位均为第 8 位，处于中势地位且位于中游区，上市公司占有率指标排位为第 1

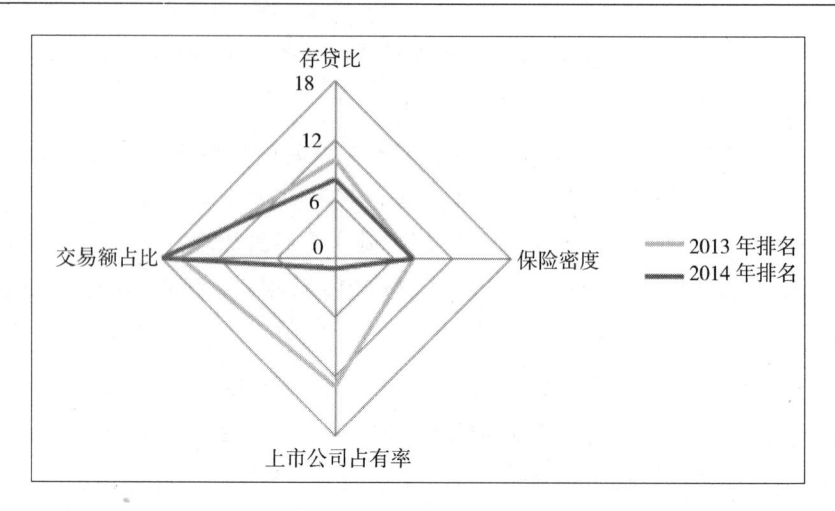

图 17—2—3　三门峡市 2013—2014 年金融效率提高指数四级指标比较雷达图

位，处于绝对优势和上游区，证券交易额占比指标排位为第 18 位，处于绝对劣势且为下游区。

3. 从雷达图图形变化看，2014 年与 2013 年相比，面积有所缩小，存贷比和上市公司占有率为图形缩小的动力点。

4. 从排位变化的动因看，三门峡市存贷比和证券交易额占比指标的上升下降位数相抵消，保险密度指标排位不变，上市公司占有率指标排位大幅度上升，综合作用下，2014 年三门峡市金融效率提高指数综合排位上升 1 位，位居河南省第 8 位。

## 四　三门峡市金融状况指数综合分析

2013—2014 年三门峡市金融状况指标及其下属指标，在河南省的排位变化和指标结构情况，如表 17—2—4 所示。

表 17—2—4　三门峡市 2013—2014 年金融状况指标及其三级指标

| 年份 | 金融市场发展指数 | 金融结构深化指数 | 金融效率提高指数 | 金融状况指数 |
| --- | --- | --- | --- | --- |
| 2013 | 4.45 | 5.18 | 10.43 | 6.82 |
| 2014 | -0.4585 | -0.6186 | 0.0610 | -0.3705 |
| 2013 年排位 | 15 | 17 | 9 | 16 |
| 2014 年排位 | 15 | 17 | 8 | 12 |
| 升降 | 0 | 0 | 1 | 4 |

1. 2014年三门峡市金融状况指数综合排位处于第12位，表明其在河南省处于较劣势地位；与2013年相比，排位上升4位。

2. 从指标所处水平看，2014年金融市场发展指标位于第15位，处于中下游区，金融结构深化指标排位为第17位，处于下游区，金融效率提高指标排位为第8位，处于中游区。

3. 从指标变化趋势看，金融市场发展和金融结构深化指标排位不变，金融效率提高指标排位上升1位。

4. 从排位综合分析看，由于金融效率提高指数排位上升1位，金融结构深化指数和金融市场发展指数2个指标排位不变，决定了2014年三门峡市金融状况指数综合排位上升4位，位居河南省第12位，这说明2014年三门峡市金融状况与上一年相比有较大的改善，依然不具有优势，仍须进一步提高。

## 第三节 三门峡市成长发展指数评价分析

### 一 三门峡市资本市场成长性指数评价分析

2013—2014年三门峡市资本市场成长性指标及其下属指标，在河南省的排位变化情况，如表17—3—1和图17—3—1所示。

表17—3—1 三门峡市2013—2014年资本市场成长性指数及其四级指标

| 年份 | | 金融机构贷款余额年增长额 | 发行国债年增长额 | A股股票募集资金净额 | 资本市场成长性指标 |
|---|---|---|---|---|---|
| 2013 | 原值（亿元） | 80.81 | 0.5593 | 1.91 | 3.42 |
| | 标准化后 | 2.3 | 6.00 | 1.45 | |
| 2014 | 原值（亿元） | 38.88 | -1.3433 | 1.85 | -0.5532 |
| | 标准化后 | -0.5239 | -0.29692 | -0.58384 | |
| 2013年排名 | | 12 | 12 | 17 | 16 |
| 2014年排名 | | 17 | 11 | 17 | 16 |
| 升降 | | -5 | 1 | 0 | 0 |

1. 2014年三门峡市资本市场成长性指数在整个河南省的综合排位处于第16位，表明其在河南省处于绝对劣势地位；与2013年相比排位没有

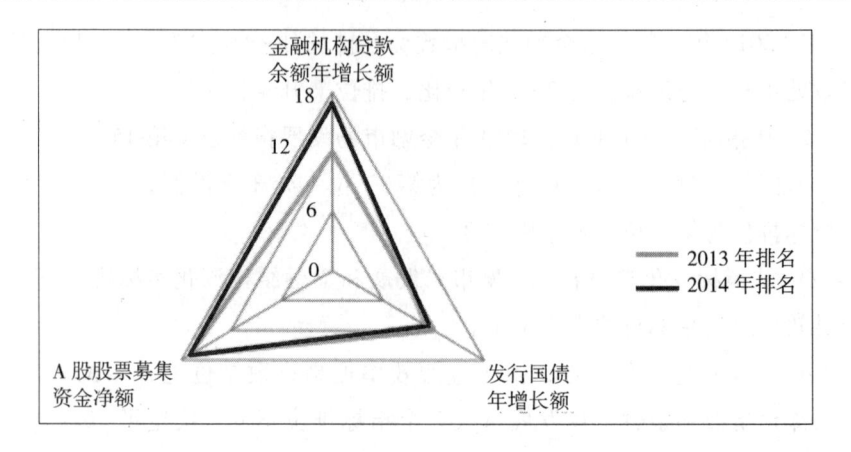

**图 17—3—1　三门峡市 2013—2014 年资本市场成长性指数四级指标比较雷达图**

变化。

2. 从指标所处的水平看，发行国债年增长额在河南省排位为第 11 位，处于中势地位，金融机构贷款余额年增长额和 A 股股票募集资金净额在整个河南省排位均为第 17 位，处于绝对劣势地位。

3. 从雷达图图形变化看，2014 年与 2013 年相比，面积有所扩大，金融机构贷款余额年增长额成为图形变化的动力点。

4. 从排位变化的动因看，在 2014 年整个经济体内国债发行量均有所下降的背景下，三门峡市国债年增长额较上年排位上升了 1 位，A 股股票募集资金净额指标排位不变，但金融机构贷款余额年增长额指标排位下降 5 位，使其资本市场成长性指标不变，仍处于第 16 位。

## 二　三门峡市经济成长性指数评价分析

2013—2014 年三门峡市经济成长性指标及其下属指标，在河南省的排位变化情况，如表 17—3—2 和图 17—3—2 所示。

**表 17—3—2　三门峡市 2013—2014 年经济成长性指数及其四级指标**

| 年份 | | GDP 年增长额 | 财政收入年增长额 | 社会固定资产投资年增长额 | 社会消费品零售总额年增长额 | 经济成长性指数 |
|---|---|---|---|---|---|---|
| 2013 | 原值（亿元） | 77.36 | 13.17 | 187.59 | 38.66 | 10.22 |
| | 标准化后 | 7.72 | 6.67 | 16.29 | 9.07 | |

续表

| 年份 | | GDP年增长额 | 财政收入年增长额 | 社会固定资产投资年增长额 | 社会消费品零售总额年增长额 | 经济成长性指数 |
|---|---|---|---|---|---|---|
| 2014 | 原值（亿元） | 35.38 | 10.66 | 202.25 | 40.02 | -0.6603 |
| | 标准化后 | -0.95904 | -0.2361 | -0.29391 | -0.68207 | |
| 2013年排名 | | 14 | 9 | 15 | 16 | 15 |
| 2014年排名 | | 17 | 11 | 12 | 16 | 15 |
| 升降 | | -3 | -2 | 3 | 0 | 0 |

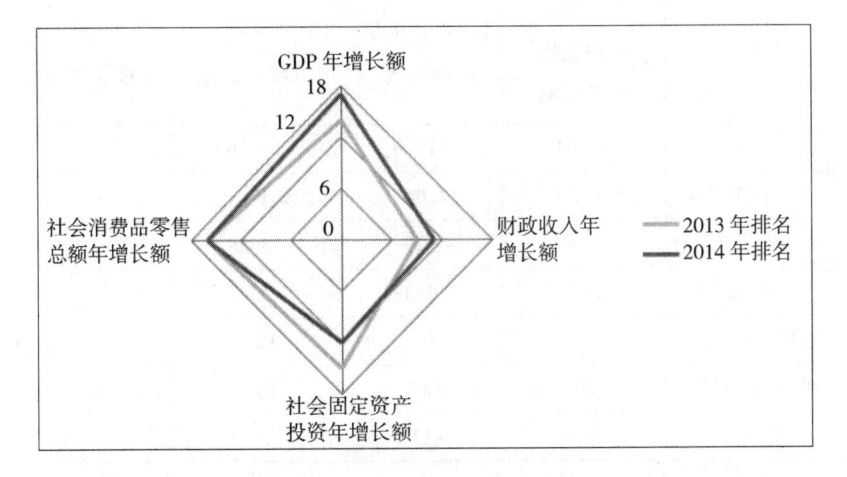

图17—3—2 三门峡市2013—2014年经济成长性指数四级指标比较雷达图

1. 2014年三门峡市经济成长性指数在整个河南省的综合排位处于第15位，表明其在河南省处于较劣势地位；与2013年相比没有发生变化。

2. 从指标所处的水平看，财政收入年增长额和社会固定资产投资年增长额在河南省排位分别为第11位和第12位，处于中势地位，GDP年增长额和社会消费品零售总额年增长额在河南省排位分别为第17位和第16位，处于绝对劣势地位。

3. 从雷达图图形变化看，2014年与2013年相比，面积有所扩大，GDP年增长额和财政收入年增长额是图形变化的动力点。

4. 从排位变化的动因看，2014年三门峡市经济成长性指数四级指标中，GDP年增长额和财政收入年增长额在河南省的排位分别下降3位和2

位,社会固定资产投资年增长额在河南省排位上升3位,社会消费品零售总额年增长额在河南省排位不变,综合作用下,三门峡市2014年的综合排位保持不变,仍位居河南省第15位。

### 三 三门峡市城市创新成长性指数评价分析

2013—2014年三门峡市城市创新成长性指标及其下属指标,在河南省的排位变化情况,如表17—3—3和图17—3—3所示。

表17—3—3  三门峡市2013—2014年城市创新成长性指数及其四级指标

| 年份 | | 政府研发经费支出年增长额 | 政府研发人员年增长量 | 新产品销售收入年增长额 | 城市创新成长性指数 |
|---|---|---|---|---|---|
| 2013 | 原值 | 0.134 | 517 | -15.26 | 22.57 |
| | 标准化后 | 44.20 | 12.04 | 0.00 | |
| 2014 | 原值 | 0.89 | -939 | -13.88 | -0.6335 |
| | 标准化后 | 0.36172 | -1.07391 | -0.32822 | |
| 2013年排名 | | 4 | 7 | 18 | 5 |
| 2014年排名 | | 5 | 18 | 18 | 17 |
| 升降 | | -1 | -11 | 0 | -12 |

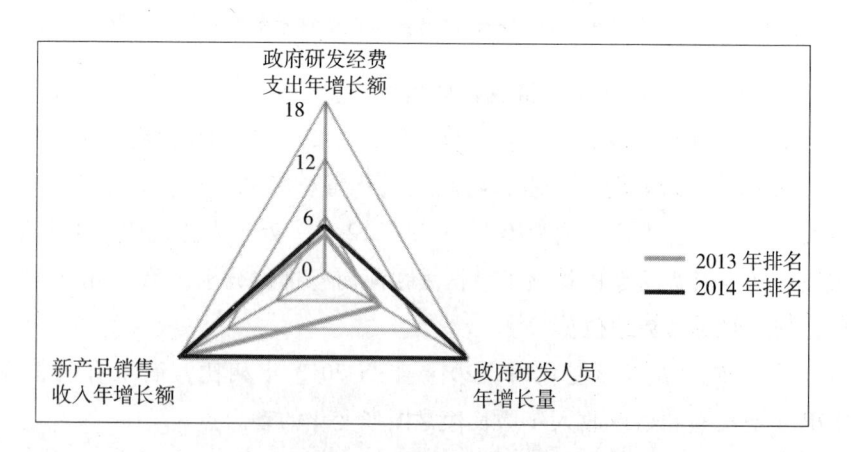

图17—3—3  三门峡市2013—2014年城市创新成长性指数四级指标比较雷达图

1. 2014年三门峡市城市创新成长性指数在整个河南省的综合排位处

于第 17 位，表明其在河南省处于绝对劣势地位；与 2013 年相比排位下降 12 位。

2. 从指标所处的水平看，政府研发人员年增长量在整个河南省排位为第 5 位，处于中上游区且为较优势指标，新产品销售收入年增长额和政府研发经费支出年增长额指标排位均处于第 18 位，处于下游区且为绝对劣势指标。

3. 从雷达图图形变化看，2014 年与 2013 年相比，面积有显著扩大，城市创新成长性呈现下降趋势，其中政府研发人员年增长量成为了图形缩小的动力点。

4. 从排位变化的动因看，由于政府研发经费支出年增长额研发投入和政府研发人员年增长量指标排位下降，新产品销售收入年增长额指标排位不变，三门峡市 2014 年城市创新成长性指数大幅度下降，与上年相比下降 12 位，居河南省第 17 位。

### 四 三门峡市成长发展指数综合分析

2013—2014 年三门峡市成长发展指标及其下属指标，在河南省的排位变化和指标结构情况，如表 17—3—4 所示。

表 17—3—4　　三门峡市 2013—2014 年成长发展指标及其三级指标

| 年份 | 资本市场成长性指数 | 经济成长性指数 | 城市创新成长性指数 | 成长发展指数 |
| --- | --- | --- | --- | --- |
| 2013 | 3.42 | 10.22 | 22.57 | 12.51 |
| 2014 | -0.5532 | -0.6603 | -0.6335 | -0.6442 |
| 2013 年排位 | 16 | 15 | 5 | 14 |
| 2014 年排位 | 16 | 15 | 17 | 18 |
| 升降 | 0 | 0 | -12 | -4 |

1. 2014 年三门峡市成长发展指数综合排位处于第 18 位，表明其在河南省处于绝对劣势地位；与 2013 年相比，下降 4 位。

2. 从指标所处水平看，2014 年经济成长性指数在河南省排位第 15 位，处于中下游区且较劣势地位，资本市场成长性和城市创新成长性指标排位分别为第 16 位和第 17 位，处于下游区且为绝对劣势指标。

3. 从指标变化趋势看，资本市场成长性和经济成长性 2 个指标排位与上一年相比均没有变化，城市创新成长性指标排位下降 12 位。

4. 从排位综合分析看，由于资本市场成长性和经济成长性 2 个指标排位与上一年相比均没有变化，城市创新成长性指标排位大幅度下降 12 位，决定了 2014 年三门峡市成长发展指数综合排位下降 4 位，位居河南省第 18 位。

## 第四节　三门峡市服务水平指数评价分析

### 一　三门峡市智力资本指数评价分析

2013—2014 年三门峡市智力资本指标及其下属指标，在河南省的排位变化情况，如表 17—4—1 和图 17—4—1 所示。

表 17—4—1　三门峡市 2013—2014 年智力资本指数及其四级指标

| 年份 | | 金融业从业密度 | 受高等教育密度 | 科研人员密度 | 普通高等学校数量 | 智力资本指数 |
|---|---|---|---|---|---|---|
| 2013 | 原值 | 1.17 | 1.31 | 0.78 | 1 | 2.50 |
| | 标准化后 | 6.08 | 0.00 | 3.70 | 0.00 | |
| 2014 | 原值 | 1.15 | 1.24 | 0.85 | 1 | -0.5298 |
| | 标准化后 | -0.49468 | -0.44651 | -0.60805 | -0.50225 | |
| 2013 年排名 | | 12 | 18 | 15 | 16 | 16 |
| 2014 年排名 | | 12 | 18 | 15 | 16 | 17 |
| 升降 | | 0 | 0 | 0 | 0 | -1 |

1. 2014 年三门峡市智力资本指数在整个河南省的综合排位处于第 17 位，表明其在河南省处于绝对劣势地位；与 2013 年相比排位下降 1 位。

2. 从指标所处的水平看，金融业从业密度和科研人员密度指标在整个河南省排位分别为第 12 位和第 15 位，处于较劣势地位，受高等教育密度和普通高等学校数量指标排位分别为第 18 位和第 16 位，处于绝对劣势地位。

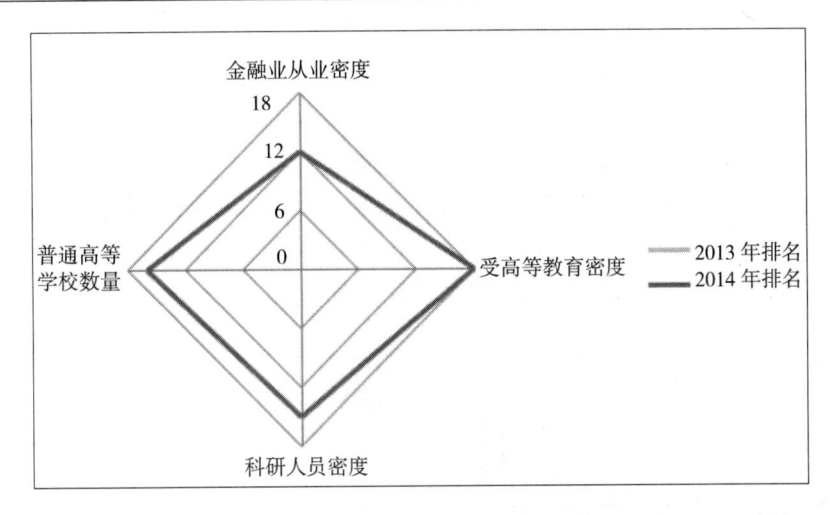

图 17—4—1　三门峡市 2013—2014 年智力资本指数四级指标比较雷达图

3. 从雷达图图形变化看，2014 年与 2013 年相比，面积保持不变。

4. 从排位变化的动因看，2014 年三门峡市智力资本指数四级指标在河南省的排位均没有发生变化，但由于绝对数较小，使其 2014 年的综合排位下降 1 位，居河南省第 17 位。

## 二　三门峡市城市环境指数评价分析

2013—2014 年三门峡市城市环境指标及其下属指标，在河南省的排位变化情况，如表 17—4—2 和图 17—4—2 所示。

表 17—4—2　三门峡市 2013—2014 年城市环境指数及其四级指标

| 年份 | | 城镇化水平 | 人均城市道路面积 | 人均绿化覆盖面积 | 基本医疗保险覆盖率 | 基本养老保险覆盖率 | 商品房屋销售均价 | 城镇从业人员平均工资 | 运营车辆数 | 城市环境指数 |
|---|---|---|---|---|---|---|---|---|---|---|
| 2013 | 原值 | 48.9 | 9.61 | 5.82 | 29.78 | 13.36 | 3454 | 42746 | 238 | 27.97 |
| | 标准化后 | 43.72 | 18.61 | 13.57 | 75.25 | 29.62 | 82.75 | 88.77 | 0.13 | |
| 2014 | 原值 | 0.5 | 10 | 5.8 | 0.2657 | 0.1374 | 0.90 | 43637 | 248 | 0.5272 |
| | 标准化后 | 0.41793 | -1.0007 | -0.58543 | 0.43088 | 0.0819 | -1.58222 | 1.30444 | -0.54815 | |
| 2013 年排名 | | 6 | 15 | 2 | 4 | 8 | 10 | 2 | 17 | 7 |
| 2014 年排名 | | 7 | 15 | 15 | 6 | 7 | 16 | 12 | 8 | 6 |
| 升降 | | -1 | 0 | -13 | -2 | 1 | -6 | -10 | 9 | 1 |

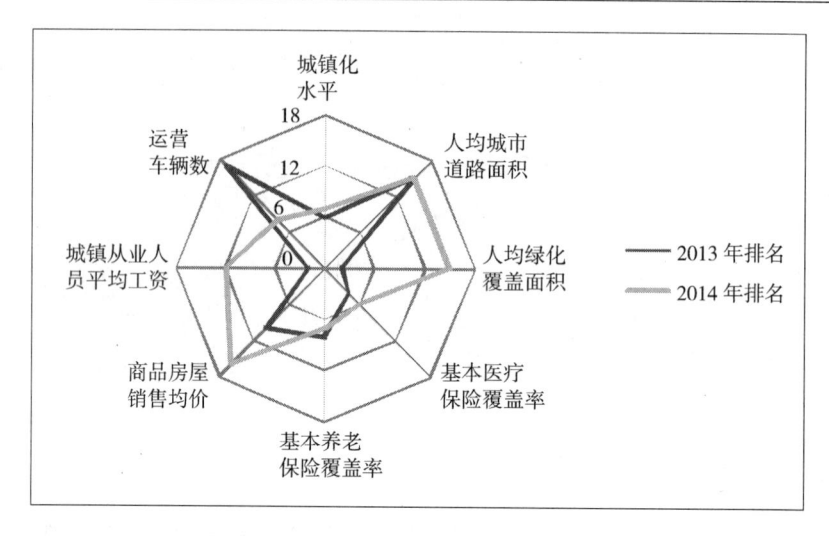

图 17—4—2　三门峡市 2013—2014 年城市环境指数四级指标比较雷达图

1. 2014 年三门峡市城市环境指数在整个河南省的综合排位处于第 6 位，表明其在河南省处于较优势地位；与 2013 年相比排位上升 1 位。

2. 从指标所处的水平看，城镇化水平、基本医疗保险覆盖率、基本养老保险覆盖率和运营车辆数指标在河南省排位分别为第 7 位、第 6 位、第 7 位和第 8 位，处于中上游区且为较优势地位，人均城市道路面积和人均绿化覆盖面积均排在第 15 位，处于中下游区且为较劣势地位，商品房屋销售均价指标排位为第 16 位，处于下游区且为绝对劣势地位。

3. 从雷达图图形变化看，2014 年与 2013 年相比，面积略有减小，城市环境指数呈现上升趋势，其中基本养老保险覆盖率和运营车辆数成为了图形缩小的动力点。

4. 从排位变化的动因看，虽然人均绿化覆盖面积、商品房屋销售均价和城镇从业人员平均工资指标排位大幅度下降，但由于绝对数较小且运营车辆数指标排位大幅度上升，综合作用下，2014 年三门峡市城市环境指数综合排位上升 1 位，位居河南省第 6 位。

### 三　三门峡市服务水平指数综合分析

2013—2014 年三门峡市服务水平指标及其下属指标，在河南省的排位变化和指标结构情况，如表 17—4—3 所示。

表 17—4—3　三门峡市 2013—2014 年服务水平指标及其三级指标

| 年份 | 智力资本指数 | 城市环境指数 | 服务水平指数 |
|---|---|---|---|
| 2013 | 2.50 | 27.97 | 16.85 |
| 2014 | -0.5298 | 0.5272 | -0.0013 |
| 2013 年排位 | 16 | 7 | 12 |
| 2014 年排位 | 17 | 6 | 7 |
| 升降 | -1 | 1 | 5 |

1. 2014 年三门峡市服务水平指数综合排位处于第 7 位，表明其在河南省处于较优势地位；与 2013 年相比，排位上升 5 位。

2. 从指标所处水平看，2014 年智力资本指标排位为第 17 位，处于下游区且为绝对劣势指标，城市环境指标排位为第 6 位，处于中上游区且为较优势指标。

3. 从指标变化趋势看，智力资本和城市环境 2 个指标排位与上一年相比分别下降 1 位和上升 1 位。

4. 从排位综合分析看，由于城市环境指标排位的上升和优势地位，决定了 2014 年三门峡市服务水平指数综合排位上升 5 位，位居河南省第 7 位，但三门峡市政府应重视提高对科研方面的投入，以综合提升服务水平。

## 第五节　三门峡市综合环境指数评价分析

### 一　三门峡市经济环境指数评价分析

2013—2014 年三门峡市经济环境指标及其下属指标，在河南省的排位变化情况，如表 17—5—1 和图 17—5—1 所示。

表 17—5—1　三门峡市 2013—2014 年经济环境指数及其四级指标

| 年份 | | 城镇人均可支配收入 | 农村人均纯收入 | 人均 GDP | 人均财政收入 | 人均社会商品零售额 | 经济环境指数 |
|---|---|---|---|---|---|---|---|
| 2013 | 原值（元） | 20938 | 8926 | 53863 | 3649 | 20938 | 43.48 |
| | 标准化后 | 33.75 | 27.99 | 70.22 | 39.72 | 33.75 | |

续表

| 年份 | | 城镇人均可支配收入 | 农村人均纯收入 | 人均GDP | 人均财政收入 | 人均社会商品零售额 | 经济环境指数 |
|---|---|---|---|---|---|---|---|
| 2014 | 原值（元） | 22739 | 9979 | 55260 | 4108.89 | 15811.6 | 0.3434 |
| | 标准化后 | 0.0431 | -0.21082 | 1.02319 | 0.27813 | 0.28164 | |
| 2013年排名 | | 13 | 9 | 3 | 3 | 5 | 5 |
| 2014年排名 | | 11 | 9 | 3 | 4 | 5 | 6 |
| 升降 | | 2 | 0 | 0 | -1 | 0 | -1 |

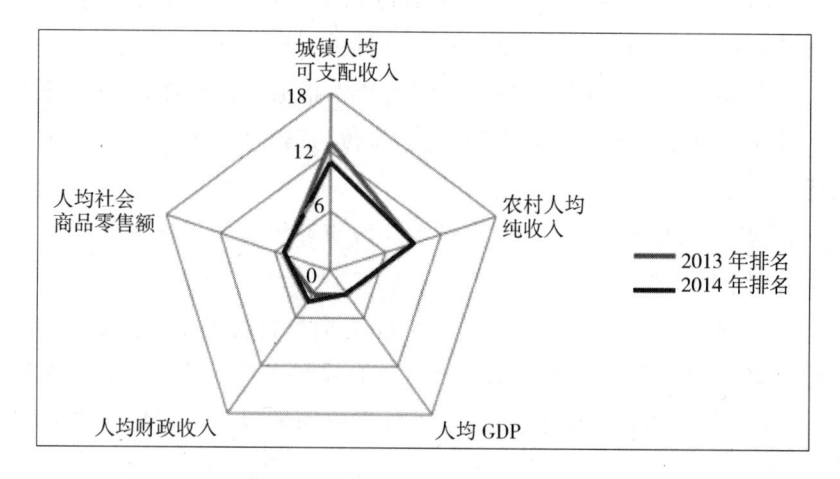

图17—5—1 三门峡市2013—2014年经济环境指数四级指标比较雷达图

1. 2014年三门峡市经济环境指数在整个河南省的综合排位处于第6位，表明其在河南省处于较优势地位；与2013年相比排位下降1位。

2. 从指标所处的水平看，城镇人均可支配收入和农村人均纯收入指标在河南省排位分别为第11位和第9位，处于中上游区且为较优势指标，人均GDP、人均财政收入和人均社会商品零售额指标排位分别为第3位、第4位和第5位，处于上游区且为优势指标。

3. 从雷达图图形变化看，2014年与2013年相比，面积有所缩小，城镇人均可支配收入是图形变化的动力点。

4. 从排位变化的动因看，2014年三门峡市城镇人均可支配收入指标排位上升2位，人均财政收入指标排位下降1位，其余各指标的排位保持不变，因此2014年三门峡市经济环境指数综合排位下降1位，位居河南省第 6 位。

## 二 三门峡市开放程度指数评价分析

2013—2014 年三门峡市开放程度指标及其下属指标,在河南省的排位变化情况,如表 17—5—2 和图 17—5—2 所示。

表 17—5—2 三门峡市 2013—2014 年开放程度指数及其四级指标

| 年份 | | 实际利用外资额 | 旅游创汇收入 | 进出口总额 | 开放程度指数 |
|---|---|---|---|---|---|
| 2013 | 原值（万美元） | 62066 | 210 | 41232 | 5.50 |
| | 标准化后 | 13.05 | 0.53 | 0.63 | |
| 2014 | 原值（万美元） | 301.8 | 1816 | 23848 | -0.5141 |
| | 标准化后 | -0.72787 | -0.32243 | -0.31164 | |
| 2013 年排名 | | 5 | 16 | 14 | 8 |
| 2014 年排名 | | 16 | 7 | 17 | 15 |
| 升降 | | -11 | 9 | -3 | -7 |

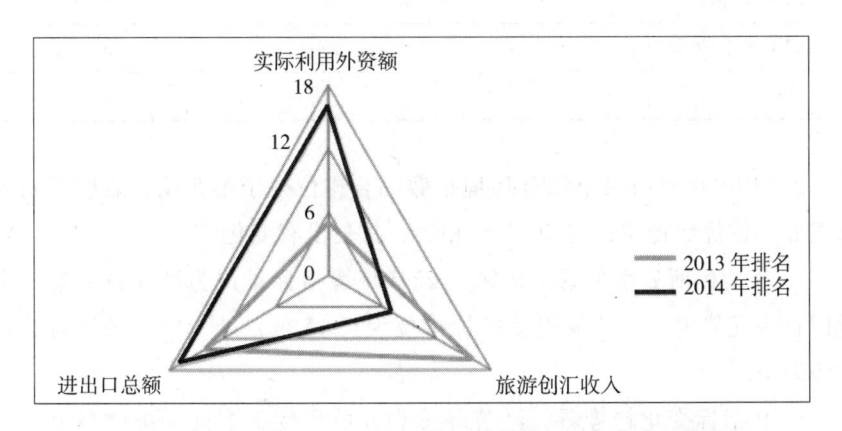

图 17—5—2 三门峡市 2013—2014 年开放程度指数四级指标比较雷达图

1. 2014 年三门峡市开放程度指数在整个河南省的综合排位处于第 15 位,表明其在河南省处于较劣势地位;与 2013 年相比排位下降 7 位。

2. 从指标所处的水平看,实际利用外资额和进出口总额在整个河南省排位均为第 16 位和第 17 位,处于下游区且为绝对劣势地位,旅游创汇收入排位为第 7 位，处于中上游区且为较优势指标。

3. 从雷达图图形变化看，2014 年与 2013 年相比，面积有显著扩大，实际利用外资额和进出口总额成为图形扩大的动力点。

4. 从排位变化的动因看，2014 年三门峡市实际利用外资额指标排位下降 11 位，进出口总额指标在河南省的排位下降 3 位，旅游创汇收入指标上升 9 位，使其 2014 年的开放程度指数的综合排位下降 7 位，仍位居河南省第 15 位。

### 三　三门峡市综合环境指数综合分析

2013—2014 年三门峡市综合环境指标及其下属指标，在河南省的排位变化和指标结构情况，如表 17—5—3 所示。

表 17—5—3　三门峡市 2013—2014 年综合环境指标及其三级指标

| 年份 | 经济环境指数 | 开放程度指数 | 综合环境指数 |
| --- | --- | --- | --- |
| 2013 | 43.48 | 11.10 | 28.29 |
| 2014 | 0.3434 | -0.5141 | -0.0908 |
| 2013 年排位 | 5 | 5 | 5 |
| 2014 年排位 | 6 | 15 | 5 |
| 升降 | -1 | -10 | 0 |

1. 2014 年三门峡市综合环境指数综合排位处于第 5 位，表明其在河南省处于较优势地位；与 2013 年相比，排位没有变化。

2. 从指标所处水平看，2014 年经济环境指标排位为第 6 位，处于上游区且为优势地位，开放程度指标排位为第 15 位，处于中下游区且为较劣势地位。

3. 从指标变化趋势看，经济环境和开放程度 2 个指标排位与上一年相比均下降。

4. 从排位综合分析看，三门峡市经济环境和开放程度 2 个指标排位均下降，但在其他地市排位相对变动下，2014 年三门峡市的综合环境指标排位不变，仍居河南省第 5 位。

## 第六节　三门峡市金融发展指数综合评价分析

2013—2014年三门峡市金融发展指数综合指标及其下属指标，在河南省的排位变化和指标结构情况，如表17—6—1所示。

表17—6—1　　三门峡市2013—2014年金融发展指数指标及其二级指标

| 年份 | 金融状况指数 | 成长发展指数 | 服务水平指数 | 综合环境指数 | 金融发展指数 |
|---|---|---|---|---|---|
| 2013 | 6.82 | 12.51 | 16.85 | 28.98 | 16.99 |
| 2014 | -0.3705 | -0.6442 | -0.0013 | -0.0908 | -1.0662 |
| 2013年排位 | 16 | 14 | 12 | 5 | 9 |
| 2014年排位 | 12 | 18 | 7 | 5 | 10 |
| 升降 | 4 | -4 | -5 | 0 | -1 |

1. 2014年三门峡市金融发展指数综合排位处于第10位，表明其在河南省处于较优势地位；与2013年相比，排位下降1位。

2. 从指标所处水平看，2014年三门峡市金融状况指标在河南省排位为第12位，处于中游区，成长发展指标排位为第18位，处于下游区，服务水平和综合环境指标排位分别处于第7位和第5位，处于中上游区。

3. 从指标变化趋势看，金融状况指标排位上升4位，成长发展和服务水平指标排位分别下降4位和5位，综合环境指标排位与上一年相比没有变化。

4. 从排位综合分析看，由于4个指标的相对变动，综合作用下，2014年三门峡市的金融发展指标排位下降1位，居河南省第10位。三门峡市在成长发展和服务水平方面应加大发展力度，以实现金融全面发展。

# 第十八章　商丘市2014年金融发展指数研究报告

## 第一节　商丘市概述

商丘市处于中原地区东部，地理位置四通八达，东临沿海，西扼中原，北接齐鲁，南襟江淮，是中原中西部地区与东南沿海地区的接合部。商丘还是重要粮食和煤炭产地，是中原经济区东部经济、交通和工商业中心。

2014年，全市完成地区金融业增加值42.45亿元；增长70.40%。全社会固定资产投资完成1548.78亿元，比上年增长18.16%；社会消费品零售总额完成719.18亿元，比上年增长13.58%。截至2014年年底，金融机构存款余额1759.88亿元，同比增长12.88%；各项贷款余额1007.19亿元，同比增长20.85%。

## 第二节　商丘市金融状况指数评价分析

### 一　商丘市金融市场发展指数评价分析

2013—2014年商丘市金融市场发展指标及其下属指标，在河南省的排位变化情况，如表18—2—1和图18—2—1所示。

表18—2—1　商丘市2013—2014年金融市场发展指数及其四级指标

| 年份 | | 金融业增加值 | 金融系统存款余额 | 金融系统贷款余额 | 证券交易额 | 发行国债额 | 保费收入 | 保险赔付额 | 金融市场发展指数 |
|---|---|---|---|---|---|---|---|---|---|
| 2013 | 原值（亿元） | 24.91 | 1559.51 | 833.41 | 337.20 | 2.33 | 50.01 | 13.65 | 6.31 |
| | 标准化后 | 4.38 | 10.68 | 6.95 | 2.62 | 8.22 | 19.49 | 18.42 | |

续表

| 年份 | | 金融业增加值 | 金融系统存款余额 | 金融系统贷款余额 | 证券交易额 | 发行国债额 | 保费收入 | 保险赔付额 | 金融市场发展指数 |
|---|---|---|---|---|---|---|---|---|---|
| 2014 | 原值（亿元） | 42.45 | 1759.88 | 1007.19 | 544.38 | 0.455 | 50.75 | 17.22 | -0.2193 |
| | 标准化后 | -0.2824 | -0.1765 | -0.2038 | -0.2960 | -0.3981 | -0.1177 | -0.0425 | |
| 2013排名 | | 12 | 10 | 8 | 13 | 9 | 5 | 8 | 10 |
| 2014排名 | | 12 | 10 | 8 | 12 | 15 | 7 | 5 | 10 |
| 升降 | | 0 | 0 | 0 | 1 | -6 | -2 | 3 | 0 |

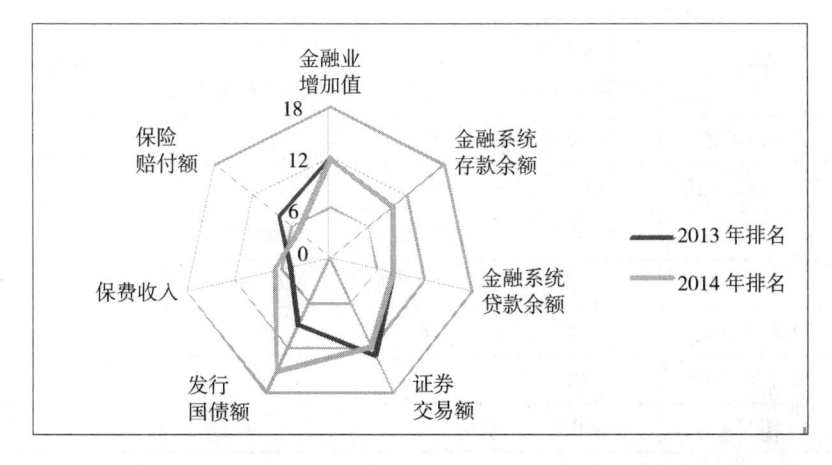

图18—2—1 商丘市2013—2014年金融市场发展指数四级指标比较雷达图

1. 2014年商丘市金融市场发展指数在整个河南省的综合排位处于第10位；与2013年相比排位没有发生变化，表明其在河南省处于中游地区。

2. 从指标所处的水平看，金融业增加值和证券交易额在河南省的排位为第12位，处于较劣势地位；金融系统存款余额在河南省的排位为第10位，金融系统贷款余额在河南省的排位为第8位，处于中势地位；发行国债额在河南省排位为第15位，处于较劣势地位；保费收入在河南省排位为第7位，处于较优势地位；保险赔付额在河南省排位为第5位，处于较优势地位。

3. 从雷达图图形变化看，2014年与2013年相比，面积有所增大，金融市场发展呈现弱化趋势，其中发行国债额成为了图形扩大的动力点。

4. 从排位变化的动因看，保险赔付额指标排名上升3位，发行国债额指标排名下降6位,证券交易额和保费收入指标排位有小幅变动,其余指标排位基本保持不变,综合作用下,2014年商丘市金融市场指数排位不变,位居河南省第10位。

## 二 商丘市金融结构深化指数评价分析

2013—2014年商丘市金融结构深化指标及其下属指标,在河南省的排位变化情况,如表18—2—2和图18—2—2所示。

表18—2—2 商丘市2013—2014年金融结构深化指数及其四级指标

| 年份 | | 证券募集资金净额比GDP | 短期贷款占比 | 保费收入比全省金融业增加值 | 金融结构深化指数 |
|---|---|---|---|---|---|
| 2013 | 原值 | 0.0040 | 0.0413 | 0.0423 | 13.06 |
| | 标准化后 | 15.63 | 10.31 | 19.47 | |
| 2014 | 原值 | 0.0037 | 0.0451 | 0.0341 | -0.3694 |
| | 标准化后 | -0.7129 | -0.1687 | -0.1969 | |
| 2013年排名 | | 13 | 8 | 5 | 12 |
| 2014年排名 | | 13 | 8 | 6 | 12 |
| 升降 | | 0 | 0 | -1 | 0 |

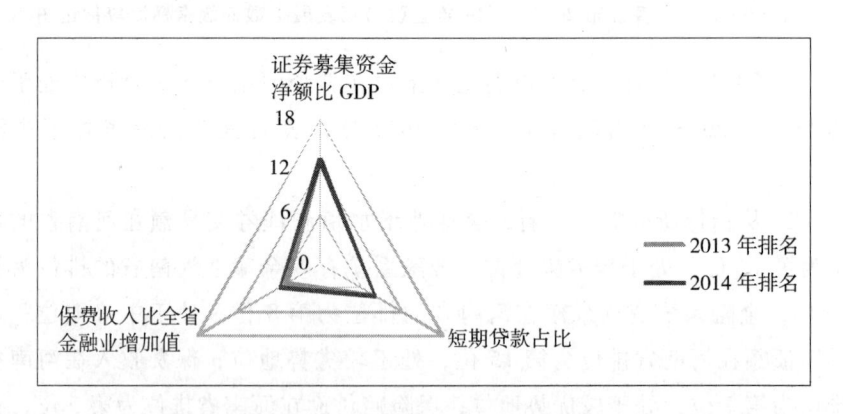

图18—2—2 商丘市2013—2014年金融结构深化指数四级指标比较雷达图

1. 2014年商丘市金融结构深化指数在整个河南省的综合排位处于第12位,表明其在河南省处于较劣势地位;与2013年相比排位没有发生变化。

2. 从指标所处的水平看,证券募集资金净额比 GDP 在河南省的排位为第 13 位,处于较劣势地位;短期贷款占比在河南省的排位为第 8 位,处于中势地位;保费收入比全省金融业增加值在河南省的排位为第 6 位,处于较优势地位。

3. 从雷达图图形变化看,2014 年与 2013 年相比,面积保持不变,商丘市金融结构深化呈现稳定态势。

4. 从排位变化的动因看,由于 2014 年商丘市金融结构深化的四级指标除保费收入比全省金融业增加值外,其他指标在河南省排位均未发生变化,其金融结构深化指数综合排位保持不变,仍位居河南省第 12 位。

### 三 商丘市金融效率提高指数评价分析

2013—2014 年商丘市金融效率提高指标及其下属指标,在河南省的排位变化情况,如表 18—2—3 和图 18—2—3 所示。

表 18—2—3  商丘市 2013—2014 年金融效率提高指数及其四级指标

| 年份 | | 存贷比 | 保险密度 | 上市公司占有率 | 证券交易额占比 | 金融效率提高指数 |
|---|---|---|---|---|---|---|
| 2013 | 原值 | 0.5345 | 687 | 0.0303 | 0.0181 | 6.98 |
| | 标准化后 | 27.52 | 4.53 | 9.52 | 2.62 | |
| 2014 | 原值 | 0.5723 | 699.27 | 0.0299 | 0.0149 | -0.6574 |
| | 标准化后 | -0.3620 | -0.7034 | -0.3948 | -0.4631 | |
| 2013 年排名 | | 12 | 15 | 8 | 13 | 15 |
| 2014 年排名 | | 11 | 17 | 12 | 12 | 15 |
| 升降 | | 1 | -2 | -4 | 1 | 0 |

1. 2014 年商丘市金融效率提高指数在整个河南省的综合排位处于第 15 位,表明其在河南省处于较劣势地位;与 2013 年相比排位没有发生变化。

2. 从指标所处的水平看,除存贷比指标排位为第 11 位外,其余 3 项指标在整个河南省排位均处于中下游。

3. 从雷达图图形变化看,2014 年与 2013 年相比,面积有所增大,金

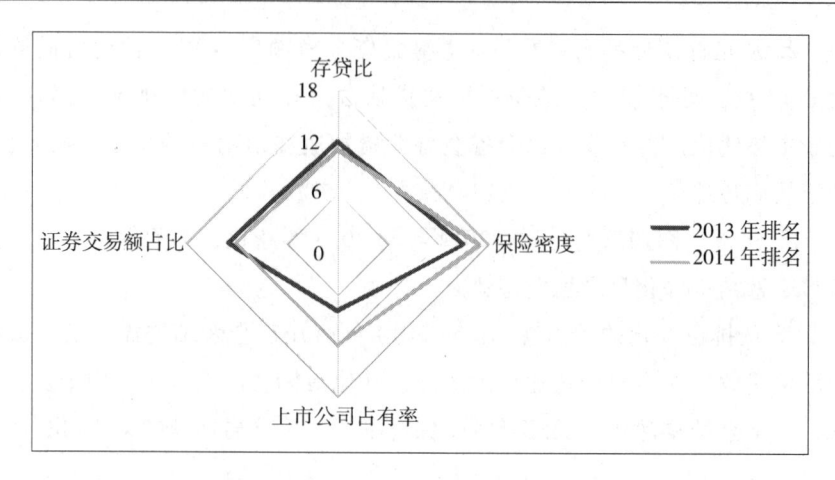

图 18—2—3　商丘市 2013—2014 年金融效率提高指数四级指标比较雷达图

融效率提高指数呈现弱化趋势，其中上市公司占有率成为了图形扩大的动力点。

4. 从排位变化的动因看，商丘市上市公司占有率指标排位下降 4 位，其他各项指标排位小幅变动，综合作用下，2014 年商丘市金融效率提高指数综合排位保持不变，仍位居河南省第 15 位。

### 四　商丘市金融状况指数综合分析

2013—2014 年商丘市金融状况指标及其下属指标，在河南省的排位变化和指标结构情况，如表 18—2—4 所示。

表 18—2—4　商丘市 2013—2014 年金融状况指标及其三级指标

| 年份 | 金融市场发展指数 | 金融结构深化指数 | 金融效率提高指数 | 金融状况指数 |
| --- | --- | --- | --- | --- |
| 2013 | 6.31 | 13.06 | 6.98 | 8.95 |
| 2014 | -0.2193 | -0.3694 | -0.6574 | -0.4327 |
| 2013 年排位 | 10 | 12 | 15 | 10 |
| 2014 年排位 | 10 | 12 | 15 | 14 |
| 升降 | 0 | 0 | 0 | -4 |

1. 2014 年商丘市金融状况指数综合排位处于第 14 位，表明其在河南省处于较劣势地位；与 2013 年相比，排位下降 4 位。

2. 从指标所处水平看，2014年金融市场发展指数在河南省的排位为第10位，处于中势地位；金融结构深化指数和金融效率提高指数排位分别为第12位和第15位，处于较劣势地位。

3. 从指标变化趋势看，金融市场发展、金融结构深化和金融效率提高3个指标排位与上一年相比均没有变化。

4. 从排位综合分析看，2014年商丘市金融状况指数综合排位位居河南省第14位，处于较劣势地位。各项指标在整个河南省均处于落后地位，其中金融效率提高指数排名最不理想。商丘市作为农业大市，近几年在探索农区工业化方面取得了不俗的成绩，但是要实现"全面提速，振兴商丘"的目标，必须将金融业的发展作为政府工作重中之重。

## 第三节 商丘市成长发展指数评价分析

### 一 商丘市资本市场成长性指数评价分析

2013—2014年商丘市资本市场成长性指标及其下属指标，在河南省的排位变化情况，如表18—3—1和图18—3—1所示。

表18—3—1 商丘市2013—2014年资本市场成长性指数及其四级指标

| 年份 | | 金融机构贷款余额年增长额 | 发行国债年增长额 | A股股票募集资金净额 | 资本市场成长性指标 |
|---|---|---|---|---|---|
| 2013 | 原值（亿元） | 132.47 | 1.0375 | 6.09 | 7.68 |
| | 标准化后 | 4.35 | 12.97 | 4.63 | |
| 2014 | 原值（亿元） | 173.78 | -1.8750 | 6.07 | -0.5180 |
| | 标准化后 | -0.1226 | -0.8743 | -0.4846 | |
| 2013年排名 | | 8 | 6 | 13 | 10 |
| 2014年排名 | | 7 | 15 | 13 | 15 |
| 升降 | | 1 | -9 | 0 | -5 |

1. 2014年商丘市资本市场成长性指数在整个河南省的综合排位处于第15位，表明其在河南省处于较劣势地位；与2013年相比排位下降5位。

2. 从指标所处的水平看，金融机构贷款余额年增长额在河南省的排

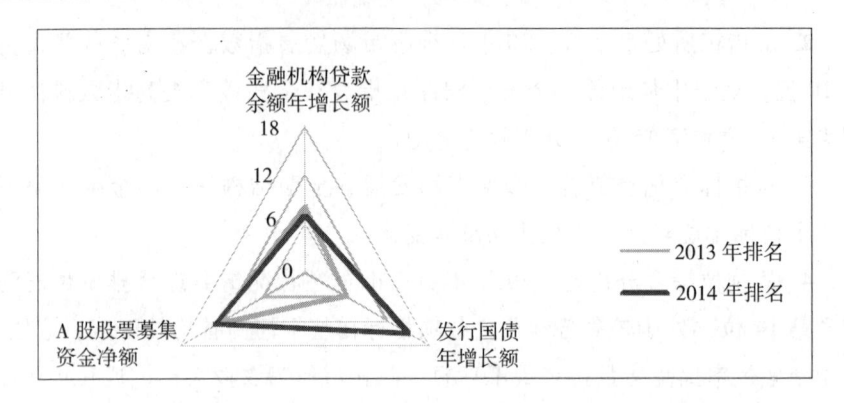

**图 18—3—1　商丘市 2013—2014 年资本市场成长性指数四级指标比较雷达图**

位为第 7 位，处于较优势地位；发行国债年增长额排位为第 15 位，处于较劣势地位；A 股股票募集资金净额排位为第 13 位，处于较劣势地位。

3. 从雷达图图形变化看，2014 年与 2013 年相比，面积有所增大，资本市场成长性呈现下降趋势，发行国债年增长额成为图形扩张的动力点。

4. 从排位变化的动因看，商丘市发行国债年增长额排位较上年明显下降，排位下降了 9 位，使其资本市场成长性指数排名下降了 5 位，位居河南省第 15 位。

## 二　商丘市经济成长性指数评价分析

2013—2014 年商丘市经济成长性指标及其下属指标，在河南省的排位变化情况，如表 18—3—2 和图 18—3—2 所示。

**表 18—3—2　商丘市 2013—2014 年经济成长性指数及其四级指标**

| 年份 | | GDP 年增长额 | 财政收入年增长额 | 社会固定资产投资年增长额 | 社会消费品零售总额年增长额 | 经济成长性指数 |
|---|---|---|---|---|---|---|
| 2013 | 原值（亿元） | 140.94 | 15.65 | 241.87 | 78.55 | 18.81 |
| | 标准化后 | 17.93 | 8.90 | 23.48 | 22.91 | |
| 2014 | 原值（亿元） | 159.42 | 14.91 | 238.06 | 85.99 | -0.0185 |
| | 标准化后 | 0.0809 | -0.2360 | -0.0841 | -0.0396 | |
| 2013 年排名 | | 11 | 8 | 9 | 6 | 8 |
| 2014 年排名 | | 6 | 8 | 8 | 6 | 7 |
| 升降 | | 5 | 0 | 1 | 0 | 1 |

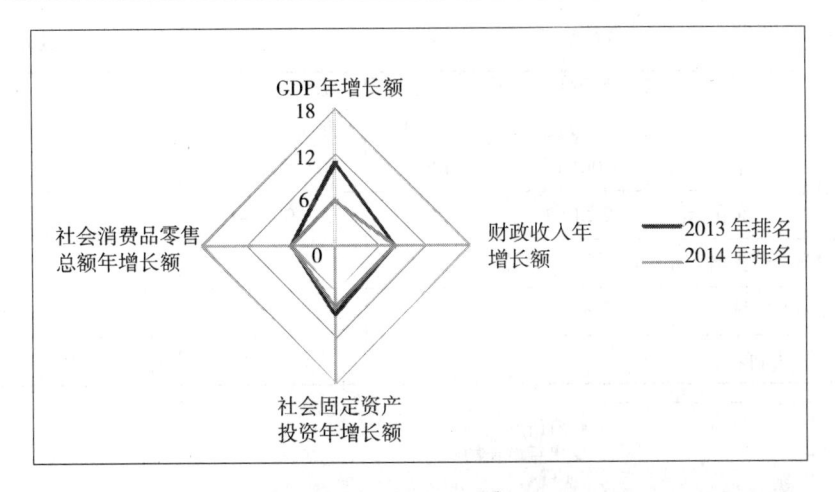

**图 18—3—2　商丘市 2013—2014 年经济成长性指数四级指标比较雷达图**

1. 2014 年商丘市经济成长性指数在整个河南省的综合排位处于第 7 位，表明其在河南省处于较优势地位；与 2013 年相比排位上升 1 位。

2. 从指标所处的水平看，GDP 年增长额和社会消费品零售总额年增长额在河南省排位均为第 6 位，处于较优势地位；财政收入年增长额和社会固定资产投资年增长额在河南省排位均为第 8 位，处于中势地位。

3. 从雷达图图形变化看，2014 年与 2013 年相比，面积有所缩小，经济成长性指数呈现优化趋势，其中 GDP 年增长额成为了图形缩小的动力点。

4. 从排位变化的动因看，2014 年商丘市 GDP 年增长额和社会固定资产投资年增长额排位分别上升 5 位和 1 位，其余四级指标在河南省的排位没有发生变化，使其 2014 年的综合排位有所上升，位居河南省第 7 位。

### 三　商丘市城市创新成长性指数评价分析

2013—2014 年商丘市城市创新成长性指标及其下属指标，在河南省的排位变化情况，如表 18—3—3 和图 18—3—3 所示。

**表 18—3—3　商丘市 2013—2014 年城市创新成长性指数及其四级指标**

| 年份 | | 政府研发经费支出年增长额 | 政府研发人员年增长量 | 新产品销售收入年增长额 | 城市创新成长性指数 |
|---|---|---|---|---|---|
| 2013 | 原值 | 0.1360 | 358 | 0.81 | 21.73 |
| | 标准化后 | 44.33 | 9.02 | 0.88 | |

续表

| 年份 | | 政府研发经费支出年增长额 | 政府研发人员年增长量 | 新产品销售收入年增长额 | 城市创新成长性指数 |
|---|---|---|---|---|---|
| 2014 | 原值 | 0.0068 | 409 | 0.9 | -0.2859 |
| | 标准化后 | -0.5059 | -0.1463 | -0.2841 | |
| 2013年排名 | | 3 | 10 | 16 | 7 |
| 2014年排名 | | 14 | 8 | 15 | 10 |
| 升降 | | -11 | 2 | 1 | -3 |

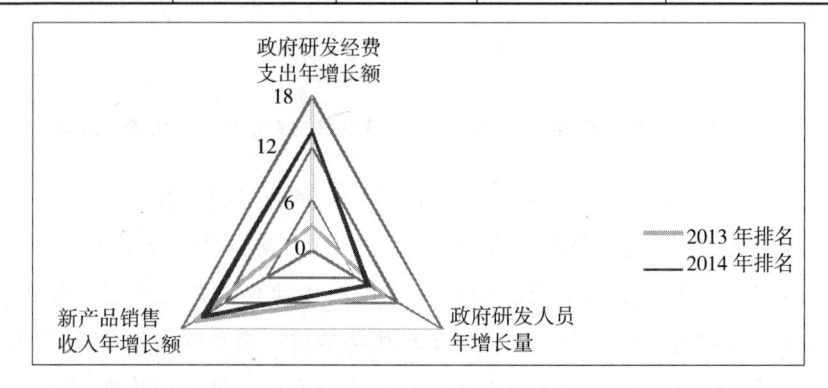

图18—3—3 商丘市2013—2014年城市创新成长性指数四级指标比较雷达图

1. 2014年商丘市城市创新成长性指数在整个河南省的综合排位处于第10位，表明其在河南省处于中势地位；与2013年相比排位下降3位。

2. 从指标所处的水平看，政府研发经费支出年增长额和新产品销售收入年增长额在整个河南省排位分别为第14位和第15位，处于下游区；政府研发人员年增长量处于第8位，处于中游区。

3. 从雷达图图形变化看，2014年与2013年相比，面积有所扩大，城市创新成长性呈现下降趋势，其中政府研发经费支出年增长额成为了图形扩大的动力点。

4. 从排位变化的动因看，由于政府研发经费支出年增长额大幅下降，即政府研发经费支出年增长额指标排名降至第14位，成为其城市创新成长性下降的主要拉动力量。2014年商丘市城市创新成长性指数排位下降3位，位居河南省第10位。

### 四 商丘市成长发展指数综合分析

2013—2014 年商丘市成长发展指标及其下属指标，在河南省的排位变化和指标结构情况，如表 18—3—4 所示。

表 18—3—4　商丘市 2013—2014 年成长发展指标及其三级指标

| 年份 | 资本市场成长性指数 | 经济成长性指数 | 城市创新成长性指数 | 成长发展指数 |
| --- | --- | --- | --- | --- |
| 2013 | 7.68 | 18.81 | 21.73 | 16.86 |
| 2014 | -0.5180 | -0.0185 | -0.2859 | -0.2857 |
| 2013 年排位 | 10 | 8 | 7 | 9 |
| 2014 年排位 | 15 | 7 | 10 | 11 |
| 升降 | -5 | 1 | -3 | -2 |

1. 2014 年商丘市成长发展指数综合排位处于第 11 位，表明其在河南省处于中势地位；与 2013 年相比，排位下降 2 位。

2. 从指标所处水平看，2014 年资本市场成长性排位为第 15 位，处于较劣势地位；经济成长性排位为第 7 位，处于较优势地位；城市创新成长性排位为第 10 位，处于中势地位。

3. 从指标变化趋势看，资本市场成长性指数和城市创新成长性指数 2 个指标排位分别下降 5 位和 3 位，经济成长性指数指标小幅上升。

4. 从排位综合分析看，由于 3 个指标中的 2 个指标排位有所下降，决定了 2014 年商丘市成长发展指数综合排位下降 2 位，位居河南省第 11 位。

## 第四节　商丘市服务水平指数评价分析

### 一　商丘市智力资本指数评价分析

2013—2014 年商丘市智力资本指标及其下属指标，在河南省的排位变化情况，如表 18—4—1 和图 18—4—1 所示。

表 18—4—1　商丘市 2013—2014 年智力资本指数及其四级指标

| 年份 | | 金融业从业密度 | 受高等教育密度 | 科研人员密度 | 普通高等学校数量 | 智力资本指数 |
|---|---|---|---|---|---|---|
| 2013 | 原值 | 1.02 | 7.08 | 0.85 | 6 | 5.90 |
| | 标准化后 | 3.55 | 5.82 | 4.29 | 9.09 | |
| 2014 | 原值 | 1.06 | 7.00 | 1.00 | 6 | −0.3728 |
| | 标准化后 | −0.5517 | −0.2410 | −0.5573 | −0.0987 | |
| 2013 年排名 | | 14 | 8 | 14 | 4 | 12 |
| 2014 年排名 | | 13 | 8 | 13 | 5 | 12 |
| 升降 | | 1 | 0 | 1 | −1 | 0 |

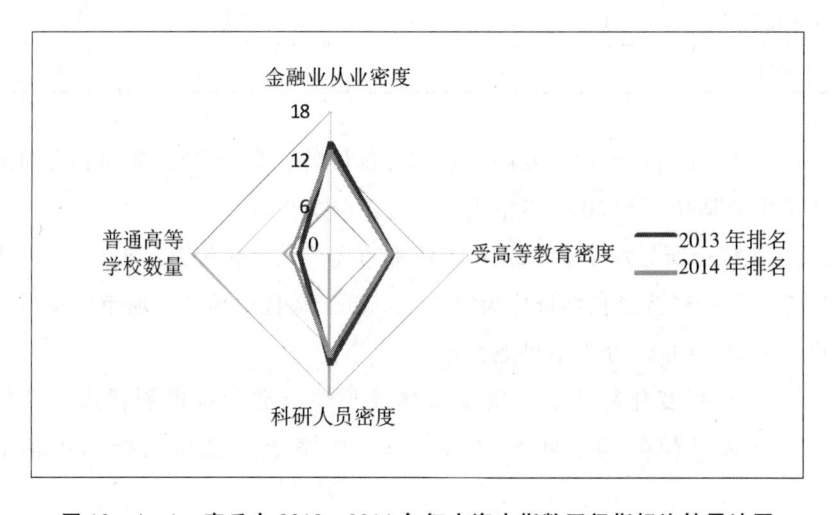

图 18—4—1　商丘市 2013—2014 年智力资本指数四级指标比较雷达图

1. 2014 年商丘市智力资本指数在整个河南省的综合排位处于第 12 位，表明其在河南省处于较劣势地位；与 2013 年相比排位没有发生变化。

2. 从指标所处的水平看，金融业从业密度和科研人员密度排位均为第 13 位，处于较劣势地位；受高等教育密度排位为第 8 位，处于中势地位；普通高等学校数量排位为第 5 位，处于较优势地位。

3. 从雷达图图形变化看，2014 年与 2013 年相比，面积基本保持不变。

4. 从排位变化的动因看，2014 年商丘市金融业从业密度和科研人员密度排位指标均上升 1 位,受高等教育密度指标排位下降 1 位,使其 2014 年的综合排位保持不变,仍位居河南省第 12 位。

## 二 商丘市城市环境指数评价分析

2013—2014 年商丘市城市环境指标及其下属指标,在河南省的排位变化情况,如表 18—4—2 和图 18—4—2 所示。

表 18—4—2　商丘市 2013—2014 年城市环境指数及其四级指标

| 年份 | | 城镇化水平 | 人均城市道路面积 | 人均绿化覆盖面积 | 基本医疗保险覆盖率 | 基本养老保险覆盖率 | 商品房屋销售均价 | 城镇从业人员平均工资 | 运营车辆数 | 城市环境指数 |
|---|---|---|---|---|---|---|---|---|---|---|
| 2013 | 原值 | 0.3502 | 9.21 | 3.54 | 0.2114 | 0.073 | 2681 | 36300 | 1178 | 2.95 |
| | 标准化后 | 0.74 | 16.18 | 3.32 | 28.14 | 6.28 | 100.00 | 36.03 | 17.17 | |
| 2014 | 原值 | 0.3649 | 9.52 | 3.66 | 0.2135 | 0.0761 | 3650 | 39866 | 1090 | −2.1198 |
| | 标准化后 | −1.2292 | −1.1130 | −0.9563 | −0.4994 | −0.8236 | 0.3741 | 0.0163 | 0.0917 | |
| 2013 年排名 | | 16 | 16 | 17 | 13 | 16 | 1 | 9 | 3 | 17 |
| 2014 年排名 | | 16 | 16 | 17 | 13 | 16 | 6 | 8 | 3 | 13 |
| 升降 | | 0 | 0 | 0 | 0 | 0 | −5 | 1 | 0 | 4 |

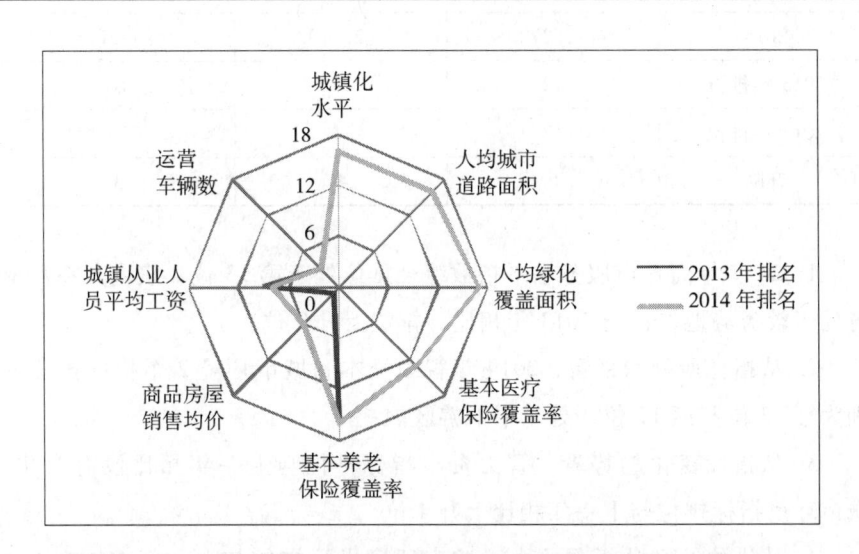

图 18—4—2　商丘市 2013—2014 年城市环境指数四级指标比较雷达图

1. 2014 年商丘市城市环境指数在整个河南省的综合排位处于第 13

位，表明其在河南省处于较劣势地位；与 2013 年相比排位上升 4 位。

2. 从指标所处的水平看，除商品房屋销售均价、城镇从业人员平均工资和运营车辆 3 个指标排位比较靠前，分别为第 6 位、第 8 位、第 3 位，其余指标排位均不理想，处于中下游或下游区。

3. 从雷达图图形变化看，2014 年与 2013 年相比，面积略有扩大。

4. 从排位变化的动因看，除商品房销售均价和城镇从业人员平均工资排位分别下降 5 位和上升 1 位外，其余各项指标的排位均未发生变动，但相对于其他地市指标的变化，2014 年商丘市城市环境指数综合排位上升 4 位，位居河南省第 13 位。

### 三 商丘市服务水平指数综合分析

2013—2014 年商丘市服务水平指标及其下属指标，在河南省的排位变化和指标结构情况，如表 18—4—3 所示。

表 18—4—3　商丘市 2013—2014 年服务水平指标及其三级指标

| 年份 | 智力资本指数 | 城市环境指数 | 服务水平指数 |
|---|---|---|---|
| 2013 | 5.90 | 2.95 | 4.89 |
| 2014 | -0.3728 | -2.1198 | -1.3036 |
| 2013 年排位 | 12 | 17 | 16 |
| 2014 年排位 | 12 | 13 | 13 |
| 升降 | 0 | 4 | 3 |

1. 2014 年商丘市服务水平指数综合排位处于第 13 位，表明其在河南省处于较劣势地位；与 2013 年相比，排位上升 3 位。

2. 从指标所处水平看，2014 年智力资本和城市环境 2 个指标排位分别为第 12 位和第 13 位，处于中下游区。

3. 从指标变化趋势看，智力资本指标排位与上一年相比没有变化，城市环境指标排位与上一年相比上升 4 位。

4. 从排位综合分析看，由于城市环境指标排位与上一年相比上升 4 位，导致 2014 年商丘市服务水平指数综合排位上升 3 位，位居河南省第 13 位，处于较劣势地位。智力资源是服务金融发展的主体，城市环境则较为全面地反映服务主体所处的环境,从这两方面看,商丘市与其他地市还存在一定差距,有很大提升空间。

## 第五节 商丘市综合环境指数评价分析

### 一 商丘市经济环境指数评价分析

2013—2014 年商丘市经济环境指标及其下属指标,在河南省的排位变化情况,如表 18—5—1 和图 18—5—1 所示。

表 18—5—1　　商丘市 2013—2014 年经济环境指数及其四级指标

| 年份 | | 城镇人均可支配收入 | 农村人均纯收入 | 人均 GDP | 人均财政收入 | 人均社会商品零售额 | 经济环境指数 |
|---|---|---|---|---|---|---|---|
| 2013 | 原值（元） | 20214 | 7217 | 21073 | 1180 | 8701 | 7.60 |
| | 标准化后 | 25.30 | 3.78 | 1.50 | 4.48 | 0.73 | |
| 2014 | 原值（元） | 22274 | 8025 | 23359 | 1388.12 | 9908.84 | -1.5717 |
| | 标准化后 | -3.6826 | -1.1860 | -1.1409 | -0.6497 | -0.8697 | |
| 2013 年排名 | | 14 | 17 | 17 | 15 | 17 | 16 |
| 2014 年排名 | | 18 | 17 | 17 | 15 | 16 | 18 |
| 升降 | | -4 | 0 | 0 | 0 | 1 | -2 |

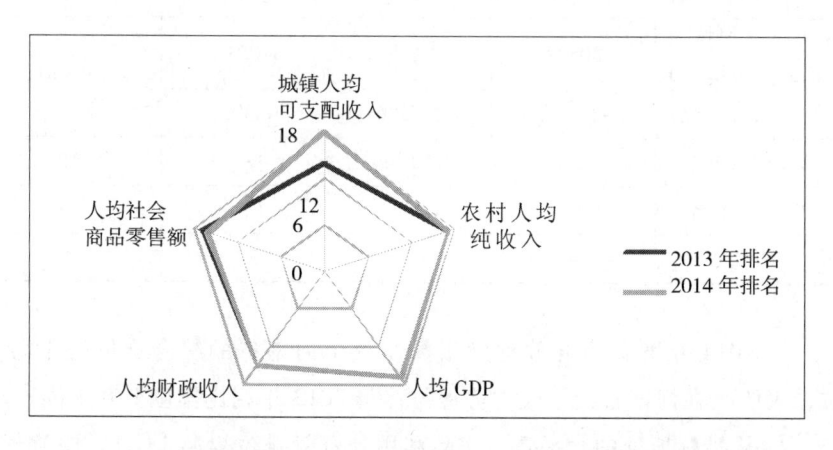

图 18—5—1　商丘市 2013—2014 年经济环境指数四级指标比较雷达图

1. 2014 年商丘市经济环境指数在整个河南省的综合排位处于第 18

位，表明其在河南省处于绝对劣势地位；与2013年相比排位下降2位。

2. 从指标所处的水平看，人均财政收入的排位为第15位，处于较劣势地位；其余各项四级指标排位均处于绝对劣势地位。

3. 从雷达图图形变化看，2014年与2013年相比，面积略微扩大，经济环境呈现退化趋势，城镇人均可支配收入成为图形扩大的动力点。

4. 从排位变化的动因看，商丘市城镇人均可支配收入和人均社会商品零售额指标排位分别下降4位和上升1位，其余各指标的排位保持不变，因此2014年商丘市经济环境指数综合排位下降2位，位居河南省第18位。

## 二　商丘市开放程度指数评价分析

2013—2014年商丘市开放程度指标及其下属指标，在河南省的排位变化情况，如表18—5—2和图18—5—2所示。

表18—5—2　商丘市2013—2014年开放程度指数及其四级指标

| 年份 | | 实际利用外资额 | 旅游创汇收入 | 进出口总额 | 开放程度指数 |
|---|---|---|---|---|---|
| 2013 | 原值（万美元） | 27649 | 268 | 25218 | 1.11 |
| | 标准化后 | 1.66 | 1.29 | 0.00 | |
| 2014 | 原值（万美元） | 30897 | 191 | 34053 | -0.4611 |
| | 标准化后 | -0.3939 | -0.5596 | -0.3021 | |
| 2013年排名 | | 17 | 12 | 18 | 18 |
| 2014年排名 | | 13 | 15 | 15 | 14 |
| 升降 | | 4 | -3 | 3 | 4 |

1. 2014年商丘市开放程度指数在整个河南省的综合排位处于第14位，表明其在河南省处于较劣势地位；与2013年相比排位上升4位。

2. 从指标所处的水平看，实际利用外资额排位为第13位，旅游创汇收入和进出口总额排位均为第15位，3项指标均处于中下游区。

3. 从雷达图图形变化看，2014年与2013年相比，面积有所减小，开

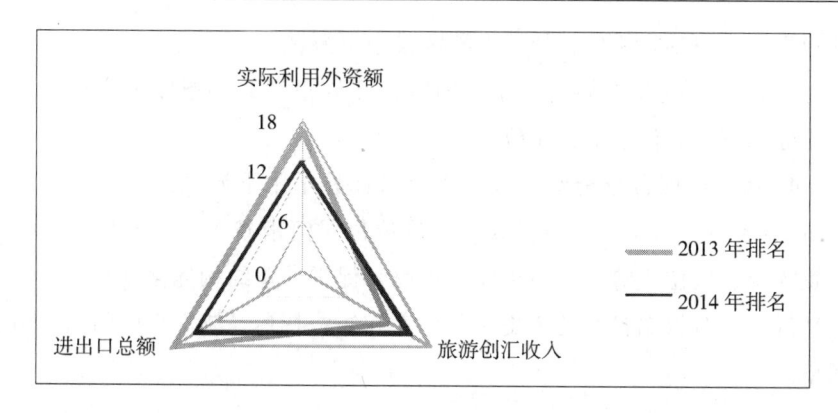

图18—5—2 商丘市2013—2014年开放程度指数四级指标比较雷达图

放程度呈现上升趋势,其中实际利用外资额和进出口总额成为了图形缩小的动力点。

4. 从排位变化的动因看,2014年商丘市实际利用外资额和进出口总额在河南省的排位分别上升4位和3位,旅游创汇收入在河南省的排位下降3位,综合作用下使其2014年的开放程度指数的综合排位上升4位,位居河南省第14位。

### 三 商丘市综合环境指数综合分析

2013—2014年商丘市综合环境指标及其下属指标,在河南省的排位变化和指标结构情况,如表18—5—3所示。

表18—5—3 商丘市2013—2014年综合环境指标及其三级指标

| 年份 | 经济环境指数 | 开放程度指数 | 综合环境指数 |
| --- | --- | --- | --- |
| 2013 | 7.60 | 1.11 | 4.63 |
| 2014 | −1.5717 | −0.4611 | −1.0815 |
| 2013年排位 | 16 | 18 | 17 |
| 2014年排位 | 18 | 14 | 18 |
| 升降 | −2 | 4 | −1 |

1. 2014年商丘市综合环境指数综合排位处于第18位,表明其在河南省处于绝对劣势地位;与2013年相比,排位下降1位。

2. 从指标所处水平看,2014年经济环境和开放程度2个指标排位分别为第 18 位和第 14 位,处于下游区或中下游区。

3. 从指标变化趋势看,经济环境和开放程度 2 个指标排位与上一年相比分别下降 2 位和上升 4 位。

4. 从排位综合分析看,由于 2 个指标处于中下游区或下游区,决定了 2014 年商丘市综合环境指数综合排位位居河南省末位。商丘市应该充分发挥交通区位优势,加快工业化进程,促进产业结构优化升级,大力发展经济,同时根据自身的历史文化优势和经济特色,制定正确的招商引资策略。

## 第六节 商丘市金融发展指数综合评价分析

2013—2014 年商丘市金融发展指数综合指标及其下属指标,在河南省的排位变化和指标结构情况,如表 18—6—1 所示。

表 18—6—1 商丘市 2013—2014 年金融发展指数指标及其二级指标

| 年份 | 金融状况指数 | 成长发展指数 | 服务水平指数 | 综合环境指数 | 金融发展指数 |
|---|---|---|---|---|---|
| 2013 | 8.95 | 16.86 | 4.89 | 4.63 | 9.22 |
| 2014 | -0.4327 | -0.2857 | -1.3036 | -1.0815 | -2.9798 |
| 2013 年排位 | 10 | 9 | 16 | 17 | 16 |
| 2014 年排位 | 14 | 11 | 13 | 18 | 15 |
| 升降 | -4 | -2 | 3 | -1 | 1 |

1. 2014 年商丘市金融发展指数综合排位处于第 15 位,表明其在河南省处于较劣势地位;与 2013 年相比,排位上升 1 位。

2. 从指标所处水平看,2014 年商丘市金融状况和服务水平 2 个指标排位分别为第 14 位和第 13 位,处于中下游区;成长发展指数排位为第 11 位,处于中游区;综合环境指标排位为第 18 位,处于下游区。

3. 从指标变化趋势看,金融状况指标排位与上一年相比下降 4 位,服务水平指标排位与上一年相比上升 3 位,其余指标排位小幅下降。

4. 从排位综合分析看,除金融状况指标排位与上一年相比下降 4 位,其余指标排位均小幅变动,综合作用下,2014 年商丘市金融发展指数综合排位上升1位，位居河南省第15位。可以发现商丘市在综合环境方面的表现亟须改善，应进一步提高工业发展的质量和效益，制定招商引资策略，营造良好的综合环境。

# 第十九章 周口市2014年金融发展指数研究报告

## 第一节 周口市概述

周口市位于河南省东南部,公路、铁路、水路运输交织成网,国道、省道13条,其中311国道横穿东西,106国道纵贯南北。周口农业资源丰富,是全国重要的粮、棉、油、肉、烟生产基地。

2014年,全市完成地区金融业增加值56.72亿元,增长108.67%。全社会固定资产投资完成1473.12亿元,比上年增长16.78%;社会消费品零售总额完成864.46亿元,比上年增长12.7%。截至2014年年底,金融机构存款余额1881.22亿元,同比增长13.63%;各项贷款余额818.34亿元,同比增长16.29%。

## 第二节 周口市金融状况指数评价分析

### 一 周口市金融市场发展指数评价分析

2013—2014年周口市金融市场发展指标及其下属指标,在河南省的排位变化情况,如表19—2—1和图19—2—1所示。

表19—2—1 周口市2013—2014年金融市场发展指数及其四级指标

| 年份 | | 金融业增加值 | 金融系统存款余额 | 金融系统贷款余额 | 证券交易额 | 发行国债额 | 保费收入 | 保险赔付额 | 金融市场发展指数 |
|---|---|---|---|---|---|---|---|---|---|
| 2013 | 原值(亿元) | 27.18 | 1655.62 | 703.71 | 306.28 | 2.52 | 53.17 | 15.07 | 6.49 |
| | 标准化后 | 4.85 | 11.47 | 5.53 | 2.32 | 9.22 | 20.97 | 20.84 | |

续表

| 年份 | | 金融业增加值 | 金融系统存款余额 | 金融系统贷款余额 | 证券交易额 | 发行国债额 | 保费收入 | 保险赔付额 | 金融市场发展指数 |
|---|---|---|---|---|---|---|---|---|---|
| 2014 | 原值（亿元） | 56.72 | 1881.22 | 818.34 | 452.73 | 1.1164 | 53.87 | 18.48 | -0.1721 |
| | 标准化后 | -0.1706 | -0.1364 | -0.2829 | -0.3196 | -0.2568 | -0.0643 | 0.0430 | |
| 2013 年排名 | | 11 | 8 | 12 | 14 | 7 | 4 | 5 | 9 |
| 2014 年排名 | | 7 | 7 | 13 | 14 | 6 | 4 | 4 | 6 |
| 升降 | | 4 | 1 | -1 | 0 | 1 | 0 | 1 | 3 |

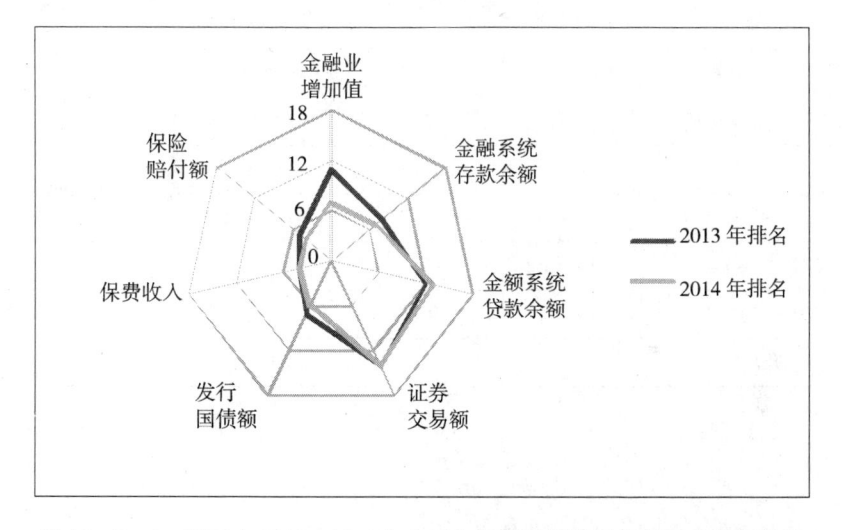

图 19—2—1　周口市 2013—2014 年金融市场发展指数四级指标比较雷达图

1. 2014 年周口市金融市场发展指数在整个河南省的综合排位处于第 6 位；与 2013 年相比排位上升 3 位，表明其在河南省处于较优势地位。

2. 从指标所处的水平看，金融业增加值和金融系统存款余额在河南省的排位均为第 7 位，处于较优势地位；金融系统贷款余额和证券交易额在河南省的排位分别为第 13 位和第 14 位，处于较劣势地位；发行国债额在河南省的排位为第 6 位，处于较优势地位；保费收入和保险赔付额在河南省的排位均为第 4 位，处于较优势地位。

3. 从雷达图图形变化看，2014 年与 2013 年相比，面积有所减小，金融市场发展呈现上升趋势，其中金融业增加值成为了图形缩小的动力点。

4. 从排位变化的动因看，金融业增加值指标排名上升 4 位，证券交易额和保费收入指标排位保持不变,其余指标排位均小幅变动,综合作用下,2014 年周口市金融市场指数排位上升 3 位,位居河南省第 6 位。

## 二 周口市金融结构深化指数评价分析

2013—2014 年周口市金融结构深化指标及其下属指标,在河南省的排位变化情况,如表 19—2—2 和图 19—2—2 所示。

表 19—2—2　周口市 2013—2014 年金融结构深化指数及其四级指标

| 年份 | | 证券募集资金净额比 GDP | 短期贷款占比 | 保费收入比全省金融业增加值 | 金融结构深化指数 |
|---|---|---|---|---|---|
| 2013 | 原值 | 0.0038 | 0.0382 | 0.0450 | 13.07 |
| | 标准化后 | 14.84 | 9.22 | 20.96 | |
| 2014 | 原值 | 0 | 0.0373 | 0.0362 | -0.4807 |
| | 标准化后 | -1.0340 | -0.2475 | -0.1422 | |
| 2013 年排名 | | 14 | 12 | 4 | 11 |
| 2014 年排名 | | 17 | 9 | 4 | 11 |
| 升降 | | -3 | 3 | 0 | 0 |

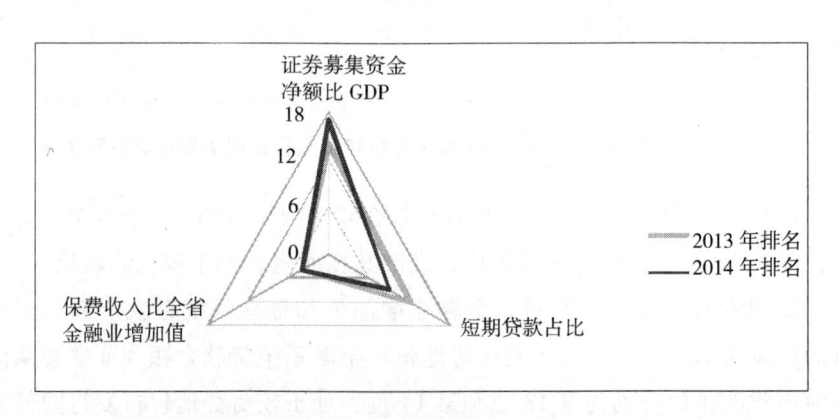

图 19—2—2　周口市 2013—2014 年金融结构深化指数四级指标比较雷达图

1. 2014 年周口市金融结构深化指数在整个河南省的综合排位处于第 11 位,表明其在河南省处于中势地位;与 2013 年相比排位没有发生变化。

2. 从指标所处的水平看,证券募集资金净额比 GDP 在河南省的排位为第 17 位，处于绝对劣势地位；短期贷款占比在河南省的排位为第 9 位，处于中势地位；保费收入比全省金融业增加值在河南省的排位为第 4 位，处于较优势地位。这说明周口市的金融结构深化程度在河南省处于中游区。

3. 从雷达图图形变化看，2014 年与 2013 年相比，面积基本保持不变，周口市金融结构深化呈现稳定态势。

4. 从排位变化的动因看，2014 年周口市证券募集资金净额比 GDP 和短期贷款占比指标分别下降 3 位和上升 3 位，保费收入比全省金融业增加值在河南省排位未发生变化，综合作用下，其金融结构深化指数综合排位保持不变，仍位居河南省第 11 位。

### 三 周口市金融效率提高指数评价分析

2013—2014 年周口市金融效率提高指标及其下属指标，在河南省的排位变化情况，如表 19—2—3 和图 19—2—3 所示。

表 19—2—3　周口市 2013—2014 年金融效率提高指数及其四级指标

| 年份 | | 存贷比 | 保险密度 | 上市公司占有率 | 证券交易额占比 | 金融效率提高指数 |
|---|---|---|---|---|---|---|
| 2013 | 原值 | 0.4250 | 605 | 0.0152 | 0.0165 | 2.51 |
| | 标准化后 | 6.64 | 0.00 | 4.78 | 2.33 | |
| 2014 | 原值 | 0.4350 | 611.81 | 0.01 | 0.0124 | -1.1185 |
| | 标准化后 | -1.3990 | -0.8739 | -0.4509 | -0.4918 | |
| 2013 年排名 | | 17 | 18 | 13 | 14 | 18 |
| 2014 年排名 | | 17 | 18 | 17 | 13 | 18 |
| 升降 | | 0 | 0 | -4 | 1 | 0 |

1. 2014 年周口市金融效率提高指数在整个河南省的综合排位处于末位，表明其在河南省处于绝对劣势地位；与 2013 年相比排位没有发生变化。

2. 从指标所处的水平看，除证券交易额占比指标排位为第 13 位外，其余 3 项指标在整个河南省排位均处于下游区。

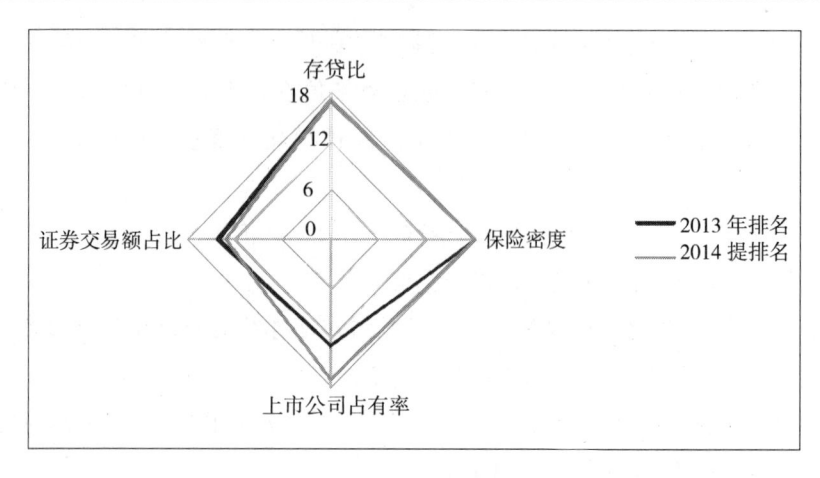

图 19—2—3　周口市 2013—2014 年金融效率提高指数四级指标比较雷达图

3. 从雷达图图形变化看，2014 年与 2013 年相比，面积有所增大，金融效率提高指数呈现恶化趋势，其中上市公司占有率成为了图形扩大的动力点。

4. 从排位变化的动因看，周口市上市公司占有率指标排位下降 4 位，证券交易额占比指标排位上升 1 位，其他各项指标排位保持不变，综合作用下，2014 年周口市金融效率提高指数综合排位保持不变，仍位居河南省末位。

### 四　周口市金融状况指数综合分析

2013—2014 年周口市金融状况指标及其下属指标，在河南省的排位变化和指标结构情况，如表 19—2—4 所示。

表 19—2—4　周口市 2013—2014 年金融状况指标及其三级指标

| 年份 | 金融市场发展指数 | 金融结构深化指数 | 金融效率提高指数 | 金融状况指数 |
| --- | --- | --- | --- | --- |
| 2013 | 6.49 | 13.07 | 2.51 | 7.49 |
| 2014 | -0.1721 | -0.4807 | -1.1185 | -0.6099 |
| 2013 年排位 | 9 | 11 | 18 | 13 |
| 2014 年排位 | 6 | 11 | 18 | 18 |
| 升降 | 3 | 0 | 0 | -5 |

1. 2014年周口市金融状况指数综合排位处于第18位,表明其在河南省处于绝对劣势地位;与2013年相比,排位下降5位。

2. 从指标所处水平看,2014年金融市场发展指数在河南省的排位为第6位,处于较优势地位;金融结构深化指数在河南省的排位为第11位,处于中势地位;金融效率提高指数排位为第18位,处于绝对劣势地位。

3. 从指标变化趋势看,金融市场发展指标排位与上一年相比上升3位,金融结构深化和金融效率提高2个指标排位与上一年相比均没有变化。

4. 从排位综合分析看,虽然金融市场发展指标排位与上一年相比上升3位,但由于其他地市相关指标的变化,2014年周口市金融状况指数综合排位位居河南省末位,处于绝对劣势地位,其中金融效率提高指数排名最不理想。周口市经济发展较快,但金融市场规模还是较小。

## 第三节　周口市成长发展指数评价分析

### 一　周口市资本市场成长性指数评价分析

2013—2014年周口市资本市场成长性指标及其下属指标,在河南省的排位变化情况,如表19—3—1和图19—3—1所示。

表19—3—1　周口市2013—2014年资本市场成长性指数及其四级指标

| 年份 | | 金融机构贷款余额年增长额 | 发行国债年增长额 | A股股票募集资金净额 | 资本市场成长性指标 |
|---|---|---|---|---|---|
| 2013 | 原值（亿元） | 65.27 | 1.0110 | 6.80 | 6.77 |
| | 标准化后 | 1.68 | 12.58 | 5.17 | |
| 2014 | 原值（亿元） | 114.63 | -1.4036 | 6.74 | -0.4326 |
| | 标准化后 | -0.2986 | -0.3693 | -0.4689 | |
| 2013年排名 | | 15 | 7 | 12 | 11 |
| 2014年排名 | | 12 | 12 | 12 | 14 |
| 升降 | | 3 | -5 | 0 | -3 |

1. 2014年周口市资本市场成长性指数在整个河南省的综合排位处于第

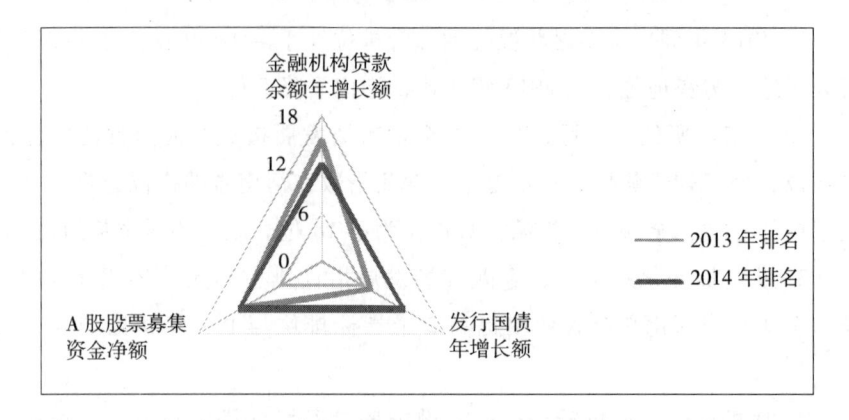

图 19—3—1　周口市 2013—2014 年资本市场成长性指数四级指标比较雷达图

14 位,表明其在河南省处于较劣势地位;与 2013 年相比排位下降 3 位。

2. 从指标所处的水平看,金融机构贷款余额年增长额、发行国债年增长额和 A 股股票募集资金净额在河南省的排位均为第 12 位,处于较劣势地位。

3. 从雷达图图形变化看,2014 年与 2013 年相比,面积有所增大,资本市场成长性呈现下降趋势,其中发行国债年增长额成为图形扩张的动力点。

4. 从排位变化的动因看,周口市发行国债年增长额排位较上年明显下降,排位下降了 5 位,金融机构贷款余额年增长额排位上升了 3 位,综合作用下,使其资本市场成长性指标排名下降了 3 位,位居河南省第 14 位。

## 二　周口市经济成长性指数评价分析

2013—2014 年周口市经济成长性指标及其下属指标,在河南省的排位变化情况,如表 19—3—2 和图 19—3—2 所示。

表 19—3—2　周口市 2013—2014 年经济成长性指数及其四级指标

| 年份 | | GDP 年增长额 | 财政收入年增长额 | 社会固定资产投资年增长额 | 社会消费品零售总额年增长额 | 经济成长性指数 |
|---|---|---|---|---|---|---|
| 2013 | 原值（亿元） | 215.94 | 15.91 | 221.13 | 93.89 | 22.59 |
| | 标准化后 | 29.97 | 9.14 | 20.73 | 28.23 | |

续表

| 年份 | | GDP 年增长额 | 财政收入年增长额 | 社会固定资产投资年增长额 | 社会消费品零售总额年增长额 | 经济成长性指数 |
|---|---|---|---|---|---|---|
| 2014 | 原值（亿元） | 199.1 | 14.9 | 211.69 | 97.42 | 0.0950 |
| | 标准化后 | 0.4136 | -0.2360 | -0.2386 | 0.1201 | |
| 2013 年排名 | | 2 | 7 | 11 | 4 | 4 |
| 2014 年排名 | | 2 | 9 | 11 | 4 | 5 |
| 升降 | | 0 | -2 | 0 | 0 | -1 |

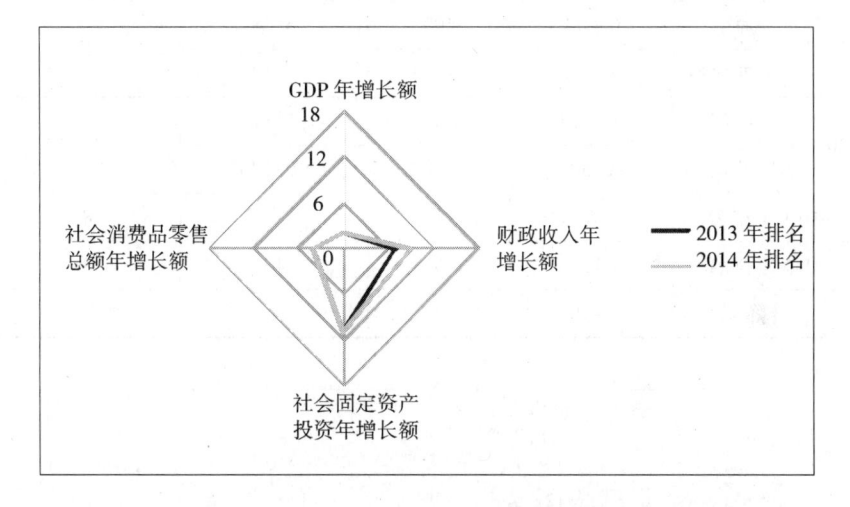

图 19—3—2　周口市 2013—2014 年经济成长性指数四级指标比较雷达图

1. 2014 年周口市经济成长性指数在整个河南省的综合排位处于第 5 位，表明其在河南省处于较优势地位；与 2013 年相比排位下降 1 位。

2. 从指标所处的水平看，GDP 年增长额在河南省排位为第 2 位，处于绝对优势地位；社会消费品零售总额年增长额在河南省排位为第 4 位，处于较优势地位；财政收入年增长额和社会固定资产投资年增长额在河南省排位分别为第 9 位和第 11 位，处于中势地位。

3. 从雷达图图形变化看，2014 年与 2013 年相比，面积有所扩大，经济成长性呈现退化趋势，其中财政收入年增长额成为了图形扩大的动力点。

4. 从排位变化的动因看，2014年周口市财政收入年增长额排位下降2位，其余四级指标在河南省的排位没有发生变化，使其2014年的综合排位有所下降，位居河南省第5位。

### 三 周口市城市创新成长性指数评价分析

2013—2014年周口市城市创新成长性指标及其下属指标，在河南省的排位变化情况，如表19—3—3和图19—3—3所示。

表19—3—3　周口市2013—2014年城市创新成长性指数及其四级指标

| 年份 | | 政府研发经费支出年增长额 | 政府研发人员年增长量 | 新产品销售收入年增长额 | 城市创新成长性指数 |
|---|---|---|---|---|---|
| 2013 | 原值 | 0.094 | 490 | 5.28 | 21.71 |
| | 标准化后 | 41.52 | 11.53 | 1.12 | |
| 2014 | 原值 | 0.0074 | 502 | 5.37 | -0.2475 |
| | 标准化后 | -0.5027 | -0.0823 | -0.2707 | |
| 2013年排名 | | 6 | 8 | 15 | 8 |
| 2014年排名 | | 13 | 6 | 13 | 8 |
| 升降 | | -7 | 2 | 2 | 0 |

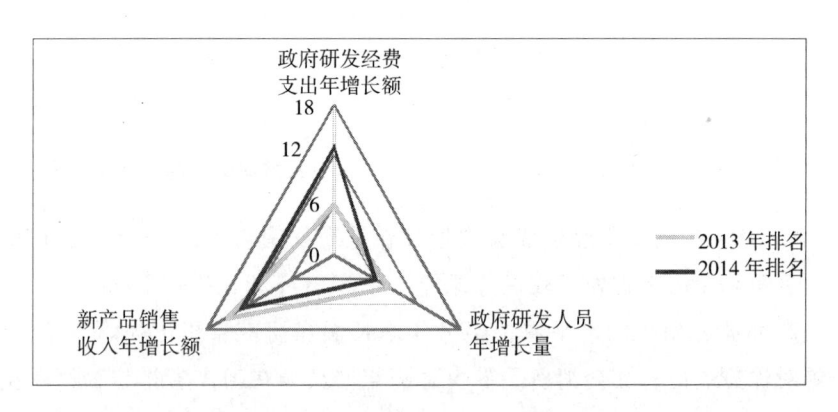

图19—3—3　周口市2013—2014年城市创新成长性指数四级指标比较雷达图

1. 2014年周口市城市创新成长性指数在整个河南省的综合排位处于第8位，表明其在河南省处于中势地位；与2013年相比排位没有变化。
2. 从指标所处的水平看，政府研发经费支出年增长额和新产品销售收入年增长额在整个河南省排位均为第13位，处于较劣势地位；政府研发人员年增长量处于第6位，处于较优势地位。

3. 从雷达图图形变化看，2014年与2013年相比，面积有所扩大，城市创新成长性指标呈现下降趋势，其中政府研发经费支出年增长额成为了图形扩大的动力点。

4. 从排位变化的动因看，由于政府研发经费支出年增长额大幅下降，即政府研发经费支出年增长额指标排名降至第13位，政府研发人员年增长量和新产品销售收入年增长额2个指标排名均上升2位，综合作用下，2014年周口市城市创新成长性指数排位没有变化，位居河南省第8位。

### 四 周口市成长发展指数综合分析

2013—2014年周口市成长发展指标及其下属指标，在河南省的排位变化和指标结构情况，如表19—3—4所示。

表19—3—4　周口市2013—2014年成长发展指标及其三级指标

| 年份 | 资本市场成长性指数 | 经济成长性指数 | 城市创新成长性指数 | 成长发展指数 |
|---|---|---|---|---|
| 2013 | 6.77 | 22.59 | 21.17 | 17.87 |
| 2014 | -0.4326 | 0.0950 | -0.2475 | -0.203 |
| 2013年排位 | 11 | 4 | 8 | 8 |
| 2014年排位 | 14 | 5 | 8 | 8 |
| 升降 | -3 | -1 | 0 | 0 |

1. 2014年周口市成长发展指数综合排位处于第8位，表明其在河南省处于中势地位；与2013年相比，排位没有变化。

2. 从指标所处水平看，2014年资本市场成长性排位为第14位，处于较劣势地位；经济成长性排位为第5位，处于较优势地位；城市创新成长性排位为第8位，处于中势地位。

3. 从指标变化趋势看，资本市场成长性指数和经济成长性指数2个指标排位分别下降3位和1位，城市创新成长性指数指标没有变化。

4. 从排位综合分析看，虽然3个指标中的2个指标排位有所下降，但由于其他地市相对指标的变化，综合作用下，2014年周口市成长发展指数综合排位没有变化，位居河南省第 8 位，处于中游区。周口市成长发展性较好。

## 第四节 周口市服务水平指数评价分析

### 一 周口市智力资本指数评价分析

2013—2014 年周口市智力资本指标及其下属指标，在河南省的排位变化情况，如表 19—4—1 和图 19—4—1 所示。

表 19—4—1 周口市 2013—2014 年智力资本指数及其四级指标

| 年份 | | 金融业从业密度 | 受高等教育密度 | 科研人员密度 | 普通高等学校数量 | 智力资本指数 |
|---|---|---|---|---|---|---|
| 2013 | 原值 | 1.6 | 2.63 | 0.71 | 3 | 5.47 |
| | 标准化后 | 13.34 | 1.33 | 3.11 | 3.64 | |
| 2014 | 原值 | 1.6404 | 2.91 | 0.74 | 3 | -0.3999 |
| | 标准化后 | -0.1680 | -0.3869 | -0.6456 | -0.3408 | |
| 2013 年排名 | | 8 | 14 | 16 | 12 | 13 |
| 2014 年排名 | | 8 | 14 | 16 | 12 | 13 |
| 升降 | | 0 | 0 | 0 | 0 | 0 |

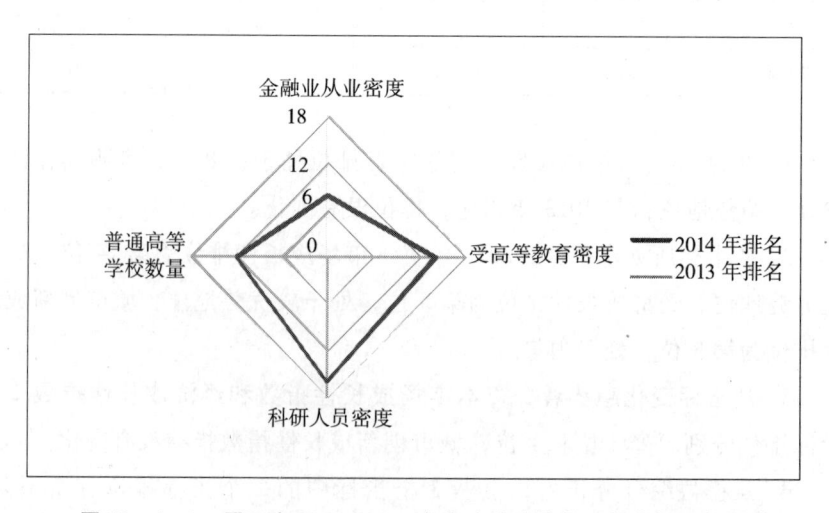

图 19—4—1 周口市 2013—2014 年智力资本指数四级指标比较雷达图

1. 2014 年周口市智力资本指数在整个河南省的综合排位处于第 13 位，表明其在河南省处于较劣势地位；与 2013 年相比排位没有发生变化。

2. 从指标所处的水平看，金融业从业密度排位为第 8 位，处于中势地位；受高等教育密度和普通高等学校数量 2 个指标的排位分别为第 14 位和第 12 位，处于较劣势地位；科研人员密度排位为第 16 位，处于绝对劣势地位。

3. 从雷达图图形变化看，2014 年与 2013 年相比，面积保持不变。

4. 从排位变化的动因看，四级指标排名均没有变化，使其 2014 年智力资本指数排名保持不变，仍位居河南省第 13 位。

## 二 周口市城市环境指数评价分析

2013—2014 年周口市城市环境指标及其下属指标，在河南省的排位变化情况，如表 19—4—2 和图 19—4—2 所示。

表 19—4—2　周口市 2013—2014 年城市环境指数及其四级指标

| 年份 | | 城镇化水平 | 人均城市道路面积 | 人均绿化覆盖面积 | 基本医疗保险覆盖率 | 基本养老保险覆盖率 | 商品房屋销售均价 | 城镇从业人员平均工资 | 运营车辆数 | 城市环境指数 |
|---|---|---|---|---|---|---|---|---|---|---|
| 2013 | 原值 | 0.3478 | 22.99 | 2.80 | 0.1598 | 0.0654 | 3049 | 36372 | 231 | 3.69 |
| | 标准化后 | 0.00 | 100.00 | 0.00 | 0.00 | 3.35 | 91.79 | 36.62 | 0.00 | |
| 2014 | 原值 | 0.3619 | 21.88 | 3.28 | 0.1600 | 0.0683 | 3238 | 39277 | 251 | -5.5093 |
| | 标准化后 | -1.2872 | 1.7791 | -1.0221 | -1.4528 | -0.9137 | 0.1533 | -0.1848 | -0.5459 | |
| 2013 年排名 | | 18 | 1 | 18 | 18 | 17 | 4 | 8 | 18 | 16 |
| 2014 年排名 | | 18 | 2 | 18 | 18 | 17 | 12 | 11 | 17 | 17 |
| 升降 | | 0 | -1 | 0 | 0 | 0 | -8 | -3 | 1 | -1 |

1. 2014 年周口市城市环境指数在整个河南省的综合排位处于第 17 位，表明其在河南省处于绝对劣势地位；与 2013 年相比排位下降 1 位。

2. 从指标所处的水平看，人均城市道路面积排位为第 2 位，处于绝对优势地位，商品房屋销售均价排位为第 12 位，处于较劣势地位；城镇从业人员平均工资排位为第 11 位，处于中势地位；其余指标排位均不理想，处于下游区。

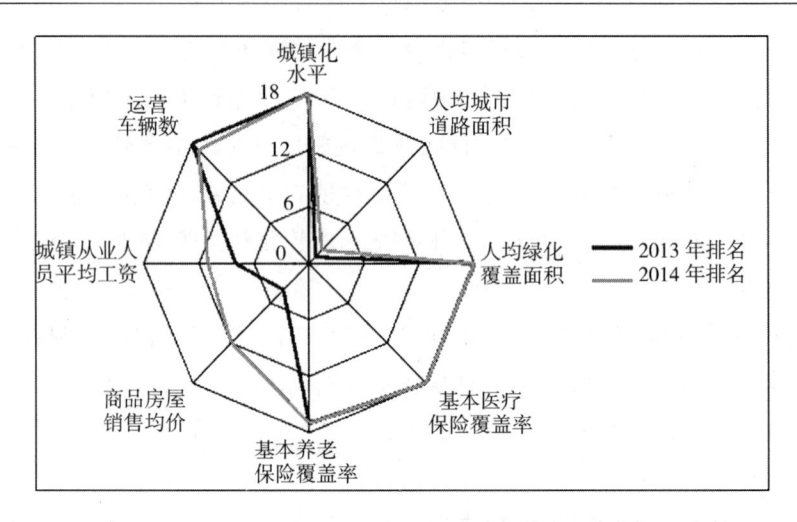

**图 19—4—2　周口市 2013—2014 年城市环境指数四级指标比较雷达图**

3. 从雷达图图形变化看，2014 年与 2013 年相比，面积有所扩大，城市环境呈现退化趋势，其中商品房屋销售均价成为图形扩大的动力点。

4. 从排位变化的动因看，商品房销售均价和城镇从业人员平均工资排位分别下降 8 位和 3 位，人均城市道路面积和运营车辆数排位分别下降 1 位和上升 1 位，其余各项指标的排位均未发生变动，综合作用下，2014 年周口市城市环境指数综合排位下降 1 位，位居河南省第 17 位。

### 三　周口市服务水平指数综合分析

2013—2014 年周口市服务水平指标及其下属指标，在河南省的排位变化和指标结构情况，如表 19—4—3 所示。

**表 19—4—3　周口市 2013—2014 年服务水平指标及其三级指标**

| 年份 | 智力资本指数 | 城市环境指数 | 服务水平指数 |
| --- | --- | --- | --- |
| 2013 | 5.47 | 3.69 | 5.07 |
| 2014 | －0.3999 | －5.5093 | －3.0905 |
| 2013 年排位 | 13 | 16 | 15 |
| 2014 年排位 | 13 | 17 | 17 |
| 升降 | 0 | －1 | －2 |

1. 2014年周口市服务水平指数综合排位处于第17位，表明其在河南省处于绝对劣势地位；与2013年相比，排位下降2位。

2. 从指标所处水平看，2014年智力资本指标排位为第13位，处于中下游区，城市环境指标排位为第17位，处于下游区。

3. 从指标变化趋势看，智力资本指标排位与上一年相比没有变化，城市环境指标排位与上一年相比下降1位。

4. 从排位综合分析看，由于城市环境指标排位与上一年相比下降1位，导致2014年周口市服务水平指数综合排位下降2位，位居河南省第17位，处于绝对劣势地位。智力资源是服务金融发展的主体，城市环境则能较为全面地反映服务主体所处的环境，从这两方面看，周口市与其他地市还存在一定差距，有很大提升空间，须大力提高服务水平。

## 第五节 周口市综合环境指数评价分析

### 一 周口市经济环境指数评价分析

2013—2014年周口市经济环境指标及其下属指标，在河南省的排位变化情况，如表19—5—1和图19—5—1所示。

表19—5—1 周口市2013—2014年经济环境指数及其四级指标

| 年份 | | 城镇人均可支配收入 | 农村人均纯收入 | 人均GDP | 人均财政收入 | 人均社会商品零售额 | 经济环境指数 |
|---|---|---|---|---|---|---|---|
| 2013 | 原值（元） | 18046 | 6950 | 20359 | 866 | 8732 | 0.19 |
| | 标准化后 | 0.00 | 0.00 | 0.00 | 0.00 | 0.89 | |
| 2014 | 原值（元） | 19742.41 | 7742 | 22625 | 1032.95 | 9817.98 | －1.0908 |
| | 标准化后 | －0.5024 | －1.3273 | －1.1907 | －0.7708 | －0.8874 | |
| 2013年排名 | | 18 | 18 | 18 | 18 | 16 | 18 |
| 2014年排名 | | 17 | 18 | 18 | 18 | 17 | 17 |
| 升降 | | 1 | 0 | 0 | 0 | －1 | 1 |

1. 2014年周口市经济环境指数在整个河南省的综合排位处于第17位，表明其在河南省处于绝对劣势地位；与2013年相比排位上升1位。

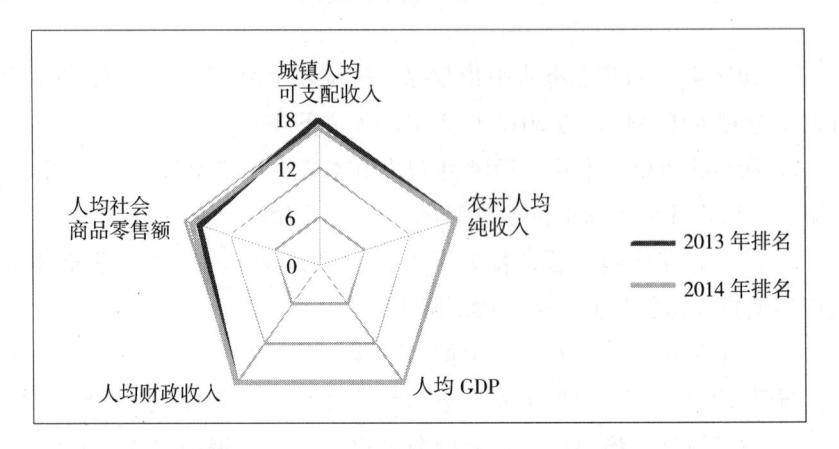

图 19—5—1　周口市 2013—2014 年经济环境指数四级指标比较雷达图

2. 从指标所处的水平看，各项四级指标排位均处于绝对劣势地位。

3. 从雷达图图形变化看，2014 年与 2013 年相比，面积基本保持不变，经济环境呈现稳定趋势。

4. 从排位变化的动因看，周口市城镇人均可支配收入和人均社会商品零售额指标排位分别上升 1 位和下降 1 位，其余各指标的排位保持不变，综合作用下，2014 年周口市经济环境指数综合排位上升 1 位，位居河南省第 17 位。

## 二　周口市开放程度指数评价分析

2013—2014 年周口市开放程度指标及其下属指标，在河南省的排位变化情况，如表 19—5—2 和图 19—5—2 所示。

表 19—5—2　周口市 2013—2014 年开放程度指数及其四级指标

| 年份 | | 实际利用外资额 | 旅游创汇收入 | 进出口总额 | 开放程度指数 |
|---|---|---|---|---|---|
| 2013 | 原值（万美元） | 44241 | 906 | 77493 | 4.77 |
| | 标准化后 | 7.02 | 4.44 | 1.23 | |
| 2014 | 原值（万美元） | 48490 | 1282 | 79223 | -0.3132 |
| | 标准化后 | -0.2019 | -0.4004 | -0.2600 | |

续表

| 年份 | 实际利用外资额 | 旅游创汇收入 | 进出口总额 | 开放程度指数 |
|---|---|---|---|---|
| 2013 年排名 | 11 | 9 | 9 | 12 |
| 2014 年排名 | 7 | 8 | 9 | 10 |
| 升降 | 4 | 1 | 0 | 2 |

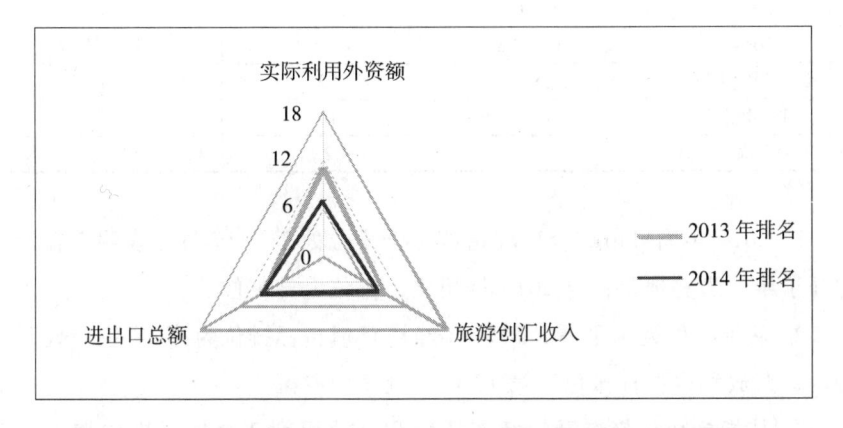

**图 19—5—2　周口市 2013—2014 年开放程度指数四级指标比较雷达图**

1. 2014 年周口市开放程度指数在整个河南省的综合排位处于第 10 位，表明其在河南省处于中势地位；与 2013 年相比排位上升 2 位。

2. 从指标所处的水平看，实际利用外资额排位为第 7 位，处于中上游区，旅游创汇收入和进出口总额排位分别为第 8 位和第 9 位，2 项指标均处于中游区。

3. 从雷达图图形变化看，2014 年与 2013 年相比，面积有所减小，开放程度呈现上升趋势，其中实际利用外资额和旅游创汇收入成为了图形缩小的动力点。

4. 从排位变化的动因看，2014 年周口市实际利用外资额和旅游创汇收入在河南省的排位分别上升 4 位和 1 位，进出口总额在河南省的排位保持不变，综合作用下，使其 2014 年的开放程度指数的综合排位上升 2 位，位居河南省第 10 位。

### 三 周口市综合环境指数综合分析

2013—2014 年周口市综合环境指标及其下属指标，在河南省的排位变化和指标结构情况，如表 19—5—3 所示。

表 19—5—3　周口市 2013—2014 年综合环境指标及其三级指标

| 年份 | 经济环境指数 | 开放程度指数 | 综合环境指数 |
|---|---|---|---|
| 2013 | 0.19 | 4.77 | 2.63 |
| 2014 | −1.0908 | −0.3132 | −0.7470 |
| 2013 年排位 | 18 | 12 | 18 |
| 2014 年排位 | 17 | 10 | 17 |
| 升降 | 1 | 2 | 1 |

1. 2014 年周口市综合环境指数综合排位处于第 17 位，表明其在河南省处于绝对劣势地位；与 2013 年相比，排位上升 1 位。

2. 从指标所处水平看，2014 年经济环境指标排位为第 17 位，处于下游区；开放程度指标排位为第 10 位，处于中游区。

3. 从指标变化趋势看，经济环境和开放程度 2 个指标排位与上一年相比分别上升 1 位和 2 位。

4. 从排位综合分析看，周口市的开放程度较为理想，但其经济环境较差，处于河南省的下游区，综合环境指数排名也处于绝对劣势地位，这显然不利于当地的经济发展和经济结构优化。改善周口市的综合环境，要从经济方面着手。

## 第六节　周口市金融发展指数综合评价分析

2013—2014 年周口市金融发展指数综合指标及其下属指标，在河南省的排位变化和指标结构情况，如表 19—6—1 所示。

表 19—6—1　周口市 2013—2014 年金融发展指数指标及其二级指标

| 年份 | 金融状况指数 | 成长发展指数 | 服务水平指数 | 综合环境指数 | 金融发展指数 |
|---|---|---|---|---|---|
| 2013 | 7.49 | 17.87 | 5.07 | 2.63 | 8.6 |
| 2014 | −0.6099 | −0.203 | −3.0905 | −0.7470 | −4.4398 |

续表

| 年份 | 金融状况指数 | 成长发展指数 | 服务水平指数 | 综合环境指数 | 金融发展指数 |
|---|---|---|---|---|---|
| 2013年排位 | 14 | 8 | 15 | 18 | 17 |
| 2014年排位 | 18 | 8 | 17 | 17 | 17 |
| 升降 | -4 | 0 | -2 | 1 | 0 |

1. 2014年周口市金融发展指数综合排位处于第17位，表明其在河南省处于绝对劣势地位；与2013年相比，排位没有变化。

2. 从指标所处水平看，2014年周口市金融状况指标排位为第18位，处于下游区；成长发展指标排位为第8位，处于中游区；服务水平和综合环境2个指标排位均为第17位，处于下游区。综合来看，周口市金融发展指数各项指标排名仍比较靠后，说明该市金融发展状况不太理想，须进一步加强。

3. 从指标变化趋势看，金融状况指标排位与上一年相比下降4位，成长发展指标排位与上一年相比没有变化，服务水平指标排位与上一年相比下降2位，综合环境指标排位与上一年相比上升1位。

4. 从排位综合分析看，金融状况指标排位与上一年相比下降4位，成长发展指标排位与上一年相比没有变化，其余指标排位小幅变动，综合作用下，2014年周口市金融发展指数综合排位没有变化，位居河南省第17位。周口市要进一步加大金融发展支持力度，促进金融业快速发展。特别是该市须加强金融状况和综合环境建设，努力提高当地的服务水平，为经济发展提供一个良好适宜的环境。

# 第二十章　驻马店市2014年金融发展指数研究报告

## 第一节　驻马店市概述

驻马店市位于河南中南部，北接漯河，南临信阳，地处淮河上游的丘陵平原地区，是国家和河南省重要的粮油生产基地。其承东启西，贯南通北，京广铁路、京珠、大广高速和107国道、106国道纵贯南北，新阳高速横跨东西。

2014年，全市完成地区金融业增加值45.57亿元；增长58.39%。全社会固定资产投资完成1284.67亿元，比上年增长17.52%；社会消费品零售总额完成666.57亿元，比上年增长13%。截至2014年年底，金融机构存款余额1982.89亿元，同比增长15.96%；各项贷款余额939.35亿元，同比增长23.98%。

## 第二节　驻马店市金融状况指数评价分析

### 一　驻马店市金融市场发展指数评价分析

2013—2014年驻马店市金融市场发展指标及其下属指标，在河南省的排位变化情况，如表20—2—1和图20—2—1所示。

表20—2—1　驻马店市2013—2014年金融市场发展指数及其四级指标

| 年份 | | 金融业增加值 | 金融系统存款余额 | 金融系统贷款余额 | 证券交易额 | 发行国债额 | 保费收入 | 保险赔付额 | 金融市场发展指数 |
|---|---|---|---|---|---|---|---|---|---|
| 2013 | 原值（亿元） | 28.77 | 1710.03 | 757.68 | 383.13 | 1.85 | 45.87 | 15.35 | 5.90 |
| | 标准化后 | 5.18 | 11.92 | 6.12 | 3.08 | 5.69 | 17.55 | 21.32 | |

续表

| 年份 | | 金融业增加值 | 金融系统存款余额 | 金融系统贷款余额 | 证券交易额 | 发行国债额 | 保费收入 | 保险赔付额 | 金融市场发展指数 |
|---|---|---|---|---|---|---|---|---|---|
| 2014 | 原值（亿元） | 45.5689 | 1982.89 | 939.35 | 626.86 | 0.9817 | 49.33 | 14.99 | -0.2151 |
| | 标准化后 | -0.2580 | -0.1027 | -0.2322 | -0.2748 | -0.2856 | -0.1421 | -0.1931 | |
| 2013年排名 | | 10 | 6 | 10 | 11 | 11 | 7 | 4 | 13 |
| 2014年排名 | | 11 | 5 | 9 | 11 | 8 | 8 | 12 | 9 |
| 升降 | | -1 | 1 | 1 | 0 | 3 | -1 | -8 | 4 |

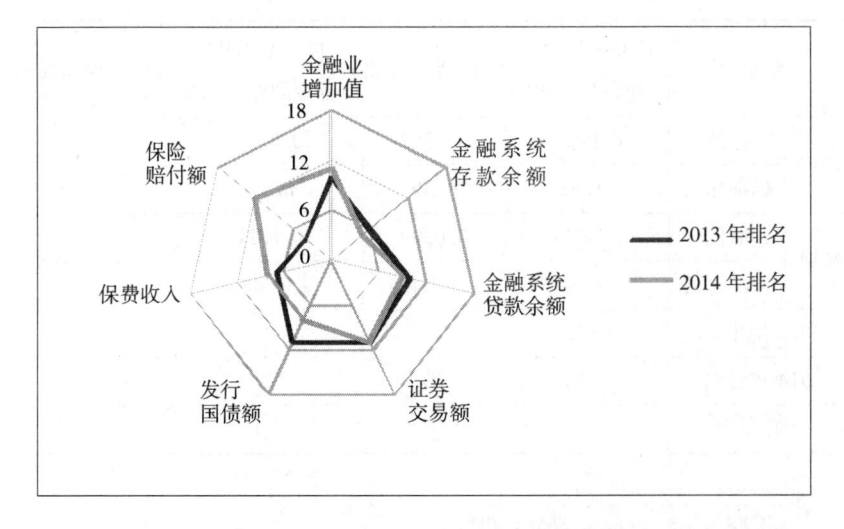

图 20—2—1　驻马店市 2013—2014 年金融市场发展指数四级指标比较雷达图

1. 2014 年驻马店市金融市场发展指数在整个河南省的综合排位处于第 9 位，表明其在河南省处于中游地区；与 2013 年相比排位上升 4 位。

2. 从指标所处的水平看，金融业增加值和证券交易额在河南省的排位均为第 11 位，金融系统贷款余额在河南省的排位为第 9 位，发行国债额和保费收入在河南省的排位均为第 8 位，处于中势地位；金融系统存款余额在河南省的排位为第 5 位，处于较优势地位；保险赔付额在河南省的排位为第 12 位，处于较劣势地位。

3. 从雷达图图形变化看，2014 年与 2013 年相比，面积有所增大，金融市场发展呈现退化趋势，其中保险赔付额成为了图形扩大的动力点。

4. 从排位变化的动因看，保险赔付额指标排名下降 8 位，发行国债额指标排名上升3位,证券交易额指标排位保持不变,其余指标排位小幅变动,综合作用下,2014年驻马店市金融市场指数排位上升4位,位居河南省第9位。

## 二 驻马店市金融结构深化指数评价分析

2013—2014年驻马店市金融结构深化指标及其下属指标,在河南省的排位变化情况,如表20—2—2和图20—2—2所示。

表20—2—2 驻马店市2013—2014年金融结构深化指数及其四级指标

| 年份 | | 证券募集资金净额比GDP | 短期贷款占比 | 保费收入比全省金融业增加值 | 金融结构深化指数 |
|---|---|---|---|---|---|
| 2013 | 原值 | 0.0029 | 0.0387 | 0.0388 | 11.36 |
| | 标准化后 | 11.33 | 9.39 | 17.53 | |
| 2014 | 原值 | 0.0028 | 0.0399 | 0.0331 | -0.4298 |
| | 标准化后 | -0.7910 | -0.2490 | -0.2062 | |
| 2013年排名 | | 15 | 11 | 7 | 14 |
| 2014年排名 | | 14 | 10 | 8 | 13 |
| 升降 | | 1 | 1 | -1 | 1 |

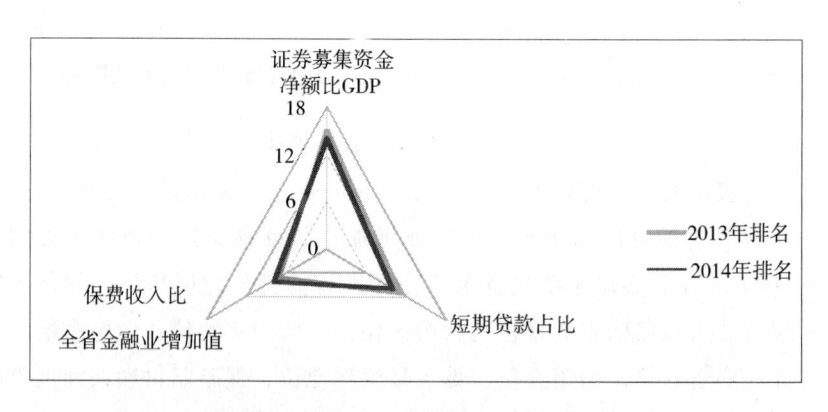

图20—2—2 驻马店市2013—2014年金融结构深化指数四级指标比较雷达图

1. 2014年驻马店市金融结构深化指数在整个河南省的综合排位处于第13位,表明其在河南省处于较劣势地位;与2013年相比排位上升1位。

2. 从指标所处的水平看,证券募集资金净额比 GDP 在河南省的排位为第 14 位,处于较劣势地位;短期贷款占比在河南省的排位为第 10 位,处于中势地位;保费收入比全省金融业增加值在河南省的排位为第 8 位,处于中势地位。

3. 从雷达图图形变化看,2014 年与 2013 年相比,面积基本保持不变,驻马店市金融结构深化呈现稳定态势。

4. 从排位变化的动因看,2014 年驻马店市保费收入比全省金融业增加值指标在河南省的排位下降 1 位,其他指标在河南省排位均上升 1 位,综合作用下,金融结构深化指数综合排位上升 1 位,仍位居河南省第 13 位。

### 三 驻马店市金融效率提高指数评价分析

2013—2014 年驻马店市金融效率提高指标及其下属指标,在河南省的排位变化情况,如表 20—2—3 和图 20—2—3 所示。

表 20—2—3　　驻马店市 2013—2014 年金融效率提高指数及其四级指标

| 年份 | | 存贷比 | 保险密度 | 上市公司占有率 | 证券交易额占比 | 金融效率提高指数 |
|---|---|---|---|---|---|---|
| 2013 | 原值 | 0.4431 | 665 | 0.0152 | 0.0206 | 3.91 |
| | 标准化后 | 10.09 | 3.31 | 4.78 | 3.09 | |
| 2014 | 原值 | 0.4737 | 711.53 | 0.0149 | 0.0172 | -0.9226 |
| | 标准化后 | -1.1348 | -0.6795 | -0.4371 | -0.4496 | |
| 2013 年排名 | | 16 | 16 | 13 | 11 | 17 |
| 2014 年排名 | | 16 | 16 | 16 | 11 | 17 |
| 升降 | | 0 | 0 | -3 | 0 | 0 |

1. 2014 年驻马店市金融效率提高指数在整个河南省的综合排位处于第 17 位,表明其在河南省处于绝对劣势地位;与 2013 年相比排位没有发生变化。

2. 从指标所处的水平看,除证券交易额占比指标排位为第 11 位外,其余 3 项指标在整个河南省排位均处于下游区。

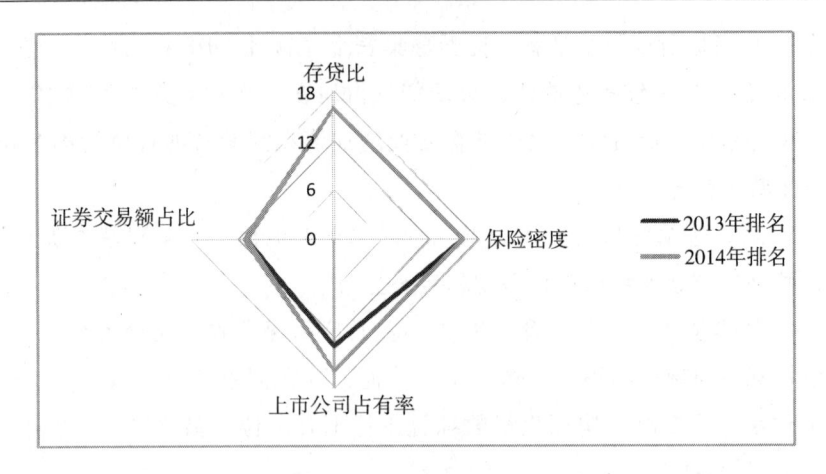

图 20—2—3　驻马店市 2013—2014 年金融效率提高指数四级指标比较雷达图

3. 从雷达图图形变化看，2014 年与 2013 年相比，面积略有增大，金融效率提高指数呈现轻微弱化趋势，其中上市公司占有率成为了图形扩大的动力点。

4. 从排位变化的动因看，驻马店市上市公司占有率指标排位下降 3 位，其他各项指标排位保持不变，但由于其他地市相对指标的变化，综合作用下，2014 年驻马店市金融效率提高指数综合排位保持不变，仍位居河南省第 17 位。

## 四　驻马店市金融状况指数综合分析

2013—2014 年驻马店市金融状况指标及其下属指标，在河南省的排位变化和指标结构情况，如表 20—2—4 所示。

表 20—2—4　驻马店市 2013—2014 年金融状况指标及其三级指标

| 年份 | 金融市场发展指数 | 金融结构深化指数 | 金融效率提高指数 | 金融状况指数 |
| --- | --- | --- | --- | --- |
| 2013 | 5.90 | 11.36 | 3.91 | 7.19 |
| 2014 | -0.2151 | -0.4298 | -0.9226 | -0.5416 |
| 2013 年排位 | 13 | 14 | 17 | 15 |
| 2014 年排位 | 9 | 13 | 17 | 16 |
| 升降 | 4 | 1 | 0 | -1 |

1. 2014 年驻马店市金融状况指数综合排位处于第 16 位，表明其在河南省处于绝对劣势地位；与 2013 年相比，排位下降 1 位。

2. 从指标所处水平看，2014年金融市场发展指数在河南省的排位为第9位，处于中势地位；金融结构深化指数和金融效率提高指数排位分别为第13位和第17位，分别处于较劣势和绝对劣势地位。驻马店市金融状况处于下游区。

3. 从指标变化趋势看，金融市场发展和金融结构深化2个指标排位与上一年相比分别上升4位和1位，金融效率提高指数排位与上一年相比没有变化。

4. 从排位综合分析看，虽然金融市场发展和金融结构深化2个指标排位与上一年相比分别上升4位和1位，但由于其他地市相对指标的变化，2014年驻马店市金融状况指数综合排位下降1位，位居河南省第16位，处于绝对劣势地位，其中金融效率提高指数排名最不理想。虽然驻马店市推出了类似金融一卡通等的创新服务，但目前看来仍未产生质的作用，必须将金融业的发展作为政府工作重中之重。

## 第三节　驻马店市成长发展指数评价分析

### 一　驻马店市资本市场成长性指数评价分析

2013—2014年驻马店市资本市场成长性指标及其下属指标，在河南省的排位变化情况，如表20—3—1和图20—3—1所示。

表20—3—1　驻马店市2013—2014年资本市场成长性指数及其四级指标

| 年份 | | 金融机构贷款余额年增长额 | 发行国债年增长额 | A股股票募集资金净额 | 资本市场成长性指标 |
|---|---|---|---|---|---|
| 2013 | 原值（亿元） | 113.82 | 0.1625 | 4.48 | 2.53 |
| | 标准化后 | 3.61 | 0.23 | 3.41 | |
| 2014 | 原值（亿元） | 181.67 | -0.8683 | 4.73 | -0.1912 |
| | 标准化后 | -0.0991 | 0.2189 | -0.5161 | |
| 2013年排名 | | 10 | 17 | 15 | 17 |
| 2014年排名 | | 6 | 7 | 15 | 8 |
| 升降 | | 4 | 10 | 0 | 9 |

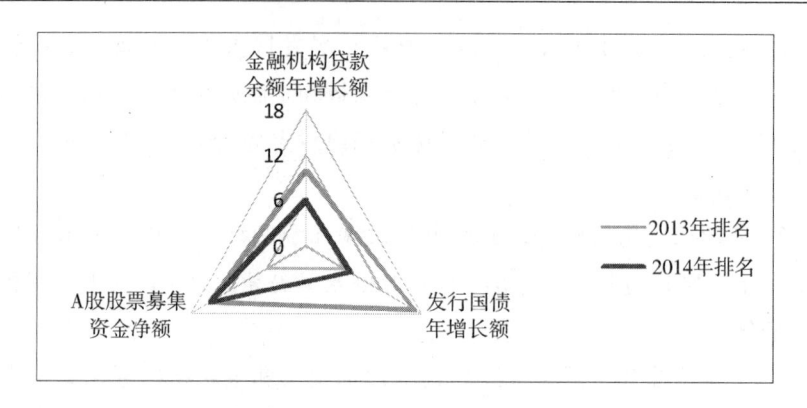

图 20—3—1　驻马店市 2013—2014 年资本市场成长性指数四级指标比较雷达图

1. 2014 年驻马店市资本市场成长性指数在整个河南省的综合排位处于第 8 位，表明其在河南省处于中势地位；与 2013 年相比排位上升 9 位。

2. 从指标所处的水平看，金融机构贷款余额年增长额在河南省的排位为第 6 位，发行国债年增长额排位为第 7 位，处于较优势地位；A 股股票募集资金净额排位为第 15 位，处于较劣势地位。资本成长性指数处于中游区。

3. 从雷达图图形变化看，2014 年与 2013 年相比，面积有所缩小，资本市场成长性呈现上升趋势，其中金融机构贷款余额年增长额和发行国债年增长额成为图形缩小的动力点。

4. 从排位变化的动因看，驻马店市发行国债年增长额排位较上年明显上升，排位上升了 10 位，金融机构贷款余额年增长额排位较上年上升了 4 位，综合作用下，其资本市场成长性指数排名上升了 9 位，位居河南省第 8 位。

## 二　驻马店市经济成长性指数评价分析

2013—2014 年驻马店市经济成长性指标及其下属指标，在河南省的排位变化情况，如表 20—3—2 和图 20—3—2 所示。

表 20—3—2　驻马店市 2013—2014 年经济成长性指数及其四级指标

| 年份 | | GDP 年增长额 | 财政收入年增长额 | 社会固定资产投资年增长额 | 社会消费品零售总额年增长额 | 经济成长性指数 |
| --- | --- | --- | --- | --- | --- | --- |
| 2013 | 原值（亿元） | 168.47 | 13.01 | 197.20 | 71.76 | 17.19 |
| | 标准化后 | 22.35 | 6.53 | 17.56 | 20.55 | |

续表

| 年份 | | GDP年增长额 | 财政收入年增长额 | 社会固定资产投资年增长额 | 社会消费品零售总额年增长额 | 经济成长性指数 |
|---|---|---|---|---|---|---|
| 2014 | 原值（亿元） | 149.28 | 13.72 | 191.53 | 76.68 | -0.1853 |
| | 标准化后 | -0.0042 | -0.2360 | -0.3567 | -0.1697 | |
| 2013年排名 | | 5 | 10 | 14 | 9 | 11 |
| 2014年排名 | | 8 | 10 | 13 | 9 | 10 |
| 升降 | | -3 | 0 | 1 | 0 | 1 |

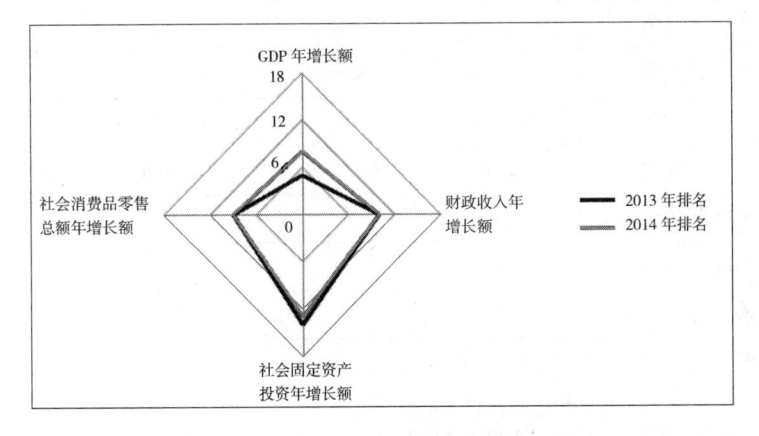

图20—3—2 驻马店市2013—2014年经济成长性指数四级指标比较雷达图

1. 2014年驻马店市经济成长性指数在整个河南省的综合排位处于第10位，表明其在河南省处于中势地位；与2013年相比排位上升1位。

2. 从指标所处的水平看，GDP年增长额、财政收入年增长额和社会消费品零售总额年增长额在河南省排位分别为第8位、第10位和第9位，处于中势地位；社会固定资产投资年增长额在河南省排位为第13位，处于较劣势地位。这说明驻马店市的经济成长性在河南省处于中游区。

3. 从雷达图图形变化看，2014年与2013年相比，面积略微增大，经济成长性指数呈现略微退化趋势，其中GDP年增长额成为了图形增大的动力点。

4. 从排位变化的动因看，2014年驻马店市GDP年增长额和社会固定资产投资年增长额排位分别下降3位和上升1位，其余四级指标在河南省的排位没有发生变化,综合作用下,使其 2014 年的综合排位有所上升,位居河南省第 10 位。

### 三 驻马店市城市创新成长性指数评价分析

2013—2014 年驻马店市城市创新成长性指标及其下属指标,在河南省的排位变化情况,如表 20—3—3 和图 20—3—3 所示。

表 20—3—3 驻马店市 2013—2014 年城市创新成长性指数及其四级指标

| 年份 | | 政府研发经费支出年增长额 | 政府研发人员年增长量 | 新产品销售收入年增长额 | 城市创新成长性指数 |
|---|---|---|---|---|---|
| 2013 | 原值 | -0.056 | 312 | -9.78 | 16.00 |
| | 标准化后 | 31.46 | 8.14 | 0.30 | |
| 2014 | 原值 | 0.1530 | 366 | -7.65 | -0.2920 |
| | 标准化后 | -0.3623 | -0.1759 | -0.3096 | |
| 2013 年排名 | | 14 | 12 | 17 | 12 |
| 2014 年排名 | | 8 | 10 | 16 | 12 |
| 升降 | | 6 | 2 | 1 | 0 |

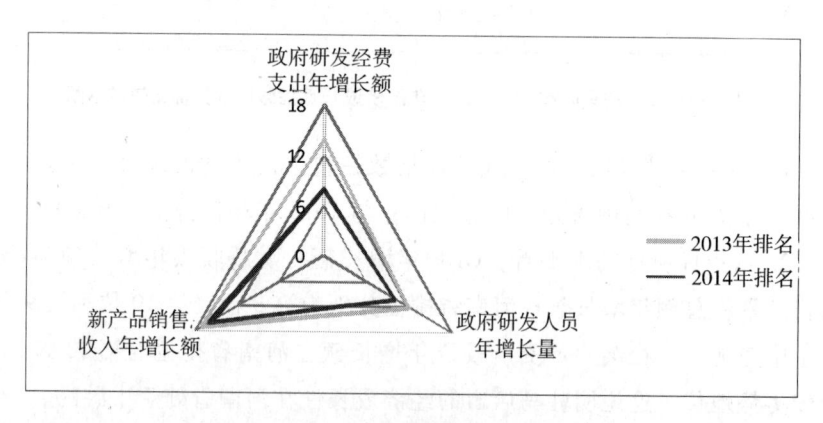

图 20—3—3 驻马店市 2013—2014 年城市创新成长性指数四级指标比较雷达图

1. 2014 年驻马店市城市创新成长性指数在整个河南省的综合排位处于第 12 位,表明其在河南省处于较劣势地位;与 2013 年相比排位没有变化。
2. 从指标所处的水平看,政府研发经费支出年增长额和政府研发人员年增长量在整个河南省排位分别为第 8 位和第 10 位,处于中游区;新产品销售收入年增长额处于第 16 位,处于下游区。

3. 从雷达图图形变化看,2014 年与 2013 年相比,面积略有缩小,城市创新成长性呈现上升趋势,其中政府研发经费支出年增长额成为了图形缩小的动力点。

4. 从排位变化的动因看,尽管 3 个四级指标排名有不同程度的上升,但由于其他地市相对指标的变化,综合作用下,2014 年驻马店市城市创新成长性指数排位没有变化,位居河南省第 12 位。

### 四 驻马店市成长发展指数综合分析

2013—2014 年驻马店市成长发展指标及其下属指标,在河南省的排位变化和指标结构情况,如表 20—3—4 所示。

表 20—3—4　驻马店市 2013—2014 年成长发展指标及其三级指标

| 年份 | 资本市场成长性指数 | 经济成长性指数 | 城市创新成长性指数 | 成长发展指数 |
| --- | --- | --- | --- | --- |
| 2013 | 2.53 | 17.19 | 16.00 | 12.46 |
| 2014 | -0.1912 | -0.1853 | -0.2920 | -0.2328 |
| 2013 年排位 | 17 | 11 | 12 | 15 |
| 2014 年排位 | 8 | 10 | 12 | 9 |
| 升降 | 9 | 1 | 0 | 6 |

1. 2014 年驻马店市成长发展指数综合排位处于第 9 位,表明其在河南省处于中势地位;与 2013 年相比,排位上升 6 位。

2. 从指标所处水平看,2014 年资本市场成长性排位为第 8 位,经济成长性排位为第 10 位,处于中势地位;城市创新成长性排位为第 12 位,处于较劣势地位。

3. 从指标变化趋势看,资本市场成长性指数和经济成长性指数 2 个指标排位分别上升 9 位和 1 位,城市创新成长性指数指标排位不变。

4. 从排位综合分析看,由于 3 个指标中的 2 个指标排位有所上升,决定了 2014 年驻马店市成长发展指数综合排位上升 6 位,位居河南省第 9 位。由于资本市场规模较小导致资金流动性不强,进而驻马店市成长发展受到影响,但资本市场成长性指数是其主要增长动力点。

## 第四节 驻马店市服务水平指数评价分析

### 一 驻马店市智力资本指数评价分析

2013—2014年驻马店市智力资本指标及其下属指标,在河南省的排位变化情况,如表20—4—1和图20—4—1所示。

表20—4—1 驻马店市2013—2014年智力资本指数及其四级指标

| 年份 | | 金融业从业密度 | 受高等教育密度 | 科研人员密度 | 普通高等学校数量 | 智力资本指数 |
|---|---|---|---|---|---|---|
| 2013 | 原值 | 0.82 | 1.32 | 0.34 | 2 | 0.51 |
| | 标准化后 | 0.17 | 0.01 | 0.00 | 1.82 | |
| 2014 | 原值 | 0.78 | 2.20 | 0.38 | 2 | -0.6038 |
| | 标准化后 | -0.7414 | -0.4122 | -0.7686 | -0.4215 | |
| 2013年排名 | | 17 | 17 | 18 | 14 | 18 |
| 2014年排名 | | 18 | 16 | 17 | 15 | 18 |
| 升降 | | -1 | 1 | 1 | -1 | 0 |

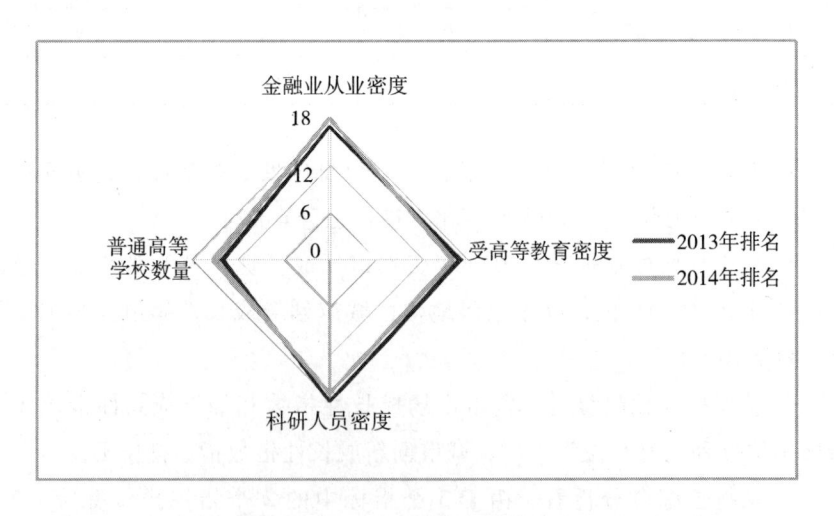

图20—4—1 驻马店市2013—2014年智力资本指数四级指标比较雷达图

1. 2014年驻马店市智力资本指数在整个河南省的综合排位处于第18位，表明其在河南省处于绝对劣势地位；与2013年相比排位没有发生变化。

2. 从指标所处的水平看，金融业从业密度、受高等教育密度和科研人员密度排位分别为第18位、第16位、第17位，处于绝对劣势地位；普通高等学校数量排位为第15位，处于较劣势地位。这说明驻马店市的智力资本在河南省处于下游区。

3. 从雷达图图形变化看，2014年与2013年相比，面积基本保持不变。

4. 从排位变化的动因看，2014年驻马店市金融业从业密度和普通高等学校数量排位指标均下降1位，受高等教育密度和科研人员密度排位指标均上升1位，使其2014年的综合排位保持不变，仍位居河南省末位。驻马店市须加大智力资本投入，积极引进高素质人才和科研人员，提升研发能力和智力资本占比。

## 二 驻马店市城市环境指数评价分析

2013—2014年驻马店市城市环境指标及其下属指标，在河南省的排位变化情况，如表20—4—2和图20—4—2所示。

表20—4—2 驻马店市2013—2014年城市环境指数及其四级指标

| 年份 | | 城镇化水平 | 人均城市道路面积 | 人均绿化覆盖面积 | 基本医疗保险覆盖率 | 基本养老保险覆盖率 | 商品房屋销售均价 | 城镇从业人员平均工资 | 运营车辆数 | 城市环境指数 |
|---|---|---|---|---|---|---|---|---|---|---|
| 2013 | 原值 | 0.3489 | 22.56 | 4.04 | 0.177 | 0.0567 | 2883 | 31896 | 470 | 6.40 |
| | 标准化后 | 0.34 | 97.38 | 5.57 | 9.38 | 0.00 | 95.49 | 0.00 | 4.33 | |
| 2014 | 原值 | 0.3636 | 23.23 | 4.17 | 0.1810 | 0.0587 | 3100 | 35949 | 572 | −5.9307 |
| | 标准化后 | −1.2446 | 2.0950 | −0.8679 | −1.0786 | −1.0806 | 0.0795 | −1.3214 | −0.3019 | |
| 2013年排名 | | 17 | 2 | 15 | 16 | 18 | 2 | 18 | 12 | 15 |
| 2014年排名 | | 17 | 1 | 16 | 15 | 18 | 13 | 17 | 12 | 18 |
| 升降 | | 0 | 1 | −1 | 1 | 0 | −11 | 1 | 0 | −3 |

1. 2014年驻马店市城市环境指数在整个河南省的综合排位处于第

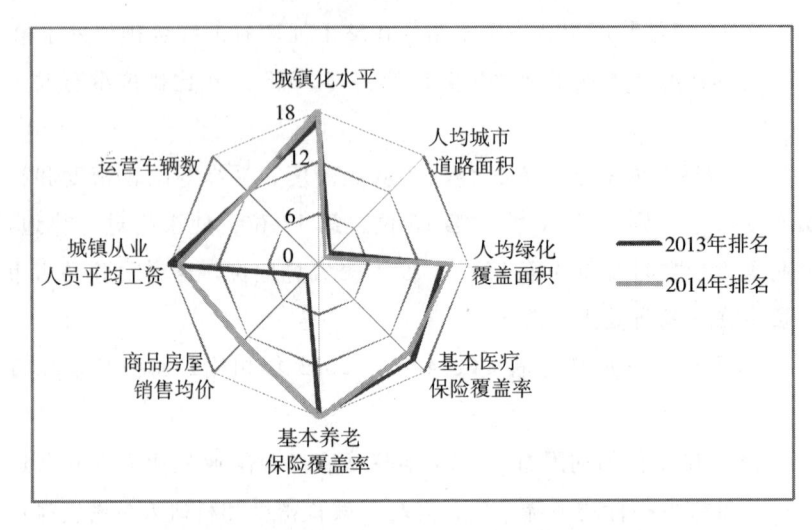

图 20—4—2 驻马店市 2013—2014 年城市环境指数四级指标比较雷达图

18 位,表明其在河南省处于绝对劣势地位;与 2013 年相比排位下降 3 位。

2. 从指标所处的水平看,除人均城市道路面积、商品房屋销售均价、和运营车辆 3 个指标排位比较靠前,分别为第 1 位、第 13 位、第 12 位,其余指标排位均不理想,处于中下游区或下游区。综合来看,驻马店市的城市环境在河南省处于下游区。

3. 从雷达图图形变化看,2014 年与 2013 年相比,面积有所增大,城市环境呈现退化趋势,其中商品房屋销售均价成为了图形增大的动力点。

4. 从排位变化的动因看,除商品房销售均价排位分别下降 11 位外,其余各项指标的排位小幅变动或未发生变动,综合作用下,2014 年驻马店市城市环境指数综合排位下降 3 位,位居河南省第 18 位。

### 三 驻马店市服务水平指数综合分析

2013—2014 年驻马店市服务水平指标及其下属指标,在河南省的排位变化和指标结构情况,如表 20—4—3 所示。

表 20—4—3 驻马店市 2013—2014 年服务水平指标及其三级指标

| 年份 | 智力资本指数 | 城市环境指数 | 服务水平指数 |
|---|---|---|---|
| 2013 | 0.51 | 6.40 | 3.82 |
| 2014 | -0.6038 | -5.9307 | -3.4175 |
| 2013 年排位 | 18 | 15 | 17 |
| 2014 年排位 | 18 | 18 | 18 |
| 升降 | 0 | -3 | -1 |

1. 2014 年驻马店市服务水平指数综合排位处于第 18 位,表明其在河南省处于绝对劣势地位;与 2013 年相比,排位下降 1 位。

2. 从指标所处水平看,2014 年智力资本和城市环境 2 个指标排位均为第 18 位,处于下游区。

3. 从指标变化趋势看,智力资本指标排位与上一年相比没有变化,城市环境指标排位与上一年相比下降 3 位。

4. 从排位综合分析看,由于城市环境指标排位与上一年相比下降 3 位,导致 2014 年驻马店市服务水平指数综合排位下降 1 位,位居河南省末位,处于绝对劣势地位。各项指标所处排位仍很靠后,这说明驻马店市整体的服务水平仍处于低水平,应进一步改善,吸引人才,改善优化经济结构并发展经济。驻马店市与其他地市还存在一定差距,有很大提升空间。

## 第五节 驻马店市综合环境指数评价分析

### 一 驻马店市经济环境指数评价分析

2013—2014 年驻马店市经济环境指标及其下属指标,在河南省的排位变化情况,如表 20—5—1 和图 20—5—1 所示。

表 20—5—1 驻马店市 2013—2014 年经济环境指数及其四级指标

| 年份 | | 城镇人均可支配收入 | 农村人均纯收入 | 人均 GDP | 人均财政收入 | 人均社会商品零售额 | 经济环境指数 |
|---|---|---|---|---|---|---|---|
| 2013 | 原值(元) | 19431 | 7437 | 22296 | 1043 | 8555 | 6.31 |
| | 标准化后 | 16.16 | 6.90 | 4.06 | 2.53 | 0.00 | |

续表

| 年份 | | 城镇人均可支配收入 | 农村人均纯收入 | 人均GDP | 人均财政收入 | 人均社会商品零售额 | 经济环境指数 |
|---|---|---|---|---|---|---|---|
| 2014 | 原值（元） | 21320 | 8270 | 24461 | 1235.34 | 9614.41 | -0.9411 |
| | 标准化后 | -0.2152 | -1.0638 | -1.0661 | -0.7018 | -0.9271 | |
| 2013年排名 | | 16 | 16 | 16 | 17 | 18 | 17 |
| 2014年排名 | | 15 | 16 | 16 | 17 | 18 | 16 |
| 升降 | | 1 | 0 | 0 | 0 | 0 | 1 |

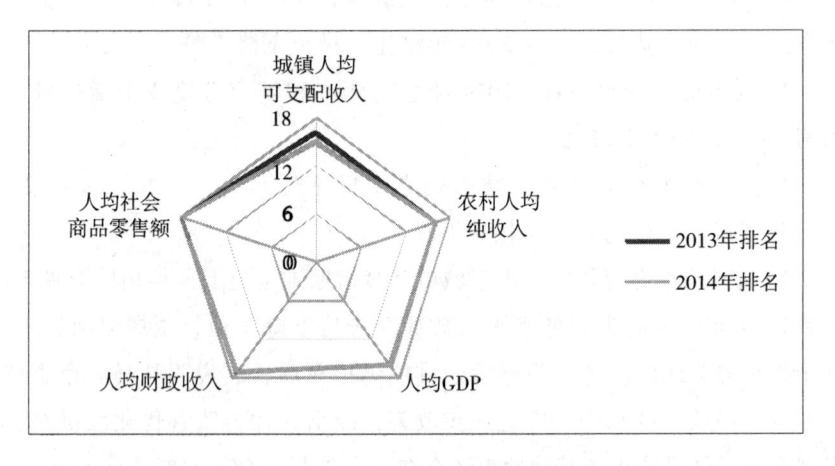

图20—5—1 驻马店市2013—2014年经济环境指数四级指标比较雷达图

1. 2014年驻马店市经济环境指数在整个河南省的综合排位处于第16位，表明其在河南省处于绝对劣势地位；与2013年相比排位上升1位。

2. 从指标所处的水平看，城镇人均可支配收入的排位为第15位，处于较劣势地位；其余各项四级指标排位均处于绝对劣势地位。

3. 从雷达图图形变化看，2014年与2013年相比，面积基本保持不变，经济环境呈现稳中有升趋势。

4. 从排位变化的动因看，驻马店市城镇人均可支配收入指标排位上升1位，其余各指标的排位保持不变，综合作用下，2014年驻马店市经济环境指数综合排位上升1位，位居河南省第16位。

## 二 驻马店市开放程度指数评价分析

2013—2014年驻马店市开放程度指标及其下属指标,在河南省的排位变化情况,如表20—5—2和图20—5—2所示。

表20—5—2　驻马店市2013—2014年开放程度指数及其四级指标

| 年份 | | 实际利用外资额 | 旅游创汇收入 | 进出口总额 | 开放程度指数 |
|---|---|---|---|---|---|
| 2013 | 原值（万美元） | 31590 | 2667 | 40439 | 5.89 |
| | 标准化后 | 2.93 | 13.11 | 0.36 | |
| 2014 | 原值（万美元） | 35392 | 3196 | 40062 | -0.2843 |
| | 标准化后 | -0.3449 | -0.1210 | -0.2965 | |
| 2013年排名 | | 16 | 5 | 15 | 10 |
| 2014年排名 | | 12 | 5 | 14 | 8 |
| 升降 | | 4 | 0 | 1 | 2 |

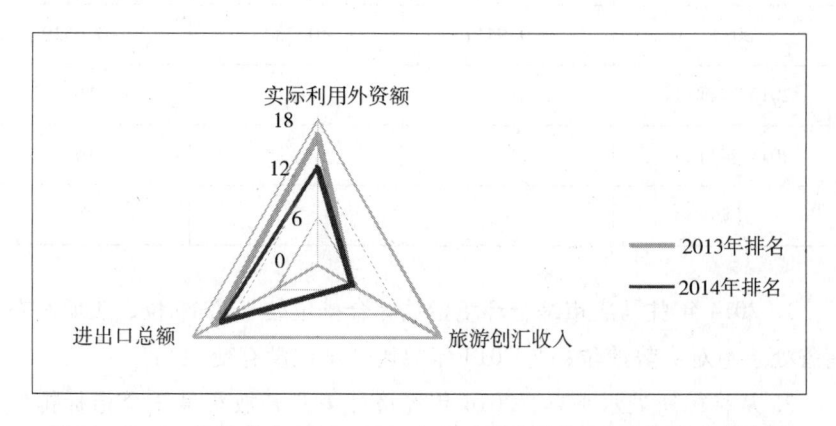

图20—5—2　驻马店市2013—2014年开放程度指数四级指标比较雷达图

1. 2014年驻马店市开放程度指数在整个河南省的综合排位处于第8位,表明其在河南省处于中势地位;与2013年相比排位上升2位。

2. 从指标所处的水平看,实际利用外资额和进出口总额排位分别为第12位和第14位,处于中下游区;旅游创汇收入排位为第5位,处于中上游区。

3. 从雷达图图形变化看，2014 年与 2013 年相比，面积有所减小，开放程度呈现上升趋势，其中实际利用外资额和进出口总额成为了图形缩小的动力点。

4. 从排位变化的动因看，2014 年驻马店市实际利用外资额和进出口总额在河南省的排位分别上升 4 位、1 位，综合作用下，使其 2014 年的开放程度指数的综合排位上升 2 位，位居河南省第 8 位。

### 三 驻马店市综合环境指数综合分析

2013—2014 年驻马店市综合环境指标及其下属指标，在河南省的排位变化和指标结构情况，如表 20—5—3 所示。

表 20—5—3 驻马店市 2013—2014 年综合环境指标及其三级指标

| 年份 | 经济环境指数 | 开放程度指数 | 综合环境指数 |
| --- | --- | --- | --- |
| 2013 | 6.31 | 5.89 | 6.48 |
| 2014 | －0.9411 | －0.2843 | －0.6519 |
| 2013 年排位 | 17 | 10 | 16 |
| 2014 年排位 | 16 | 8 | 16 |
| 升降 | 1 | 2 | 0 |

1. 2014 年驻马店市综合环境指数综合排位处于第 16 位，表明其在河南省处于绝对劣势地位；与 2013 年相比，排位没有变化。

2. 从指标所处水平看，2014 年经济环境和开放程度 2 个指标排位分别为第 16 位和第 8 位，分别处于下游区和中游区。

3. 从指标变化趋势看，经济环境和开放程度 2 个指标排位与上一年相比分别上升 1 位和 2 位。

4. 从排位综合分析看，虽然经济环境和开放程度 2 个指标排位与上一年相比分别上升 1 位和 2 位，但由于其他地市相对指标的变化，综合作用下，2014 年驻马店市综合环境指数综合排位位居河南省第 16 位。驻马店市综合环境指数排位较低，驻马店市须进一步优化经济环境，提高综合环境。

## 第六节 驻马店市金融发展指数综合评价分析

2013—2014 年驻马店市金融发展指数综合指标及其下属指标,在河南省的排位变化和指标结构情况,如表 20—6—1 所示。

表 20—6—1　驻马店市 2013—2014 年金融发展指数指标及其二级指标

| 年份 | 金融状况指数 | 成长发展指数 | 服务水平指数 | 综合环境指数 | 金融发展指数 |
| --- | --- | --- | --- | --- | --- |
| 2013 | 7.19 | 12.46 | 3.82 | 6.48 | 7.82 |
| 2014 | -0.5416 | -0.2328 | -3.4175 | -0.6519 | -4.6175 |
| 2013 年排位 | 15 | 15 | 17 | 16 | 18 |
| 2014 年排位 | 16 | 9 | 18 | 16 | 18 |
| 升降 | -1 | 6 | -1 | 0 | 0 |

1. 2014 年驻马店市金融发展指数综合排位处于第 18 位,表明其在河南省处于绝对劣势地位;与 2013 年相比,排位没有变化。

2. 从指标所处水平看,2014 年驻马店市金融状况和综合环境 2 个指标排位均为第 16 位,服务水平指标排位为第 18 位,处于下游区;成长发展指标排位为第 9 位,处于中游区。

3. 从指标变化趋势看,金融状况指标排位与上一年相比下降 1 位,成长发展指标排位与上一年相比上升 6 位,服务水平指标排位与上一年相比下降 1 位,综合环境指标排位没有变化。

4. 从排位综合分析看,成长发展指标排位与上一年相比上升 6 位,金融状况和服务水平 2 个指标排位与上一年相比均下降 1 位,综合环境指标排位没有变化,综合作用下,2014 年驻马店市金融发展指数综合排位没有变化,位居河南省末位。从中可以看出,驻马店市金融发展指数中金融状况和服务水平指数排名有所下降,这主要是因为当地金融规模较小,对经济发展难以起到显著支持作用。未来驻马店市须大力改善金融投资环境,扩大金融市场规模,加强金融业对实体经济支持的作用。

# 第二十一章 南阳市2014年金融发展指数研究报告

## 第一节 南阳市概述

南阳简称"宛",位于河南省西南部,历史上,南阳是古丝绸之路的源头之一,汉代时期,南阳是全国最大的冶铁中心;现在是豫陕鄂三省交界处区域性中心城市和中原经济区重要的核心城市。南阳独玉为中国四大名玉之一,素有"东方翡翠"之称,是绝无仅有的天然玉石品种。

2014年,全市完成地区金融业增加值86.49亿元;增长56.38%。全社会固定资产投资完成2575.8亿元,比上年增长17.6%;社会消费品零售总额完成1390.05亿元,比上年增长12.59%。截至2014年年底,金融机构存款余额2756.77亿元,同比增长11.31%;各项贷款余额1552.53亿元,同比增长17.07%。

## 第二节 南阳市金融状况指数评价分析

### 一 南阳市金融市场发展指数评价分析

2013—2014年南阳市金融市场发展指标及其下属指标,在河南省的排位变化情况,如表21—2—1和图21—2—1所示。

表21—2—1 南阳市2013—2014年金融市场发展指数及其四级指标

| 年份 | | 金融业增加值 | 金融系统存款余额 | 金融系统贷款余额 | 证券交易额 | 发行国债额 | 保费收入 | 赔付额 | 金融市场发展指数 |
|---|---|---|---|---|---|---|---|---|---|
| 2013 | 原值(亿元) | 55.31 | 2476.73 | 1326.19 | 638.12 | 2.50 | 74.71 | 22.86 | 10.24 |
| | 标准化后 | 10.67 | 18.21 | 12.34 | 5.62 | 9.11 | 31.05 | 34.14 | |

续表

| 年份 | | 金融业增加值 | 金融系统存款余额 | 金融系统贷款余额 | 证券交易额 | 发行国债额 | 保费收入 | 保险赔付额 | 金融市场发展指数 |
|---|---|---|---|---|---|---|---|---|---|
| 2014 | 原值（亿元） | 86.49 | 2756.77 | 1552.53 | 1128.2 | 0.8106 | 86.14 | 26.02 | 0.1183 |
| | 标准化后 | 0.0629 | 0.1534 | 0.0245 | −0.1456 | −0.3221 | 0.4892 | 0.5531 | |
| 2013年排名 | | 4 | 3 | 3 | 5 | 10 | 2 | 3 | 3 |
| 2014年排名 | | 4 | 3 | 3 | 5 | 11 | 2 | 3 | 3 |
| 升降 | | 0 | 0 | 0 | 0 | −1 | 0 | 0 | 0 |

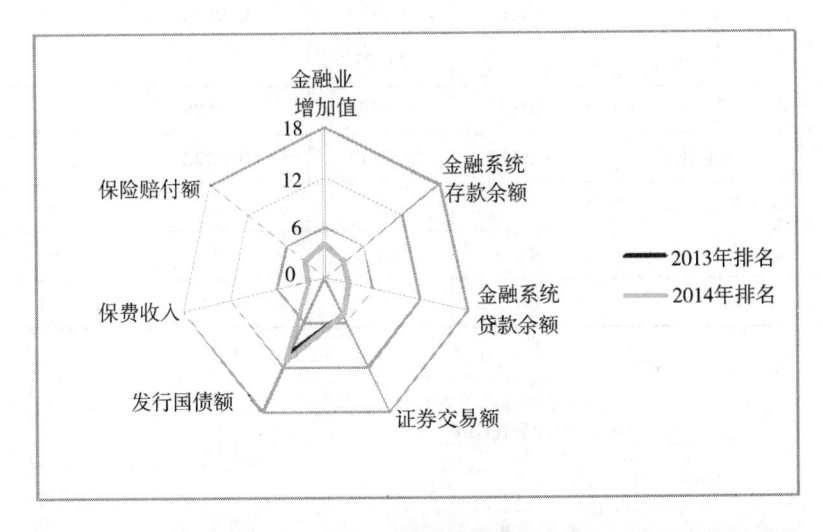

图21—2—1 南阳市2013—2014年金融市场发展指数四级指标比较雷达图

1. 2014年南阳市金融市场发展指数在整个河南省的综合排位处于第3位；与2013年相比排位没有发生变化，表明其在河南省处于上游地区。

2. 从指标所处的水平看，金融业增加值和证券交易额在河南省的排位分别为第4位、第5位，处于较优势地位；发行国债额在河南省的排位为第11位，处于中势地位；其余四级指标均处于绝对优势地位。

3. 从雷达图图形变化看，2014年与2013年相比，面积基本保持不变，南阳市金融市场发展呈现稳定态势。

4. 从排位变化的动因看，发行国债额指标排名下降1位，其余指标排位基本保持不变，综合作用下，2014年南阳市金融市场指数排位不变，位居河南省第3位。

## 二 南阳市金融结构深化指数评价分析

2013—2014 年南阳市金融结构深化指标及其下属指标，在河南省的排位变化情况，如表 21—2—2 和图 21—2—2 所示。

表 21—2—2　南阳市 2013—2014 年金融结构深化指数及其四级指标

| 年份 | | 证券募集资金净额比 GDP | 短期贷款占比 | 保费收入比全省金融业增加值 | 金融结构深化指数 |
|---|---|---|---|---|---|
| 2013 | 原值 | 0.0058 | 0.0780 | 0.0632 | 22.90 |
| | 标准化后 | 22.66 | 23.27 | 31.03 | |
| 2014 | 原值 | 0.0057 | 0.0794 | 0.0578 | -0.0161 |
| | 标准化后 | -0.5392 | 0.3613 | 0.0228 | |
| 2013 年排名 | | 9 | 3 | 2 | 5 |
| 2014 年排名 | | 9 | 3 | 3 | 6 |
| 升降 | | 0 | 0 | -1 | -1 |

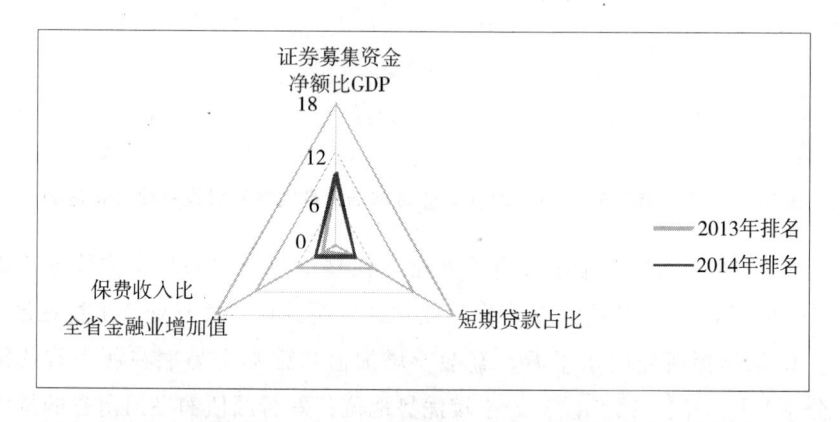

图 21—2—2　南阳市 2013—2014 年金融结构深化指数四级指标比较雷达图

1. 2014 年南阳市金融结构深化指数在整个河南省的综合排位处于第 6 位，表明其在河南省处于较优势地位；与 2013 年相比排位下降 1 位。

2. 从指标所处的水平看，证券募集资金净额比 GDP 在河南省的排位为第 9 位，处于中势地位；短期贷款占比和保费收入比全省金融业增加值在河南省的排位均为第 3 位，处于绝对优势地位。

3. 从雷达图图形变化看，2014 年与 2013 年相比，面积基本保持不变，南阳市金融结构深化呈现稳定态势。

4. 从排位变化的动因看，由于 2014 年南阳市金融结构深化的四级指标除保费收入比全省金融业增加值下降 1 位外，其他指标在河南省排位均未发生变化，其金融结构深化指数综合排位下降 1 位，位居河南省第 6 位。

### 三　南阳市金融效率提高指数评价分析

2013—2014 南阳市金融效率提高指标及其下属指标，在河南省的排位变化情况，如表 21—2—3 和图 21—2—3 所示。

表 21—2—3　南阳市 2013—2014 年金融效率提高指数及其四级指标

| 年份 | | 存贷比 | 保险密度 | 上市公司占有率 | 证券交易额占比 | 金融效率提高指数 |
|---|---|---|---|---|---|---|
| 2013 | 原值 | 0.5355 | 740 | 0.0455 | 0.0343 | 9.84 |
| | 标准化后 | 27.71 | 7.45 | 14.30 | 5.62 | |
| 2014 | 原值 | 0.5632 | 862.31 | 0.0328 | 0.0309 | -0.5085 |
| | 标准化后 | -0.4333 | -0.3856 | -0.3866 | -0.3694 | |
| 2013 年排名 | | 11 | 13 | 5 | 5 | 12 |
| 2014 年排名 | | 12 | 12 | 10 | 7 | 12 |
| 升降 | | -1 | 1 | -5 | -2 | 0 |

1. 2014 年南阳市金融效率提高指数在整个河南省的综合排位处于第 12 位，表明其在河南省处于较劣势地位；与 2013 年相比排位没有发生变化。

2. 从指标所处的水平看，存贷比和保险密度 2 个指标排位均为第 12 位，处于较劣势地位；上市公司占有率指标排位为第 10 位，处于中势地位；证券交易额占比指标排位为第 7 位，处于较优势地位。

3. 从雷达图图形变化看，2014 年与 2013 年相比，面积有所增大，金融效率提高呈现弱化趋势，其中上市公司占有率成为了图形扩大的主要动力点。

4. 从排位变化的动因看，南阳市上市公司占有率指标排位下降 5 位，

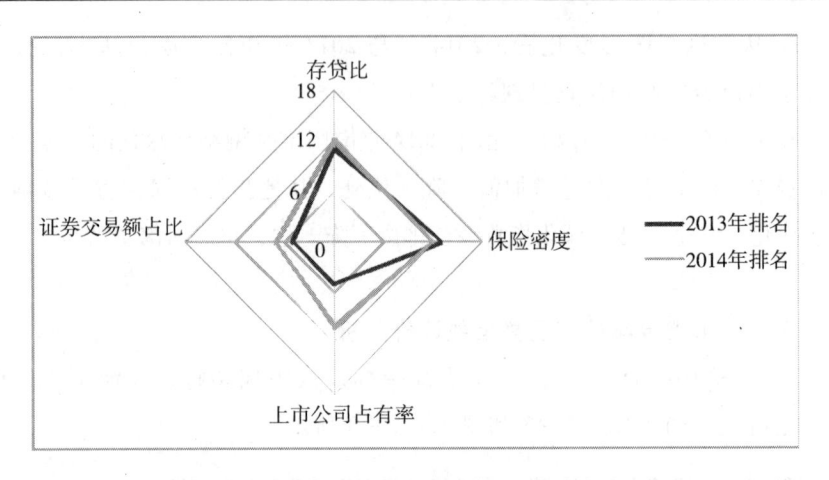

图 21—2—3　南阳市 2013—2014 年金融效率提高指数四级指标比较雷达图

其他各项指标排位小幅变动，但由于其他地市相对指标的变化，综合作用下，2014 年南阳市金融效率提高指数综合排位保持不变，仍位居河南省第 12 位。

### 四　南阳市金融状况指数综合分析

2013—2014 年南阳市金融状况指标及其下属指标，在河南省的排位变化和指标结构情况，如表 21—2—4 所示。

表 21—2—4　南阳市 2013—2014 年金融状况指标及其三级指标

| 年份 | 金融市场发展指数 | 金融结构深化指数 | 金融效率提高指数 | 金融状况指数 |
| --- | --- | --- | --- | --- |
| 2013 | 10.24 | 22.90 | 9.84 | 14.59 |
| 2014 | 0.1183 | -0.0161 | -0.5085 | -0.1326 |
| 2013 年排位 | 3 | 5 | 12 | 7 |
| 2014 年排位 | 3 | 6 | 12 | 7 |
| 升降 | 0 | -1 | 0 | 0 |

1. 2014 年南阳市金融状况指数综合排位处于第 7 位，表明其在河南省处于较优势地位；与 2013 年相比，排位没有变化。

2. 从指标所处水平看，2014 年金融市场发展指数在河南省的排位为第 3 位，处于绝对优势地位；金融结构深化指数在河南省的排位为第 6

位，处于较优势地位；金融效率提高指数排位为第 12 位，处于较劣势地位。

3. 从指标变化趋势看，金融结构深化指标排位与上一年相比下降 1 位，金融市场发展和金融效率提高 2 个指标排位与上一年相比均没有变化。

4. 从排位综合分析看，南阳市金融市场发展指数在省内处于绝对优势地位，金融结构深化指数在省内处于较优势地位，但金融效率提高指数处于较劣势地位。在南阳市致力于发展金融市场的基础上，着力提高产出投入比，方能提高金融部门对经济增长的贡献率。

## 第三节 南阳市成长发展指数评价分析

### 一 南阳市资本市场成长性指数评价分析

2013—2014 年南阳市资本市场成长性指标及其下属指标，在河南省的排位变化情况，如表 21—3—1 和图 21—3—1 所示。

表 21—3—1　南阳市 2013—2014 年资本市场成长性指数及其四级指标

| 年份 | | 金融机构贷款余额年增长额 | 发行国债年增长额 | A 股股票募集资金净额 | 资本市场成长性指标 |
|---|---|---|---|---|---|
| 2013 | 原值（亿元） | 212.84 | 1.0828 | 14.41 | 11.19 |
|      | 标准化后    | 7.53   | 13.62  | 10.96 |       |
| 2014 | 原值（亿元） | 226.34 | -1.6894 | 14.67 | -0.3071 |
|      | 标准化后    | 0.0338 | -0.6727 | -0.2825 |     |
| 2013 年排名 | | 3 | 5 | 8 | 6 |
| 2014 年排名 | | 3 | 14 | 8 | 9 |
| 升降 | | 0 | -9 | 0 | -3 |

1. 2014 年南阳市资本市场成长性指数在整个河南省的综合排位处于第 9 位，表明其在河南省处于较劣势地位；与 2013 年相比排位下降 3 位。

2. 从指标所处的水平看，金融机构贷款余额年增长额在河南省的排位为第 3 位，处于绝对优势地位；发行国债年增长额排位为第 14 位，

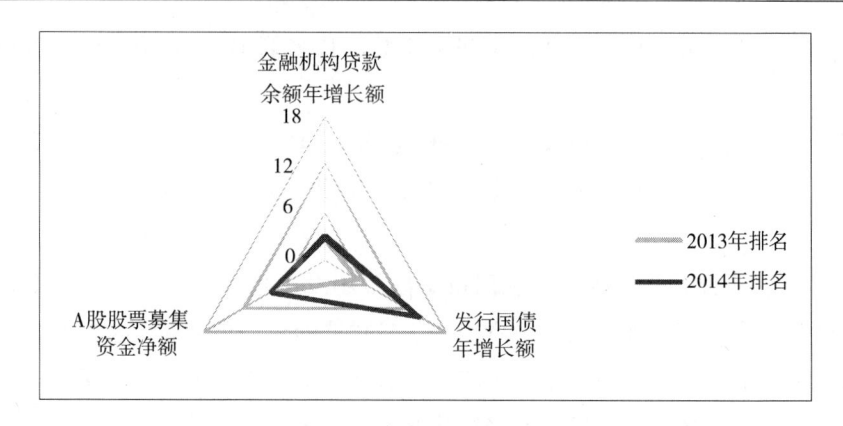

图 21—3—1　南阳市 2013—2014 年资本市场成长性指数四级指标比较雷达图

处于较劣势地位；A 股股票募集资金净额排位为第 8 位，处于中势地位。

3. 从雷达图图形变化看，2014 年与 2013 年相比，面积有所增大，资本市场成长性呈现下降趋势，其中发行国债年增长额成为图形扩张的动力点。

4. 从排位变化的动因看，南阳市发行国债年增长额排位较上年明显下降，排位下降了 9 位，综合作用下，使其资本市场成长性指数排名下降了 3 位，位居河南省第 9 位。

## 二　南阳市经济成长性指数评价分析

2013—2014 年南阳市经济成长性指标及其下属指标，在河南省的排位变化情况，如表 21—3—2 和图 21—3—2 所示。

表 21—3—2　南阳市 2013—2014 年经济成长性指数及其四级指标

| 年份 | | GDP 年增长额 | 财政收入年增长额 | 社会固定资产投资年增长额 | 社会消费品零售总额年增长额 | 经济成长性指数 |
|---|---|---|---|---|---|---|
| 2013 | 原值（亿元） | 157.94 | 19.97 | 371.15 | 142.58 | 30.63 |
| | 标准化后 | 20.66 | 12.79 | 40.60 | 45.12 | |
| 2014 | 原值（亿元） | 176.91 | 17.40 | 385.52 | 155.40 | 0.6598 |
| | 标准化后 | 0.2275 | -0.2359 | 0.7800 | 0.9304 | |
| 2013 年排名 | | 7 | 4 | 3 | 3 | 3 |

续表

| 年份 | GDP年增长额 | 财政收入年增长额 | 社会固定资产投资年增长额 | 社会消费品零售总额年增长额 | 经济成长性指数 |
|---|---|---|---|---|---|
| 2014年排名 | 4 | 6 | 3 | 3 | 2 |
| 升降 | 3 | -2 | 0 | 0 | 1 |

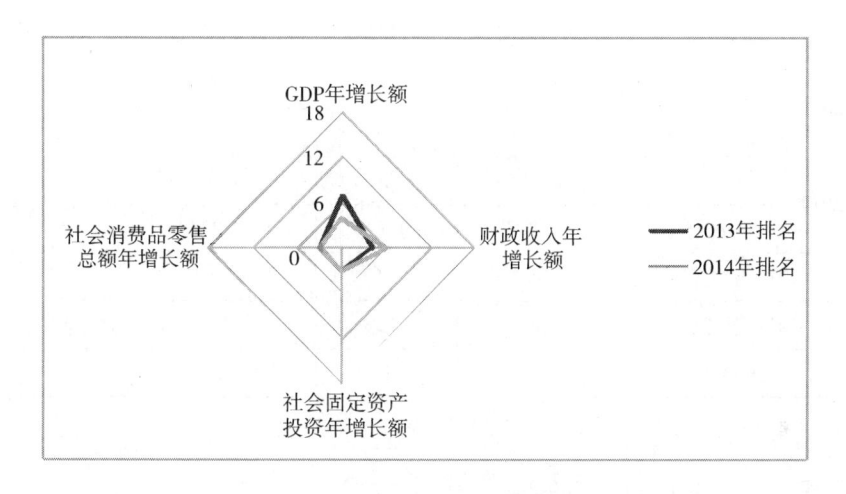

**图 21—3—2　南阳市 2013—2014 年经济成长性指数四级指标比较雷达图**

1. 2014 年南阳市经济成长性指数在整个河南省的综合排位处于第 2 位，表明其在河南省处于绝对优势地位；与 2013 年相比排位上升 1 位。

2. 从指标所处的水平看，GDP 年增长额和财政收入年增长额在河南省排位分别为第 4 位、第 6 位，处于较优势地位；社会固定资产投资年增长额和社会消费品零售总额年增长额在河南省排位均为第 3 位，处于绝对优势地位。

3. 从雷达图图形变化看，2014 年与 2013 年相比，面积基本保持不变，经济成长性指数呈现稳中有升的态势。

4. 从排位变化的动因看，2014 年南阳市 GDP 年增长额和财政收入年增长额排位分别上升 3 位、下降 2 位，其余四级指标在河南省的排位没有发生变化，使其 2014 年的综合排位上升 1 位，位居河南省第 2 位。

### 三 南阳市城市创新成长性指数评价分析

2013—2014年南阳市城市创新成长性指标及其下属指标,在河南省的排位变化情况,如表21—3—3和图21—3—3所示。

表21—3—3 南阳市2013—2014年城市创新成长性指数及其四级指标

| 年份 | | 政府研发经费支出年增长额 | 政府研发人员年增长量 | 新产品销售收入年增长额 | 城市创新成长性指数 |
|---|---|---|---|---|---|
| 2013 | 原值 | -0.279 | 128 | 20.64 | 9.21 |
| | 标准化后 | 16.50 | 4.64 | 1.96 | |
| 2014 | 原值 | -0.0054 | 130 | 20.77 | -0.3524 |
| | 标准化后 | -0.5179 | -0.3383 | -0.2248 | |
| 2013年排名 | | 15 | 13 | 10 | 17 |
| 2014年排名 | | 15 | 12 | 7 | 14 |
| 升降 | | 0 | 1 | 3 | 3 |

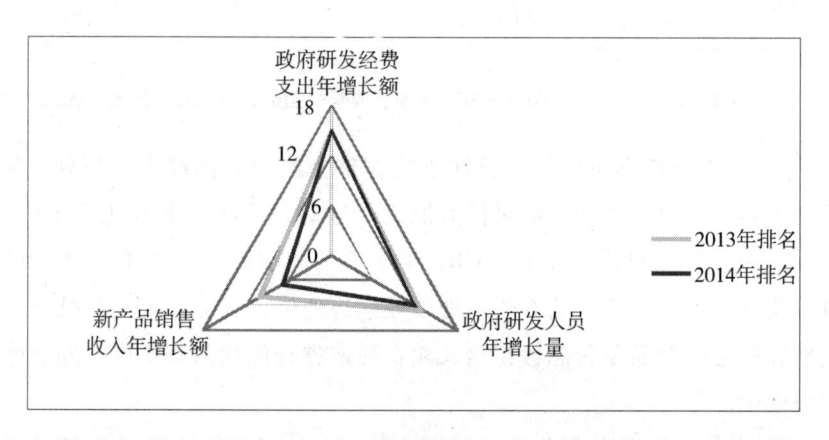

图21—3—3 南阳市2013—2014年城市创新成长性指数四级指标比较雷达图

1. 2014年南阳市城市创新成长性指数在整个河南省的综合排位处于第14位,表明其在河南省处于较劣势地位;与2013年相比排位上升3位。

2. 从指标所处的水平看,政府研发经费支出年增长额在整个河南省排位为第 15 位,政府研发人员年增长量处于第 12 位,处于中下游区;新产品销售收入年增长额在整个河南省排位为第 7 位,处于中上游区。

3. 从雷达图图形变化看,2014 年与 2013 年相比,面积有所缩小,城市创新成长性指标呈现上升趋势,其中政府研发人员年增长量和新产品销售收入年增长额成为了图形缩小的动力点。

4. 从排位变化的动因看,政府研发人员年增长量和新产品销售收入年增长额 2 个指标排位分别上升了 1 位、3 位,政府研发经费支出年增长额指标排位保持不变,综合作用下,2014 年南阳市城市创新成长性指数排位上升 3 位,位居河南省第 14 位。

### 四 南阳市成长发展指数综合分析

2013—2014 年南阳市成长发展指标及其下属指标,在河南省的排位变化和指标结构情况,如表 21—3—4 所示。

表 21—3—4 南阳市 2013—2014 年成长发展指标及其三级指标

| 年份 | 资本市场成长性指数 | 经济成长性指数 | 城市创新成长性指数 | 成长发展指数 |
|---|---|---|---|---|
| 2013 | 11.19 | 30.63 | 9.21 | 18.15 |
| 2014 | -0.3071 | 0.6598 | -0.3524 | 0.00174 |
| 2013 年排位 | 6 | 3 | 17 | 6 |
| 2014 年排位 | 9 | 2 | 14 | 4 |
| 升降 | -3 | 1 | 3 | 2 |

1. 2014 年南阳市成长发展指数综合排位处于第 4 位,表明其在河南省处于较优势地位;与 2013 年相比,排位上升 2 位。

2. 从指标所处水平看,2014 年资本市场成长性排位为第 9 位,处于中势地位;经济成长性排位为第 2 位,处于绝对优势地位;城市创新成长性排位为第 14 位,处于较劣势地位。

3. 从指标变化趋势看,资本市场成长性指数和城市创新成长性指数 2 个指标排位分别下降 3 位和上升 3 位,经济成长性指数指标上升 1 位。

4. 从排位综合分析看,资本市场成长性指数和城市创新成长性指数 2 个指标排位与上一年相比分别下降 3 位、上升 3 位,经济成长性指数指标与上一年相比上升1位,综合作用下,2014年南阳市成长发展指数综合排位上升2位,位居河南省第4位。自从2013年国家科技部确定南阳为国家创新型试点城市以来,在此政策驱动下,南阳市城市创新成长性得到了一定提升,进而提升了南阳市成长发展性。

## 第四节 南阳市服务水平指数评价分析

### 一 南阳市智力资本指数评价分析

2013—2014年南阳市智力资本指标及其下属指标,在河南省的排位变化情况,如表21—4—1和图21—4—1所示。

表21—4—1 南阳市2013—2014年智力资本指数及其四级指标

| 年份 | | 金融业从业密度 | 受高等教育密度 | 科研人员密度 | 普通高等学校数量 | 智力资本指数 |
| --- | --- | --- | --- | --- | --- | --- |
| 2013 | 原值 | 0.84 | 2.57 | 0.86 | 6 | 3.94 |
| | 标准化后 | 0.51 | 1.27 | 4.38 | 9.09 | |
| 2014 | 原值 | 0.87 | 2.60 | 0.86 | 6 | -0.4590 |
| | 标准化后 | -0.6814 | -0.3980 | -0.6046 | -0.0987 | |
| 2013年排名 | | 15 | 15 | 13 | 4 | 15 |
| 2014年排名 | | 16 | 15 | 14 | 5 | 15 |
| 升降 | | -1 | 0 | -1 | -1 | 0 |

1. 2014年南阳市智力资本指数在整个河南省的综合排位处于第15位,表明其在河南省处于较劣势地位;与2013年相比排位没有发生变化。

2. 从指标所处的水平看,金融业从业密度排位为16位,处于绝对劣势地位;受高等教育密度和科研人员密度排位分别为第15位、第14位,处于较劣势地位;普通高等学校数量排位为第5位,处于较优势地位。

3. 从雷达图图形变化看,2014年与2013年相比,面积略有增大,智力资本呈现略微退化趋势,其中金融业从业密度、科研人员密度和普通高等学校数量成为图形增大的动力点。

4. 从排位变化的动因看,2014年南阳市金融业从业密度、科研人员

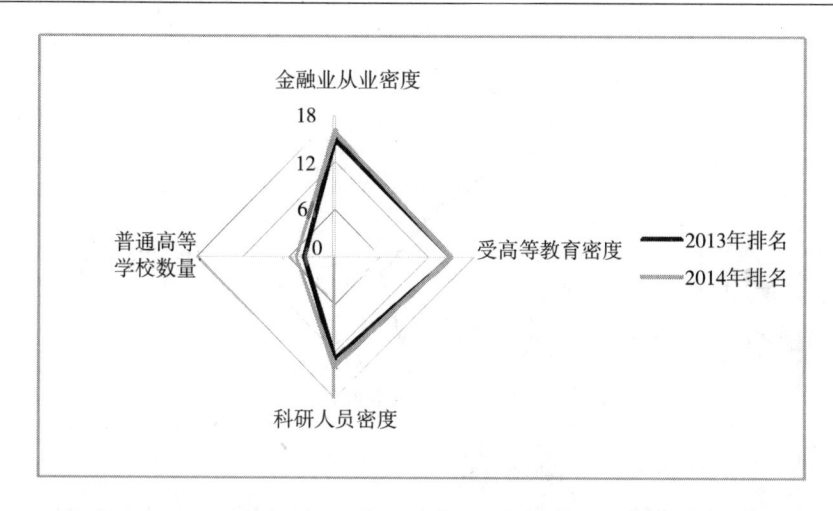

图 21—4—1　南阳市 2013—2014 年智力资本指数四级指标比较雷达图

密度和普通高等学校数量排位指标均下降 1 位，受高等教育密度指标排位没有变化，但由于其他地市相对指标的变化，综合作用下，其 2014 年的综合排位保持不变，仍位居河南省第 15 位。

## 二　南阳市城市环境指数评价分析

2013—2014 年南阳市城市环境指标及其下属指标，在河南省的排位变化情况，如表 21—4—2 和图 21—4—2 所示。

表 21—4—2　南阳市 2013—2014 年城市环境指数及其四级指标

| 年份 | | 城镇化水平 | 人均城市道路面积 | 人均绿化覆盖面积 | 基本医疗保险覆盖率 | 基本养老保险覆盖率 | 商品房屋销售均价 | 城镇从业人员平均工资 | 运营车辆数 | 城市环境指数 |
|---|---|---|---|---|---|---|---|---|---|---|
| 2013 | 原值 | 0.3827 | 12.41 | 3.72 | 0.1605 | 0.0859 | 3104 | 36071 | 449 | 3.94 |
| | 标准化后 | 10.80 | 35.64 | 4.13 | 0.38 | 11.25 | 90.56 | 34.16 | 3.95 | |
| 2014 | 原值 | 0.3956 | 12.98 | 6.30 | 0.1633 | 0.0895 | 3299 | 40650 | 482 | -2.8249 |
| | 标准化后 | -0.8657 | -0.3034 | -0.4988 | -1.3940 | -0.6256 | 0.1862 | 0.2842 | -0.3703 | |
| 2013 年排名 | | 14 | 12 | 16 | 17 | 14 | 5 | 11 | 13 | 18 |
| 2014 年排名 | | 14 | 13 | 12 | 17 | 14 | 10 | 6 | 13 | 15 |
| 升降 | | 0 | -1 | 4 | 0 | 0 | -5 | 5 | 0 | 3 |

1. 2014 年南阳市城市环境指数在整个河南省的综合排位处于第

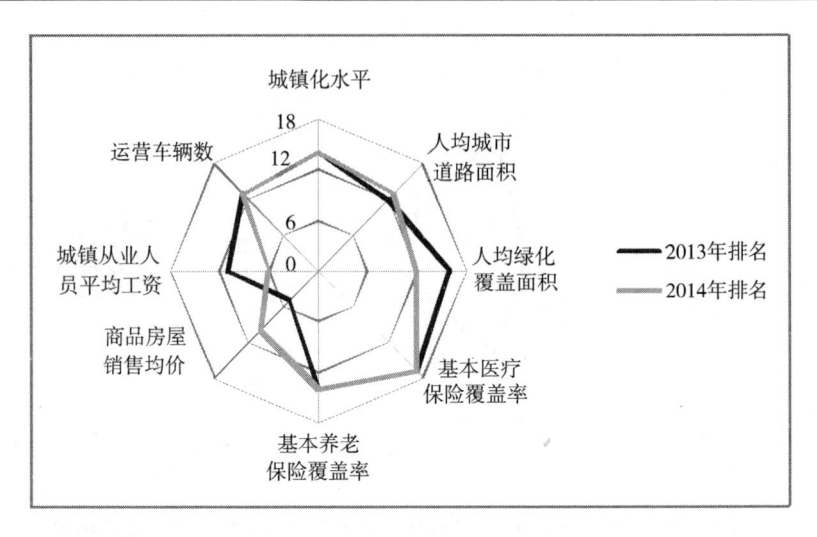

图 21—4—2　南阳市 2013—2014 年城市环境指数四级指标比较雷达图

15 位，表明其在河南省处于较劣势地位；与 2013 年相比排位上升 3 位。

2. 从指标所处的水平看，商品房屋销售均价、城镇从业人员平均工资两个指标排位比较靠前，分别为第 10 位、第 6 位；基本医疗保险覆盖率指标排位为第 17 位，处于下游区；其余指标排位均处于中下游区。

3. 从雷达图图形变化看，2014 年与 2013 年相比，面积有所缩小，城市环境呈现优化趋势，其中人均绿化覆盖面积和城镇从业人员平均工资成为图形缩小的动力点。

4. 从排位变化的动因看，人均城市道路面积和商品房销售均价排位分别下降 1 位、5 位，人均绿化覆盖面积和城镇从业人员平均工资排位分别上升 4 位、5 位，其余各项指标的排位均未发生变动，综合作用下，2014 年南阳市城市环境指数综合排位上升 3 位，位居河南省第 15 位。

### 三　南阳市服务水平指数综合分析

2013—2014 年南阳市服务水平指标及其下属指标，在河南省的排位变化和指标结构情况，如表 21—4—3 所示。

表 21—4—3　南阳市 2013—2014 年服务水平指标及其三级指标

| 年份 | 智力资本指数 | 城市环境指数 | 服务水平指数 |
| --- | --- | --- | --- |
| 2013 | 3.94 | 2.72 | 3.68 |
| 2014 | -0.4590 | -2.8249 | -1.7175 |
| 2013 年排位 | 15 | 18 | 18 |
| 2014 年排位 | 15 | 15 | 15 |
| 升降 | 0 | 3 | 3 |

1. 2014 年南阳市服务水平指数综合排位处于第 15 位，表明其在河南省处于较劣势地位；与 2013 年相比，排位上升 3 位。

2. 从指标所处水平看，2014 年智力资本和城市环境 2 个指标排位均为第 15 位，处于中下游区。

3. 从指标变化趋势看，智力资本指标排位与上一年相比没有变化，城市环境指标排位与上一年相比上升 3 位。

4. 从排位综合分析看，由于城市环境指标排位与上一年相比上升 3 位，导致 2014 年南阳市服务水平指数综合排位上升 3 位，位居河南省第 15 位，处于较劣势地位。南阳市政府应突出重点，关注民生，加强金融人才队伍建设，同时采取措施提高就业、完善社会保障，改善城市环境，实现南阳市服务水平的提升。

## 第五节　南阳市综合环境指数评价分析

### 一　南阳市经济环境指数评价分析

2013—2014 年南阳市经济环境指标及其下属指标，在河南省的排位变化情况，如表 21—5—1 和图 21—5—1 所示。

表 21—5—1　南阳市 2013—2014 年经济环境指数及其四级指标

| 年份 | | 城镇人均可支配收入 | 农村人均纯收入 | 人均 GDP | 人均财政收入 | 人均社会商品零售额 | 经济环境指数 |
| --- | --- | --- | --- | --- | --- | --- | --- |
| 2013 | 原值（元） | 21653 | 8729 | 24692 | 1225 | 12236 | 21.26 |
| | 标准化后 | 42.09 | 25.20 | 9.08 | 5.12 | 18.42 | |

续表

| 年份 | | 城镇人均可支配收入 | 农村人均纯收入 | 人均GDP | 人均财政收入 | 人均社会商品零售额 | 经济环境指数 |
|---|---|---|---|---|---|---|---|
| 2014 | 原值（元） | 23711.12 | 9741.3 | 26650 | 1411.79 | 13915.68 | -0.4389 |
|  | 标准化后 | 0.2201 | -0.3295 | -0.9176 | -0.6416 | -0.0881 |  |
| 2013年排名 | | 9 | 11 | 15 | 14 | 9 | 12 |
| 2014年排名 | | 10 | 10 | 15 | 14 | 9 | 13 |
| 升降 | | -1 | 1 | 0 | 0 | 0 | -1 |

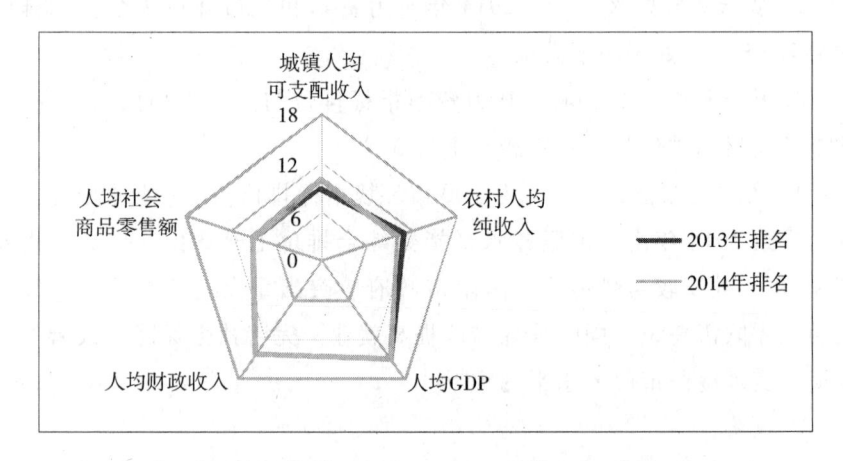

图21—5—1　南阳市2013—2014年经济环境指数四级指标比较雷达图

1. 2014年南阳市经济环境指数在整个河南省的综合排位处于第13位，表明其在河南省处于较劣势地位；与2013年相比排位下降1位。

2. 从指标所处的水平看，人均GDP和人均财政收入在河南省的排位分别为第15位、第14位，处于较劣势地位；其余各项四级指标排位均处于中势地位。

3. 从雷达图图形变化看，2014年与2013年相比，面积基本保持不变。

4. 从排位变化的动因看，南阳市城镇人均可支配收入和农村人均纯收入指标排位分别下降1位、上升1位，其余各指标的排位保持不变，综合作用下，2014年南阳市经济环境指数综合排位下降1位，位居河南省第 13 位。

## 二　南阳市开放程度指数评价分析

2013—2014 年南阳市开放程度指标及其下属指标，在河南省的排位变化情况，如表 21—5—2 和图 21—5—2 所示。

表 21—5—2　南阳市 2013—2014 年开放程度指数及其四级指标

| 年份 | | 实际利用外资额 | 旅游创汇收入 | 进出口总额 | 开放程度指数 |
| --- | --- | --- | --- | --- | --- |
| 2013 | 原值（万美元） | 50388 | 788 | 179558 | 6.19 |
| | 标准化后 | 9.00 | 3.85 | 3.63 | |
| 2014 | 原值（万美元） | 57264 | 821 | 193500 | -0.2615 |
| | 标准化后 | -0.1061 | -0.4677 | -0.1534 | |
| 2013 年排名 | | 9 | 10 | 5 | 9 |
| 2014 年排名 | | 6 | 10 | 4 | 7 |
| 升降 | | 3 | 0 | 1 | 2 |

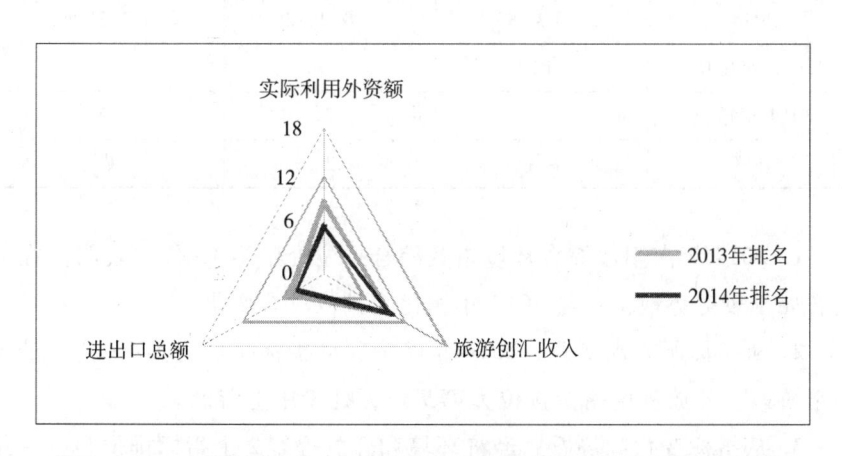

图 21—5—2　南阳市 2013—2014 年开放程度指数四级指标比较雷达图

1. 2014 年南阳市开放程度指数在整个河南省的综合排位处于第 7 位，表明其在河南省处于较优势地位；与 2013 年相比排位上升 2 位。

2. 从指标所处的水平看，实际利用外资额和进出口总额排位分别为第 6 位、第 4 位，处于中上游区；旅游创汇收入排位为第 10 位，处于中游区。

3. 从雷达图图形变化看，2014年与2013年相比，面积有所减小，开放程度呈现上升趋势，其中实际利用外资额和进出口总额成为了图形缩小的动力点。

4. 从排位变化的动因看，2014年南阳市实际利用外资额和进出口总额在河南省的排位分别上升3位、1位，旅游创汇收入在河南省的排位没有变化，综合作用下，使其2014年的开放程度指数的综合排位上升2位，位居河南省第7位。

### 三 南阳市综合环境指数综合分析

2013—2014年南阳市综合环境指标及其下属指标，在河南省的排位变化和指标结构情况，如表21—5—3所示。

表21—5—3　南阳市2013—2014年综合环境指标及其三级指标

| 年份 | 经济环境指数 | 开放程度指数 | 综合环境指数 |
| --- | --- | --- | --- |
| 2013 | 21.26 | 6.19 | 14.58 |
| 2014 | -0.4389 | -0.2615 | -0.3726 |
| 2013年排位 | 12 | 9 | 13 |
| 2014年排位 | 13 | 7 | 13 |
| 升降 | -1 | 2 | 0 |

1. 2014年南阳市综合环境指数综合排位处于第13位，表明其在河南省处于较劣势地位；与2013年相比，排位没有变化。

2. 从指标所处水平看，2014年经济环境指标排位为第13位，处于中下游区。开放程度指标排位为第7位，处于中上游区。

3. 从指标变化趋势看，经济环境和开放程度2个指标排位与上一年相比分别下降1位、上升2位。

4. 从排位综合分析看，经济环境和开放程度2个指标排位与上一年相比分别下降1位、上升2位，综合作用下，2014年南阳市综合环境指数综合排位没有变化，位居河南省第13位。南阳市大气开放，充满活力，把招商引资作为富民强区、加快发展的重要举措，不断优化投资环境，同时实施走出去战略，综合环境水平稳中有升。

## 第六节 南阳市金融发展指数综合评价分析

2013—2014 年南阳市金融发展指数综合指标及其下属指标，在河南省的排位变化和指标结构情况，如表 21—6—1 所示。

表 21—6—1　南阳市 2013—2014 年金融发展指数指标及其二级指标

| 年份 | 金融状况指数 | 成长发展指数 | 服务水平指数 | 综合环境指数 | 金融发展指数 |
|---|---|---|---|---|---|
| 2013 | 14.59 | 18.15 | 3.68 | 14.58 | 13.36 |
| 2014 | -0.1326 | 0.00174 | -1.7175 | -0.3726 | -2.1139 |
| 2013 年排位 | 7 | 6 | 18 | 13 | 13 |
| 2014 年排位 | 7 | 4 | 15 | 13 | 13 |
| 升降 | 0 | 2 | 3 | 0 | 0 |

1. 2014 年南阳市金融发展指数综合排位处于第 13 位，表明其在河南省处于较劣势地位；与 2013 年相比，排位没有变化。

2. 从指标所处水平看，2014 年南阳市金融状况和成长发展 2 个指标排位分别为第 7 位和第 4 位，处于中上游区；服务水平指标排位为第 15 位，综合环境指标排位为第 13 位，处于中下游区。

3. 从指标变化趋势看，成长发展和服务水平 2 个指标排位与上一年相比分别上升 2 位、3 位，其余指标排位没有变化。

4. 从排位综合分析看，成长发展和服务水平 2 个指标排位与上一年相比分别上升 2 位、3 位，其余指标排位没有变化，但由于其他地市相对指标的变化，综合作用下，2014 年南阳市金融发展指数综合排位没有变化，位居河南省第 13 位。整体来说，南阳市金融发展相对薄弱。南阳市政府应深入分析，从产业结构、政策水平等方面发现问题，根据自身区位环境、地理环境制定相应对策，致力解决，争取在金融发展方面得到进一步提升。

# 第二十二章　信阳市2014年金融发展指数研究报告

## 第一节　信阳市概述

信阳市位于河南省最南部,东连安徽,西、南接湖北,为三省通衢,是豫南的经济中心,鄂豫皖区域性中心城市。信阳区位优越,处于武汉经济圈、皖江城市带、中原经济区的接合部和国务院《促进中部地区崛起规划》中的京广、京九"两纵"经济带的腹地,东中部人口密集区的中间位置。

2014年,全市完成地区金融业增加值55.38亿元;增长37.58%。全社会固定资产投资完成1792.53亿元,比上年增长17.55%;社会消费品零售总额完成778.35亿元,比上年增长12.84%。截至2014年年底,金融机构存款余额2094.96亿元,同比增长14.47%;各项贷款余额1107.74亿元,同比增长21.8%。

## 第二节　信阳市金融状况指数评价分析

### 一　信阳市金融市场发展指数评价分析

2013—2014年信阳市金融市场发展指标及其下属指标,在河南省的排位变化情况,如表22—2—1和图22—2—1所示。

表 22—2—1　信阳市 2013—2014 年金融市场发展指数及其四级指标

| 年份 | | 金融业增加值 | 金融系统存款余额 | 金融系统贷款余额 | 证券交易额 | 发行国债额 | 保费收入 | 保险赔付额 | 金融市场发展指数 |
|---|---|---|---|---|---|---|---|---|---|
| 2013 | 原值（亿元） | 40.25 | 1830.06 | 909.49 | 386.30 | 1.40 | 42.21 | 13.45 | 5.97 |
| | 标准化后 | 7.56 | 12.91 | 7.78 | 3.11 | 3.32 | 15.84 | 18.08 | |
| 2014 | 原值（亿元） | 55.38 | 2094.96 | 1107.74 | 880.53 | 0.3752 | 51.34 | 15.77 | -0.1846 |
| | 标准化后 | -0.1811 | -0.0656 | -0.1617 | -0.2094 | -0.4151 | -0.1077 | -0.1403 | |
| 2013 年排名 | | 7 | 4 | 7 | 10 | 15 | 10 | 9 | 12 |
| 2014 年排名 | | 8 | 4 | 7 | 7 | 17 | 5 | 9 | 7 |
| 升降 | | -1 | 0 | 0 | 3 | -2 | 5 | 0 | 5 |

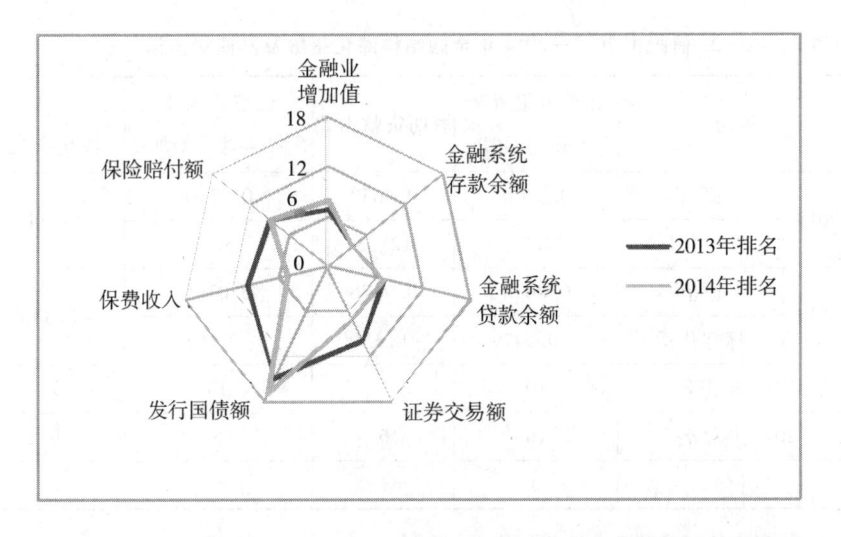

图 22—2—1　信阳市 2013—2014 年金融市场发展指数四级指标比较雷达图

1. 2014 年信阳市金融市场发展指数在整个河南省的综合排位处于第 7 位；与 2013 年相比排位上升 5 位，表明其在河南省处于中上游地区。

2. 从指标所处的水平看，金融业增加值和保险赔付额在河南省的排位分别为第 8 位、第 9 位，处于较劣势地位；金融系统存款余额和保费收入在河南省的排位分别为第 4 位、第 5 位；金融系统贷款余额和证券交易额在河南省的排位均为第 7 位，处于较优势地位；发行国债额在河南省的排位为第 17 位，处于绝对劣势地位。

3. 从雷达图图形变化看，2014 年与 2013 年相比，面积有所缩小，金融市场发展呈现上升趋势，其中证券交易额和保费收入成为了图形缩小的动力点。

4. 从排位变化的动因看，金融业增加值和发行国债额指标排名分别下降 1 位、2 位，证券交易额和保费收入指标排名分别上升 3 位、5 位，其余指标排名保持不变，综合作用下，2014 年信阳市金融市场指数排名上升 5 位，位居河南省第 7 位。

## 二 信阳市金融结构深化指数评价分析

2013—2014 年信阳市金融结构深化指标及其下属指标，在河南省的排位变化情况，如表 22—2—2 和图 22—2—2 所示。

表 22—2—2 信阳市 2013—2014 年金融结构深化指数及其四级指标

| 年份 | | 证券募集资金净额比 GDP | 短期贷款占比 | 保费收入比全省金融业增加值 | 金融结构深化指数 |
|---|---|---|---|---|---|
| 2013 | 原值 | 0.5700 | 0.4630 | 0.3570 | 13.44 |
| | 标准化后 | 22.27 | 12.08 | 15.82 | |
| 2014 | 原值 | 0.0056 | 0.0476 | 0.0345 | -0.3005 |
| | 标准化后 | -0.5479 | -0.1300 | -0.1932 | |
| 2013 年排名 | | 10 | 7 | 10 | 9 |
| 2014 年排名 | | 10 | 6 | 5 | 9 |
| 升降 | | 0 | 1 | 5 | 0 |

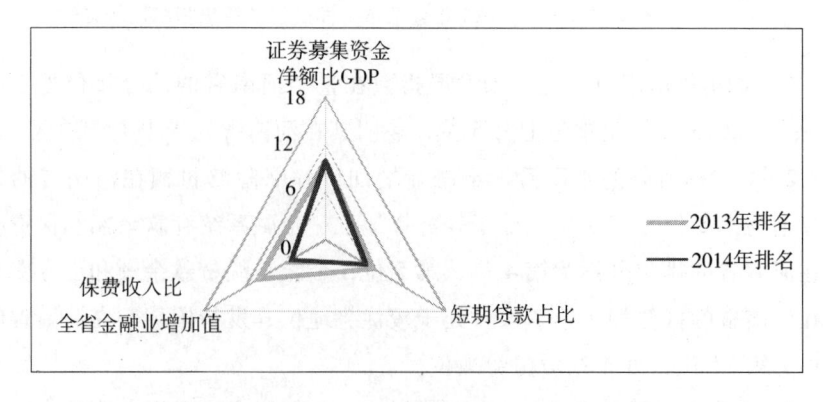

图 22—2—2 信阳市 2013—2014 年金融结构深化指数四级指标比较雷达图

1. 2014年信阳市金融结构深化指数在整个河南省的综合排位处于第9位,表明其在河南省处于中势地位;与2013年相比排位没有发生变化。

2. 从指标所处的水平看,证券募集资金净额比GDP在河南省的排位为第10位,处于中势地位;短期贷款占比在河南省的排位为第6位,保费收入比全省金融业增加值在河南省的排位为第5位,处于较优势地位。

3. 从雷达图图形变化看,2014年与2013年相比,面积有所缩小,金融结构深化呈现上升趋势,其中短期贷款占比和保费收入比全省金融业增加值成为图形缩小的动力点。

4. 从排位变化的动因看,虽然2014年信阳市短期贷款占比和保费收入比全省金融业增加值指标排位分别上升1位、5位,证券募集资金净额比GDP指标在河南省排位未发生变化,但由于其他地市相对指标的变化,综合作用下,其金融结构深化指数综合排位保持不变,仍位居河南省第9位。

### 三 信阳市金融效率提高指数评价分析

2013—2014年信阳市金融效率提高指标及其下属指标,在河南省的排位变化情况,如表22—2—3和图22—2—3所示。

表22—2—3　信阳市2013—2014年金融效率提高指数及其四级指标

| 年份 | | 存贷比 | 保险密度 | 上市公司占有率 | 证券交易额占比 | 金融效率提高指数 |
|---|---|---|---|---|---|---|
| 2013 | 原值 | 0.4970 | 662 | 0.3030 | 0.2080 | 6.09 |
| | 标准化后 | 20.37 | 3.15 | 9.52 | 3.12 | |
| 2014 | 原值 | 0.5288 | 801 | 0.3221 | 0.0241 | -0.6040 |
| | 标准化后 | -0.7029 | -0.5049 | 0.4294 | -0.4092 | |
| 2013年排名 | | 14 | 17 | 8 | 10 | 16 |
| 2014年排名 | | 14 | 15 | 2 | 9 | 13 |
| 升降 | | 0 | 2 | 6 | 1 | 3 |

1. 2014年信阳市金融效率提高指数在整个河南省的综合排位处于第13位,表明其在河南省处于较劣势地位;与2013年相比排位上升3位。

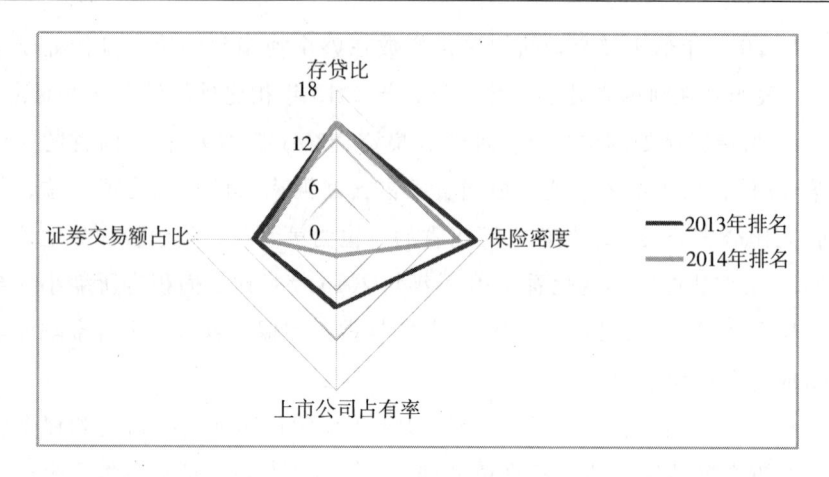

图 22—2—3　信阳市 2013—2014 年金融效率提高指数四级指标比较雷达图

2. 从指标所处的水平看，存贷比和保险密度指标排位分别为第 14 位、第 15 位，证券交易额占比指标排位为第 9 位，处于较劣势地位；上市公司占有率指标排位为第 2 位，处于绝对优势地位；表明信阳市银行业、保险业、证券业的发展仍有较大提升空间。

3. 从雷达图图形变化看，2014 年与 2013 年相比，面积有所缩小，金融效率提高呈现上升趋势，其中上市公司占有率成为了图形缩小的主要动力点。

4. 从排位变化的动因看，信阳市上市公司占有率指标排位上升 6 位，存贷比指标排位没有变化，其他四级指标排位均小幅上升，综合作用下，2014 年信阳市金融效率提高指数综合排位上升 3 位，位居河南省第 13 位。

### 四　信阳市金融状况指数综合分析

2013—2014 年信阳市金融状况指标及其下属指标，在河南省的排位变化和指标结构情况，如表 22—2—4 所示。

表 22—2—4　信阳市 2013—2014 年金融状况指标及其三级指标

| 年份 | 金融市场发展指数 | 金融结构深化指数 | 金融效率提高指数 | 金融状况指数 |
| --- | --- | --- | --- | --- |
| 2013 | 5.97 | 13.44 | 6.09 | 8.66 |
| 2014 | -0.1846 | -0.3005 | -0.6040 | -0.3772 |
| 2013 年排位 | 12 | 9 | 16 | 11 |
| 2014 年排位 | 7 | 9 | 13 | 13 |
| 升降 | 5 | 0 | 3 | -2 |

1. 2014年信阳市金融状况指数综合排位处于第13位,表明其在河南省处于较劣势地位;与2013年相比,排位下降2位。

2. 从指标所处水平看,2014年金融市场发展指数在河南省的排位为第7位,处于较优势地位;金融结构深化指数在河南省的排位为第9位,处于中势地位;金融效率提高指数在河南省的排位为第13位,处于较劣势地位。

3. 从指标变化趋势看,金融市场发展和金融效率提高2个指标排位与上一年相比分别上升5位、3位,金融结构深化指标排位与上一年相比没有变化。

4. 从排位综合分析看,虽然金融市场发展和金融效率提高2个指标排位与上一年相比分别上升5位、3位,金融结构深化指标排位与上一年相比没有变化,但由于其他地市相对指标的变化,综合作用下,2014年信阳市金融状况指数综合排位下降2位,位居河南省第13位,处于较劣势地位。信阳市应深化金融结构发展,提高金融效率,拓宽金融市场发展面,以此改善金融状况。

## 第三节 信阳市成长发展指数评价分析

### 一 信阳市资本市场成长性指数评价分析

2013—2014年信阳市资本市场成长性指标及其下属指标,在河南省的排位变化情况,如表22—3—1和图22—3—1所示。

表22—3—1 信阳市2013—2014年资本市场成长性指数及其四级指标

| 年份 | | 金融机构贷款余额年增长额 | 发行国债年增长额 | A股股票募集资金净额 | 资本市场成长性指标 |
|---|---|---|---|---|---|
| 2013 | 原值(亿元) | 168.69 | 0.4936 | 9.09 | 6.18 |
| | 标准化后 | 5.78 | 5.05 | 6.91 | |
| 2014 | 原值(亿元) | 198.25 | -1.0248 | 9.87 | -0.1713 |
| | 标准化后 | -0.0498 | 0.0489 | -0.3952 | |
| 2013年排名 | | 5 | 13 | 10 | 12 |
| 2014年排名 | | 4 | 8 | 9 | 7 |
| 升降 | | 1 | 5 | 1 | 5 |

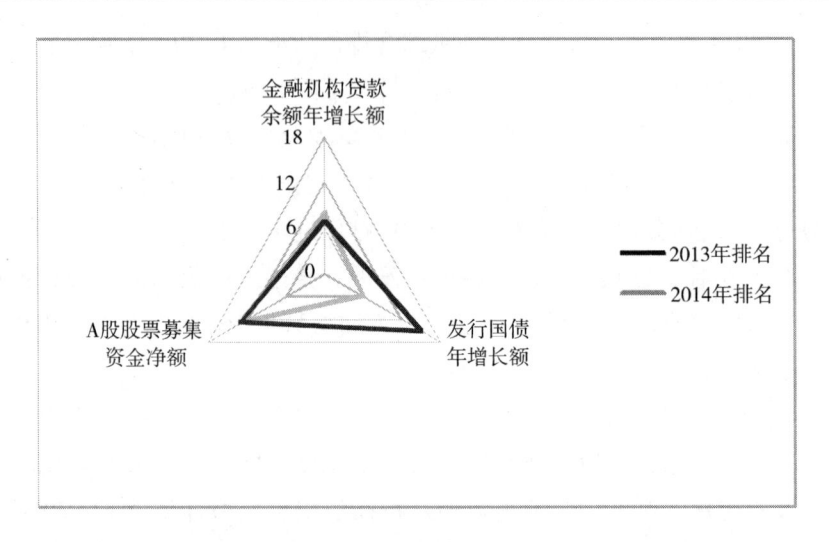

图 22—3—1　信阳市 2013—2014 年资本市场成长性指数四级指标比较雷达图

1. 2014 年信阳市资本市场成长性指数在整个河南省的综合排位处于第 7 位，表明其在河南省处于较优势地位；与 2013 年相比排位上升 5 位。

2. 从指标所处的水平看，金融机构贷款余额年增长额在河南省的排位为第 4 位，处于较优势地位；发行国债年增长额排位为第 8 位，A 股股票募集资金净额排位为第 9 位，处于中势地位。

3. 从雷达图图形变化看，2014 年与 2013 年相比，面积有所缩小，资本市场成长性呈现上升趋势，发行国债年增长额成为图形缩小的动力点。

4. 从排位变化的动因看，信阳市发行国债年增长额排位较上年明显上升，排位上升了 5 位，金融机构贷款余额年增长额和 A 股股票募集资金净额排位较上年相比没有变化，使其资本市场成长性指数排名上升了 5 位，位居河南省第 7 位。

## 二　信阳市经济成长性指数评价分析

2013—2014 年信阳市经济成长性指标及其下属指标，在河南省的排位变化情况，如表 22—3—2 和图 22—3—2 所示。

表 22—3—2　　信阳市 2013—2014 年经济成长性指数及其四级指标

| 年份 | | GDP 年增长额 | 财政收入年增长额 | 社会固定资产投资年增长额 | 社会消费品零售总额年增长额 | 经济成长性指数 |
|---|---|---|---|---|---|---|
| 2013 | 原值（亿元） | 183.84 | 12.47 | 250.36 | 83.96 | 20.60 |
| | 标准化后 | 24.82 | 6.04 | 24.60 | 24.79 | |
| 2014 | 原值（亿元） | 176.18 | 12.39 | 267.67 | 88.59 | 0.1600 |
| | 标准化后 | 0.2214 | 4.0069 | 0.0894 | -0.0033 | |
| 2013 年排名 | | 4 | 11 | 7 | 5 | 7 |
| 2014 年排名 | | 5 | 1 | 5 | 5 | 4 |
| 升降 | | -1 | 10 | 2 | 0 | 3 |

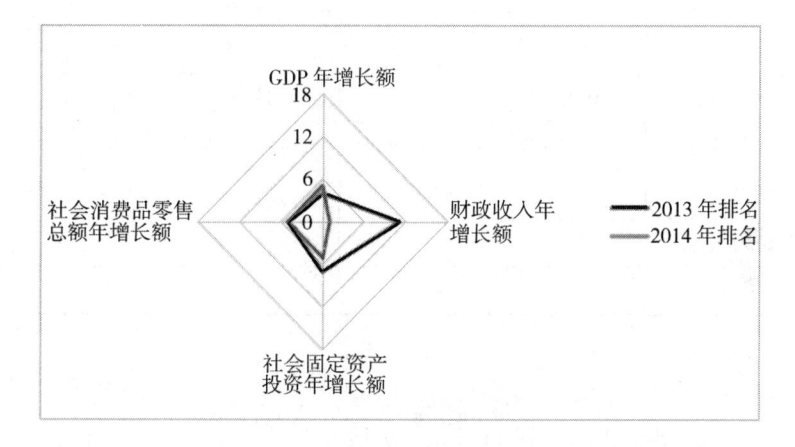

图 22—3—2　信阳市 2013—2014 年经济成长性指数四级指标比较雷达图

1. 2014 年信阳市经济成长性指数在整个河南省的综合排位处于第 4 位，表明其在河南省处于较优势地位；与 2013 年相比排位上升 3 位。

2. 从指标所处的水平看，GDP 年增长额、社会固定资产投资年增长额和社会消费品零售总额年增长额在河南省排位均为第 5 位，处于较优势地位；财政收入年增长额在河南省排位为第 1 位，处于绝对优势地位。

3. 从雷达图图形变化看，2014 年与 2013 年相比，面积有所缩小，经济成长性呈现上升趋势，其中财政收入年增长额和社会固定资产投资年增长额成为了图形缩小的动力点。

4. 从排位变化的动因看，2014 年信阳市 GDP 年增长额排位下降 1

位,财政收入年增长额和社会固定资产投资年增长额排位分别上升 10 位、2 位,社会消费品零售总额年增长额指标在河南省的排位没有发生变化,使其 2014 年的综合排位上升 3 位,位居河南省第 4 位。

### 三 信阳市城市创新成长性指数评价分析

2013—2014 年信阳市城市创新成长性指标及其下属指标,在河南省的排位变化情况,如表 22—3—3 和图 22—3—3 所示。

表 22—3—3　　信阳市 2013—2014 年城市创新成长性指数及其四级指标

| 年份 | | 政府研发经费支出年增长额 | 政府研发人员年增长量 | 新产品销售收入年增长额 | 城市创新成长性指数 |
|---|---|---|---|---|---|
| 2013 | 原值 | 0.1120 | 337 | 12.98 | 21.16 |
| | 标准化后 | 42.72 | 8.62 | 1.54 | |
| 2014 | 原值 | 0.1271 | 345 | 11.58 | -0.2745 |
| | 标准化后 | -0.3877 | -0.1904 | -0.2522 | |
| 2013 年排名 | | 5 | 11 | 11 | 9 |
| 2014 年排名 | | 9 | 11 | 9 | 9 |
| 升降 | | -4 | 0 | 2 | 0 |

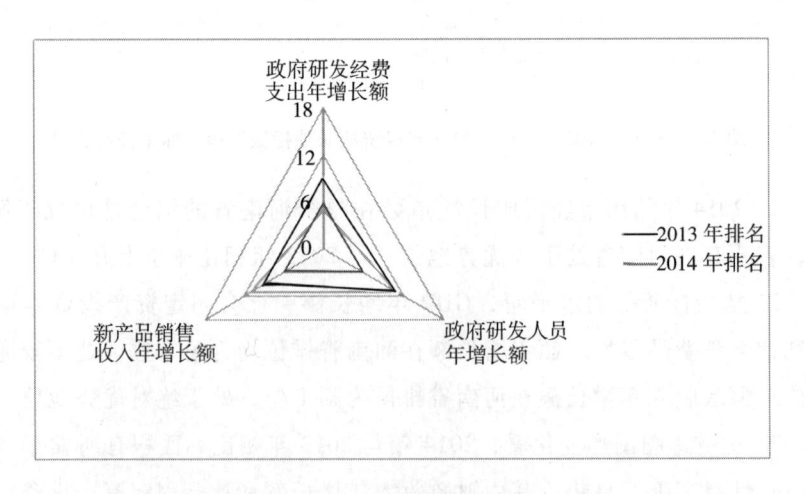

图 22—3—3　信阳市 2013—2014 年城市创新成长性指数四级指标比较雷达图

1. 2014 年信阳市城市创新成长性指数在整个河南省的综合排位处于

第 9 位，表明其在河南省处于中势地位；与 2013 年相比排位没有变化。

2. 从指标所处的水平看，政府研发经费支出年增长额和新产品销售收入年增长额在整个河南省排位均为第 9 位，政府研发人员年增长量处于第 11 位，处于中游区。

3. 从雷达图图形变化看，2014 年与 2013 年相比，面积有所扩大，城市创新成长性呈现下降趋势，其中政府研发经费支出年增长额成为了图形扩大的动力点。

4. 从排位变化的动因看，由于研发投入和研发成果之间存在着时间差，即时滞，信阳市 2013 年的研发支出和研发人员的投入比较少，使得其 2014 年的新产品销售收入增加不明显，2014 年信阳市城市创新成长性指数排位没有变化，位居河南省第 9 位。

### 四 信阳市成长发展指数综合分析

2013—2014 年信阳市成长发展指标及其下属指标，在河南省的排位变化和指标结构情况，如表 22—3—4 所示。

表 22—3—4　　信阳市 2013—2014 年成长发展指标及其三级指标

| 年份 | 资本市场成长性指数 | 经济成长性指数 | 城市创新成长性指数 | 成长发展指数 |
|---|---|---|---|---|
| 2013 | 6.18 | 20.60 | 21.16 | 16.75 |
| 2014 | -0.1713 | 0.1600 | -0.2745 | -0.0989 |
| 2013 年排位 | 12 | 7 | 9 | 10 |
| 2014 年排位 | 7 | 4 | 9 | 5 |
| 升降 | 5 | 3 | 0 | 5 |

1. 2014 年信阳市成长发展指数综合排位处于第 5 位，表明其在河南省处于较优势地位；与 2013 年相比，排位上升 5 位。

2. 从指标所处水平看，2014 年资本市场成长性排位为第 7 位，经济成长性排位为第 4 位，处于较优势地位；城市创新成长性排位为第 9 位，处于中势地位。

3. 从指标变化趋势看，资本市场成长性指数和经济成长性指数 2 个指标排位分别上升 5 位、3 位，城市创新成长性指数指标没有变化。

4. 从排位综合分析看,由于 3 个指标中的 2 个指标排位有所上升,决定了 2014 年信阳市成长发展指数综合排位上升 5 位,位居河南省第 5 位。信阳市应继续提高发展经济成长性,继续保持城市创新发展,从侧面促进资本市场发展;资本市场应努力查找问题,促进信阳市发展。

## 第四节 信阳市服务水平指数评价分析

### 一 信阳市智力资本指数评价分析

2013—2014 年信阳市智力资本指标及其下属指标,在河南省的排位变化情况,如表 22—4—1 和图 22—4—1 所示。

表 22—4—1 信阳市 2013—2014 年智力资本指数及其四级指标

| 年份 | | 金融业从业密度 | 受高等教育密度 | 科研人员密度 | 普通高等学校数量 | 智力资本指数 |
|---|---|---|---|---|---|---|
| 2013 | 原值 | 0.81 | 2.91 | 0.36 | 5 | 2.34 |
| | 标准化后 | 0.00 | 1.61 | 0.17 | 7.27 | |
| 2014 | 原值 | 0.79 | 4.06 | 0.35 | 5 | -0.5249 |
| | 标准化后 | -0.7347 | -0.3459 | -0.7789 | -0.1794 | |
| 2013 年排名 | | 18 | 13 | 17 | 8 | 17 |
| 2014 年排名 | | 17 | 13 | 18 | 8 | 16 |
| 升降 | | 1 | 0 | -1 | 0 | 1 |

1. 2014 年信阳市智力资本指数在整个河南省的综合排位处于第 16 位,表明其在河南省处于绝对劣势地位;与 2013 年相比排位上升 1 位。

2. 从指标所处的水平看,金融业从业密度和科研人员密度排位分别为第 17 位、第 18 位,处于绝对劣势地位;受高等教育密度排位为第 13 位,处于较劣势地位;普通高等学校数量排位为第 8 位,处于中势地位。

3. 从雷达图图形变化看,2014 年与 2013 年相比,面积基本保持不变。

4. 从排位变化的动因看,2014 年信阳市金融业从业密度和科研人员密度排位指标分别上升 1 位、下降 1 位,其他四级指标排位没有变化,使其 2014 年的综合排位上升 1 位,位居河南省第 16 位。

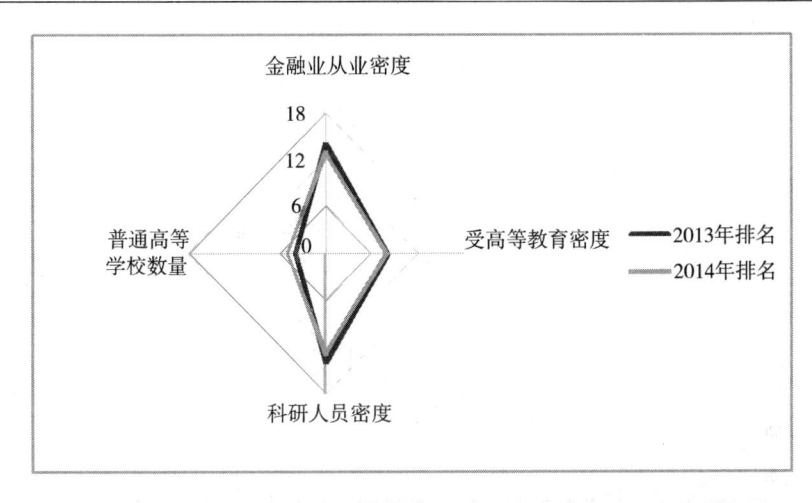

图 22—4—1　信阳市 2013—2014 年智力资本指数四级指标比较雷达图

## 二　信阳市城市环境指数评价分析

2013—2014 年信阳市城市环境指标及其下属指标，在河南省的排位变化情况，如表 22—4—2 和图 22—4—2 所示。

表 22—4—2　信阳市 2013—2014 年城市环境指数及其四级指标

| 年份 | | 城镇化水平 | 人均城市道路面积 | 人均绿化覆盖面积 | 基本医疗保险覆盖率 | 基本养老保险覆盖率 | 商品房屋销售均价 | 城镇从业人员平均工资 | 运营车辆数 | 城市环境指数 |
|---|---|---|---|---|---|---|---|---|---|---|
| 2013 | 原值 | 0.3967 | 17.42 | 5.59 | 21.11 | 9.49 | 3613 | 33833 | 274 | 2.34 |
| | 标准化后 | 15.14 | 66.12 | 12.53 | 27.97 | 14.71 | 79.20 | 15.85 | 0.78 | |
| 2014 | 原值 | 0.4108 | 16.59 | 7.88 | 0.2103 | 0.0981 | 3649 | 38421 | 286 | −2.5755 |
| | 标准化后 | −0.6857 | 0.5413 | −0.2250 | −0.5564 | −0.4986 | 0.3739 | −0.4771 | −0.5193 | |
| 2013 年排名 | | 13 | 4 | 13 | 14 | 13 | 14 | 16 | 16 | 13 |
| 2014 年排名 | | 13 | 4 | 9 | 14 | 13 | 7 | 12 | 15 | 14 |
| 升降 | | 0 | 0 | 4 | 0 | 0 | 7 | 4 | 1 | −1 |

1. 2014 年信阳市城市环境指数在整个河南省的综合排位处于第 14 位，表明其在河南省处于较劣势地位；与 2013 年相比排位下降 1 位。

2. 从指标所处的水平看，除人均城市道路面积、人均绿化覆盖面积和商品房屋销售均价 3 个指标排位比较靠前，分别为第 4 位、第 9 位、第 7 位，其余指标排位均不理想，处于中下游区。

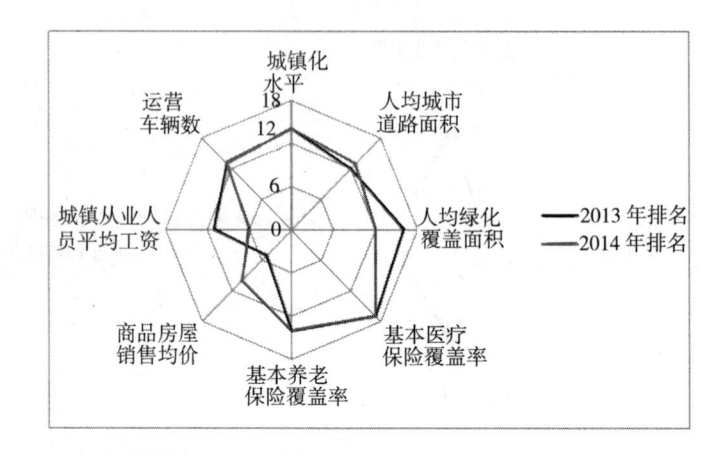

**图 22—4—2　信阳市 2013—2014 年城市环境指数四级指标比较雷达图**

3. 从雷达图图形变化看，2014 年与 2013 年相比，面积有所缩小，城市环境呈现优化趋势，其中人均绿化覆盖面积、商品房屋销售均价、城镇从业人员平均工资和运营车辆数成为图形缩小的动力点。

4. 从排位变化的动因看，人均绿化覆盖面积、商品房屋销售均价、城镇从业人员平均工资和运营车辆数排位分别上升 4、7、4、1 位，其余各项指标的排位均未发生变动，但相对于其他地市指标的变化，2014 年信阳市城市环境指数综合排位下降 1 位，位居河南省第 14 位。

### 三　信阳市服务水平指数综合分析

2013—2014 年信阳市服务水平指标及其下属指标，在河南省的排位变化和指标结构情况，如表 22—4—3 所示。

**表 22—4—3　信阳市 2013—2014 年服务水平指标及其三级指标**

| 年份 | 智力资本指数 | 城市环境指数 | 服务水平指数 |
| --- | --- | --- | --- |
| 2013 | 2.34 | 15.42 | 9.82 |
| 2014 | -0.5249 | -2.1198 | -1.6215 |
| 2013 年排位 | 17 | 13 | 13 |
| 2014 年排位 | 16 | 14 | 14 |
| 升降 | 1 | -1 | -1 |

1. 2014年信阳市服务水平指数综合排位处于第14位，表明其在河南省处于较劣势地位；与2013年相比，排位下降1位。

2. 从指标所处水平看，2014年智力资本指标排位为第16位，处于下游区；城市环境指标排位为第14位，处于中下游区。

3. 从指标变化趋势看，智力资本指标排位与上一年相比上升1位，城市环境指标排位与上一年相比下降1位。

4. 从排位综合分析看，智力资本指标排位与上一年相比上升1位，城市环境指标排位与上一年相比下降1位，综合作用下，2014年信阳市服务水平指数综合排位下降1位，位居河南省第14位，处于较劣势地位。智力资源是服务金融发展的主体，城市环境则能较为全面地反映服务主体所处的环境，从这两方面看，信阳市与其他地市还存在一定差距，有很大提升空间。信阳市应同时在智力资本和城市环境方面加大工作力度，提升服务水平，优化城市环境，促进经济发展。

## 第五节 信阳市综合环境指数评价分析

### 一 信阳市经济环境指数评价分析

2013—2014年信阳市经济环境指标及其下属指标，在河南省的排位变化情况，如表22—5—1和图22—5—1所示。

表22—5—1 信阳市2013—2014年经济环境指数及其四级指标

| 年份 | | 城镇人均可支配收入 | 农村人均纯收入 | 人均GDP | 人均财政收入 | 人均社会商品零售额 | 经济环境指数 |
|---|---|---|---|---|---|---|---|
| 2013 | 原值（元） | 19150 | 7982 | 24754 | 1065 | 10816 | 10.90 |
| | 标准化后 | 12.88 | 14.62 | 9.21 | 2.84 | 11.31 | |
| 2014 | 原值（元） | 21060 | 8868 | 27490 | 1254 | 12147 | -0.7085 |
| | 标准化后 | -0.2626 | -0.7653 | -0.8607 | -0.6956 | -0.4332 | |
| 2013年排名 | | 17 | 14 | 14 | 16 | 12 | 15 |
| 2014年排名 | | 16 | 14 | 14 | 16 | 12 | 15 |
| 升降 | | 1 | 0 | 0 | 0 | 0 | 0 |

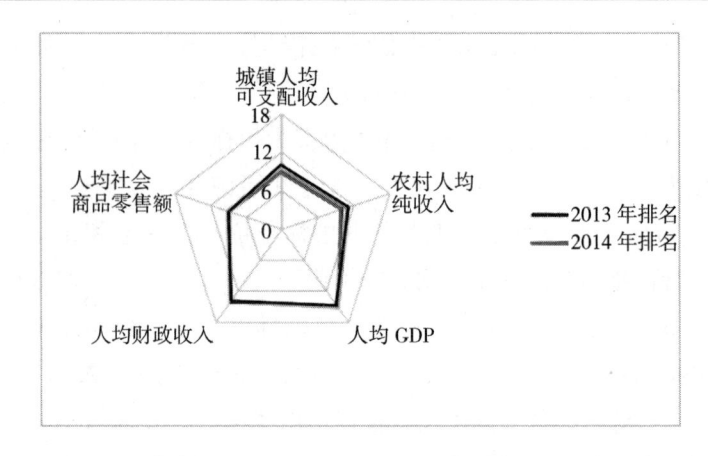

**图 22—5—1　信阳市 2013—2014 年经济环境指数四级指标比较雷达图**

1. 2014 年信阳市经济环境指数在整个河南省的综合排位处于第 15 位，表明其在河南省处于较劣势地位；与 2013 年相比排位没有变化。

2. 从指标所处的水平看，城镇人均可支配收入和人均财政收入的排位均为第 16 位，处于绝对劣势地位；其余各项四级指标排位均处于较劣势地位。

3. 从雷达图图形变化看，2014 年与 2013 年相比，面积基本保持不变，经济环境呈现稳定态势。

4. 从排位变化的动因看，信阳市城镇人均可支配收入指标排位上升 1 位，其余各指标的排位保持不变，综合作用下，2014 年信阳市经济环境指数综合排位没有变化，位居河南省第 15 位。

### 二　信阳市开放程度指数评价分析

2013—2014 年信阳市开放程度指标及其下属指标，在河南省的排位变化情况，如表 22—5—2 和图 22—5—2 所示。

**表 22—5—2　信阳市 2013—2014 年开放程度指数及其四级指标**

| 年份 | | 实际利用外资额 | 旅游创汇收入 | 进出口总额 | 开放程度指数 |
|---|---|---|---|---|---|
| 2013 | 原值（万美元） | 42237 | 258 | 68218 | 3.31 |
| | 标准化后 | 6.37 | 1.24 | 1.01 | |

续表

| 年份 | | 实际利用外资额 | 旅游创汇收入 | 进出口总额 | 开放程度指数 |
|---|---|---|---|---|---|
| 2014 | 原值（万美元） | 47822 | 459 | 75620 | -0.3598 |
| | 标准化后 | -0.2092 | -0.5205 | -0.2634 | |
| 2013年排名 | | 13 | 13 | 10 | 15 |
| 2014年排名 | | 8 | 12 | 10 | 11 |
| 升降 | | 5 | 1 | 0 | 4 |

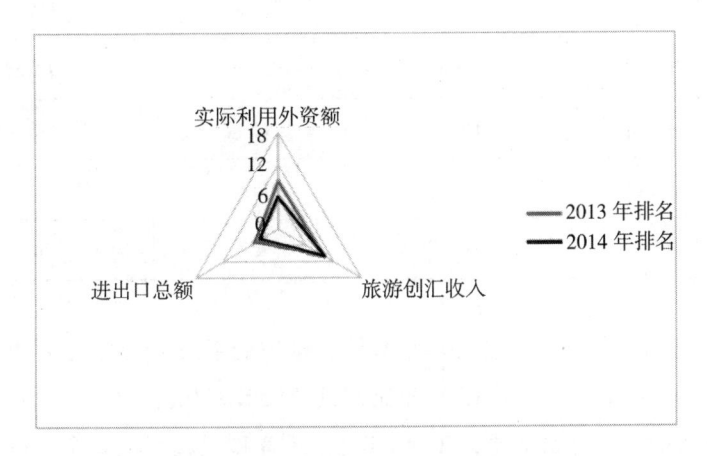

图22—5—2 信阳市2013—2014年开放程度指数四级指标比较雷达图

1. 2014年信阳市开放程度指数在整个河南省的综合排位处于第11位，表明其在河南省处于中势地位；与2013年相比排位上升4位。

2. 从指标所处的水平看，实际利用外资额排位为第8位，进出口总额排位为第10位，处于中游区；旅游创汇收入排位为第12位，处于中下游区。

3. 从雷达图图形变化看，2014年与2013年相比，面积有所减小，开放程度呈现上升趋势，其中实际利用外资额和旅游创汇收入成为了图形缩小的动力点。

4. 从排位变化的动因看，2014年信阳市实际利用外资额和旅游创汇收入在河南省的排位分别上升5位、1位，进出口总额在河南省的排位没有变化，综合作用下，使其2014年的开放程度指数的综合排位上升4位，位居河南省第11位。

### 三 信阳市综合环境指数综合分析

2013—2014年信阳市综合环境指标及其下属指标,在河南省的排位变化和指标结构情况,如表22—5—3所示。

表22—5—3 信阳市2013—2014年综合环境指标及其三级指标

| 年份 | 经济环境指数 | 开放程度指数 | 综合环境指数 |
| --- | --- | --- | --- |
| 2013 | 10.90 | 3.31 | 7.55 |
| 2014 | -0.7085 | -0.3598 | -0.5683 |
| 2013年排位 | 15 | 15 | 15 |
| 2014年排位 | 15 | 11 | 15 |
| 升降 | 0 | 4 | 0 |

1. 2014年信阳市综合环境指数综合排位处于第15位,表明其在河南省处于较劣势地位;与2013年相比,排位没有变化。

2. 从指标所处水平看,2014年经济环境和开放程度2个指标排位分别为第15位、第11位,分别处于中下游区、中游区。

3. 从指标变化趋势看,经济环境指标排位与上一年相比没有变化,开放程度指标排位与上一年相比上升4位。

4. 从排位综合分析看,虽然开放程度指标排位与上一年相比上升4位,经济环境指标排位与上一年相比没有变化,但由于其他地市相对指标的变化,综合作用下,2014年信阳市综合环境指数综合排位没有变化,仍位居河南省第15位。信阳市应创造良好的经济环境和开放程度,从而提升综合环境。

## 第六节 信阳市金融发展指数综合评价分析

2013—2014年信阳市金融发展指数综合指标及其下属指标,在河南省的排位变化和指标结构情况,如表22—6—1所示。

表22—6—1　信阳市2013—2014年金融发展指数指标及其二级指标

| 年份 | 金融状况指数 | 成长发展指数 | 服务水平指数 | 综合环境指数 | 金融发展指数 |
|---|---|---|---|---|---|
| 2013 | 8.66 | 16.75 | 9.82 | 7.55 | 11.15 |
| 2014 | -0.3772 | -0.0989 | -1.6215 | -0.5683 | -2.5500 |
| 2013年排位 | 11 | 10 | 13 | 15 | 15 |
| 2014年排位 | 13 | 5 | 14 | 15 | 14 |
| 升降 | -2 | 5 | -1 | 0 | 1 |

1. 2014年信阳市金融发展指数综合排位处于第14位，表明其在河南省处于较劣势地位；与2013年相比，排位上升1位。

2. 从指标所处水平看，2014年信阳市金融状况、服务水平和综合环境3个指标排位分别为第13位、第14位、第15位，处于中下游区；成长发展指标排位为第5位，处于中上游区。

3. 从指标变化趋势看，金融状况指标排位与上一年相比下降2位，成长发展指标与上一年相比上升5位，服务水平指标排位与上一年相比下降1位，综合环境指标排位没有变化。

4. 从排位综合分析看，金融状况和服务水平指标排位与上一年相比分别下降2位、1位，成长发展指标与上一年相比上升5位，综合环境指标排位没有变化，综合作用下，2014年信阳市金融发展指数综合排位上升1位，位居河南省第14位。整体来看，一个地区获得金融服务越容易，金融发展水平就越高，由此导致的经济增长率也就越快。信阳市应在金融状况、成长发展、服务水平方面进一步努力；加大综合环境改善力度，从各方面促进金融发展水平的提高，从而促进信阳市经济发展。

# 第二十三章　济源市 2014 年金融发展指数研究报告

## 第一节　济源市概述

济源市位于河南省西北部，是河南十八个省辖市之一。1997 年升格为省辖市，2003 年被列为河南省中原城市群 9 个中心城市之一，2005 年被列为河南省推进城乡一体化试点城市之一，是中原经济区充满活力的新兴中心城市。

2014 年，全市完成地区金融业增加值 12.41 亿元；增长 235.35%。全社会固定资产投资完成 417.33 亿元，比上年增长 18.75%；社会消费品零售总额完成 121.73 亿元，比上年增长 12.81%。截至 2014 年年底，金融机构存款余额 291.22 亿元，同比增长 13.6%，各项贷款余额 209.75 亿元，同比增长 5.94%。

## 第二节　济源市金融状况指数评价分析

### 一　济源市金融市场发展指数评价分析

2013—2014 年济源市金融市场发展指标及其下属指标，在河南省的排位变化情况，如表 23—2—1 和图 23—2—1 所示。

表 23—2—1　济源市 2013—2014 年金融市场发展指数及其四级指标

| 年份 | | 金融业增加值 | 金融系统存款余额 | 金融系统贷款余额 | 证券交易额 | 发行国债额 | 保费收入 | 保险赔付额 | 金融市场发展指数 |
|---|---|---|---|---|---|---|---|---|---|
| 2013 | 原值（亿元） | 3.70 | 256.36 | 197.98 | 73.24 | 0.85 | 8.35 | 2.86 | 0.12 |
| | 标准化后 | 0.00 | 0.00 | 0.00 | | 0.42 | 0.00 | 0.00 | |

续表

| 年份 | | 金融业增加值 | 金融系统存款余额 | 金融系统贷款余额 | 证券交易额 | 发行国债额 | 保费收入 | 保险赔付额 | 金融市场发展指数 |
|---|---|---|---|---|---|---|---|---|---|
| 2014 | 原值（亿元） | 12.41 | 291.22 | 209.7495337 | 159.28 | 0.63 | 9.35 | 2.69 | -0.6259 |
| | 标准化后 | -0.5179 | -0.6625 | -0.5378 | -0.3952 | -0.3607 | -0.8278 | -1.0251 | |
| 2013年排名 | | 18 | 18 | 18 | 18 | 17 | 18 | 18 | 18 |
| 2014年排名 | | 17 | 18 | 18 | 18 | 12 | 18 | 18 | 18 |
| 升降 | | 1 | 0 | 0 | 0 | 5 | 0 | 0 | 0 |

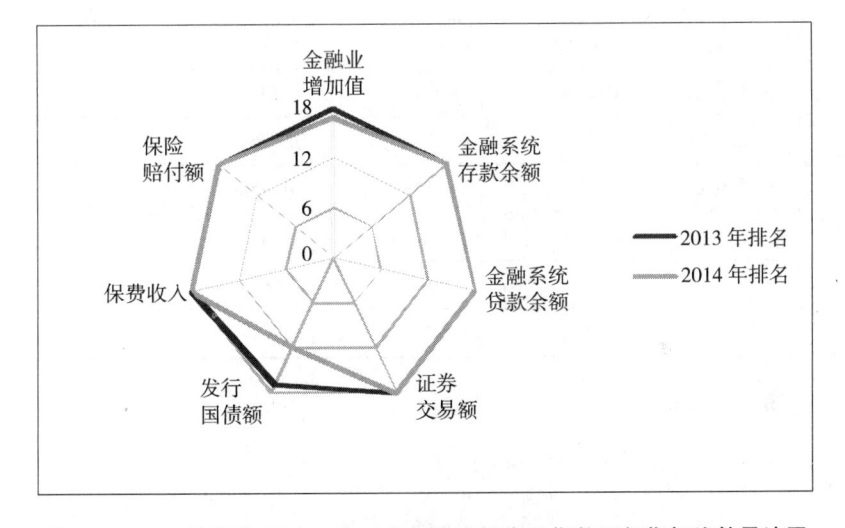

图23—2—1 济源市2013—2014年金融市场发展指数四级指标比较雷达图

1. 2014年济源市金融市场发展指数在整个河南省的综合排位处于第18位；与2013年相比排位没有发生变化，表明其在河南省处于下游地区。

2. 从指标所处的水平看，除发行国债额在河南省的排位为第12位，处于较劣势地位外，其余四级指标均处于绝对劣势地位。

3. 从雷达图图形变化看，2014年与2013年相比，面积有所缩小，金融市场发展呈现上升趋势，其中发行国债额成为了图形缩小的动力点。

4. 从排位变化的动因看，金融业增加值和发行国债额指标排名分别上升1位、5位，其余指标排位保持不变，但由于其他地市相对指标的变化，综合作用下，2014年济源市金融市场指数排位不变，仍位居河南省末位。

## 二 济源市金融结构深化指数评价分析

2013—2014年济源市金融结构深化指标及其下属指标，在河南省的排位变化情况，如表23—2—2和图23—2—2所示。

表23—2—2 济源市2013—2014年金融结构深化指数及其四级指标

| 年份 | | 证券募集资金净额比GDP | 短期贷款占比 | 保费收入比全省金融业增加值 | 金融结构深化指数 |
|---|---|---|---|---|---|
| 2013 | 原值 | 0.2150 | 0.1210 | 0.7100 | 13.24 |
| | 标准化后 | 83.98 | 0.00 | 0.00 | |
| 2014 | 原值 | 0.0224 | 0.0106 | 0.0063 | -0.1728 |
| | 标准化后 | 0.9105 | -0.7017 | -0.4546 | |
| 2013年排名 | | 4 | 18 | 18 | 10 |
| 2014年排名 | | 5 | 18 | 18 | 8 |
| 升降 | | -1 | 0 | 0 | 2 |

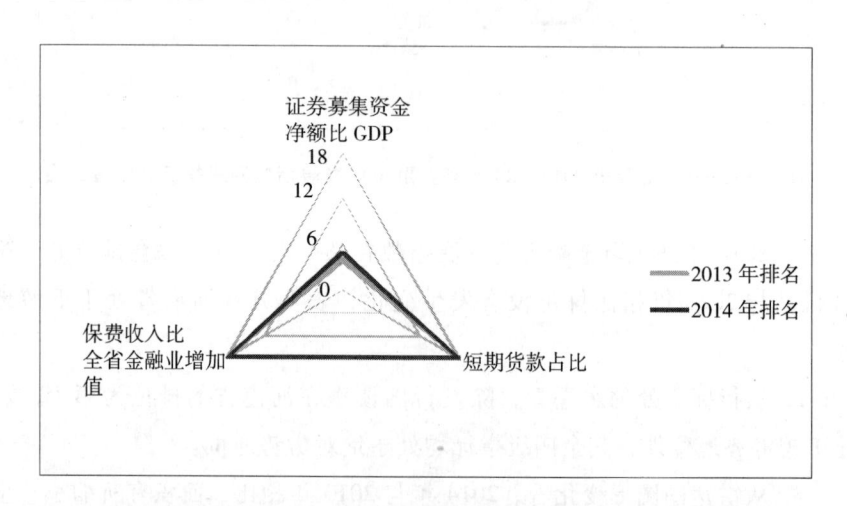

图23—2—2 济源市2013—2014年金融结构深化指数四级指标比较雷达图

1. 2014年济源市金融结构深化指数在整个河南省的综合排位处于第8位，表明其在河南省处于中势地位；与2013年相比排位上升2位。

2. 从指标所处的水平看，证券募集资金净额比GDP在河南省的排位为第5位，处于较优势地位；短期贷款占比在河南省的排位为第18位，保费收入比全省金融业增加值在河南省的排位也为第18位，处于绝对劣势地位。

3. 从雷达图图形变化看，2014年与2013年相比，面积基本保持不变，济源市金融结构深化呈现稳定态势。

4. 从排位变化的动因看，2014年济源市金融结构深化的四级指标除证券募集资金净额比GDP指标排位下降1位外，其他指标在河南省排位均未发生变化，但由于其他地市相对指标的变化，其金融结构深化指数综合排位上升2位，位居河南省第8位。

### 三 济源市金融效率提高指数评价分析

2013—2014年济源市金融效率提高指标及其下属指标，在河南省的排位变化情况，如表23—2—3和图23—2—3所示。

表23—2—3 济源市2013—2014年金融效率提高指数及其四级指标

| 年份 | | 存贷比 | 保险密度 | 上市公司占有率 | 证券交易额占比 | 金融效率提高指数 |
|---|---|---|---|---|---|---|
| 2013 | 原值 | 0.7723 | 1168 | 0.3030 | 0.3900 | 17.48 |
| | 标准化后 | 72.88 | 31.09 | 9.52 | 0.00 | |
| 2014 | 原值 | 0.7203 | 1292 | 0.3113 | 0.0044 | 0.2856 |
| | 标准化后 | 0.7981 | 0.4514 | 0.3989 | −0.5246 | |
| 2013年排名 | | 2 | 3 | 8 | 18 | 5 |
| 2014年排名 | | 4 | 2 | 4 | 16 | 5 |
| 升降 | | −2 | 1 | 4 | 2 | 0 |

1. 2014年济源市金融效率提高指数在整个河南省的综合排位处于第5位，表明其在河南省处于较优势地位；与2013年相比排位没有发生变化。

2. 从指标所处的水平看，存贷比和上市公司占有率指标排位均为第4位，处于中上游区；保险密度指标排位为第2位，处于上游区；证券交易额占比指标排位为第16位，处于下游区。

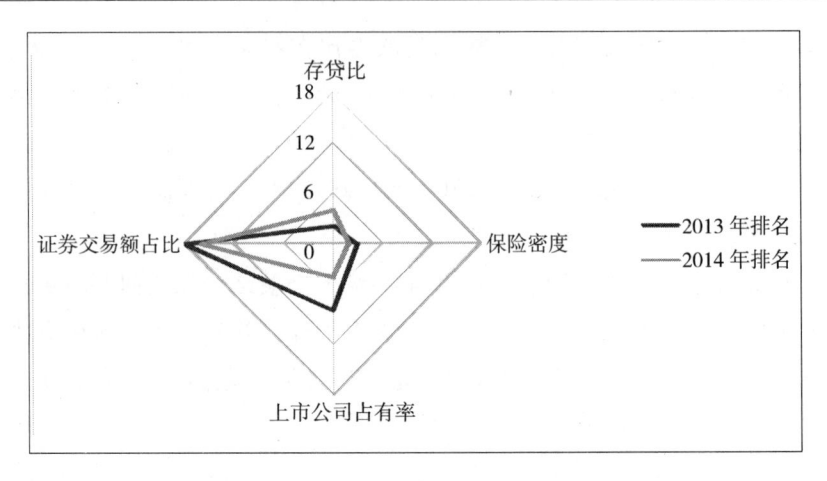

**图 23—2—3　济源市 2013—2014 年金融效率提高指数四级指标比较雷达图**

3. 从雷达图图形变化看，2014 年与 2013 年相比，面积有所缩小，金融效率提高呈现上升趋势，其中上市公司占有率成为了图形缩小的动力点。

4. 从排位变化的动因看，济源市上市公司占有率指标排位上升 4 位，其他各项指标排位小幅变动，综合作用下，2014 年济源市金融效率提高指数综合排位保持不变，仍位居河南省第 5 位。

### 四　济源市金融状况指数综合分析

2013—2014 年济源市金融状况指标及其下属指标，在河南省的排位变化和指标结构情况，如表 23—2—4 所示。

**表 23—2—4　济源市 2013—2014 年金融状况指标及其三级指标**

| 年份 | 金融市场发展指数 | 金融结构深化指数 | 金融效率提高指数 | 金融状况指数 |
|---|---|---|---|---|
| 2013 | 0.12 | 13.24 | 17.48 | 10.46 |
| 2014 | -0.6259 | -0.1728 | 0.2856 | -0.1933 |
| 2013 年排位 | 18 | 10 | 5 | 9 |
| 2014 年排位 | 18 | 8 | 5 | 8 |
| 升降 | 0 | 2 | 0 | 1 |

1. 2014 年济源市金融状况指数综合排位处于第 8 位，表明其在河南

省处于中势地位；与2013年相比，排位上升1位。

2. 从指标所处水平看，2014年金融市场发展指数在河南省的排位为第18位，处于绝对劣势地位；金融结构深化指数和金融效率提高指数排位分别为第8位、第5位，分别处于中势地位、较优势地位。

3. 从指标变化趋势看，金融结构深化指标排位与上一年相比上升2位，其余四级指标排位与上一年相比没有变化。

4. 从排位综合分析看，由于金融结构深化指标排位与上一年相比上升2位，其余四级指标排位与上一年相比没有变化，2014年济源市金融状况指数综合排位上升1位，位居河南省第8位。济源市金融效率提高指数排名相对靠前，但金融市场发展指数排名处于绝对劣势地位，说明济源市金融发展状况较为不平衡。有必要在发展地区金融业的同时注重提高金融市场发展。

## 第三节 济源市成长发展指数评价分析

### 一 济源市资本市场成长性指数评价分析

2013—2014年济源市资本市场成长性指标及其下属指标，在河南省的排位变化情况，如表23—3—1和图23—3—1所示。

表23—3—1 济源市2013—2014年资本市场成长性指数及其四级指标

| 年份 | | 金融机构贷款余额年增长额 | 发行国债年增长额 | A股股票募集资金净额 | 资本市场成长性指标 |
|---|---|---|---|---|---|
| 2013 | 原值（亿元） | 22.72 | 0.4846 | 9.89 | 4.29 |
| | 标准化后 | 0.00 | 4.92 | 7.52 | |
| 2014 | 原值（亿元） | 11.77 | -0.2228 | 9.69 | -0.1426 |
| | 标准化后 | -0.60455 | 0.91974 | -0.39954 | |
| 2013年排名 | | 18 | 14 | 9 | 14 |
| 2014年排名 | | 18 | 4 | 10 | 6 |
| 升降 | | 0 | 10 | -1 | 8 |

1. 2014年济源市资本市场成长性指数在整个河南省的综合排位处于

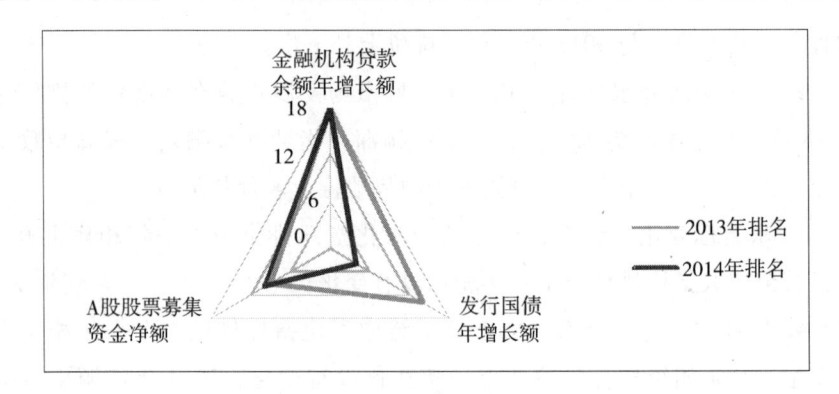

**图 23—3—1　济源市 2013—2014 年资本市场成长性指数四级指标比较雷达图**

第 6 位，表明其在河南省处于较优势地位；与 2013 年相比排位上升 8 位。

2. 从指标所处的水平看，金融机构贷款余额年增长额在河南省的排位为第 18 位，处于绝对劣势地位；发行国债年增长额排位为第 4 位，处于较优势地位；A 股股票募集资金净额排位为第 10 位，处于中势地位。

3. 从雷达图图形变化看，2014 年与 2013 年相比，面积有所缩小，资本市场成长性呈现上升趋势，其中发行国债年增长额成为图形缩小的动力点。

4. 从排位变化的动因看，济源市发行国债年增长额排位较上年明显上升，排位上升了 10 位，A 股股票募集资金净额排位与上一年相比下降 1 位，使其资本市场成长性指数排名上升了 8 位，位居河南省第 6 位。

## 二　济源市经济成长性指数评价分析

2013—2014 年济源市经济成长性指标及其下属指标，在河南省的排位变化情况，如表 23—3—2 和图 23—3—2 所示。

**表 23—3—2　济源市 2013—2014 年经济成长性指数及其四级指标**

| 年份 | | GDP 年增长额 | 财政收入年增长额 | 社会固定资产投资年增长额 | 社会消费品零售总额年增长额 | 经济成长性指数 |
|---|---|---|---|---|---|---|
| 2013 | 原值（亿元） | 29.27 | 5.75 | 64.64 | 12.50 | 0.00 |
| | 标准化后 | 0.00 | 0.00 | 0.00 | 0.00 | |

续表

| 年份 | | GDP年增长额 | 财政收入年增长额 | 社会固定资产投资年增长额 | 社会消费品零售总额年增长额 | 经济成长性指数 |
|---|---|---|---|---|---|---|
| 2014 | 原值（亿元） | 20.33 | 3.79 | 65.89 | 13.83 | -1.1023 |
| | 标准化后 | -1.0852 | -0.2363 | -1.0929 | -1.0481 | |
| 2013年排名 | | 18 | 18 | 18 | 18 | 18 |
| 2014年排名 | | 18 | 18 | 18 | 18 | 18 |
| 升降 | | 0 | 0 | 0 | 0 | 0 |

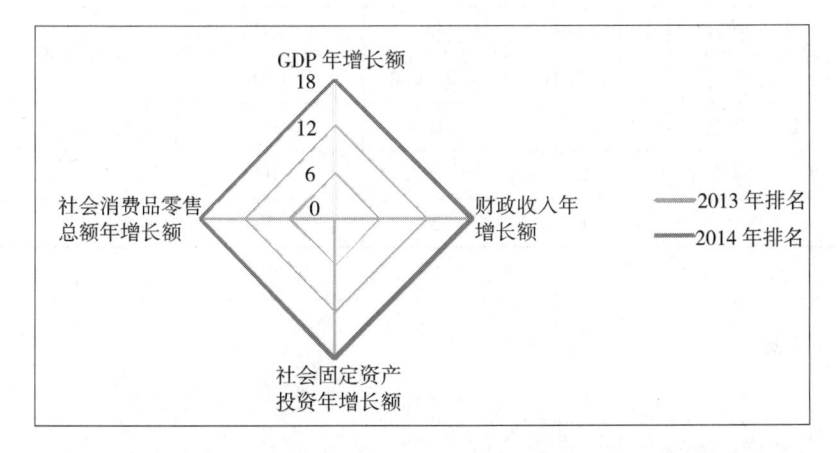

**图23—3—2 济源市2013—2014年经济成长性指数四级指标比较雷达图**

1. 2014年济源市经济成长性指数在整个河南省的综合排位处于第18位，表明其在河南省处于绝对劣势地位；与2013年相比排位没有变化。

2. 从指标所处的水平看，GDP年增长额、财政收入年增长额、社会固定资产投资年增长额和社会消费品零售总额年增长额在河南省排位均为第18位，处于下游区。

3. 从雷达图图形变化看，2014年与2013年相比，面积保持不变。

4. 从排位变化的动因看，2014年济源市经济成长性指数四级指标在河南省的排位没有发生变化，使其2014年的综合排位没有变化，仍位居河南省末位。

### 三 济源市城市创新成长性指数评价分析

2013—2014 年济源市城市创新成长性指标及其下属指标,在河南省的排位变化情况,如表 23—3—3 和图 23—3—3 所示。

表 23—3—3 济源市 2013—2014 年城市创新成长性指数及其四级指标

| 年份 | | 政府研发经费支出年增长额 | 政府研发人员年增长量 | 新产品销售收入年增长额 | 城市创新成长性指数 |
|---|---|---|---|---|---|
| 2013 | 原值 | −0.0290 | −116 | 8.60 | 13.80 |
| | 标准化后 | 33.27 | 0.00 | 1.30 | |
| 2014 | 原值 | 0.0439 | 45 | 7.3 | −0.3939 |
| | 标准化后 | −0.4694 | −0.3968 | −0.2650 | |
| 2013 年排名 | | 12 | 18 | 13 | 15 |
| 2014 年排名 | | 12 | 15 | 10 | 16 |
| 升降 | | 0 | 3 | 3 | −1 |

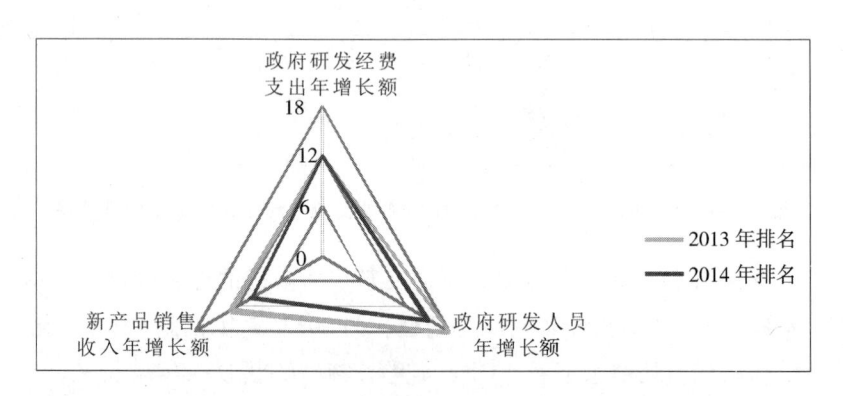

图 23—3—3 济源市 2013—2014 年城市创新成长性指数四级指标比较雷达图

1. 2014 年济源市城市创新成长性指数在整个河南省的综合排位处于第 16 位,表明其在河南省处于绝对劣势地位;与 2013 年相比排位下降 1 位。

2. 从指标所处的水平看,政府研发经费支出年增长额和政府研发人员年增长量在整个河南省排位分别为第 12 位和第 15 位,处于中下游区;新产品销售收入年增长额处于第 10 位,处于中游区。

3. 从雷达图图形变化看，2014年与2013年相比，面积有所缩小，城市创新成长性呈现上升趋势，其中政府研发人员年增长量和新产品销售收入年增长额成为了图形缩小的动力点。

4. 从排位变化的动因看，政府研发人员年增长量和新产品销售收入年增长额指标排名均上升3位，但由于其他地市相对指标的变化，综合作用下，2014年济源市城市创新成长性指数排位下降1位，位居河南省第16位。

## 四 济源市成长发展指数综合分析

2013—2014年济源市成长发展指标及其下属指标，在河南省的排位变化和指标结构情况，如表23—3—4所示。

表23—3—4　济源市2013—2014年成长发展指标及其三级指标

| 年份 | 资本市场成长性指数 | 经济成长性指数 | 城市创新成长性指数 | 成长发展指数 |
|---|---|---|---|---|
| 2013 | 4.29 | 0.00 | 13.80 | 6.23 |
| 2014 | -0.1426 | -1.1023 | -0.3939 | -0.5723 |
| 2013年排位 | 14 | 18 | 15 | 18 |
| 2014年排位 | 6 | 18 | 16 | 17 |
| 升降 | 8 | 0 | -1 | 1 |

1. 2014年济源市成长发展指数综合排位处于第17位，表明其在河南省处于绝对劣势地位；与2013年相比，排位上升1位。

2. 从指标所处水平看，2014年资本市场成长性排位为第6位，处于较优势地位；经济成长性排位为第18位，城市创新成长性排位为第16位，处于绝对劣势地位。

3. 从指标变化趋势看，资本市场成长性指数和城市创新成长性指数2个指标排位分别上升8位、下降1位，经济成长性指数指标没有变化。

4. 从排位综合分析看，资本市场成长性指数和城市创新成长性指数2个指标排位分别上升8位、下降1位，经济成长性指数指标没有变化，综合作用下，2014年济源市成长发展指数综合排位上升1位，位居河南省第17位。济源市应该继续在资本市场做出相应调整、突破；在经济成长方面应着重改革，以谋发展；在城市创新方面应注重功能性调整，做出相应布局，以促其成长发展。

## 第四节　济源市服务水平指数评价分析

### 一　济源市智力资本指数评价分析

2013—2014年济源市智力资本指标及其下属指标，在河南省的排位变化情况，如表23—4—1和图23—4—1所示。

表23—4—1　济源市2013—2014年智力资本指数及其四级指标

| 年份 | | 金融业从业密度 | 受高等教育密度 | 科研人员密度 | 普通高等学校数量 | 智力资本指数 |
|---|---|---|---|---|---|---|
| 2013 | 原值 | 1.05 | 4.57 | 1.91 | 1 | 5.35 |
| | 标准化后 | 4.05 | 3.29 | 13.22 | 0.00 | |
| 2014 | 原值 | 1.06 | 4.56 | 2.09 | 1 | -0.4036 |
| | 标准化后 | -0.5547 | -0.3280 | -0.1845 | -0.5023 | |
| 2013年排名 | | 13 | 12 | 11 | 16 | 14 |
| 2014年排名 | | 14 | 12 | 9 | 16 | 14 |
| 升降 | | -1 | 0 | 2 | 0 | 0 |

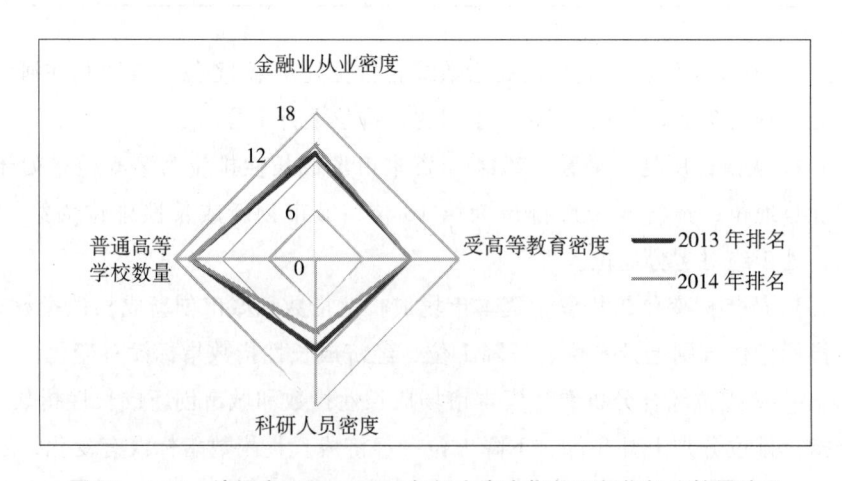

图23—4—1　济源市2013—2014年智力资本指数四级指标比较雷达图

1. 2014 年济源市智力资本指数在整个河南省的综合排位处于第 14 位，表明其在河南省处于较劣势地位；与 2013 年相比排位没有发生变化。

2. 从指标所处的水平看，金融业从业密度和受高等教育密度排位分别为第 14 位、第 12 位，处于较劣势地位；科研人员密度排位为第 9 位，处于中势地位；普通高等学校数量排位为第 16 位，处于绝对劣势地位。

3. 从雷达图图形变化看，2014 年与 2013 年相比，面积基本保持不变。

4. 从排位变化的动因看，2014 年济源市金融业从业密度和科研人员密度排位指标分别下降 1 位、上升 2 位，使其 2014 年的综合排位保持不变，仍位居河南省第 14 位。

## 二 济源市城市环境指数评价分析

2013—2014 年济源市城市环境指标及其下属指标，在河南省的排位变化情况，如表 23—4—2 和图 23—4—2 所示。

表 23—4—2　济源市 2013—2014 年城市环境指数及其四级指标

| 年份 | | 城镇化水平 | 人均城市道路面积 | 人均绿化覆盖面积 | 基本医疗保险覆盖率 | 基本养老保险覆盖率 | 商品房屋销售均价 | 城镇从业人员平均工资 | 运营车辆数 | 城市环境指数 |
|---|---|---|---|---|---|---|---|---|---|---|
| 2013 | 原值 | 0.5481 | 20.36 | 25.06 | 33.19 | 21.36 | 3478 | 36108 | 275 | 5.35 |
| | 标准化后 | 62.01 | 84.00 | 100.00 | 93.84 | 60.44 | 82.21 | 34.46 | 0.80 | |
| 2014 | 原值 | 0.5640 | 19.12 | 26.98 | 0.3375 | 0.2297 | 3836 | 40404 | 275 | 5.3793 |
| | 标准化后 | 1.1284 | 1.1333 | 3.0848 | 1.7105 | 1.4453 | 0.4741 | 0.2002 | -0.5276 | |
| 2013 年排名 | | 2 | 3 | 1 | 2 | 2 | 12 | 10 | 15 | 2 |
| 2014 年排名 | | 2 | 3 | 1 | 2 | 2 | 4 | 7 | 16 | 2 |
| 升降 | | 0 | 0 | 0 | 0 | 0 | 8 | 3 | -1 | 0 |

1. 2014 年济源市城市环境指数在整个河南省的综合排位处于第 2 位，表明其在河南省处于绝对优势地位；与 2013 年相比排位没有变化。

2. 从指标所处的水平看，除商品房屋销售均价、城镇从业人员平均工资和运营车辆 3 个指标排位分别为第 4 位、第 7 位、第 16 位，其余指标排位均位前三位，处于上游区。

3. 从雷达图图形变化看，2014 年与 2013 年相比，面积有所缩小，城

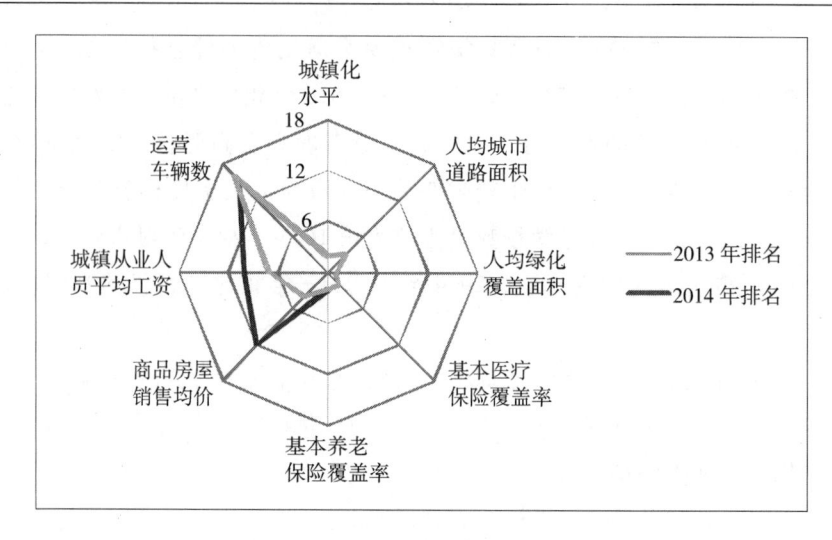

图 23—4—2　济源市 2013—2014 年城市环境指数四级指标比较雷达图

市环境呈现上升趋势，其中商品房屋销售均价和城镇从业人员平均工资成为图形缩小的动力点。

4. 从排位变化的动因看，商品房销售均价和城镇从业人员平均工资排位分别上升 8 位、3 位，运营车辆数排位下降 1 位，其余各项指标的排位均未发生变动，但相对于其他地市指标的变化，2014 年济源市城市环境指数综合排位没有变化，位居河南省第 2 位。

### 三　济源市服务水平指数综合分析

2013—2014 年济源市服务水平指标及其下属指标，在河南省的排位变化和指标结构情况，如表 23—4—3 所示。

表 23—4—3　济源市 2013—2014 年服务水平指标及其三级指标

| 年份 | 智力资本指数 | 城市环境指数 | 服务水平指数 |
| --- | --- | --- | --- |
| 2013 | 5.35 | 71.22 | 42.34 |
| 2014 | -0.4036 | 5.3793 | 2.6023 |
| 2013 年排位 | 14 | 2 | 2 |
| 2014 年排位 | 14 | 2 | 2 |
| 升降 | 0 | 0 | 0 |

1. 2014年济源市服务水平指数综合排位处于第2位，表明其在河南省处于绝对优势地位；与2013年相比，排位没有变化。

2. 从指标所处水平看，2014年智力资本和城市环境2个指标排位分别为第14位、第2位，分别处于中下游区、上游区。

3. 从指标变化趋势看，智力资本和城市环境2个指标排位与上一年相比没有变化。

4. 从排位综合分析看，智力资本和城市环境2个指标排位与上一年相比没有变化，导致2014年济源市服务水平指数综合排位没有变化，位居河南省第2位，处于绝对优势地位。智力资源是服务金融发展的主体，城市环境则能较为全面地反映服务主体所处的环境。济源市有着良好的城市环境，应着重在智力资本方面利用各方资源促其发展。

## 第五节 济源市综合环境指数评价分析

### 一 济源市经济环境指数评价分析

2013—2014年济源市经济环境指标及其下属指标，在河南省的排位变化情况，如表23—5—1和图23—5—1所示。

表23—5—1　济源市2013—2014年经济环境指数及其四级指标

| 年份 | | 城镇人均可支配收入 | 农村人均纯收入 | 人均GDP | 人均财政收入 | 人均社会商品零售额 | 经济环境指数 |
|---|---|---|---|---|---|---|---|
| 2013 | 原值（元） | 23185 | 11958 | 64899 | 4841 | 15091 | 68.09 |
| | 标准化后 | 59.97 | 70.94 | 93.35 | 56.73 | 32.70 | |
| 2014 | 原值（元） | 25219 | 13166 | 66777 | 5305 | 16813 | 1.1317 |
| | 标准化后 | 0.4946 | 1.3798 | 1.8045 | 0.6861 | 0.4770 | |
| 2013年排名 | | 3 | 2 | 2 | 2 | 3 | 2 |
| 2014年排名 | | 3 | 2 | 2 | 3 | 3 | 2 |
| 升降 | | 0 | 0 | 0 | -1 | 0 | 0 |

1. 2014年济源市经济环境指数在整个河南省的综合排位处于第2位，表明其在河南省处于绝对优势地位；与2013年相比排位没有变化。

2. 从指标所处的水平看，各项四级指标排位均处于全省前三位，均

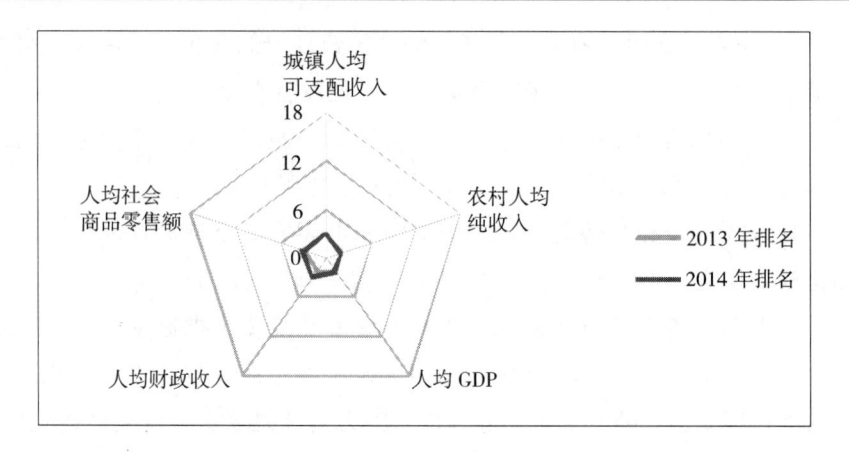

图 23—5—1　济源市 2013—2014 年经济环境指数四级指标比较雷达图

处于上游区。

3. 从雷达图图形变化看，2014 年与 2013 年相比，面积略微扩大，经济环境呈现轻微退化趋势，其中人均财政收入成为图形扩大的动力点。

4. 从排位变化的动因看，济源市人均财政收入指标排位下降 1 位，其余各指标的排位保持不变，综合作用下，2014 年济源市经济环境指数综合排位没有变化，位居河南省第 2 位。

## 二　济源市开放程度指数评价分析

2013—2014 年济源市开放程度指标及其下属指标，在河南省的排位变化情况，如表 23—5—2 和图 23—5—2 所示。

表 23—5—2　济源市 2013—2014 年开放程度指数及其四级指标

| 年份 | | 实际利用外资额 | 旅游创汇收入 | 进出口总额 | 开放程度指数 |
|---|---|---|---|---|---|
| 2013 | 原值（万美元） | 22508 | 230 | 145673 | 1.39 |
| | 标准化后 | 0.00 | 1.10 | 2.83 | |
| 2014 | 原值（万美元） | 28125 | 9 | 172800 | -0.4375 |
| | 标准化后 | -0.4242 | -0.5862 | -0.1727 | |
| 2013 年排名 | | 18 | 15 | 7 | 17 |
| 2014 年排名 | | 14 | 18 | 7 | 13 |
| 升降 | | 4 | -3 | 0 | 4 |

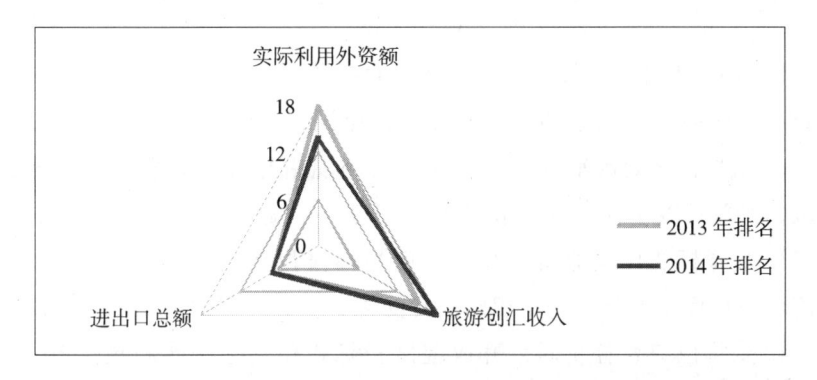

**图 23—5—2　济源市 2013—2014 年开放程度指数四级指标比较雷达图**

1. 2014 年济源市开放程度指数在整个河南省的综合排位处于第 13 位，表明其在河南省处于较劣势地位；与 2013 年相比排位上升 4 位。

2. 从指标所处的水平看，实际利用外资额排位为第 14 位，处于中下游区；旅游创汇收入排位为第 18 位，处于下游区；进出口总额排位为第 7 位，处于中上游区。

3. 从雷达图图形变化看，2014 年与 2013 年相比，面积基本保持不变，开放程度呈现稳中有升趋势。

4. 从排位变化的动因看，2014 年济源市实际利用外资额和旅游创汇收入在河南省的排位分别上升 4 位、下降 3 位，进出口总额在河南省的排位没有变化，综合作用下，使其 2014 年的开放程度指数的综合排位上升 4 位，位居河南省第 13 位。

### 三　济源市综合环境指数综合分析

2013—2014 年济源市综合环境指标及其下属指标，在河南省的排位变化和指标结构情况，如表 23—5—3 所示。

**表 23—5—3　济源市 2013—2014 年综合环境指标及其三级指标**

| 年份 | 经济环境指数 | 开放程度指数 | 综合环境指数 |
| --- | --- | --- | --- |
| 2013 | 68.09 | 1.39 | 36.89 |
| 2014 | 1.1317 | -0.4375 | 0.3693 |
| 2013 年排位 | 2 | 17 | 4 |
| 2014 年排位 | 2 | 13 | 4 |
| 升降 | 0 | 4 | 0 |

1. 2014 年济源市综合环境指数综合排位处于第 4 位，表明其在河南省处于较优势地位；与 2013 年相比，排位没有变化。

2. 从指标所处水平看，2014 年经济环境指标排位为第 2 位，处于上游区；开放程度指标排位为第 13 位，处于中下游区。

3. 从指标变化趋势看，开放程度指标排位与上一年相比上升 4 位，经济环境指标排位与上一年相比没有变化。

4. 从排位综合分析看，开放程度指标排位与上一年相比上升 4 位，经济环境指标排位与上一年相比没有变化，但由于其他地市相对指标的变化，2014 年济源市综合环境指数综合排位没有变化，位居河南省第 4 位。济源市有着良好的经济发展环境，但开放程度不够高，应进一步加大开放力度，营造良好综合环境。

## 第六节　济源市金融发展指数综合评价分析

2013—2014 年济源市金融发展指数综合指标及其下属指标，在河南省的排位变化和指标结构情况，如表 23—6—1 所示。

表 23—6—1　济源市 2013—2014 年金融发展指数指标及其二级指标

| 年份 | 金融状况指数 | 成长发展指数 | 服务水平指数 | 综合环境指数 | 金融发展指数 |
| --- | --- | --- | --- | --- | --- |
| 2013 | 10.46 | 6.23 | 42.34 | 36.89 | 25.00 |
| 2014 | -0.1933 | -0.5723 | 2.6023 | 0.3693 | 2.0841 |
| 2013 年排位 | 9 | 18 | 2 | 4 | 4 |
| 2014 年排位 | 8 | 17 | 2 | 4 | 3 |
| 升降 | 1 | 1 | 0 | 0 | 1 |

1. 2014 年济源市金融发展指数综合排位处于第 3 位，表明其在河南省处于绝对优势地位；与 2013 年相比，排位上升 1 位。

2. 从指标所处水平看，2014 年济源市金融状况指标排位为第 8 位，处于中游区；成长发展指标排位为第 17 位，处于下游区；服务水平指标排位为第 2 位，处于上游区；综合环境指标排位为第 4 位，处于中上游区。

3. 从指标变化趋势看，金融状况指标排位与上一年相比上升 1 位，服务水平指标排位与上一年相比上升 3 位，其余指标排位小幅下降。

4. 从排位综合分析看，金融状况和成长发展 2 个指标排位与上一年相比均上升 1 位，其余指标排位没有变化，综合作用下，2014 年济源市金融发展指数综合排位上升 1 位，位居河南省第 3 位。整体来看，济源市应在保持服务水平和综合环境良好发展的基础上，在金融状况方面积极探索、发现问题、解决问题；在成长发展方面应深入改革，加大发展力度，使济源市在金融发展方面更具有竞争力。

# 后 记

"河南省金融发展指数报告（2014）"项目于 2015 年 5 月正式启动，由我统筹。经过多次讨论，确定编撰思路，拟定报告框架，统一技术路线和写作规范，并选定相关章节负责人，具体撰写由负责人组织，最后由我通稿复审做最后把关。

本报告的撰写工作具体分工如下：综合篇由乔恩红总体负责，由乔恩红（第五章）、杨旭（第一章、第四章）、刘静（第二章、第三章）分别撰写；河南省 18 个地市的分报告由乔恩红、杨旭总体负责，由乔恩红（郑州市、开封市、洛阳市）、杨旭（平顶山市、安阳市、鹤壁市）、刘静（新乡市、焦作市）、楚雨溪（濮阳市、许昌市、漯河市、三门峡市）、郑超英（商丘市、周口市、驻马店市、南阳市、信阳市、济源市）分别撰写，曾玙璠参与调研；终稿由我和乔恩红、杨旭进行了通稿核对。

李燕燕

2015 年 12 月 23 日